JN261984

「地方自治の本旨」と条例制定権

南川諦弘 著
Minamigawa Akihiro

法律文化社

は　し　が　き

　本書は，条例制定権の範囲ないし限界，特に国の法令との関係における条例制定権の限界とそれに関連する行政指導・要綱行政について，筆者がこれまで発表した下記の論文等をまとめたものである。
　昭和30年代後半に始まる高度経済成長政策の下で生じた公害や環境破壊を防止するため，東京都公害防止条例（昭和44年）などいわゆる上乗せ・横だし条例が地方公共団体により制定されたが，それら条例の法令適合性をめぐる議論を通して，条例論が法律レベルから憲法レベルに引き上げられることとなった。
　こうした状況の下で，条例の法令適合性に関する伝統的な解釈であった法律先占論も，徳島市公安条例事件における最高裁大法廷昭和50年9月10日判決により修正され，特定事項について規律する国の法令と条例が併存する場合でも，国の法令がその規定によって全国的に一律に同一内容の規制を施す趣旨（「最大限規制立法」と呼ばれる）ではなく，国の法令がそれぞれの普通地方公共団体において，その地方の実情に応じて，別段の規制を施すことを容認する趣旨（「最小限規制立法」と呼ばれる）であると解されるときは，条例は国の法令に違反しない，と説示し，従来の法律先占論よりも条例制定権を拡大する解釈をとった（筆者はこの修正された解釈を「法令の趣旨解釈論」とネーミングしている）。
　しかし，この解釈も，個々の法令の趣旨が最大限規制立法か最小限規制立法かの区別は必ずしも容易でないことから，条例制定権の拡大を後押しするものとはならず，地方公共団体では，依然として行政指導ないし要綱行政への逃避が続いた。
　筆者は，国の法令が条例による規律を明文で排斥している事項について規定するとか，国の法令が一定の事項の遵守を最低基準として要求している場合に当該法令による授権なしにその遵守義務を免除するなど，条例が国の法令に積極的に抵触する場合でない限り，条例による規律が特別の意義と効果をもち，かつその合理性が認められるならば，条例の制定は許されるとの「特別意義

論」を提唱してきた。けだし，このように解釈することによって，地方公共団体は，当該事項が国の法令により黙示的に先占されているか否か，国の法令と目的が同じか否か，国の法令の趣旨が最大限規制立法か最小限規制立法か，といった詮索をすることなしに，当該地域の特性を生かした「まちづくり」を行うために必要な条例を制定することができ，それが自治権としての条例制定権を実質的に保障し，ひいては「地方自治の本旨」に基づいた地方自治制度の確立につながる，と考えたからである。

　他方，第1次地方分権改革に際しては，地方公共団体の事務に関する国の法令は標準法であるとの原則を，国と地方公共団体との関係を規律する基本的な法律の中に明記すべきことを提唱するとともに，地方分権一括法により改正された地方自治法第2条第12項により，国の法令は原則として最小限規制立法と趣旨解釈することが憲法規範的に要請され，また，同条第11項により，国の法令が自治事務について規定する場合や条例に立法を委任する場合には，メニュー方式をとるなど国の法令による規律密度を低くすることが憲法規範的に要請されている，と主張してきた。

　しかし，地方分権改革後もなお依然として国の法令による規律密度が高く，条例制定権が拡大しているとはいい難い状況にある。本年4月に制定された「地域の自主性及び自立性を高めるための改革の推進を図るための関係法律の整備に関する法律」に基づく義務づけ・枠づけの見直しにより，条例制定権の拡大が期待されるが，具体的にどのような見直しが行われるか，また，見直しの対象とならなかった事項についてどう考えるか，という問題が残されている。このような認識に基づき，この度，「『地方自治の本旨』と条例制定権」のタイトルで論文集を著すことにした次第である。

　本書は4部から成っており，その内容と発表論文等は以下のとおりである。
　第Ⅰ部では，本書の主題である自治権としての条例制定権の範囲と限界を考察するうえで，その前提となる憲法第92条の規範的内容について考察している。
　第1章では，憲法第92条の「地方自治の本旨」の規範的意味について検討している（覚道豊治先生古稀記念論集『現代違憲審査論』所収，法律文化社，1966年11月）。

第2章では，現行憲法の制定過程において GHQ が我が国に導入しようとしたアメリカのホーム・ルール自治制度は，明文上，現行憲法第95条の地方自治特別法の住民投票制にしか実現されていないが，その実体的権能は「地方自治の本旨」の中に残っているとの考えに立って，ホーム・ルール・シティの自治立法権について検討している（阪大法学第43巻第2・3号，1993年11月）。

　【資料】は，ホーム・ルール・シティの「憲法」にあたる自治憲章（ホーム・ルール・チャーター）とはどのような内容であるかを，キャリフォーニア州バークリィ市の自治憲章を例にとって紹介したものである（大阪学院大学法学研究第19巻第1・2号，1993年3月）。

　第Ⅱ部では，本書の主題である条例制定権の範囲と限界について論じている。

　第1章は，条例の実効性確保という点で重要な条例による罰則の設定について，憲法第94条の条例制定権に罰則設定権が含まれるかという，主として条例制定権の範囲について論じたものである（『条例制定権に関する研究』〔大阪府立大学経済研究叢書第60冊〕所収，1984年3月）。

　第2章は，ラブホテル規制条例を例にして，条例による営業の自由の規制の限界や財産権規制の可否，旧地方自治法第2条第2項，旅館業法，建築基準法など国の法令との関係について論じたものである（『条例制定権に関する研究』〔大阪府立大学経済研究叢書第60冊〕所収，1984年3月）。

　第3章は，条例の法令適合性（憲法94条，地方自治法14条1項）に関する学説および判例を検討し，伝統的解釈である，いわゆる法律先占論に代わり特別意義論を提唱したもので，本書で最も重要なものとして位置づけられる（『条例制定権に関する研究』〔大阪府立大学経済研究叢書第60冊〕所収，1984年3月）。

　第4章は，私見である特別意義論の有用性を，普通河川管理条例，公害防止条例，ラブホテル等規制条例を例に挙げて検証したものである（大阪府立大学経済研究第32巻第3号，1987年5月）。

　第5章は，パチンコ規制条例の法令（風俗適正化法）適合性について，神戸地裁平成5年1月25日判決と神戸地裁平成9年4月28日判決が異なる判断をした理由とその是非について検討したものである（山村恒年先生古稀記念論集『環境法学の生成と未来』所収，信山社，1999年9月）。

第6章は，平成11年7月に制定された地方分権一括法による改正地方自治法第2条第11項・12項は憲法規範的効力を有すること，また，条例の法令適合性に関する最高裁大法廷昭和50年9月10日判決の判断枠組みの適用にあたっては，条例の法令適合性を原則的に肯定する方向で行われるべきことが憲法規範的に要請されていること，を論じたものである（月刊自治フォーラム1482号，1999年11月）。

判例評釈・解説1～4はいずれも，条例の法令適合性が争点となった裁判例について評釈・解説したものである。

1では，モーテル類似施設の規制を目的とした飯盛町旅館建築規制条例の法令（旅館業法）適合性が争点となった，飯盛町旅館建築規制条例事件に関する福岡高裁昭和58年3月7日判決を評釈している（大阪府立大学経済研究第28巻第4号，1983年8月）。

2では，阿南市水道水源条例の法令（廃棄物処理法）適合性が争点となった，阿南市最終処分場事件に関する福岡地裁平成14年9月13日判決を解説している（北村喜宣編『産廃判例を読む』所収，2005年7月）。

3では，地方自治法第203条の2第2項違反が争点となった，県労働委員会等委員月額報酬支出差止請求住民訴訟事件に関する大津地裁平成21年1月22日判決を解説している（判例地方自治317号，2009年7月）。

4では，3の控訴審判決である大阪高裁平成22年4月27日判決を解説している（判例地方自治331号，2010年8月）。

第Ⅲ部では，条例の法令適合性問題を回避する手段として多くの地方公共団体で用いられている，行政指導ないし要綱行政の内容とその限界について論じている。

第1章は，法治主義の観点から，規制的行政指導の実効性を担保する措置の限界を検討したものである（判例タイムズ581号，1986年3月）。

第2章は，昭和42年に兵庫県川西市で始まった，いわゆる要綱行政の内容および限界について，裁判例を紹介しながらその問題点を指摘するともに，要綱の条例化を提唱したものである（大阪学院大学通信第20巻第12号〔1990年3月〕，第21巻第1号〔1990年4月〕，第21巻第2号〔1990年5月〕，第21巻第6号〔1990年9月〕）。

判例評釈・解説の1は，建築紛争を解決するための斡旋指導における建築確認の留保に違法性を認めた，最高裁昭和60年7月16日判決を評釈したものである（民商法雑誌第94巻第3号，1986年6月）。

その2は，最高裁昭和60年7月16日判決で示された「特段の事情」がどのような場合に適用されるかについて判示した，横浜地裁平成10年9月30日判決を解説したものである（判例地方自治196号，2000年3月）。

第Ⅳ部では，補論として，法令適合性が問題となる個別条例の検討と条例上の義務を民事訴訟によって実現することができるか，という問題を取り上げている。

第1章は，全国で初めて興信所・探偵社による身元調査を規制した，いわゆる興信所条例について，その制定の背景・理由ならびにその意義と問題点について述べたものである（天理大学同和問題研究室紀要第2号，1986年3月）。

第2章は，平成12年に制定された「ニセコ町まちづくり基本条例」に始まる自治基本条例制定の経緯と内容を紹介するとともに，自治基本条例の最高規範性について論じたものである（高田敏先生古稀記念論集『法治国家の展開と現代的構成』所収，法律文化社，2006年12月）。

第3章は，行政上の義務の履行を求める訴訟は法律上の争訟にあたらない，と判示した最高裁平成14年7月9日判決は，地方公共団体から条例上の義務の履行を確保する有力な手段を奪うものであることから，行政上の義務の履行を求める民事訴訟の可否について論じたものである（『現代の行政紛争』〔小高剛先生古稀祝賀〕所収，2004年12月）。

本書が地方自治の発展に少しでも役立つことがあれば，筆者にとって望外の喜びである。

最後に，大学院でご指導いただいた覚道豊治先生（大阪大学名誉教授）はじめ，関西行政法研究会や審議会（「高田ゼミ」ともいえる）において法的思考の基本を教えていただいた高田敏先生（大阪大学名誉教授），大阪府立大学在職中の公法講座主任教授であった村上義弘先生（大阪府立大学名誉教授），行政訴訟研究

会（現在は行政法務研究会）を主催され，多くの研究者を育ててこられた山村恒年先生（弁護士・神戸大学名誉教授），学会，研究会，各種審議会等でご一緒させていただいた真砂泰輔先生（関西学院大学名誉教授），田村悦一先生（立命館大学名誉教授），芝池義一先生（京都大学名誉教授・関西大学教授），ならびに公私においてご好誼を賜わった研究仲間，同僚，行政関係者その他の皆様に，この場をお借りし，心から感謝申し上げたいと存じます。また，本書出版を快くお引き受けいただくとともに，編集にあたり種々の適切なご助言をいただいた，法律文化社の田靡純子社長に厚くお礼を申し上げたい。

* なお，掲載した論文等は独立のものであるため，論理の展開上記述が重複している箇所が多々あることをご了解いただきたい。

大阪学院大学の研究室にて，平成23年12月5日記す

南川 諦弘

目　次

はしがき

第Ⅰ部　「地方自治の本旨」の規範的内容

第1章　「地方自治の本旨」の規範的意味 ――― 3
　Ⅰ　はじめに　3
　Ⅱ　憲法第92条の憲法保障的意味　4
　Ⅲ　「地方自治の本旨」の規範的内容　8

第2章　ホーム・ルール・シティにおける自治立法権について ― 25
　Ⅰ　はじめに――自治立法権をめぐる我が国の理論状況　25
　Ⅱ　固有の自治権論とホーム・ルール・シティの自治権　27
　Ⅲ　ホーム・ルール・シティにおける地方自治体の法と州法の衝突　30
　　　　municipal affairs の意味　　地方自治体の法と州法の衝突の態様
　　　　州法による先占（pre-emption）
　Ⅳ　おわりに　35

【資料】自治憲章について――バークリィ市憲章を例として ――― 40
　1　はじめに　40
　2　ホーム・ルール運動と自治憲章　40
　3　バークリィ市憲章　43

第Ⅱ部　条例制定権の範囲と限界

第1章　条例と刑罰 ――― 79
　Ⅰ　はじめに　79
　Ⅱ　条例の刑罰設定権に関する沿革　81

　　　　　　明治憲法時代　昭和21年法律27号府県制改正　昭和22年法律
　　　　　　67号地方自治法　昭和22年法律169号地方自治法改正
　　Ⅲ　条例の刑罰設定権の検討　85
　　　　　　大阪市売春取締条例事件最高裁大法廷判決における諸見解　条
　　　　　　例の刑罰設定権に関する諸見解の検討
　　Ⅳ　おわりに　97

第2章 | 条例の限界（その1）――営業の自由・財産権の規制を主として ― 100
　　Ⅰ　はじめに　100
　　Ⅱ　ラブホテル規則3条例の概要　101
　　Ⅲ　ラブホテル規制の2つの側面　102
　　Ⅳ　営業の自由との関係　103
　　Ⅴ　財産権の保障との関係　111
　　Ⅵ　地方自治法との関係　116
　　Ⅶ　旅館業法・建築基準法との関係　118

第3章 | 条例の限界（その2）――いわゆる法律先占論の再検討 ――――― 131
　　Ⅰ　はじめに　131
　　Ⅱ　学　　説　132
　　　　　　原型的法律先占論　修正的法律先占論　法律ナショナル・ミ
　　　　　　ニマム論
　　Ⅲ　判　　例　147
　　　　　　徳島市公安条例事件最高裁判決　高知市普通河川管理条例事件
　　　　　　最高裁判決
　　Ⅳ　おわりに　151

第4章 | 特別意義論の検証 ――――――――――――――――――― 166
　　Ⅰ　特別意義論の提唱　166
　　　　　　憲法による条例制定権の保障　条例の法令適合性に関する学
　　　　　　説・判例　条例の法令適合性に関する諸見解の検討と特別意義
　　　　　　論

Ⅱ　特別意義論の有用性の検証　173
　　　　　普通河川管理条例　公害防止条例　ラブホテル等規制条例
　　Ⅲ　おわりに　181

第5章　風俗環境の保全とと地方自治 ──────────── 184
　　　── パチンコ店規制条例を例として
　　Ⅰ　はじめに　184
　　Ⅱ　伊丹市判決および宝塚市判決の検討　184
　　　　　伊丹市判決　宝塚市判決　両判決の相違点と是非
　　Ⅲ　地方分権下における条例制定権のあり方　196
　　　　　「法令の趣旨解釈論」の是非　条例の法令適合性に関する地方
　　　　　分権推進委員会の見解
　　Ⅳ　おわりに　200

第6章　条例制定権の拡充と主体的行政の展開 ──────── 205
　　Ⅰ　はじめに　205
　　Ⅱ　条例制定権に関するこれまでの理論と実際　205
　　Ⅲ　地方分権一括法制定後の条例制定権の範囲　207
　　Ⅳ　おわりに　210

【判例評釈・解説】
　1　飯盛町旅館建築規制条例事件（福岡高裁昭和58年3月7日判決）　212
　2　阿南市最終処分場事件（徳島地裁平成14年9月13日判決）　222
　3　県労働委員会等委員月額報酬支出差止請求住民訴訟事件　225
　　　（大津地裁平成21年1月22日判決）
　4　県労働委員会等委員月額報酬支出差止請求住民訴訟控訴事件　232
　　　（大阪高裁平成22年4月27日判決）

第Ⅲ部　行政指導・要綱行政とその限界

第1章　行政指導と法治主義 ───────────────── 245

- I はじめに　245
- II 規制的行政指導と法的根拠　245
- III 規制的行政指導の実効性を担保する措置とその限界　250
  ——判例を素材として
    建築確認の留保　　上水道等の供給拒否　　道路位置指定の留保
- IV おわりに　263

第2章 「要綱行政」考　266

- I はじめに　266
- II 宅地開発等指導要綱の概要　268
- III 裁判例の検討（その1）　270
  ——宅地開発等指導要綱の実効性確保のための制裁措置に関して
- IV 裁判例の検討（その2）——いわゆる開発負担金の納付に関して　275
    武蔵野市事件（一審）　　高槻市事件　　堺市事件　　武蔵野市事件（控訴審）　　伊丹市事件
- V 裁判例の総括——要綱行政と法治主義　285
- VI 宅地開発等指導要綱の条例化の検討（その1）　287
  ——公共・公益施設の整備義務および建築規制を中心として
    条例による財産権規制の可否について　　条例の法令適合性について
- VII 宅地開発等指導要綱の条例化の検討（その2）　296
  ——開発負担金を中心として
    開発負担金の法的性質　　条例による課税の可否
- VIII おわりに　303

【判例評釈・解説】

1. 建築計画に対する行政指導と建築確認の留保の違法性　308
   （最高裁昭和60年7月16日判決）
2. パチンコ店への用途変更建築確認不作為事件（鎌倉市）　317
   （横浜地裁平成10年9月30日判決）

第Ⅳ部 補　論

第1章　いわゆる大阪府興信所条例について ——— 325
- Ⅰ　はじめに　325
- Ⅱ　本条例の内容　325
- Ⅲ　本条例制定の経過と専門懇における討議　328
- Ⅳ　最近の自治体における個人情報保護の施策と本条例　335
  　　プライバシーの権利の確立と我が国における裁判例　　プライバシーの権利概念の積極化と我が国におけるプライバシー保護立法の動向　　プライバシー保護における2つの側面と本条例
- Ⅴ　本条例の問題点と評価　341

第2章　自治基本条例について——その最高規範性を中心に ——— 344
- Ⅰ　自治基本条例の制定　344
  　　アメリカの自治憲章（home rule charter）　　我が国における自治基本条例制定の動き　　ニセコ町条例
- Ⅱ　自治基本条例の最高規範性　348
  　　憲法との相違　　最高規範性の付与　　硬性自治基本条例と地方自治法の関係

第3章　行政上の義務の履行確保と民事訴訟 ——— 354
- Ⅰ　はじめに　354
- Ⅱ　民事訴訟の可否に関する従来の学説・判例と14年最高裁判決　355
  　　従来の学説・判例　　14年最高裁判決
- Ⅲ　「法律上の争訟」の意義　362
- Ⅳ　おわりに　364

索　　引

第Ⅰ部

「地方自治の本旨」
の規範的内容

第1章
「地方自治の本旨」の規範的意味

I　はじめに

　グロウバリゼイシャン[(1)]，国際化社会への対応[(2)]，国土の均衡ある発展[(3)]，個性的で活力に満ちた地域社会の形成[(4)]，簡素で効率的な行政システムの構築等[(5)]，様々な背景と理由から，特にここ数年，地方分権の主張および府県連合や連邦制等の受け皿論議が盛んに行われ[(6)]，平成7年5月には地方分権推進法（平成7年法律第96号）の制定をみるところとなった[(7)]。明治以来の中央集権型統治機構が，人・物・金・情報の東京一極集中や経済，社会，文化の各面での地域間格差等種々の弊害を生み，いわば制度疲労を起こしている現状からみて，地方自治制度のあり方を根本的に問い，それを見直そうとする上のような動きが起こったことはきわめて当然のことと思われる。問題は，どのように地方分権を行い，制度改革するかであるが，地方分権推進法が制定された今日，目下の具体的な関心と議論の焦点は，同法第8条に基づいて作成する政府の「地方分権推進計画」および同計画の作成のため同法第10条に基づき地方分権推進委員会が内閣総理大臣に勧告する「具体的指針」にどのような内容が盛り込まれるか，また盛り込むべきかに向けられている。
　ところで，上記のごとく地方自治制度の根本的見直しが行われようとしているこの時，今一度，日本国憲法（以下，憲法という）による地方自治制度の保障[(8)]の内容について確認をしておくことが必要であり，かつ有意義であると考える。そこで，以下，この点について若干の検討とともに，私見を述べておきたい。

II　憲法第92条の憲法保障的意味

　憲法の制定に深く係わった佐藤達夫氏は，憲法第92条について，「第 8 章はむしろこの条文だけで足りるのではないか，といえるくらいに，それは大きな意義をもつ」と述べている。しかるに，柳瀬良幹教授は，「『地方自治の本旨』とは，結局において，地方自治制度の存在理由の意味であり，平に言えば地方自治の制度を認める趣旨のことであるから，従ってこれを裏から言えば，若し今後事情が変わって，例えば今次の戦争の末期にその片鱗を見た如く，地方自治を認める余地が全くない如き事態を生じた場合には，一切の地方公共団体を廃止し，すべての行政を官治行政とすることも，決して憲法の禁ずるところでもなければ，又それに抵触するものでもないのであって，如何なる状況の下においても必ず存置しなければならぬ地方公共団体とか，その権限に属する事務とか，それに対する国家の監督とかいふ如きものは決して存在するものではない。……斯様に，第92条は，……極端に言えばそれは全く無内容な規定」であるとして，同条の憲法保障的意味を否定した。これに対し，鵜飼信成教授は，「憲法が，地方自治の本旨に基いて，地方公共団体の組織および運営に関する事項を定めるといっている以上，地方自治を認めない地方自治の本旨というような Contradictio in ajecto を許さない限り，なんらかの形の地方自治は必ず認められなければならない」と反論し，いわゆる柳瀬・鵜飼論争が起こった。

　ところで，「地方自治の本旨」とは地方自治の本来の趣旨・理念・原則を指す，と解するのが自然と考えられるが，柳瀬説は，それを「地方自治制度の存在理由」と解する点で問題があるほか，同説は，国家主権の単一不可分性を前提に，地方公共団体の権能は国家の承認，許可ないし委任に基づくとの考えに立って，第92条は第65条の定める行政上の中央集権の原則に対する例外を定めるところにその意義がある，とする点で問題がある。同説は，「国家」と「国」がイーコルであるとの考えに立っているが，国民と国土から成る「団体としての国家」と「中央支配機構としての国」とは異なり，国は「中央政府」（日本国の全域を統治する政府）であり，地方公共団体は国とは別個・独立の「地方政

府」（それぞれの地方公共団体の区域を統治する政府）である，と考えなければならない。国だからといって当然に統治権を有するわけではなく，その統治権は国家的支配の基本的原則を定める憲法によって付与されるものであり，その点では地方公共団体の自治権（統治権）が憲法によって与えられるのと同様である。すなわち，憲法は，国家主権（統治権）のうち立法権と行政権を中央政府たる国と地方政府たる地方公共団体に分権して日本国の国家的支配（統治）を行う，と定めているのである。したがって，柳瀬説のいうように，一切の地方公共団体を廃止したり，すべての行政を官治行政とすることも憲法は禁じていない，と解することは妥当ではない。憲法第92条は，「地方自治の本旨」に基づいた地方自治制度を保障するところに規定の意味があり，同条が地方公共団体の組織および運営に関する事項を「法律で定める」と規定した趣旨は，国と地方公共団体および地方公共団体相互間の統治権限の分配ないしその調整等地方自治制度の基本的枠組みについては，民主主義ならびに団体間の利害調整という観点から，全国民を直接代表する機関である国会が制定し，かつ全国にわたって適用される法律で定めなければならないとするところにある。したがって，法律によりさえすれば地方公共団体の組織等についてどのような定めをすることも許される，と解することは妥当でない。

　そこで問題となるのは，「地方自治の本旨」の中身である。このことに関して，次のような裁判例がある。1つは，村長による村有財産の売却が違法であるとして，同村の住民が当該売却行為の無効確認等を求める訴訟を提起した事件である。第一審および第二審とも，原告には裁判請求権がないとして訴えを却下したが，上告審では，納税者訴訟について定めた地方自治法第243条の2（昭和38年法律99号改正前）を遡及適用しないことの憲法第92条違憲性が争われ，最高裁は，「憲法92条は，地方公共団体の組織及び運営に関する事項は，地方自治の本旨に基づいて，法律でこれを定める，と規定しているだけで，『地方自治の本旨』が何であるかを具体的に明示していない。そして地方自治法243条の2のような訴訟制度を設けるか否かは立法政策の問題であって，これを設けないからとて，地方自治の本旨に反するとはいえない。従ってかかる制度を設けていなかった，昭和23年7月の改正以前の地方自治法を憲法92条に違反す

るものということはできないし、また右の改正によって始めてかかる制度を設けた規定の遡及適用を否定した原判決を同条に違反するものということもできない」と判示した。他は、昭和29年の警察法の制定により市町村自治体警察が廃止され、都道府県警察が設置されたことの違憲性が、府警察予算の執行の差止めを求める納税者訴訟という形で争われた事件である。最高裁は、「(新警察)法が市町村警察を廃し、その事務を都道府県警察に移したからといって、そのことが地方自治の本旨に反するものと解されないから、同法はその内容が憲法92条に反するものとして無効な法律といいえない」と判示した。いずれのケースでも最高裁は、「地方自治の本旨」とは何かについて述べていない。

一方、学説も多くは、「地方自治の本旨」は住民自治と団体自治の2つの観念から成るとし、前者は「国の領土内の一定の地域における公共事務が、主としてその地域の住民の意思にもとづいて行われること」をいい、後者は「国の領土内の一定の地域を基礎とする団体が、多かれ少なかれ国から独立な人格を有し、その公共事務をもっぱら自己の意思にもとづいて行うこと」をいう、といった説明以上に具体的に「地方自治の本旨」の内実が検討され、語られてきたとはいえないように思われる。ただこうしたなかで、成田頼明教授が、「憲法第8章は、国の統治構造の一環をなす地方公共団体の自治行政が民主国家の基礎として欠くことのできない一の公の制度であるという認識に立って、歴史的・伝統的・理念的に確立されてきた一定の内容をもった地方自治制度の本質的内容又は核心を立法による侵害から擁護する趣旨の下に制定されたものとみる」制度的保障説の立場から、ドイツ、アメリカおよび日本における地方自治制度の歴史的検討に基づき、地方自治制度の本質的内容または核心として、地方公共団体の全土的存在、地方公共団体の都道府県・市町村という二段階の重層的構造、議決機関としての議会の設置、長・議員等の直接公選制、地方公共団体の全権限性と活動領域の普遍性、組織権、人事高権、財政高権、自治行政権、財産管理権、条例制定権、公営企業権等広範な内容のものを挙げていたことは注目されてよい。これに対し、制度的保障説が重視する歴史的伝統、それを支える理念の多様性と相対性、我が国における歴史的伝統からみて、同説によって地方自治制度の本質的内容または核心を決定することが困難であるとし

て，近時は，「地方自治の本旨」を人権保障または人権保障と国民主権（人民主権）といった憲法原理によって再構成する注目すべき見解も提唱されている[20]。例えば手島孝教授は，地方自治権の前国家性・前憲法性を憲法の全体構造，なかんずく人権体系の中で確認しようとする新固有権説の立場から，地方固有権の具体的内容として，地方公共団体の存立権，住民の直接民主制的参政権，住民の地方公共団体機関任免権，地方公共団体の固有事務遂行についての対国家的全権（組織権・人事権・立法権・財政権・行政権・司法権を包括），国家的性格と地域的性格を併有する事務処理についての地方公共団体協働権を挙げている[21]。

ところで，筆者も「地方自治の本旨」の内実を明らかにすることが必要かつ重要であると考えており，次節において私見を明らかにしておきたい。

なお，成田教授は，「地方自治の本旨」の解釈をめぐって十分に満足のゆく結論が得られなかった理由の1つとして，「地方自治の本旨」を論ずるにあたって，「理想像としてのあるべき地方自治の姿，換言すれば，この規定の Leitbild としての側面と，法律をもってしても侵すことのできない地方自治の本質的内容又は核心，換言すれば，この規定の Norm としての側面とが混同されてきた」ことにある，と指摘されている[22]。何が「地方自治の本旨」の規範的内容を成し，何が理念的内容を成すかについて議論があるとしても，第92条の「地方自治の本旨」に，上記のような2つの側面が含まれていることは教授の指摘されるとおりと考えるので[23]，このような解釈を前提に，以下では「地方自治の本旨」の規範的内容について述べる。また，第92条の「地方自治の本旨」と第93条以下の各規定との関係については，憲法は，第92条において，法律で地方自治制度の基本的枠組みについて定めをする場合，それが規範的・理念的に「地方自治の本旨」に基づいて行われることを要請するとともに，「地方自治の本旨」の規範的内容を第93条以下に規定したものと解する[24]。ただし，第92条が地方公共団体の組織および運営に関する事項を「法律で定める」と規定した趣旨は前述のとおりであるから，国と地方公共団体間および地方公共団体相互間の統治権限の分配ないしその調整に関する法律の制定にあたっては「中央政府たる国」の意思のみで行うことは許されず，「地方政府たる地方公共団体」の意思を反映させる何らかの手続的保障が要請され[25]，このことも「地方

自治の本旨」の規範的内容に含まれる，と解する。

III 「地方自治の本旨」の規範的内容

(1) 全土的に「地方公共団体」を設置すること（さもなくば，住民による「地方公共団体」の設立を保障すること）。

　この点については，上述したように，柳瀬教授は，地方自治の存在理由がなくなれば一切の地方公共団体を廃止することもできると解するが，そのような解釈が妥当でないことはすでに述べたとおりである。

　それでは，必ず設置しなければならない（ないしはその設立を保障しなければならない）「地方公共団体」とはどういうものなのか。『註解日本国憲法』は，地方公共団体とは，「国家の領土の一定の区域をその構成の基礎とし，その区域内の住民をその構成員とし，国家より与えられた自治権に基いて，地方公共の福祉のため，その区域内の行政を行うことを目的とする団体」を指す，としている。上記の自治権を与える「国家」が中央政府たる「国」を意味するものでなく「憲法」を意味し，また「行政」を狭義のそれでなく「統治」を意味するとするならば，上記の説明は妥当である。

　ところで，かつて最高裁は，渋谷区議会贈収賄事件において，憲法第93条の「地方公共団体といい得るためには，単に法律で地方公共団体として取り扱われているというだけでは足らず，事実上住民が経済的文化的に密接な共同生活を営み，共同体意識をもっているという社会的基盤が存在し，沿革的にみても，また現実の行政の上においても，相当程度の自主立法権，自主行政権，自主財政権等地方自治の基本的権能を附与された地域団体であることを必要とするものというべきである」として，東京都の特別区は同条第2項の「地方公共団体」と認めることができない，と判示した。しかし同判決が，「地方公共団体」であるための要件として，「事実上住民が経済的文化的に密接な共同生活を営み，共同体意識をもっているという社会的基盤」の存在を挙げている点は妥当といい難い。地方公共団体にそのような要素が伴うことは地方自治を行っていくうえで望ましいことではあるが，それは「地方公共団体」かどうかを判

断する要件としてあまりに漠然としており，恣意的解釈に流れる恐れがあるうえ，厳格にいえば，今日のように都市化した社会において上記にいうような社会的基盤をもった地方公共団体がはたしてどのくらい存在するか疑問なしとしない(28)。また，もう１つの要件とされている地方自治の基本的権能であるが，それを「沿革的にみても」また「現実の行政の上においても」有していなければならないというのも妥当でない。けだし，まず前者の点については，新しい憲法の下での地方自治の主体たる「地方公共団体」の要件として，戦前の制度の下で地方自治の基本的権能を保有していたことを必要とするのはおかしいし，そもそも戦前の地方制度における都道府県や市町村が，現行憲法の「地方公共団体」として必要とされる程度にまで地方自治の基本的権能を有していたかに大いに疑問があり，後者の点についても，法律で市町村や都道府県の権能を制限すれば，それは憲法にいう「地方公共団体」ではないということになり，法律による憲法規範の変更といった下克上的事態も発生するという不都合が生ずるからである(29)。

ともあれ，昭和49年の地方自治法改正後はもとより，上記事件当時においても，東京都の特別区は憲法にいう「地方公共団体」であったというべきであり，その点から，昭和27年法律306号により改正された地方自治法第281条の２第１項の，「特別区の区長は，特別区の議会の議員の選挙権を有するもので年齢満25年以上のものの中から，特別区の議会が都知事の同意を得てこれを選任する」との規定は，第93条第２項に違反するものであったといわざるを得ない。

さて，「地方公共団体」の意味を前述のように理解するならば，現行の地方自治法が定める普通地方公共団体たる都道府県および市町村は，憲法にいう「地方公共団体」に該当することはいうまでもない。しかし憲法は，個々の都道府県および市町村を保障するものでも，都道府県と市町村という二層制の地方自治制度を保障するものでもない。したがって，廃置分合により既存の都道府県および市町村の消長をもたらすことは許されるし，立法政策的当否は別として，市町村だけの一層制とすることも憲法上は可能である。ただし，上述したように，現在の都道府県および市町村は憲法にいう「地方公共団体」に該当するから，憲法第93条以下の適用を受け，第94条の団体自治権が保障される。

したがって，現に存在する都道府県および市町村の廃置分合は，当該都道府県および市町村（ないしその住民）の意思または同意に基づかなければできない，と解される。

なお，法律で全土的に「地方公共団体」を設置しない場合は，住民の意思に基づく「地方公共団体」の設立を保障しなければならないと考える。

(2) 地方公共団体には，その議事機関として，当該地方公共団体の住民の直接公選による議員で構成する議会の設置を保障すること（93条）。

したがって，法律で上記のような議会の設置を禁止したり，議会を設置しない地方公共団体の存在を認めたりすることは許されない。この点で，地方自治法第94条が町村について議会に代えて「町村総会」の設置を認めていることが問題になるが，町村総会は，選挙権を有する住民自らによって構成されるという，より「住民自治」に基づく構成をとる機関であり，かつ町村総会には町村の議会に関する規定が準用されることから，地方自治法第94条は違憲でない。ところで，議会は議事機関として設置されるべきものであるから，議会の議決権を一切否定し単なる諮問機関的なものとすることが許されないのは当然として，近代議会に共通して認められる予算の議決権ならびに立法権は少なくとも議会の権限として認められていなければならない。

(3) 地方公共団体の長，法律の定めるその他の吏員は，当該地方公共団体の住民が直接選挙しなければならないこと（93条2項）。

ところで，「地方公共団体の長」を直接公選とする憲法第93条第2項の意味は，戦前の制度で官選であった都府県知事を民主主義の徹底という観点から住民の直接公選とするところにあったといわれていることからすると，同条項にいう「地方公共団体の長」とは，地方公共団体を統括・代表しかつ当該地方公共団体の事務を管理・執行する機関を意味する，と解するのが自然であるかもしれない。前述の議事機関としての議会の設置とあわせ，憲法は地方公共団体の組織として，いわゆる「議会＝長」型を採用しているとの通説の解釈である。しかし，はたして憲法は地方公共団体の組織として右のような画一的な組織を

義務づけている,と解すべきであろうか。議事機関として議会を設置しなければならないことは憲法第93条第1項から明白であるが,その議会が執行機関となることまで憲法は禁じているといえるか。他方,憲法第93条第2項にいう「地方公共団体の長」とは地方公共団体を統括・代表する機関のみを意味し,したがって,このような長が議事機関であるとともに執行機関でもある議会の構成員となることも許される,と解する余地があるのではないか。同様に,議会は議事機関として地方公共団体の団体意思を決定し,執行機関には議会によって任命される非公選の特別職の公務員をあてることも可能ではないか。特に市町村では,その規模等に最も適した組織を採用することの利益が大きいと思われる。

「法律の定めるその他の吏員」として,かつては教育委員の例があったが,昭和31年の地方教育行政の組織および運営に関する法律の制定によって,教育委員は地方公共団体の長が議会の同意を得て任命する非公選制となって以来その例がない。どのような吏員を住民の直接公選とするかは法律事項であるが,全く公選吏員を認めないということまで立法裁量といえるか問題となる。地方自治を活発化させるためには,地方自治への住民参加を促進する必要があり,その意味で住民の直接公選にかかる吏員をできるだけ多く認めることが望ましい。現在のように公選吏員を全く認めないというのは違憲の疑いが強い。住民自治および団体自治を尊重する観点から,地方公共団体において独自の公選吏員を設けることも,また,法律で定められた非公選の吏員について,例えば,かつて東京都中野区で実施された教育委員準公選制度のような制度を採用することも可能である,と解するのが妥当である。このような解釈の下で,公選にかかる「その他の吏員」の不存在の違憲性が回避されるものと解する。

(4) 地方公共団体に非権力的行政のみならず,権力的行政を行う権能を保障すること。

戦前の地方制度では,警察・統制といった権力的行政を行う権能は専ら国に属するものと考えられ,市町村はもとより府県も権力的行政を行う権能を当然には有しなかった。すなわち,戦前の府県および市町村は,統治団体ではなく

事業団体ないし経済団体と考えられていたのである。憲法第94条は、地方公共団体が「財産を管理し、事務を処理」するほか、「行政を執行する権能」を有すると規定し、地方公共団体に非権力的行政のみならず権力的行政を行う権能を付与することを明らかにした。

　問題は、憲法が法律によっても奪うことのできない事務権限の範囲如何である。塩野宏教授は、地方公共団体の憲法的地位が保障される範囲の確定方法には、法律決定システム、事項的保護システム、内容的保護システムの3つがあるとしているが[31]、須貝脩一教授は、現行憲法制定の経緯を踏まえ、次のように解しておられる。すなわち、憲法ホーム・ルール州の市には、実体的権能すなわちその範囲内で市が行動するこのできる政治的権能の一定の諸分野の留保と、付与された右の権能を市が適当と認める仕方で行使する手続上の権能の2種類の権能が付与される。現行憲法については、総司令部との接渉の結果、憲法第92条で、「地方公共団体の組織および運営に関する事項」が「法律」で定められ、また第94条の「条例」がcharterからregulationに変えられたことから[32]、上記の手続面が否定されたが、なお実体面は残っている。したがって、法律によっても実体的ホーム・ルール権を侵害することができず、それが厳格な意味での「地方自治の本旨」とされ、現行憲法は事項的保護システムを採用しているとの立場をとられる[33]。

　しかし、州憲法でchartered city[34]に関する事項的保護システムを採用しているキャリフォーニア州においても、municipal affairsの概念については、判例・学説ともその理解は区々に分かれ、内部組織に関する限りでは自治にきわめて強く働いているが、ポリス・パワーに関しては否定的に理解されている[35]。このように、municipal affairsは不確定な概念であるとともに、そもそも何が地方的事務であるかは社会経済の発展により可変的であると考えられることから、憲法は必ず認めなければならない、すなわち法律によっても奪うことのできない特定の事務権限を地方公共団体に保障している、と解するのは困難である。したがって、憲法の解釈としては、権力的行政にかかわる事務を含め地方的な事務を地方公共団体がその固有の事務として処理する権能を保障する（全権限性《Allzustandigkeit》ないし権限の推定《Zustandigkeitsvermutung》）とともに、

法律で個々具体の事務権限を定めるにあたっては，立法過程に地方公共団体の意思を反映させること，および地方公共団体，特に市町村優先の原則に立つことを保障している，と解するのが妥当である。

　ところで，地方公共団体が警察を設置・管理する権能は，「地方自治の本旨」の規範的内容を成すと解すべきかどうか問題となる。英米の諸国においては，通常地方公共団体は警察機関を有しているし，また我が国でも総司令部の地方行政委員会案では，都道府県，市，町および村の政府は，「地方の警察を設け，これを維持する権能」を有すると規定され，現に旧警察法時代に市および人口5000人以上の町村は警察をもっていた。思うに，地方公共団体が，統治団体として権力的行政を行ううえで警察機関を有していることは重要である。したがって，地方公共団体が警察機関を設置し維持することは，「地方自治の本旨」の規範的内容を成し，自治行政権に含まれる，と解すべきである。現在のように法律で市町村警察の設置を定めていない場合は，条例による設置が許されると解する。

(5)　地方公共団体に課税権を認めること。

　地方公共団体の課税権が憲法によって直接与えられているものなのか，それとも地方税法等の法律によって与えられるものなのかについては，今なお見解の一致を見ていない。かつて福岡地裁は，大牟田市が特定産業用の電気の使用を非課税とする地方税法第489条第1項・2項の立法行為によって税収入が減じた分の損害賠償を国に求めた事件で，「地方公共団体がその住民に対し，国から一応独立の統治権を有するものである以上，事務の遂行を実効あらしめるためには，その財政運営についてのいわゆる自主財政権ひいては財源確保の手段としての課税権もこれを憲法は認めているものというべきである。憲法はその94条で地方公共団体の自治権を具体化して定めているが，そこにいう『行政の執行』には租税の賦課，徴収をも含む」と判示し，地方公共団体の課税権は憲法によって与えられている，との見解をとった。地方公共団体が統治団体として，その地域において自治的に政治・行政を行うためには，それに必要な財源を調達する権能すなわち課税権が不可欠である。総司令部の地方行政に関す

る委員会案でも，都道府県，市，町および村の政府の具体的権限の1つとして，「税を課し，これを徴収する権限」が規定されていた。この点で，上記地裁判決はまさに妥当な解釈である。

　それでは，地方公共団体は全く自由に条例を制定して地方税を課することができると解すべきか。国民健康保険税条例に基づいて国民健康保険税の賦課処分を受けた者が同処分の取消しを求めた訴訟で，仙台高裁秋田支部は，「いわゆる租税法律主義とは，行政権が法律に基づかずに租税を賦課徴収することができないとすることにより，行政権による恣意的な課税から国民を保護するための原則であって，憲法84条……は，この原則を明らかにしたものと解されるが，地方自治に関する憲法92条に照らせば，地方自治の本旨に基づいて行われるべき地方公共団体による地方税の賦課徴収については，住民の代表たる議会の制定した条例に基づかずに租税を賦課徴収することができないという租税（地方税）条例主義が要請されるというべきであって，この意味で，憲法84条にいう『法律』には地方税についての条例を含むものと解すべきであり，地方税法3条が『地方団体はその地方税の税目，課税客体，課税標準，税率その他賦課徴収について定をするには，当該地方団体の条例によらなければならない。』と定めているのは，右憲法上の要請を確認的に明らかにしたものということができる。そして，右地方税条例主義の下においては，地方税の賦課徴収の直接の根拠となるのは条例であって法律でないことになり，地方税法は地方税の課税の枠を定めたものとして理解される」と判示している。憲法第84条は課税権の行使に関する法治主義の原則を定めた規定であること，そして地方税法は地方税に関する枠組みを定めた法律（いわゆる枠法）である，との上記判決の解釈は妥当である。

　しかし，憲法第84条は，法治主義の原則を定めただけの規定ではない。国税といい地方税といい，どちらも国民（住民）の納める税であり，納税者である国民の担税力には当然限界があり，税源にもおのずから限界があるわけであるから，限られた税源を国と地方公共団体の間でどのように配分するかを決めなければならない。また，地方公共団体間の財政面での格差是正のための調整も必要である。とすれば，それを定める法形式は「法律」ということにならざ

を得ない。憲法第84条のもう１つの意味はここにあるのである。そういう意味で、地方税法は本来、国、都道府県および市町村間の税の配分に関する大綱を定めるという役割をもつべきものである。したがって、法律でどのように定めてもよいわけではない。

　この点、前述の福岡地裁判決が、地方公共団体の課税権の憲法保障内容について、「例えば、地方公共団体の課税権を全く否定し又はこれに準ずる内容の法律は違憲無効たるを免れない」と述べるに止まり、「憲法上地方公共団体に認められる課税権は、地方公共団体とされるもの一般に抽象的に認められた租税の賦課、徴収の権能であって、憲法は特定の地方公共団体に具体的税目についての課税権を認めたものではない。税源をどこに求めるか、ある税目を国税とするか地方税とするか、地方税とした場合に市町村税とするか都道府県税とするか課税客体、課税標準、税率等の内容をいかに定めるか等については、憲法自体から結論を導き出すことができず、その具体化は法律（ないしそれ以下の法令）の規定に待たざるをえない」と判示し、広い立法裁量を認めているが、妥当でない。厳密な基準を設定することができないとしても、基本的には事務配分に応じた税源の配分を行うこと、それが基準とされなければならない。もっとも、現在の事務配分は事務の性質に応じた配分になっておらず、きわめて多くの事務を国の事務としつつ、それらを都道府県知事や市町村長等の地方公共団体の機関に委任するという、いわゆる機関委任事務方式がとられており、そのような事務配分が抜本的に是正されるべきは当然として、それまではとりあえず現に国の機関が行っている事務か、それとも地方公共団体の機関が行っている事務かによって、それに応じた税源の配分を行うべある。そのような考え方からすると、国・地方別の最終財政支出は、国が４割弱、地方公共団体が６割強であることから、税源もおおむねそのような割合で配分されるべきである（ただし、地方公共団体の財政面での格差を調整するために国に配分されるべき一定の財源は除く）。そして地方公共団体のこの自主課税権を手続的な面からも担保するため、税源の配分を定める法律の制定過程に地方公共団体（実際には地方公共団体の代表）の参加を保障する必要がある。

　以上が、地方公共団体の課税権に関する「地方自治の本旨」の規範的内容で

(6) 地方公共団体に条例制定権を認めること。

問題の1は，条例による財産権規制の可否である。思うに，憲法第29条の「法律で定める」との規定は，財産権の規制に関する法治主義の原則を述べたもので，同条の真の意味は，財産権の内容が「公共の福祉に適合」するものでなければならないとの福祉国家の下での財産権の社会的制約を述べたところにある。他方，現行憲法の地方公共団体は，統治団体として住民の福祉実現のため消極・積極の行政を行う権限として責任を有していることから，憲法第29条の「法律」には当然条例が含まれ，財産権の公用的規制についても条例で定めることができる，と解するのが妥当である。

問題の2は，憲法第94条の「法律の範囲内で条例を制定することができる」との規定の解釈である。最高裁は，徳島市公安条例事件において，国の法令と条例が同じ目的で同じ対象について規定する場合でも，当該法令の趣旨によっては条例の制定が許されるとの解釈（法令の趣旨解釈論）をとり，従来に比し条例制定権の範囲を拡げた。しかし，法令の趣旨は必ずしも明確でないため解釈する者によって結論が異なる可能性が強く，とりわけ伝統的に国法優位の思想が強いため，条例の制定を不可能とする解釈が行われやすいという面がある。そのため，上記最高裁判決後も，地方公共団体ではいわゆる要綱行政が依然として重要な行政運営手段として用いられ，法治主義の面からの問題を残している。ところで，(4)において述べたとおり，憲法は特定の事務を地方公共団体に保障していると解することが困難である。したがって，権力的行政を含め地方的事務を処理する権能を保障するという憲法の「事項的保護システム」を実効的ならしめるためには，国の法令と条例との関係について，できる限り条例制定の範囲を広く解する見解をとる必要がある。すなわち，塩野教授のいわれる「内容的保護システム」による補強である。そこで筆者は，条例が国の法令に積極的に接触しない限り，条例の制定に特別の意義と効果が認められるならば条例の制定が許されてよいとの見解（特別意義論）を提唱している。

(7) 条例に罰則の設定権を認めること。

かつて最高裁は，大阪市売春取締条例事件において，「条例は，法律以下の法令と言っても，……公選の議員をもって組織する地方公共団体の議会の議決を経て制定される自治立法であって，行政府の制定する命令等とは性質を異にし，むしろ国民の公選した議員をもって組織する国会の議決を経て制定される法律に類するものであるから，条例によって刑罰を定める場合には，法律の授権が相当程度に具体的であり，限定されておれば足りると解するのが正当である」と判示し，地方自治法第14条第5項は合憲であり，同条項に基づく条例の罰則規定を有効であるとした。しかし，条例による罰則の設定につき相当程度に具体的・限定的であれば足りるとはいえ法律の委任が必要である，と解するのは妥当でない。けだし，前述したように，現行憲法の地方公共団体は，統治団体として住民および滞在者の権利や自由を制限し，義務を課する条例の制定権が保障されており，そのような条例の実効性を担保するためには条例違反に対する制裁として罰則を科することができなければならないからである。また，いわゆる罪刑法定主義は法治主義の刑法における表現であり，罰則の設定は法律の専権事項とは限られない。したがって，憲法第94条の条例制定権には罰則の設定権が含まれ，憲法第31条の「法律」に当然条例が含まれている，と解しなければならない。

(8) 地方自治特別法の制定には当該地方公共団体の住民投票による過半数の同意を必要とすること（95条）。

このことを規定した憲法第95条は，19世紀後半アメリカで起こったホーム・ルール運動の成果の1つである，州議会による特別立法（special legislation）の禁止にそのルーツがあるとされている。したがって，憲法第95条は，国が地方自治特別法の制定という手段によって特定の地方公共団体を差別的に取り扱うことを防止するという，団体自治の保障を主たる目的とするが，同時に地方自治特別法の制定に当該地方公共団体の住民の意思を反映させるという，住民自治を保障するものでもある。問題は，何が地方自治特別法かという点である。まず同条の「一の」とは「特定の」という意味に解すべきで，したがって，複

数の地方公共団体に適用される法律であっても地方自治特別法に該当する[51]。しかし，当該法律が特定の地方公共団体の区域においてのみ適用されるものであっても，それが単に国の事務・事業ないし組織に関するものであったり，純然たる私法関係に関するものであって，地方公共団体の組織や運営に関するものでなく，住民の公の権利や義務にも何らかかわりのないものである場合には，当該法律は地方自治特別法に該当しない。このことは，本条の「地方公共団体……に適用される」との文言からも窺われる。したがって，例えば古都保存法は，京都市，奈良市，鎌倉市および政令で定めるその他の市町村の区域においてのみ適用される法律であるが，古都の歴史的風土の保存という国の事務・事業について規定する法律であるから地方自治特別法に該当しない，と解することができる。これに対し，明日香特別措置法は古都保存法の特例法と位置づけられ，国の事務・事業にかかわる法律であるとして古都保存法と同様地方自治特別法に該当しないと扱われたが，同法は，明日香村の歴史的風土を保存するために全域において現状凍結またはそれに準ずる厳しい規制の網をかぶせる法律であって，それにより村の将来が決定されるとともに，村民の生活を著しく制約するものである。このような同法の内容からいって，また広島平和記念都市建設法等地方自治特別法として住民投票にかけられた過去15件の立法例との対比からいっても，その制定にあたり地方自治特別法として住民投票にかけるべきであった，と考えられる[53]。

(1) グロウバリゼイシャンという歴史的時代状況は，最高・不可分・無制約の伝統的な主権概念の変更をもたらし，それまでの主権的国家に代わって地方自治体の重要性を増すと指摘されている。「ヨーロッパ地方自治憲章」(1985年)や「世界地方自治宣言」(1985年，1993年) は，そのような現れとみることができる。同憲章および宣言の内容については，廣田全男・糠塚康江「『ヨーロッパ地方自治憲章』『世界地方自治宣言』の意義」法律時報66巻12号（1994年）42-66頁，「フランツ＝ルートヴィヒ・ウネーマイヤー／木佐茂男訳「ヨーロッパの統合と地方自治――ヨーロッパ地方自治憲章（EKC）」自治研究65巻4号（1989年）参照。
(2) 国際化社会への対応として，我が国の国際貢献の必要性が主張される。特に湾岸戦争での我が国の対応に対する国際的非難がきっかけとなって，そのような主張が一段と強くなり，こうしたことから，国の役割を外交，防衛，マクロの経済政策等に特化させる必要があるとされる。小沢一郎『日本改造計画』（講談社，1993年）等。なお，後掲の第

3次臨時行革審答申，地方6団体意見書，第24次地方制度調査会答申等も同様な見解に立っている。
(3) 四全総（昭和62年）は多極分散型国土の形成を基本目標とするものであるが，その達成には，単に交通・通信のネットワークを全国に張り巡らすだけでは足らず，思い切った事務・権限および財源の地方移譲が必要と考えられる。例えば，昭和63年の第21次地方制度調査会「地方公共団体への国の権限移譲等についての答申」は，多極分散型国土の形成という新たな視点が加わったとして，その推進のために特に速やかに実現すべき土地利用，まちづくり，産業・交通の3つの分野にわたる16項目の地方公共団体に対する権限移譲等を提言している。なお，昭和61年の経団連「21世紀を目指した国土開発の課題――四全総に望む」も，国土の均衡ある発展のために，行政権限の地方への移譲を訴えている。
(4) 社会・経済の成熟期を迎え，量よりも質的な生活の向上を求める国民のニーズに応えるためには，経済的・社会的・文化的に個性のある地域社会の形成が必要であるが，そのためには，事務・権限および財源の地方移譲が不可欠である。前述の行革審等の答申および地方分権推進法（第2条）も，このような見解に立っている。
(5) 新保守主義ないし新自由主義といわれる思想が，1980年代以降の先進資本主義諸国における潮流となっているが，今日の我が国において論議されている行政改革，規制緩和も，その具体的現れである。機関委任事務の廃止や事務・権限の地方移譲なども，このような観点から論ずることが可能である。
(6) 地方分権推進法に繋がる今回の地方分権論議は，平成元年の第2次行政改革推進審議会の「国と地方の関係等に関する答申」に始まり（「〔座談会〕地方分権と分権推進法」の成田頼明教授の発言），その後の衆・参両院本会議における「地方分権の推進に関する議決」（平成5年6月），第3次臨時行政改革推進審議会「国際化対応・国民生活重視の行政改革に関する最終答申」（同5年10月），地方六団体による「地方分権の推進に関する意見書」（同6年9月），第24次地方制度調査会「地方分権の推進に関する答申」（同6年11月），「地方分権の推進に関する大綱」について閣議決定（同6年12月）等と続いた。
(7) 関経連は，「地方制度の根本的改革に関する意見」（昭和44年）および「国と地方の制度改革に関する提言」（平成元年）において，いわゆる道州制を提唱したが，平成3年の「都道府県連合制度に関する提言」では，道州制への過渡的制度として都道府県連合制を提唱している。平成6年の地方自治法改正による「広域連合」制度（第291条の2ないし第291条の13）は，都道府県の加入する「広域連合」を認めるものであるから，「市区町村連合」および市区町村に都道府県が加わる「スクランブル広域連合」のほか，「都道府県連合」設立も可能であり，関経連の上記の提言を実現するものである。なお，経団連「21世紀に向けた行政改革に関する基本的考え方」および「東京一極集中の是正に関する経団連見解」も，都道府県連合制度を提唱している。連邦制については，日本青年会議所「地方分権へのいざない」（平成2年），岡山県「連邦制の研究報告書」（同3年），恒松制治『連邦制のすすめ』学陽書房，1993年等。その他，平松大分県知事の九州府設置構想，貝原兵庫県知事の中央集権制限法の各提言。市町村合併に関しては，岩国前出雲市長の市町村を約1000に合併する提言（細川護熙・岩国哲人『鄙の論理』光文社，1991年），小沢氏の300市一層制とする提言（前掲『日本改造計画』）等。

(8) 地方分権推進委員会の諸井虔氏は、今回の地方分権を、「明治維新、戦後改革に次ぐ『第三の改革』であるとの気構えで取り組んでいます」と述べている。朝日新聞平成8年3月30日朝刊。なお同紙は、同委員会が平成8年3月29日、機関委任事務の全廃と必置規制の大幅な整理を柱とする中間報告を発表したが、早くもこれに反発し、同年末を目標にまとめられる勧告に向けて、同委員会案を骨抜きにしようとする動きが見られる、と報じている。

(9) 「憲法第八章覚書」『地方自治論文集』48頁、地方財務協会、1954年。なお、同条は総司令部案にはなく、日本政府の要請で挿入されたものである。

(10) 「憲法第8章について」自治研究28巻6号（1952年）12・13頁。

(11) 「憲法における地方自治の本旨」都市問題44巻2～4号（1952年）16頁。また俵静夫教授も、柳瀬説では、「憲法がとくに地方自治にかんして1章を設け、地方自治制度のありかたを保障した意味はまったくないことになる」と批判された。「憲法と地方自治」神戸経済大学創立五十周年記念論文集法学編（1）9頁、有斐閣、1953年。

(12) つとに須貝脩一教授は、伝統的自治学説は「団体としての国家と、支配機構としての国を混同して、ごっちゃにしていたのではなかったか。……現行憲法の原理によると、……国家と呼ばれる団体はけっきょく、主権を有するとされる国民全体によって構成されるのではないか。そして主権者たる国民が憲法を通じて、国という支配機構と、またこれとならんで地方自治と呼ばれる機構とを組織したことになるのではないか」と述べておられる。『行政法の基礎知識』206・207頁、嵯峨野書院、1978年。また最近では、兼子仁教授が、その主張である憲法伝来説（『条例をめぐる法律問題』30頁、学陽書房、1978年参照）を敷衍して、憲法上の「日本国」を、国と自治体の統治権が束ねられた日本国家として法的に成り立つ「地方自治総合国家」である、と述べている。兼子仁・村上順『地方分権』55・56頁、弘文堂、1995年。なお、行政学でも、国と地方公共団体の関係および地方公共団体相互の関係を政府間関係（intergovernmental relation）として捉える傾向にある。例えば、西尾勝「『政府間関係』概念の由来・構成・意義」自治体学研究17号（1983年）。

(13) 浅沼潤三郎教授も、「日本国憲法は統治権を、中央政府として統治すべき国と地方政府として自治を行うべき地方公共団体に分割分配し、統治団体としての地方公共団体の地位を第8章で保障したと考えられるのであって、ここに帝国憲法下とは異なる、日本国憲法下の地方自治の法理の根源がある。地方公共団体に認められる統治権の内容には当然に立法権と行政権が含まれる（司法権は法律により国に留保されている）」と述べている。浅沼・清永敬次・村井正・村上義弘編『地方自治大系Ⅲ 税制』117・118頁、嵯峨野書院、1995年。なお手島孝教授は、自治司法権は、前憲法的地方自治権の本質的内容として憲法によって保障されており、司法を国の専管とした地方自治法第2条第10項第1号は違憲の疑いがある、とする。「憲法と地方自治の法理―固有権説の再照射―」LAW SCHOOL32号（1971年）。私見は、地方公共団体の司法権は憲法で保障されていないが、法律により地方公共団体の裁判所（例えば、アメリカのmunicipal courtのようなもの）を認めることは可能であり、立法政策的にも望ましいと考える。中川剛「地方自治体の司法権」自治研究54巻1号（1978年）67-75頁参照。

(14) 筆者の見解は、憲法が「地方自治の本旨」という一定内容の地方自治制度を保障して

いると解する点では制度的保障説であるとともに，地方公共団体の自治権の由来ないし根拠は憲法であるという点では憲法伝来説である，ということになる。
(15) 最大判昭34・7・20民集13巻8号1103頁。
(16) 最大判昭37・3・7民集16巻3号445頁。
(17) 宮沢俊義『日本国憲法』759頁，日本評論新社，1955年。住民自治（bürgerliche Selbstverwaltung），団体自治（körperschaftliche Selbstverwaltung）の概念は，19世紀後半のドイツ公法学によって形成された。成田頼明「地方自治総論─地方自治の観念─」『現代行政法大系8』3-10頁，有斐閣，1984年参照。
(18) 成田頼明「地方自治の保障」『日本国憲法体系 第5巻』241・290-303頁，有斐閣，1964年。
(19) 例えば，成田教授が自治行政権について，「実体的な事務の領域については，そもそも，地方公共の事務とそうでないものとを法理論上区別することは不可能であるから，立法府は，地方公共団体の処理すべき事務を零にし，すべてを委任事務に切り換えでもしない限り，万能に近い権能を持つ」（注(18)論文299頁）とする点に対して，そのような本質内容の理解では，「本質内容ぎりぎりの線まで自治についての規制を強化しても違憲でないとする保障を与えることによって，地方自治を現状以上に大幅に制約する口実を与えるおそれがある」といった批判がなされている。鴨野幸雄「地方自治権」杉原泰雄編『講座憲法学の基礎I』269-272頁，勁草書房，1983年参照。
(20) かくして再構成された「地方自治の本旨」の内容を成す地方公共団体に固有な権利ないし自治事務領域を，前国家的・前憲法的なものと解するか，それとも憲法規定によるものと解するかの2つの立場に分かれる。手島・注(13)論文は，前者の立場をとり，杉原泰雄「地方自治権の本質」『憲法学6』（奥平＝杉原編）有斐閣，1977年，鴨野・注(19)書は，後者の立場をとる。
(21) 手島・注(13)論文14・15頁。教授の説く地方自治固有権は，「住民がその最も身近な地域社会を基礎に地方団体を形成し，共同事務を最大限自力で処理することを通して自らの自由と権利を守り伸長するのは，まさに人間としての基本的人権に属しており，日本国憲法が保障する『生命，自由及び幸福追求に対する国民の権利』（13条）の重要な一部である。また，そのようにしていわば自然発生的に成立する地方団体は，それ自体独立の社会生活単位として，地方的利害に関する限り国家に対して可能最大限自由に活動する自然法的権利を具えており，これは基本的人権に準ずる（団体）基本権というべきものである」（同10頁），という考えに基づいている。
(22) 成田・注(18)論文288頁。
(23) このように解すると，「Normとしての『地方自治の本旨』が問題となる場合には，主として法律的意味における自治＝団体自治の観念が中心となり」（成田・注(18)論文289頁），例えば，現行地方自治法が認めている住民の直接請求権は，Leitbildの「地方自治の本旨」の内容を成すものと解される結果，地方自治法の改正によって，同法上そのような住民の権利が認められなくなっても違憲という問題が起こらない（同288頁。なお，宮沢・注(17)書761頁）。そのような点から，このような解釈は，地方自治を弱める見解として批判される（例えば，鴨野・注(19)書271・272頁。なお，山下健次教授は，Leitbildとしての「地方自治の本旨」の内容も，Leitbildに適合する法律が作られたら，それは作られ

た法律と一体となって一種の憲法規範的効果をもつと考えることができなければならないという。「地方自治権の本質・存在理由の検討方法」公法研究43号〔1981年〕182頁)。しかし,仮に地方自治法上住民の直接請求権が認められなくても,地方公共団体は独自に条例でそのような住民の権利を認める条例を制定すればよいわけである。もっとも,法律が明文でそのような条例の制定を禁止する場合は別であるが,しかしそのような場合でも,法律で禁止しなければならない合理的理由が必要と解されるから,もし合理的理由がないならば,当該法律は,自治立法権の行使ないし地方公共団体の統治をどのような方法で行うかについての自治組織権・自治行政権を侵害するものとして違憲無効と解される。また後述のように,国と地方公共団体間等の権限分配ないし調整に関する法律の制定には,地方公共団体の意思を反映させるための手続的保障が必要であると解されるので,上記のような批判はあたらないと考えている。

(24) 通説は,第93条以下の各規定は,第92条にいう「地方自治の本旨」のうちでも特に重要なものを具体化したものと解している。したがって,「『地方自治の本旨』の保障は,93条及び94条に具体化されている制度又は権能の本質的内容にだけ及ぶものでなく,これらの条項に示されていない事項にも及ぶ」(成田・注(18)論文289頁)ということになる。しかし,筆者は,「地方自治の本旨」の規範的内容は,第93条以下の各規定に具体化されたもののみと解する。なお須貝脩一教授は,厳格な意味での「地方自治の本旨」は第94条であるが,広義においては第92条以外の他の3カ条に定められたところをいうと解しておられる。「憲法第8章」法学論叢88巻4・5・6号(1971年)24頁。

(25) ドイツでも,1960年代以降,給付国家の展開や全土にわたる生活関係の画一化の要請に基づく立法化と計画化の進展,事務負担にみあう財政調整の欠如,自治体事務の下から上への移行による地方自治空洞化等の危機を克服するため,一定の領域において自治行政の制限が必要となるときは,ゲマインデの参加権(Mitwirkungsrecht)を認めなければならない(W・ブリューメル)。ゲマインデは,自治体にかかわる決定があるときは,上級レベルにおいても意見具申権または共同決定権を有する(W・ロータース),地方団体連合組織が立法手続に参加できるよう憲法諸機関の議事規則を改正し,計画実施法律で連邦とラントの合同計画に同組織が参加すること(1976年の憲法改正調査委員会《Enquete-Kommission Verfassungsreform》勧告)等の主張がなされている。以上,阿部照哉「ボン基本法の地方自治」『地方自治大系1』134-137頁,嵯峨野書院,1989年。我が国では,具体的には,地方6団体の立法過程への参加等が考えられる。

(26) 法学協会編『註解日本国憲法 下巻(2)』1374頁,有斐閣,1953年。

(27) 最大判昭38・3・27刑集17巻2号121頁。

(28) 阿部泰隆『地方自治判例百選〔第2版〕』5頁,有斐閣,1993年。

(29) 荒秀『憲法の判例〔第3版〕』233頁,有斐閣,1977年。

(30) 今村都南雄教授は,「93条では,議事機関としての議会の設置と『地方公共団体の長,その議会の議員及び法律の定めるその他の吏員』の直接公選を規定してはいるけれども,議事機関と執行機関の関係や両機関の組織形態については直接規定していない。したがって,この点に着目すると,現行憲法のもとでも,いわゆる『委員会制』のように,公選による数人の議員が立法権と執行権の双方を統合する委員会を構成し,その委員会の議長をもって当該団体を代表させるとともに,他の議員が行政各部を分担して管理する制

度であるとか，アメリカの『市支配人制』のように，議会を存置したまま，行政の執行についてのみ議会が任免権を有する市支配人（city manager）に委ねる制度などにならって，純然たる二元的代表制と異なった組織形態をとりいれる余地が残されているのではないか，との解釈も成り立ちうる」（「地方公共団体の組織編成」『現代行政法大系8』72頁，有斐閣，1984年）とされる。また，宮沢俊義教授は，「『地方公共団体の長』とは，執行権の首長であり，地方公共団体を代表する職務を有する機関を言う。……かような長は，独任機関であることが予想されているとおもわれるが，しかし，合議制の長を設けることも，かならずしも本条の禁ずるところではあるまい」（注(17)書766頁）といわれている。

(31) 「地方公共団体の法的地位論覚え書き」社会科学研究33巻3号（1981年）130頁。
(32) マッカーサー草案第81条は，「首都地方，市及町ノ住民ハ彼等ノ財産，事務及政治ヲ処理シ並ニ国会ノ制定スル法律ノ範囲内ニ於テ彼等自身ノ憲章（charter）ヲ作成スル権利ヲ奪ハルルコト無カルヘシ」と規定していた。正しくアメリカにおけるホーム・ルール自治制を我が国に導入しようとするものであった。なお，拙稿「ホーム・ルール・シティ」阿部・佐藤・園部・畑・村上編『地方自治大系Ⅰ』294-321頁，嵯峨野書院，1989年参照。
(33) 注(24)法学論叢88巻4・5・6号34頁。なお，人権保障および国民主権（人民主権）の憲法原理から地方公共団体の固有の自治事務に言及するものとして，杉原・注(20)論文131-139頁，鴨野・注(19)論文272-278頁等。
(34) 一般には，home rule city と呼ばれている。
(35) ショウ・サトウ（田島裕訳）「キャリフォーニアにおける市の自治」アメリカ法1966年2月222頁以下，S. Sato, Municipal Affairs in California, 60. Calf. L. Rev. 1094-97（1967）。
(36) いわゆるシャウプ勧告は，このような原則を提唱していた。このような原則は，人民主権論や新固有権説から主張されているが（杉原・前掲論文137頁，手島・前掲論文10頁等），全権限性からも導くことが可能である。
(37) 福岡地判55・6・5判時966号3頁。
(38) 仙台高判秋田支判昭57・7・23判時1052号3頁。
(39) 浅沼・注(13)書130頁。
(40) 浅沼教授は，地方税法を「技術的標準法」という。注(13)書132頁。
(41) 第24次地方制度調査会答申，第3次行革審答申，地方6団体意見書および地方分権推進審議会の中間報告（平成8年3月29日）は，いずれも機関委任事務の廃止を打ち出している。
(42) 詳細は，南川諦弘『条例制定権に関する研究』大阪府立大学経済研究叢書60冊，48-54頁，1984年参照。
(43) 最大判昭50・9・10刑集29巻8号489頁。
(44) 例えば，飯盛町旅館建築規制条例事件では，一審（長崎地判昭55・9・19判時978号24頁）と控訴審（福岡高判昭58・3・7判時1083号58頁）とで旅館業法第3条の趣旨解釈が異なったし，また高知市普通河川管理条例事件では，最高裁（最判昭53・12・21民集32巻9号1723頁）は，前述の徳島市公安条例事件とは異なり，河川法第3条第2項の趣旨解釈について条例の制定を不可能とする厳格な解釈をしている。

(45) 平成5年の建設省・自治省合同調査でも，全国の1142市区町村で，1330にのぼる宅地開発等指導要綱が制定されていることが報告されている。
(46) 詳細は，南川・注(42)書65-106頁参照。
(47) 最大判昭37・5・30刑集16巻5号577頁。
(48) 戦前の制度の下では，条例に罰則を定めることが認められていなかったが，戦前にあっては，府県および市町村は，今日でいう公共事務条例の制定しか認められていなかったため，条例で罰則を定めることができなくとも特に不都合はなかった，といえる。
(49) 詳細は，南川・注(42)書3-27頁参照。
(50) 金丸三郎『地方自治法精義 下巻』258・259頁，春日出版，1949年，注(26)書1410頁，成田・注(18)論文276頁，須貝・注(12)書216頁。特に，特別法の制定に地方自治体の選挙民の同意ないし賛成を必要とすると定めた1904年のイリノイ州憲法や1908年のミシガン州憲法にそのルーツが求められる。
(51) 例えば「旧軍港市転換法」は，横須賀市，佐世保市，呉市，舞鶴市の4市に適用される法律であるが，地方自治特別法にあたるとして住民投票に付されている。
(52) これらの法律は，地方公共団体の事務・事業に全く関係がないわけではないが，いずれも国が各種の財政援助を与えることを主たる内容とするもので，地方公共団体の組織や権能について特別な規定を設けたものではない。
(53) 南川諦弘「明日香村における歴史的風土の保存に関する法と施策」自治研究61巻8号（1985年）参照。

第2章
ホーム・ルール・シティにおける自治立法権について

I　はじめに——自治立法権をめぐる我が国の理論状況

　日本国憲法（以下，憲法という）第94条は，「地方公共団体は，……法律の範囲内で条例を制定することができる」と規定して，地方公共団体（以下，地方自治体という）に自治立法権を付与するとともに，それが国の法令との関係で一定の限界が存在する旨を明らかにしている。そこで，条例制定権を限界づける，「法律の範囲内において」の意味をどのように解釈すべきか，が問題となる。

　ところで，この問題が学界および実務界において大きな問題として取り上げられる契機をなしたのは，公害防止条例，特に昭和44年に制定された東京都公害防止条例の有効性をめぐる議論であった。当時の通説であった法律先占論は，国の法令が明示または黙示に先占している事項については，法令の明示的な委任がなければ条例を制定することができない，として，国の法令と目的および対象を同じくする条例は国の法令に違反する，と解していた[(1)]。そのため，大気汚染防止法や水質汚濁防止法等の国の法令と同じ目的で，それらと同じ対象について，より厳しい規制いわゆる上乗せないし横だしの規制を内容とする公害防止条例は，上記の国の法令に違反し無効ではないか，という点が問題となったのである。

　しかし，深刻な公害問題の存在という現実を前にして，議論の大勢は，公害防止条例を有効とするものであった。すなわち，公害の地域性および生存権の財産権＝企業の自由に対する価値優越性，公害行政に対する現代的要請等を根

拠に，国の法令による公害規制は「全国的・全国民的見地からする規制の最低基準を示すもの」と解し，条例による指定地域・施設外規制，上乗せ規制および横だし規制も許されるとする見解，地方自治にかかわりをもつ法律を，規制限度法律と最低基準法律の2つに大別し，憲法第92条の条理解釈から，その多くは「全国的最低基準法律」であるとして，公害防止条例の有効性を支持する見解，地方自治の核心的部分については，「地方自治の本旨」を保障した憲法の趣旨から国の立法政策の如何によらず，いわば「固有の自治事務領域」としてその第一次的責任と権限が地方自治体に留保され，そのような事務領域について国が定めた法律は，「全国一律に適用されるべきナショナル・ミニマムの規定」と解すべきであるとして，上乗せ・横だし条例の有効性を肯定する見解等，法律先占権とは全く異なる立場からの新しい見解が提唱され，他方，法律先占論の立場からも，従来の解釈を修正ないし弾力的に適用して，公害防止条例を有効とする見解が提唱された。

そして，このような国の法令として条例に関する学界の議論が，司法実務上にも影響を与え，この問題についての解釈に一定の進展を見ることとなった。すなわち，徳島市公安条例事件における最高裁大法廷昭和50年9月10日判決（刑集29巻8号489頁）は，「特定事項についてこれを規律する国の法令と条例とが併存する場合で……両者が同一の目的に出たものであっても，国の法令が必ずしもその規定によって全国的に一律に同一内容の規制を施す趣旨ではなく，それぞれの普通地方公共団体において，その地方の実情に応じて，別段の規制を施すことを容認する趣旨であると解されるときは，国の法令と条例の間には何らの矛盾抵触はなく，条例が国の法令に違反する問題は生じえない」と判示し，従来の通説の解釈とは異なり，国の法令と目的および対象を同じくする条例であっても，国の法令の趣旨如何によっては，条例を有効と解して，条例制定権の範囲を拡大する見解をとるに至った。その後，学界の多数が上記大法廷判決の見解を支持するに及び，高度経済成長時代における公害防止条例の有効性の問題を契機とした，国の法令と条例に関する議論に一応の終止符が打たれた感があった。

しかし，上記最高裁大法廷判決の見解にいう，国の法令の「趣旨」なるもの

が必ずしも明確とはいえない[7]ために，その後も，地方自治体にとっては，必要とする条例を制定することが困難であるという状況が続いている[8]。このことは，憲法の保障する「地方自治の本旨」に基づいた地方自治制度のあり方から問題があるのみならず，「地方の時代」といわれる今日にあって，地方自治体が，まちづくり等，地域住民の要望に応えた自治行政を進めていく際の大きな障害となっている[9]。

そこで，以下では，国の法令との関係における条例制定権の限界，すなわち立法権の国と地方自治体への分配のあり方を再考する際の参考にするため，連合国最高司令部（以下，GHQ という）が戦後我が国に持ち込もうとした，アメリカのホーム・ルール自治制の下での自治立法権がどのようになっているかを見ることにする。

Ⅱ　固有の自治権論とホーム・ルール・シティの自治権

アメリカでは，19世紀末葉から20世紀初頭にかけ，地方自治権に関し，我が国やドイツで主張されている固有権説に相当する見解が存在した。すなわち，地方自治体は，純粋にまたは基本的に地方的な問題（purely or basically local matters）について自ら統治する自然権的または固有権的な自治権（natural or inherent right of local matters）を有しており，それが不文の州憲法原理として州議会の権限を制約する，というものである[10]。このような理論に基づいて，純粋にまたは基本的に地方的な事務については，地方自治体の法が州の法に優先する，と解された。

1871年，ミシガン州最高裁判所が，ハールバット事件（People ex rel. Le Roy v. Hurlbut, 24 Mich. 44, 108, 1871）で初めてこの理論をとったのを皮切りに，その後，インディアナ，アイオワ，ケンタッキー，モンタナ，テキサス，キャリフォーニア，ネブラスカ，ノース・キャロライナ，オクラホマの諸州の裁判所によって支持された。しかし，連邦最高裁判所は，バーネス事件（Barnes v. Dirnes of Columbia, 91 U. S. 540, 1876）において，「州議会は，地方自治体に対し受容しうる一切の権限を付与し，地方自治体を州の領域内における小国家

(miniature state) とすることもできれば，地方自治体からあらゆる権限を奪い，地方自治体を名目だけの法人とすることもできる」と判示して，州議会の絶対的権能を認めており，またトレントン事件 (City Trenton v. State of New Jersey, 262 U. S. 182, 67 L. Ed. 937, 1923) では，「地方自治を州議会から護るための州憲法上の規定がない場合，地方自治体は州の立法的統制の及ばない地方自治の固有の権利を何ら有しない」と不文の州憲法原理としての固有の自治権を明確に否定する。また，例えばテキサス最高裁判所が，ブラウン事件 (Brown v. City of Galveston, 97 Tex. 1 1903) において，「この理論は，……何が州の『歴史と伝統』を構成し，どのような権利を，かかる『歴史と伝統』という理由によって人民に与えるかを，自己の判断に従って各判事が決するところに委ねるものである」と批判するなど，モンタナ州を除き，固有の自治権論をとった上述の諸州でも，その後の判例において明確にまたは暗黙に固有の自治権論を否定している。

このように，固有の自治権論は，アメリカでは一般に排斥され，逆に地方自治体は州議会によって設立される州の「創造物 (creature)」であり，州の「一部門 (department)」または州の「政治的下部機構 (political subdivisions)」として，州憲法に制限のない限り，地方自治体に対する州議会の権限は絶対的 (plenary) ある，とする見解が確立した。

ところが，南北戦争を境として，アメリカの地方自治史における「暗い一章 (gloomy chapter)」が始まる。すなわち，州議会は，地方自治の組織や事務処理の方法の細部について規定するほか，特別行政機関を設置し，州の任命する職員によって地方自治の事務を行わせたり，あるいは地方自治体を廃止するなど，地方自治体に対する過度の干渉を加えた。もちろん，このような地方自治体に対する干渉は，地方自治体の住民の反発を招いたが，合衆国憲法の諸条項は全く，またはほとんど救済の手立てとならなかった。そこで，地方自治体ないし住民は，州議会に対し抵抗運動を起こすこととなる。いわゆるホーム・ルール運動 (home rule movement) である。

ところで，この運動による具体的成果は，州政府の地方自治体に対する一定の権限行使を州憲法で制限・禁止したことと，地方自治体に自治憲章の制定権

を州憲法または州法律により認めさせたことであるが，地方自治あるいは地方自治体の自治権保障という点からより重要な意味をもったのは，後者である。これは，1875年，ミズリー州憲法が，セント・ルイス市の市民の要望に応えて，人口10万人以上の市に対し，州憲法および州法に違反しないことを条件として，自ら憲章を制定する権能を付与したのを嚆矢とする。その後，キャリフォーニア州 (1879年)，ワシントン州 (1889年)，ミネソタ州 (1896年) でこの制度が採用され，さらに20世紀に入って多くの州で採用されるところとなった。また近時においても，1966年にマサチューセッツ州およびノース・ダコタ州で，1968年にはフロリダ州およびアイオワ州で，また1970年にイリノイ州およびモンタナ州で，それぞれこの制度が憲法上保障されることとなり，今日その数は40州にのぼる。ホーム・ルール・シティは，この自治憲章制定権を行使して自治憲章を採択している地方自治体をいう[15]。

　それでは，自治憲章制定の法的意味は何か。第1に，それは地方自治体の存立を保障する。すなわち，住民の起草・採択する自治憲章によって地方自治体が設立（法人化）されるとともに，州議会は，そうして設立された地方自治体を州法律によって廃止することができない。第2に，それは，地方的事務 (municipal affairs, local concerns) について，地方自治体に全権的権能を付与する（権限付与的機能　authority granting function）とともに，そのような権限は州法律によっても奪うことができない（防護的機能　protective function）。前述のように地方自治体は州の創造物であるということから，地方自治体は，州憲法や州法律によって付与された権限のみを行使することができ（ウルトラ・ヴァイアリーズの原則），しかも，その権能の範囲の解釈について，ディロンズ・ルール (Dillons rule) と呼ばれる厳格な法解釈が一般にとられている。すなわち，地方自治体は，①明文で認められた権限，②明文で認められた権限に必然的にもしくは明瞭に含意され，または付随する権限，③当該地方自治体の宣言された諸目的の達成にとって不可欠な権限（単に好都合であるというのではなく，絶対不可欠なもの）以外の権限をもたず，権限の存在に関し，客観的・合理的・本質的な疑いがある場合，裁判所によって地方自治体に不利に判定され，権限は否定される，と解されている[16]。ところが，ホーム・ルール・シティについては，自

治憲章によって自ら処理するところの事務・権限を定めることができ，また，自治憲章および条例で定めている事項と州法律で定めている事項が衝突（抵触）する場合，地方的事務に関する限り憲章・条例が優先し，州法律は無効となる。この点については，次節で詳しく述べる。

Ⅲ　ホーム・ルール・シティにおける地方自治体の法と州法の衝突

1　municipal affairs の意義

前節で述べたように，ホーム・ルール・シティの法（自治憲章や条例）と州の法律が衝突する場合，純粋にまたは基本的に municipal affairs または local concerns（以下，地方的事務という）に関する限り，ホーム・ルール・シティの法が優先すると解されている。したがって，何が地方的事務か，が重要な問題となる。

まず，ほとんど異議なく地方的事務であると認められているのは，地方自治体の組織や地方公務員の人事に関する事項である。アメリカでは，地方自治体の政府組織として，首長＝議会型（mayor = council form），理事会型（commission form），議会＝支配人型（council = manager form）等種々のタイプの組織が見られるが，どのような政府組織を採用するかという問題は地方的事務である，と解されている。同様に，委員会の設立，公選制公務員の選出方法，住民発案（initiative），住民投票（referendum）および住民解職（recall）の採用等も，地方的事務とされる。また，公務員の採用，罷免，その職務分掌，報酬の決定等，公務員の人事問題も地方的事務と解されている。ただ，警察職員および消防職員の人事その他の運営については，それが市民の平穏および安全にかかわりがあるとして，一般の公務員と異なった解釈がなされている。すなわち，伝統的に多数説は，警察職員の選挙，採用，解雇等については，州法は地方自治体の法に優先する，と解してきた。もっとも，近時は，警察職員の人事に関するすべての問題は，一般の公務員の場合と同様，地方的な利害にかかわる問題であるとする見解が有力となってきている。一方，消防職員の人事については，従

来，多数説は，それを純粋に地方的な問題であると考えてきたが，近時，その採用，賃金および年金について，それが全州的な利害にかかわる問題であるとする見解が有力となり，地方的事務とする見解と半ばしている。

これに対し，公共の安全，健康，道徳または一般的福祉を保護するために行われる行為（ポリス・パワーの行使）に関する事項は，伝統的に全州的な問題である，と考えられてきた。すなわち，犯罪行為を定義し，その違反に対する罰則を定めて犯罪行為から市民を守る州法は，地方自治体の法に優先する。また，公衆衛生に関する事項も，ほとんど常に全州的な問題であると考えられている。したがって，店舗の衛生基準，汚水廃棄，乳製品の規制および医師の免許等は全州的問題であり，州法が優先する，と解されている。

ただし，性質上，財産的（proprietary）または取引類似と考えられる一定の行為，例えば，ゴミ収集および下水施設の設置は地方的事務とされてきた。教育に関する事項も，地方的事務としてでなく全体にかかわる問題である，と考えられてきた。もっとも，公共図書館の運営に関しては，しばしば地方的事務であるとする考えがとられている。速度規制のような交通規制も，ポリス・パワーに関する問題であるとして，全州的な問題と解されている。しかし，若干の州では，市所有の道路に適用される交通規制は，地方的事務であるとみなされており，また，稀であるが，油やガスの井戸の位置を規制したり，建築物の高さやセットバックの限度を定めることも，地方的事務に分類されることがある。

また，課税と徴収を含む財政問題は，何らかの全州的な統一性と監視が必要であると考えられてきた。特に課税権は，ポリス・パワー同様，もともと州に専属し，地方自治体はただ州によって委任された権限を享受するものである，と考えられてきた。したがって，予算，負債限度額および地方債の発行・償還に関する州法は，地方自治体の法に優先する，と解されている。もっとも，地方道の改良のような地方的改良のための特別な課税は，一般に地方的事務であると解されているし，規制目的ではなく，純粋に歳入目的で地方自治体が商業や職業について許可税（license tax）を課すことも地方的事務である，と解されている。また，若干の州では，純粋に地方的な事業に関する基金を設けるため

の公債の発行は、地方的事務と解されているし、少数説であるが、地方税の賦課および査定の方法は、少なくともその歳入が地方的な目的に利用される限り地方的事務である、とする見解もある。

以上は、何が純粋にまたは基本的に地方的事務かに関する判例・学説の解釈傾向を大まかに類型化したものであるが、細かくは判例・学説ともに見解が錯綜し、必ずしも明確なものではない。アンティユ教授は、地方的事務と全体的・全州的事務を区別するための判断基準について、以下のような4つの基準を挙げている。すなわち、①交通規制や公益事業料金の規制のように、州を通じて統一的な規制が必要または望ましい場合、その問題は全州的事務として分類される。②裁判所は、州または地方自治体によって歴史的に果たされてきた役割、および当該サーヴィスが伝統的に州または地方自治体のいずれかによって提供されてきたかを調べる傾向がある。かくして、地方自治体は歴史的に消防活動および防火活動のサーヴィスを提供してきたのに対し、州はしばしば教育的需要に応じてきた。③特定の問題が当該地方自治体の人々に与える影響が重大性をもって考慮されなければならない。かくして、ある市による併合は必然的に当該市以外の人々に影響し、全体的な利害にかかわる問題であると考えられるのに対し、地方公務員に支払われる給与は当該地方自治体以外の人々にほとんど利害関係をもたない。④例えば、健康管理や保健のように、地方自治体と州との間または州内の政府間での協力が必要とされる場合、その問題は一般に州の問題として分類される、としている。しかし、municipal affairs は固定的な概念ではなく、それが実施される条件の違いによって変化する動態的な概念であるから、両者の区別には大変な困難を伴い、それ故、判例・学説においても両者の区別につき納得のいく明解な基準が示されていない状態にあるといわなければならない。

2　地方自治体の法と州法の衝突の態様

地方自治体の法が、純粋にまたは基本的に地方的事務について定めたものでないとして無効とされるためには、その理論的前提として、当該地方自治体の法が州の法律と矛盾抵触（以下、衝突という）するものでなければならない。そ

れでは，どのような場合に地方自治体の法が州法と衝突することになるか。

州法の地方自治体の法に対する態度は，大きく３つに分けられる。①明示的に地方自治体の立法を許す，②逆に明示的にそれを禁止する，③許容するとも禁止するとも明示しない，という態度である。問題は，州法が③の態度をとっている場合，一般に，次のように解されている。すなわち，地方自治体の法と州の法が互いに両立し難い文言を含んでいる場合，および地方自治体の法が，州法が許している行為を禁止したり，逆に州法が禁止している行為を許したりしている場合には，当該地方自治体の法は州法に衝突する。これに対し，地方自治体の法が州法を支援しまたは促進させるための追加的・補完的（additional and complementary）な定めをしている場合は，州法との衝突は存在しない，と。

したがって，例えば，州法が明らかにビールを日曜日に売ることを許している場合に，地方自治体がそれらを禁じる条例を制定すれば，当該条例は州法に衝突することになる。また，もし州法が，明らかに一定の許可によって24時間アルコール飲料を提供することを許している場合に，午前零時以降の酒類販売を禁止する条例は，州法に衝突するとみなされる。しかし，もし州法が，単に午前３時以降のアルコールの提供を禁じ，その時間までのアルコール提供を明らかに許可していない場合，地方自治体は，午前１時半にアルコールの提供を止めるよう，より高い基準および命令を定めることができる。同様に，地方自治体は，州がミルクの販売を禁じている場合にミルクの販売に関してより高い基準を定めたり，二重壁を義務づけることによって州法よりも厳しい建築規制を定めたりすることも許される。

けだし，これらの場合，州法は最低基準を定めているのであって，地方自治体の条例は当該州法の目的を支援ないし促進するもの，すなわち，当該地方自治体の法と州法は反対の方向ではなく，同じ方向に進むものであるからである。また，例えば，州法が，単に不法に他人に対して用いる意図をもって隠しナイフを所持することを禁止している場合に，地方自治体は，隠匿（concealment）または意図の如何にかかわらず，危険なナイフを所持することを犯罪と宣言することができる。同様に，地方自治体は，州が単に酒類の提供や消費を規制している場合に，酒場でのヌード・ダンスを規制したり，または州法が公共の道

路に対してのみ適用される場合に、ショッピング・センターの駐車場での運転を規制する[37]ような、州によって触れられずに残されている領域を規制することができる。

これに対し、例えば、州法が違法逮捕に対する抵抗を特に許している場合に、抵抗を禁ずる条例は無効である[38]。当該条例は何ら高い基準を定めているものではないが、州法と反対方向を向いているからである。とはいえ、地方自治体の法が州法と同じ方向を向いているか、反対方向を向いているかは、規定の文言の趣旨・目的から必ずしも明らかとはいえない。その点で、州法が地方自治体の立法を禁じていることが規定の文言、法の趣旨・目的等が明白でない限り、地方自治体の法と州法との間に衝突が存在しないと解釈する判例[39]、州法の目的達成を妨げる具体的な衝突が存在しない限り、地方自治体の法と州法の間に衝突がないと解釈する判例[40]が注目される。

3　州法による先占[41] (pre-emption)

自治憲章制定の一般的効果として前述したように、ホーム・ルール・シティについては、純粋にまたは基本的に地方的事務である事柄に関する限り、ホーム・ルール・シティの法は州法に優先する、という優遇された地位が認められている。しかし、これには例外があるとされている。すなわち、州は、一定の領域について、立法により、明示的（expressly）または黙示的（impliedly）に、特定の活動領域または規制領域を先占または占領（occupied）することができ、州がこれをなした場合、ホーム・ルール・シティの法であるか非ホーム・ルール・シティの法であるかを問わず、当該問題について地方自治体の法を制定する余地が存在しなくなる、というものである。そこでは、衝突という通常のテストを満たすものであるかどうかにかかわらず、地方自治体の法は州法に衝突すると考えられ、また、州法は単に地方自治体の法と現実に衝突する限度においてではなく、当該立法によってカバーされた領域から地方自治体の法を完全に一掃する程度にまで優先する、とされる。

それでは、どのような領域が通常州によって先占され、また具体的にどのような場合に州によって先占されていると解されるのか。

一般に，先占は，決して単なる州による立法や規制の事実から判断されるものではないとされている。したがって，例えば，もし州がある職業または活動の許可を与えている場合でも，地方自治体は，それが市域内で実施される限りで同一の仕事や活動に許可を与えることができる，と解釈される。レイノルズ教授は，黙示的先占については2つの重要な考慮すべき点がある，とする。すなわち，1つは，州規制の包括性（comprehensiveness）および普及性（pervasiveness）である。ここでは，州法が，当該全体的な問題の範囲内にあるすべての考えられる活動および対象を完全に規制しているか，が検討される。もう1つは，全州的な取扱いの必要性である。この基準により，酒類販売や消費の規制が州法によって先占される領域である，と判断できるとされている。しかし，賭博の規制に関して，もし州法が特定の活動のある種の行為を禁止し，その他を規制していない場合，地方自治体による追加的な規制の道が開かれている，と考えられている。州の制定法が例外を含んでいる場合，例えば，当該州のすべての市に対してでなく，そのいくつかに適用する場合，州はその領域を先占していないと判断される。必要な統一性が存在しないからである。しかし，先占は容易に推察できないため，時に部分的（partial）または選択的（selective）先占が認められる。例えば，賭博に関する州の規制は，他のゲームではなく一定のタイプのゲームについて，または技術が支配するゲームではなく，偶然（chance）の要素が支配するゲームについて規制を先占していると解釈するのが，その例である。

Ⅳ　おわりに

以上述べたアメリカのホーム・ルール・シティにおける自治立法権を，我が国における制度や議論との関係で整理すると，以下の特徴が指摘できる。

まず第1に，自治憲章の制定によって自らの組織および事務・権限の範囲を定めることができる，という点である。この点について，我が国では，いわゆるマッカーサー草案第87条は，「首都地方，市乃町ノ住民ハ……国会ノ制定スル法律ノ範囲内ニ於テ彼等自身ノ憲章（charter）ヲ作成スル権利ヲ奪ハルルコ

ト無カルヘシ」と規定し，アメリカのホーム・ルール自治制の核である自治憲章制定権を認めていた。しかし，現行憲法では，第92条で，地方公共団体の組織および運営に関する事項は，「地方自治の本旨」に基づいたものでなければならないが，「法律でこれを定める」と規定しており，また第94条は，法律の範囲内で「条例」（公式の英訳では regulation）を制定することができる，と規定しているため，はたして現行憲法の下で自治憲章の制定権が認められるか，明確でない。憲法解釈としてそれが可能か今後の課題である。

　第2に，ホーム・ルール・シティの自治憲章や条例と州の法律とが衝突する場合，純粋にまたは基本的に地方的な事務・事項に関してはホーム・ルール・シティの法が優先し，州の法はその限りで無効となる，という点である。我が国でも，いわゆる法律ナショナル・ミニマム論，とりわけ原田教授の固有の自治事務論は，これと共通するところがある。しかし，我が国の現行憲法は地方自治体の事務・権限について，いわゆる「事項的保護システム」をとっているか，規定上明確ではない。GHQがホーム・ルール自治制を我が国に持ち込もうとした憲法制定過程における経緯から，憲法第92条の「地方自治の本旨」の内実をホーム・ルール・シティの自治立法権に関する理論によって肉づけできるか，が今後の課題となる。ただ，アメリカにおいても，ポリス・パワーについては，全体的・全州的事務とする考え方がなお強いことから，我が国において主として問題となっている，行政事務条例による国の法令の上乗せ・横だし規制の有効性に直ちに役立たない面がある。

　第3に，地方自治体の法が，純粋にまたは基本的に地方的事務について規定するものでないとして無効とされるためには，その論理的前提として，地方自治体の法と州法との間に衝突が存在しなければならない。したがって，前述のように，純粋にまたは基本的に地方的事務とされる範囲が不明瞭で，その画定が困難であり，また，いわゆるポリス・パワーの行使がそれに含まれるか不明確であるとしても，地方自治体の法と州法の衝突の存否に関する解釈について，州議会の意図，州法の趣旨・目的によるのではなく，州法の目的実現ないし執行を妨げる現実具体的な衝突がなければ地方自治体の法の有効性を肯定する見解や，地方自治体の立法を排斥する州法の趣旨が明白でない限り地方自治体の

法の有効性を肯定する見解によって，地方自治体の自治立法権のいわゆる「内容的保護システム」を確保することができる点が注目されてよいのではないか。

(1) 例えば，田中二郎「国家法と自治立法1」法学協会雑誌80巻4号（1964年）457・458頁。
(2) 室井力「公害行政における法律と条例」『現代行政法の原理』200頁，勁草書房，1973年。
(3) 兼子仁『条例をめぐる法律問題』69-71頁，学陽書房，1978年。
(4) 原田尚彦「地方自治の現代的意義と条例の機能」『環境権と裁判』245・246頁，弘文堂，1977年。
(5) 久世公堯「新しい条例とその問題点」『地方自治条例論』154頁，日本評論社，1970年，田中二郎『新版行政法中巻』135頁，弘文堂，1976年。
(6) 条例制定権の範囲と限界に関する議論の全体ついては，高田敏「条例論」『現代行政法体系8巻』有斐閣，1984年参照。
(7) 南川諦弘「法律と条例の関係」都市問題研究39巻4号（1987年）39-42頁。
(8) 特に昭和42年，兵庫県川西市が「住宅地造成事業に関する指導要綱」を策定し，それに基づいて宅地開発に対する規制的行政指導を行ったことを嚆矢する，いわゆる要綱行政は，地方自治体が，当該地域における行政需要に応えるための条例を制定し，それに基づいて規制行政を行うことができないために，その苦肉の策として編み出された行政手段であるが，平成元年4月現在で，1294市区町村において1409要綱が策定されており，今日の地方行政における主要な行政手段となっている（財団法人日本住宅総合センター『宅地開発等指導要綱に関する調査』1986年）。しかし，このような要綱行政は，法治主義の観点から大いに問題である。南川諦弘「行政指導と法治主義」判例タイムズ581号（1986年）37・38頁，南川・注(7)論文42・43頁，南川「『要綱行政』考」（その3）大阪学院大学通信21巻2号（1990年）1-3頁。
(9) 近年，地方自治体において，まちづくりに関する条例を制定する傾向が見られ，かつその中には国の法令の上乗せ，ないし横だし規制を内容とする条例（都市計画法等補完型条例）の制定例も見られるが，その数は少ないように思われる。成田頼明編著『都市づくり条例の諸問題』第一法規，1992年参照。
(10) この固有の自治権は，マグナ・カルタ以前に，国王の勅許（grant）または慣習に基づき，イングランドの地方団体（localities）によって享受された権限や特権，あるいはアメリカ合衆国憲法第9条および第10条に基づき人民によって保持され，または人民に留保された権利を根拠とする。
(11) Golden Gate Bridge & Highway District v. Felt, 214 Cal. 308, 5 P. 2d 585, 1931, Town of Highlands v. Hickory, 162 S. E. 471, 1932 etc.
(12) マクベイン教授は，固有の自治権論は，合衆国憲法の下で留保された権力の領域をもっているのは州であって市ではない，という合衆国における統治機構に反する，として否定的見解を採る。(Howard L. MacBain, The Doctrine of an Inherent Right of Local Self-Government, 16 Colum. L. Rev. 299, 1916)。これに対し，イートン教授は，固有の自治権論を支持している（Amasa M. Eaton, The Origin of Municipal Incorporation and the United States, 25 Rep. Am. Bar Ass'n. 292, 1902)。

⒀　すなわち，契約条項は，州によるチャーターの廃止又は修正に対して何の保護も与えるものではないと解され（例えば，Covington v. Kentucky, 173 U.S. 231, 43 L. Ed. 679, 1899），同様に，特権・免除条項も，地方自治体に関する州の行為には適用ない（例えば，Williams v. Mayor & City Council of Baltimore, 289 U.S. 36, 1933）。また，平等条項も，第三者の権利が含まれていない限り適用されない，と解されており（例えば，Newark v. New Jersey, 262 U.S. 192, 67 L. Ed. 943, 1923），適正手続条項もまた，通常地方自治体に対し州によってとられる行為に何ら適用されない，と解された（例えば，前出のトレントン事件）。

⒁　州憲法で通常規定されている地方自治体に対する州の権限の制限には，次のようなものがある。①電気やガスなどの公益事業に電線の架設やパイプの敷設等のための公共道路の利用権（franchise）を与える場合，当該地方自治体の同意を必要とする，②地方道路の設置・変更・廃止について地方自治体に干渉してはならない，③地方自治体の公務員の職や機関を創設し，その責務を定め，その選出方法を定めてはならない。④地方自治体がその認められている権限に基づいて任意に実施する事務に関して課税してはならない，⑤地方政府を監視するための委員会を設置してはならない，⑥特定の地方自治体にだけ適用される特別立法を制定してはならない，等である（Osborne M. Reynolds, Jr., Local Government Law §28-§33）。なお，⑥の特別立法の禁止は，我が国の憲法第95条のルーツといえ，その意味で，同条は，我が国にホーム・ルール自治制を持ち込もうとしたGHQの意図を証明するものということができる。

⒂　キャリフォーニア州では，これをchartered cityと呼んでいる。なお，自治憲章をもたない地方自治体をgeneral law cityと呼ぶ。

⒃　John F. Dillon, Commentaries on the Law of Municipal Corporation, §237 5th ed., 1911.

⒄　キャリフォーニア州では，1914年の州憲法の改正により，市は特に自治憲章で制限しない限り，municipal affairsに関してすべての法を制定し，執行することができる旨自治憲章を修正することができる，との規定がなされた。かくして，自治憲章は権限付与の規定というより，むしろ権限を制限するものにその性格を変更することになった，といわれている。

⒅　自治憲章の規定内容に関する具体例については，拙稿「自治憲章について―バークリィ市憲章を例として―」大阪学院大学法学研究19巻1・2号（1993年）参照。

⒆　純粋にまたは基本的に地方的事務だけでなく，特に州憲法または州法律で禁止していない限り，全体的または全州的事務（general or statewide concerns or affairs）についても立法権が認められる，と解されている（Reynolds, Jr., supra, 102）。もっとも，正確にいえば，ここにいう全体的・全州的事務とは，競合的事務（matters of mutual concern and interest）を指している。けだし，ホーム・ルール・シティといえども，一の地方自治体であり，純粋にまたは基本的に全体的・全州的な事務について立法権を有し得ないからである。

⒇　州憲法が，「州憲法および州法律に違反しない限りで」と規定されている場合にも妥当する，と解されている。

(21)　Sho Sato, "Municipal Affairs" in California, 60 Cal. L. Rev., 1055, 1967 参照。

(22) しかし，例えば，Junction City v. Griffin, 227 Kan. 332, 607 P. 2d. 459, 1980 は，売春勧誘行為を禁止し，その違反に対し拘禁刑を科す旨規定する条約を有効と解している。我が国では，罪刑法定主義（憲法31条，73条6号但書）との関係で，売春防止条例の有効性が問題とされた。最大判昭37・5・30刑集16巻5号577頁。
(23) 例えば，Van Meter v. Westgate Oil Co., 32 P. 2d. 719, 1934.
(24) Ekern v. City of Milwaukee, 209 N. W. 860, 1926, Board of County Commissioners v. City of Thornton, 629 P. 2d. 605, 1981.
(25) アンティユ教授は，自治財政権をもつことがホーム・ルール・シティの主たる特色であると述べている（Chester J. Antieau, Municipal Corporation Law, §3. 30, 31, 1989）。
(26) Antieau, supra §3. 40.
(27) Note, Conflict Between State Statutes and Municipal Ordinances, 72 Harv. L. rev. 737, 1959, Millard H. Rund, Legislative Jurisdiction of Texas Home Rule Cities, 37 Tex. L. Rev. 682, 1959, Coleman Blease, Civil Liberties and the California Law of Preemption, 17 Hastings L. J. 517, 1966 参照。
(28) Western Pennsylvania Restaurant Ass'n v. Pittsburgh, 336 P. 374, 380-381, 77 A. 2d 616, 1951.
(29) Eugene McQuillin, The Law of Municipal Corporations, 3ed, §23, 07, Antieau, supra, §5. 20.
(30) Sparger v. Harris, 131 P. 2d 1011, 1942.
(31) Neil House Hotel Co. v. City of Columbus, 58 N. E. 2d 665, 1944.
(32) Leaven worth Club Owners Ass'n v. Atchison, 492 P. 2d 183, 1971.
(33) Beatrice Food Co. v. City of Okmulgee, 381 P. 2d 863, 1963.
(34) State ex rel. Haley v. City of Troutdale, 576 P. 2d 1238, 1978.
(35) Junction City v. Lee, 532 P. 2d 1292, 1975.
(36) Moore v. City of Tulsa, 561 P. 2d 961, 1977.
(37) Laughlin v. City of Tulsa, 492 P. 2d 1131, 1972.
(38) Bennion v. City & County of Denver, 504 P. 2d 350, 1972.
(39) United Tavern Owners of Philadelphia v. School District of Philadelphia, 441 P. 274, 272 A. 2d 868, 1971.
(40) City of La Grande v. Public Employes' Retirement Board, 576 P. 2d 1204, 1978.
(41) 我が国では，「先占」の問題は，「衝突」の問題と区別されないで，法律と条例の「抵触」の問題として論じられている。アメリカにおいても，「先占」の議論の内容は「衝突」のそれと重複しており，はたして両者を区別して論じる実益があるのか疑問に思われる。

【資　　料】
自治憲章について——バークリィ市憲章を例として

1　はじめに

　最近また，地方分権の必要性が叫ばれているが，事務権限ならびに財源の国と地方への配分の現状を見るとき，それらの主張にはもっともな点があるように思われる。

　現行憲法（第8章）は，「地方自治の本旨」に基づく地方自治制度を保障し，いわゆる地方分権主義を採用している。すなわち，国家権力を国という中央政府に独占させるのではなく，「地方公共団体」と称する地方政府にも分け与えて（ただし，国家権力のうち司法権だけは国の専権としている），国家を運営していくという制度をとる。現行憲法がこのような制度を採用した理由は，主としては，それが民主政治を保障する所以であると考えたからであるが，地方分権主義は効率的な行政，総合的な地域行政を可能とし，地域特性を生かした地域社会の建設にも大いに役立つ。最近における地方分権の主張は，むしろ後者の趣旨からのものであると思われる。

　ところで，第二次世界大戦後，現行憲法の制定にあたって，GHQ（連合国最高司令部）は我が国にアメリカのホーム・ルール自治制を導入しようとした。[1]日本国憲法の条文上比較的その趣旨がはっきり表現されているのは，地方自治特別法の制定につき，当該地方公共団体の住民投票による過半数の同意を必要とする，と規定した第95条のみであるが，[2]ホーム・ルール自治制は，現行憲法の保障する地方自治制度の基となっている。したがって，ホーム・ルール自治制とはどういうもので，それにはどのような法的問題があり，どのようなメリット，デメリットがあるか，等を研究することは，憲法解釈上のみならず，具体的な地方自治制度のあり方を考えるうえで必要であり，かつ有意義である，と考える。

　本稿は，アメリカにおけるホーム・ルール自治制を確立するうえで重要な契機となった，いわゆるホーム・ルール運動（home rule movement）の背景とその成果についてごく簡単に紹介するとともに，ホーム・ルール自治制の核を成す自治憲章にはどのようなことが定められているかを，バークリィ市憲章を例にとって，その内容を見てみよう，とするものである。

2　ホーム・ルール運動と自治憲章

　植民当初からアメリカ独立までの間，植民者によって創設された地方共同体（city,

borough, town, village) は，英国王の代理者である植民地総督 (governor) やチャーター (charter) によって法人格が与えられ，かつ，その組織や権限も植民地総督によって決定されていた。

ところが，アメリカが本国イギリスから独立した結果，植民地総督のチャーター付与という方法による地方共同体の法人格取得の道がなくなり，また，すでに法人格を取得している地方共同体についても，国王大権を窮極の根拠とする植民地総督のチャーターは，それら団体の法的な存在に根拠を与えるものでなくなった。そのため，地方共同体にとって，団体に法人格を与え，その法的存在に根拠を与えてくれる新たな法的源泉者が必要となるが，その法的源泉者として登場したのが，州議会であった。かくして，地方自治体は「州の創造物」(creatures of the state) となり，また地方自治体に対する州の統制は「全権的」(plenary) である，とする考えが確立するに至る。そして，南北戦争を境として，アメリカの地方自治史における「暗い一章」(a gloomy chapter) が始まる。すなわち，州議会は地方自治体の組織や事務処理の方法の細部について規定するほか，特別行政機関を設置し，州の任命する職員によって地方自治体の事務を行わせたり，あるいは地方自治体を廃止するなど，地方自治体に対する過度の干渉を加えた。

しかし，地方自治体は，法的には州議会によって創設され，州議会に従属するとしても，社会的事実としては，地方自治体のなかには州の成立以前から存在していたものもあり，また，植民地時代からの地方自治の伝統の根強いところもあり，州議会の地方自治に対する過度の干渉は地方自治体の住民の反発を招いた。ことに商工業の発達によって実力を備えつつあった都市では，州議会が都市問題に全く知識と関心をもたない農村部の代表者によって構成されていたこともあって，州議会の干渉に強く抵抗した。

都市の州議会に対する抵抗手段としてまず採り上げられたのは，連邦憲法第1条第10節第1項の「各州は，……契約上の債務を損なうような法律を制定……することができない」という規定，同第14条の適正手続事項，平等条項等であった。しかし，これらの規定は，いずれも，州議会に対する地方自治体の権利として適用されていないか（契約事項，平等条項），適用されるとしてもきわめて限定された保護しか地方自治体に与えられない（適正条項），と解された。そこで，都市の住民は，州議会の支配に制限を加えるため州憲法の改定を求めることになる。それが，いわゆるホーム・ルール運動である。

ホーム・ルール運動の具体的な成果としては，1つは，州政府の一定の権限行使を憲法によって制限するものであり，いま1つは，地方自治体に自治憲章 (home rule charter) の制定権を与えるというものであった。前者の例としては，①州政府が，ガス・電気・電話などの公益企業にパイプの敷設や電線の架設のための公共道路の利用権を与える場合には，地方自治体の同意を必要とする，②州政府は，地方道路の建設・廃止・変更について地方自治体に干渉してはならない，③州議会は，地方自治体の公務員の職や機関を創設し，その責務を定め，その選出方法を定めてはならない，④州議会は，地方自治体がその認められている権限に基づいて任意に実施する事務に関して課税してはならない，⑤地方政府を監視するための委員会を設置してはならない，⑥州議会は，

特定の地方自治体にだけ適用される特別立法を制定してはならない，などがある。

　しかし，地方自治あるいは地方自治体の自治権の保障という観点から，より重要な意味をもつのが，後者の自治憲章制定権の付与である。これは，1875年，ミズリー州憲法が，セント・ルイス市の市民の要望に応えて，人口10万人以上の市に対し（当時，この要件を満たす地方自治体はセント・ルイス市のみであったが），州憲法および州法に違反しないことを条件として，自ら憲章を制定する権能を付与したのを嚆矢とする。その後，1879年にキャリフォーニア州，1889年にワシントン州，1896年にミネソタ州，さらに20世紀に入ってからは多くの州でこのような自治憲章の制定が承認され，最近では，マサチューセッツ州，ノース・ダコタ州（以上，1966年），フロリダ州，アイオワ州（以上，1968年），イリノイ州，モンタナ州（以上，1970年）の6つの州で，この制度が憲法上保障され，今日その数は40州にのぼる。

　もっとも，自治憲章制定権付与の法形式については，自治憲章について憲法上何らかの規定があるもの（constitutional home rule）と，憲法上全く規定されておらず，単に法律のみで規定されているもの[6]（legislative home rule）とがある。法律による場合は，容易に法律によってそれを否定することもできるので，地方自治の制度的保障という意味からは魅力に欠ける。しかし前者の場合でも，州議会は地方自治のための自治憲章に関する規定を設けることができるといった，自治憲章の制定権付与を州議会の裁量に委ねるもの（permissive type）については，上の立法型と実質的にはほとんど変わらないという欠点がある。[7]これに対し，自治憲章の制定につき何ら州議会の立法措置を必要としない，いわゆる自動執行型（self-executing type）や，州議会に対して自治憲章を有効なものとするための一定の立法措置を命ずる，いわゆる命令型（mandatory-type），特に前者は，地方自治の制度的保障という点で優れている。ちなみに，自治憲章制定権に関する規定を設けている州の大半が自動執行型を採用している。

　自治憲章制定の手続については，その内容は州により様々であるが，おおむね次のようなものである。まず，憲章起草委員会の委員の選挙が行われる。同委員会は10名から20名程度の委員で構成され，委員は当該地域の全体選挙で選ばれる（州によっては，選挙区制がとられるほか，委員の数や選出方法が市議会の決定に任されている場合や，委員が地区の裁判官によって任命される場合もある）。その選挙は，地方自治体の議会の発議または選挙人の一定割合によって署名された請願によって行われる。次に，憲章起草委員会によって起草された自治憲章案が，一定の期間，選挙人の縦覧に供された後，選挙人による住民投票が行われる。この住民投票による住民の承認は，ほとんどの州では投票数の過半数となっているが，特別多数を要する州もある。さらに，いくつかの州では，自治憲章が効力を発するためには，州政府の承認を得なければならないとされている。[8]なお，採択された自治憲章の修正は，ほとんどの州では，地方自治体の議会の発議または選挙人の請願によって行うことができる旨定められており，その他改正手続も制定手続と同じである。

　それでは，自治憲章制定の法的効果はどうであろうか。一般に，次のような点が挙げ

られている。①自治憲章の制定によって、当該地方自治体が地方的な問題（local concerns, municipal affairs）の統治および管理に必要なすべての権限をもつことができる。②ホーム・ルール・シティは、州の一般法で禁止されていない限り、全体的・全州的問題（general and statewide concerns）についても立法権が認められる。③全体的・全州的な問題について州法とホーム・ルール・シティの法が衝突するときは、州法が優先するが、地方的な問題に関する限り、ホーム・ルール・シティの法は州法に優先し、州法に抵触する法も有効と解される。このほかに、④ホーム・ルール・シティにおける地方的な問題に対しては州の支配が及ばない。したがって、そのような問題については州法を制定することもできない、とする見解もある。

さて、キャリフォーニア州では、1879年の州憲法以来、自動執行型の自治憲章制定権を認めている。もっとも、自治憲章と州法との関係について、当初は、自治憲章は州法に従わなければならない、とされていたが、その後、1896年の憲法改正により、自治憲章は、municipal affairs 以外は州法に従わなければならない、と規定され、municipal affairs に関しては州法に優先する、という解釈が可能となった。さらに、1914年の憲法改正により、市は、特に自治憲章で制限しない限り、municipal affairs に関してすべての法を制定し、執行することができる旨自治憲章を修正することができるとの規定がなされた。かくして、自治憲章は権限付与の規定というより、むしろ、権限を制限するものにその性格を変更することになったといわれている。とはいえ、municipal affairs が抽象的な表現にとどまっているため、自治憲章および同憲章に基づいて制定される条例の効力が、州法との関係で問題となり、その際、municipal affairs の意味内容が依然問題となる。

3 バークリィ市憲章

キャリフォーニア州では、市のうち80市が自治憲章をもつ、いわゆるホーム・ルール・シティである。以下に、その1つであり、また、キャリフォーニア州では最も早く（1923年）、いわゆる議会＝支配人型（council-manager form）を採用したバークリィ市の自治憲章を取り上げ、同憲章を全訳して（ただし、選挙区について規定する第5条第9項第4段から第11段については、省略）、その内容を紹介することにする。

なお、自治憲章は、上述したところから窺えるように、当該地方自治体の「憲法に類似する」（analogous to a constitution）ものである。その点からいえば、以下に見るように、バークリィ市憲章の規定内容がやや多岐にわたり、詳細に過ぎるとする向きもあるかと思われる。しかし、地方自治体の組織、事務権限等が、地方自治体はじめ国の法令によって詳細に定められ、地方自治体および住民の自律性が大きく制約されている我が国の制度を思うとき、住民の直接の意思によって制定される自治憲章が詳細かつ多岐にわたることは、それだけ住民自治・団体自治が保障され、機能している現れということができ、必ずしも非難されるべきものでない、と考える。

* * *

バークリィ市憲章（Charter of the City of Berkley）

第1条　市の名称と権利
第1節　市の名称
バークリィ市として現在存在し，かつ知られる本地方自治体は，その名称をもって名目上および事実上自治団体（a body politic and corporate）として存続し，その名称をもって永久に継承される。
第2節　権利と義務
バークリィ市は，現在本自治体に属するあらゆる性質・種類の財産，財産権および提訴権を与えられ，かつそれを所有，保持ならびに享受しつづけるとともに，ここにその継承者であることを宣言される。バークリィ市は，本自治体に対し現在存在するすべての義務を負担する。

第2条　境　界
第3節
市の境界は，本憲章が発効する時点において確立されている境界とし，この境界はその後，法によって認められた方法にしたがって時々変更される。

第3条　選　挙
第4節　一般および特別自治体選挙
市の選挙は，1982年11月の第1月曜日の次の最初の火曜日に行われ，その後2年毎に行われる。すべてこのような選挙は一般自治体選挙（general municipal election）として知られており，偶数年の11月の第1月曜日の次の火曜日に定期的に行われるキャリフォーニア州の全州的な一般選挙の日と同じ日に行われる。市議会は，一般自治体選挙をキャリフォーニア州の全州的な一般選挙に統合するために必要な措置をとらなければならない。その他に行われる市のすべての選挙は特別自治体選挙（special municipal election）として知られる。

本節で規定されるものを除き，いかなる特別自治体選挙も市において行うことができない。

(a) 特別自治体選挙は，本憲章第4条の解職請求（recall）規定にしたがって行われる。ただし，第4条の規定が，そのような選挙が6月10日から10月10日の間に行われることを要求しているとき，その選挙は，11月の第1月曜日の次の火曜日に行われなければならない。

(b) 特別自治体選挙は，本憲章第5条第12節にしたがって欠員を補充するために行われる。ただし，第5条第12節の規定が，そのような選挙が6月10日から10月10日の間に

行われることを要求しているとき，その選挙は，11月の第1月曜日の次の火曜日に行われなければならない。

　(c) (a)項および(b)項で規定されている場合のほか，特別自治体選挙は，それを行う緊急必要性が存在する旨の議会の3分の2の投票による決定に基づいて行われる。

　　第4・1／2節　家賃安定委員会（Rent Stabilization Board）選挙
　第4節の規定にかかわらず，第17条第112節の規定にしたがって家賃安定委員会選挙が行われる。

　　第5節　特定の公務員の推薦（nomination）と選挙
（1）選挙実施の手続
　本憲章で別段の規定がなされている場合を除いて，すべての選挙は，ジェネラル・ロー・シティ（general law city）における選挙の実施に関して現在存在し，または将来改正されるキャリフォーニア州選挙法の規定にしたがって行われなければならない。

（2）告知の提示
　キャリフォーニア州選挙法により，現在または将来公表することを要求されるすべての公示その他の事項は，条例によって決められたバークリィ市内の人目につきやすい10カ所の場所に提示されなければならない。

（3，4，5，6，7，8，9項廃止）

（10）選挙結果報告書（returns）の点検と当選宣言
　市議会は，市書記官（City Clerk）によって用意された当選証書を受け取るために，当該選挙（決選投票を含む）後の最初の火曜日に，いつもの集会場所に集まる。市書記官は，キャリフォーニア州選挙法で定められた手続にしたがって，選挙の結果を点検する。市長，会計検査官（Auditor）および各選挙区（Council District）選出の議会議員に投ぜられた票の過半数を得た者，ならびに各職に投ぜられた票の最高得票を得た者は，当選を宣言される。

（11）投票機，投票装置，投票タブレーターの使用
　投票機，投票装置または投票タブレーターの使用が市議会によって認められる場合，第5節の規定は，上記投票機，投票装置または投票タブレーターの使用を許すために必要な範囲内で，議会により修正することができる。

（12）（廃止）

　　第6節　死亡した候補者に対する投票
　一般自治体選挙の投票用紙に名前が記載された候補者が，選挙日の投票終了時間前に死亡した場合，その死亡した候補者に投ぜられた得票は，その故人が候補者であった職の選挙結果を決定するために数えられる。もし死亡した候補者がその職に投ぜられた票の最高得票を得ている場合，または，複数の候補者が選ばれる場合において，死亡した候補者がその職の当選者の一人となるに十分な得票を得ている場合，その候補者は当選したとみなされ，その候補者が当選した職は，その任期の初めに欠員となる。こうして生じた欠員は，候補者が職に就いた後その任期中に死亡した場合と同じ手続で補充され

る。
　　第6・1／2節　候補者の有資格申告書（statement of qualifications）
　推薦届を提出するときに，各公選職の候補者は，有権者が，当該候補者がその職を勤めるのに適任であるかを判断しうるように，候補者の名前，候補者がなろうとする公職，住所，出生地，現在の職，公職歴，バークリィ市の納税者か否かを記した証明書つきの申告書，候補者の経験と資格に関する情報を提供する申告書，最近の写真，および候補者が委託する5人以上20人以下のバークリィ市の住民の名前を市記録官に提出しなければならない。条例によって別段の定めがなされるまで，合計35ドルの印刷費を市書記官に支払わなければならない。市書記官は，上記候補者の申告書を簡単な形式で印刷させ，それを投票用紙の見本と一緒に登録された有権者に郵送しなければならない。ただし，候補者が委託する名前は，名を挙げられたものの同意書が市書記官に提出されない限り，市書記官による当該公表の中に含まれない。本項の規定は自動的に執行されるが，市議会は，条例によって上記候補者の申告書の形式をより明確に規定することができる。市書記官によって集められた印刷費は市公庫（City Treasury）に納入され，上記候補者の申告書の印刷費は市公庫から支払われる。印刷費は候補者に払い戻されないし，また印刷費が受領された印刷代金より多い少ないにかかわらず，いかなる特別料金も請求されない。

第4条　公選公務員の解職請求
　　第7節　解職請求
（1）解職請求に服する者
　公選職のすべての在任者は，住民の選挙で選ばれたか欠員補充のために任命されたかにかかわらず，市の有権者による解職請求に服する。解職請求の手続は本第7節で規定されるとおりである。
（2）解職請求手続の開始
　解職請求手続は，本節第6項にしたがって，解職請求の請願書を回付する意思の告知書（notice）の送達，提出および公表によって始められる。手続は，その開始のときに，その職の保有者が少なくとも6カ月在職し，かついかなる解職請求書も，上記6カ月の間，当該保有者に対し提起されなかったというのでなければ，開始されない。
（3）解職請求の請願
　解職が求められている公務員の解職請求の請願書は，市書記官に提出されなければならない。その請願は，当該請願書が市書記官に提出された日に上記公務員について投票する資格のある本市の登録された有権者の25％以上の人によって，署名されなければならない。
（4）請願書が登録された後の欠員の発生
　解職請求の請願書が提出された後にある職に欠員が生じた場合でも，第20項に規定されている場合を除いて，本第7節に規定されているところにしたがって選挙を進めなけ

ればならない。
　（5）複数の公務員の解職請求
　複数の公務員の解職請求についても一つの選挙で足りるが，各公務員について解職請求を提案するためには，別々の請願書が必要である。
　（6）請願を回付する意思の告知書；趣意書（statement）
　提案者が，解職を求める公務員の名前およびその職の肩書，解職を求める理由を500字以内にまとめた趣意書，ならびに少なくとも1人の提案者の名前と住所を記載した解職請求の請願を回付する意思の告知書を送達し，提出し，公表するまでは，その請願に対しいかなる署名もなしえない。請求の趣旨の告知は，解職を求める公務員に直接または内容証明郵便で行い，その告知の時期と方法についての証明書とともにその写しを市書記官に提出しなければならない。
　（7）提案者の趣意書に対する回答（answer）
　意思の告知書の提出後1週間以内に，解職を求められている公務員は，提案者の趣意書に対し500字以内の回答書を市書記官に提出することができる。回答書が提出される場合，その写しを請求の意思の告知書に名前が記載されている提案者の一人に対し，直接または内容証明郵便で送達しなければならない。趣意書および回答書は有権者の情報のためにのみ意図されたものであり，その形式および内容についての不十分さは選挙または訴訟手続の効力に何ら影響するものではない。
　（8）告知書，趣意書，回答書の公表
　告知書，趣意書および，もしあるならば回答書は，提案者により，市内で発行される一般紙に，またはそのような新聞がない場合は，アルメダ郡内で発行され，市内で一般に配布されている新聞に少なくとも1回公表されなければならない。提示は本憲章によって公表が要求される事項の十分な公表である，とする本憲章第68節の規定は，本節8項で要求される公表には適用されない。
　（9）請願書の回付
　告知書，趣意書および，もしあるならば回答書が公表されてから7日が過ぎれば，解職請求の請願書は回付され，署名される。その請願書には，請求の意思の告知書，趣意書および，もしあるならば回答書の写しが添付されなければならない。当該公務員が回答しなかった場合は，請願書にはその旨記載されなければならない。意思の告知書の提出から75日以内に，署名が確保され，請願書が提出されなければならない。
　（10）署　　名
　請願書への署名はすべてを1枚の紙にする必要はなく，綴り式でよい。各署名者は，その署名に，署名の日，ならびに通りおよび番号を記した住所を書き添えなければならない。通りまたは番号が存在しない場合，その位置が容易に確認できるように住所地の特定がされなければならない。請願書が提出されるとき，各署名者が居住する関係選挙区の名称または番号が示されていなければならない。
　（11）宣誓供述書（affidavit）

請願書の各綴りには，本市の有権者によってなされた宣誓供述書が添付されていなければならない。宣誓供述書は，宣誓を執行する法的資格のある公務員の前で宣誓され，かつ供述者がその特定の綴りに署名を求め，そこに現れている署名がなされることを確かめたと述べるものでなければならない。また，宣誓供述書は，供述者の知る限りにおいて，また誠意をもって，

　(a)　各署名は，そこに記されている名前の人の真実の署名であり，
　(b)　署名者は本市の資格のある有権者である，

と述べるものでなければならない。

　請願書のいずれの綴りにも，多数の添付書類を含むことができる。

(12) 書記官による請願書の審査；補足の請願書

　提出を受け付けてもらうために，請願書は，その表に，必要な数の署名がなされている旨述べられていなければならない。市書記官は，請願書が提出された日から15日以内に，その請願書が必要な数の有権者によって署名されているかどうかを審査し，選挙人登録（registration）の記録によって確認しなけばならない。市書記官は，その請願書に審査の結果を示す証明を書き添えなければならない。書記官の証明が，当該請願書を不十分とするものである場合，補足の請願書を，元の請願と一対の形式で，その不十分であると証明された日から15日以内に提出することができる。

(13) 不十分な請願

　書記官は，補足の請願書が提出されてから15日以内に，その請願書を審査しなければならない。書記官の証明が，その請願書をなお不十分とするものである場合，それ以上のいかなる行為も行われてはならない。その請願書は公的な記録としてファイルに留められる。十分な署名を確保できなかったことは，同じ事実について全く新しい請願書を後日提出することの妥当性を損なわない。

(14) 議会への提出；選挙に関する命令

　請願書（もしあるならば補足の請願書と併せて）が十分である場合，書記官は，遅滞なくそれを議会に提出しなければならない。議会は，直ちに，有権者が解職を求められている公務員を解職するかどうかを決定するために，当該命令の日から60日以上75日以内に特別選挙が行われるべきことを命じなければならない。もし定期的な自治体選挙がその命令の日から60日以上90日以内に行われることになっている場合，議会は，当該特別選挙がその定期の選挙の日に行われることを命じなければならない。

(15) 見本の投票用紙

　書記官は，選挙の少なくとも10日前までに見本の投票用紙，および各別に印刷された提案者の趣意書および，もしあるならば解職を求められている公務員の回答書の写しを各有権者に郵送しなければならない。もし複数の公務員の解職請求が求められている場合，各解職請求毎に趣意書と回答書が一緒に印刷され，他の公務員のそれらと明確に区別されなければならない。本憲章第3条第6・1／2節の規定は，解職請求手続および選挙に適用することができ，かつ解職を求められている公務員はその後任に推薦されて

いる候補者または候補者たちと同様，同条項に規定されている候補者の有資格申告書を提出することができる。解職を求められている公務員の候補者有資格申告書は推薦書を提出できる最終日までに提出されなければならない。

(16) 解職請求の質問形式

解職請求の投票用紙には，解職請求の投票がなされる各公務員に関して，次の質問，すなわち「(○○さん)を(○○職)の職から解職すべきか」が印刷されていなければならない。その質問に続いて，有権者が，その解職請求に賛成または反対の投票を定められた方法で行う，「はい」および「いいえ」という言葉が，別の行に，それぞれ右側に四角で囲んで，印刷されていなければならない。

(17) 投票用紙；候補者，票の計算

解職請求の投票用紙には，各質問の下に，自治体選挙における推薦について本憲章によって規定されている方法で，解職請求の投票によって職を解職される在任者の後任候補者として推薦されている者の名前が印刷されていなければならない。有権者が，その職から解職されることが求められている者の解職請求の質問について投票しない限り，いかなる投票も，その職の候補者のために計算されない。請願書に登録されている者の名前は，その職の候補者として投票用紙に記載されてはならない。

(18) 投票の点検

市議会は，定期の選挙の場合と同じように，選挙結果報告書を点検し，当選を宣言するために，住民投票の後の最初の火曜日に，いつもの集会場所に集会しなければならない。在任者をその職から解職することに賛成する投票がその投票で過半数を得た場合，当該在任者はその後任者が資格を得たときにその職を罷免されたものとみなされる。

市議会または教育委員会の構成員のすべてが解職され，どの候補者もその後を引き継ぐために選出されない場合，解職請求は失敗し，在任者がその職にとどまる。

市議会または教育委員会の構成員の全部または一部が解職され，かつ定足数を満たすために必要な数の候補者が選出されなかった場合，議員数を定足数に達するようにするための任命が，市議会または教育委員会の在任の構成員によってなされ，定足数が満たされた後は，臨機応変に，残りの欠員を任命によって補充する。解職請求の投票の後30日たっても補充されない欠員が存在し，かつ次の一般自治体選挙が行われるまで75日以上もある場合，市議会はその欠員を補充するために直ちに選挙を実施させなければならない。

本節に基づいて補充のために任命された者は，その解職された公務員の残任期間その職を保有する。

(19) 候補者の当選の宣言；失格；欠員補充

投票の結果，公務員が解職されたとき，その職について最高得票を得た候補者は，前任者の残任期間について当選を宣言される。最高得票を得た者が，当選の宣言後10日以内に資格を得られない場合，その職は欠員となり，法にしたがって補充されなければならない。

(20) 解職を求められている公務員の死亡または辞職

　解職を求められている公務員が選挙の40日前に死亡したときは，その公務員を引き継ぐための推薦書を提出する期間は，当該選挙の25日前まで延長される。

　解職を求められている公務員が選挙の前に辞職し，推薦届を提出する期限の終わりに一人だけ当該職に推薦された場合，または誰も当該職に推薦されなかった場合，選挙は実施されない。そのような場合，市議会または選挙委員会は，臨機応変に，上記被推薦者をその職に任命するか，もし誰も推薦されなかった場合は，誰か有資格者を任命しなければならない。

(21) 職の欠格事由

　解職された者または解職請求手続が継続中に辞職した者は，その辞職または解職から1年間は当該職の候補者となることができないし，任命されることもできない。

(22) 追加規則

　市議会は，その決議（resolusion）により，本節の規定を実施するために必要な追加規則を定めることができる。

(23) 候補者の辞退

　解職請求の選挙により職を解職される場合，在任者を引き継ぐために推薦された候補者は，市議会が決議によって定める日までは，その立候補を辞退することができる。

第5条　公選の公務員

第8節　公選の公務員

　市の公選の公務員は，市長，会計検査官，8名の議会議員，5名の教育委員および9名の家賃安定委員である。

　議会は，市長および8名の議会議員で構成され，市長を含めた各議員は，議会に提出されるすべての問題について投票する権利を有する。

　教育委員会は5名の教育委員で構成され，各委員は，委員会に提出されるすべての問題について投票する権利を有する。ただし，市長は，1951年7月1日から4年間，委員会に提出されるすべての問題について投票する権利をもつ教育委員を務める。

第9節　選　挙

　市長，会計検査官および教育委員は，一般自治体選挙で，市全域から全公認候補者名簿（general ticket）に基づいて選出される。

　議会議員は，一般自治体選挙で，地区別に選出される。議会議員は地区別に解職される。

　市は，これにより以下に規定するように8つの選挙区に分けられ，1986年11月の一般自治体選挙から施行され，新しい地区が後に設定されるまで効力を有し，当該地区は，議会議員の選挙および解職ならびに議会議員の職の欠員を任命によって補充する場合に利用される。もし新しい地区が後の規定によって設定される場合，その新しい地区は上記の目的に利用されなければならない。ただし，ここに規定される地区の再設定による

境界または位置の変更は，議会議員が選挙または任命された議会議員の任期を廃止したり，終わらせたりするものではない。ここに設定される8つの選挙区は，以下のとおり境界づけられ，かつ規定される。

　第1選挙区～第8選挙区（略）

　議会は，1990年の国勢調査に始まり，以後10年毎に行われる連邦の国勢調査の次の年に，ここに規定されている選挙区の境界が，キャリフォーニア州憲法および法律で規定され，要求されているところにしたがい，かつ8つの選挙区が上記国勢調査に基づき人口にほぼ等しくなるように調整する必要があると考える場合，条例で，境界を調整しなければならない。上記再地区割は，可能な限り，ここに設定されている元の選挙区を維持しなければならず，上記条例の発効の日から最も近い次の一般議会議員選挙の時に効力を生ずる。

　1986年11月の一般自治体選挙から，選挙区内の有権者によって選挙される各議会議員は，少なくとも議会議員職の候補者の宣言書を提出する日の直前30日間選挙される当該地区に居住していた者でなければならないのみならず，その在任中も当該地区内に居住していなければならず，当該地区の居住者でなくなったときは，その職を解かれる。

　市長，会計検査官および議会議員は，それぞれの職について投票する有権者の過半数によって選挙されなければならない。市長，会計検査官または1または複数の選挙区の議会議員がそれぞれの職について投票する有権者の過半数を得られなかった場合，最も多くの得票を得た2人の候補者による決戦投票（run-off election）が行われなければならない。その決戦投票は，初めの選挙から4週間後に行われなければならない。決戦投票の投票用紙には，いかなる論争点も記載されてはならない。

　本節の改正規定が無効と解されるとしても，それによって，その他の条項は何ら影響されない。

　　第10節　市長，会計検査官議会議員および教育委員の資格

　市長，会計検査官議会議員および教育委員の職について資格を有するためには，推薦届を書記官に提出するときに，合衆国市民であり，かつキャリフォーニア州およびバークリィ市の有権者でなければならない。

　　第11節　（廃止）

　　第12節　市長または議会議員の欠員

（1）市長または議会議員の欠員

　(a) その残任期間が1年未満であるときは，議会の在任議員は，その残任期間当該欠員を補充するために，必要な資格を備える後任者を選出しなければならない。欠員は，その欠員を補充する旨の適当な通知が，議会議員毎に，議事日程の記載により，すべての残任期間に与えられた後の定例議会においてのみ補充しうる。議会が，その欠員が生じてから60日以内に欠員の補充ができない場合，議会は，10日以内に，命令の日から60日以上90日以内に実施されるべき特別自治体選挙を命令しなければならない。ただし，定期の全州的または一般自治体選挙が本市内で行われることになっており，それが定期

の全州的選挙の場合は，当該欠員の生じた日から80日以上180日以内に，また，それが一般自治体選挙の場合は，当該欠員の生じた60日以上180日以内に行われるとき，当該欠員は，議会によっても特別選挙によっても補充されてはならず，上記定期に実施される選挙において行われなければならない。

(b) 残任期間が1年以上である場合，当該欠員が生じてから10日以内に議会によって発議され，その発議から60日以上90日以内に特別選挙が行われなければならない。ただし，定期の全州的または一般自治体選挙が本市内で行われることになっており，それが定期の全州的選挙の場合は，当該欠員の生じた日から80日以上180日以内に，また，それが一般自治体選挙の場合は，当該欠員の生じた60日以上180日以内に行われるとき，当該欠員は，議会によっても特別選挙によっても補充されてはならず，上記定期に実施される選挙において行われなければならない。

(2) 自治体選挙で，市長または必要な数の議会議員が，候補者が同数の得票を得たために選出されないとき，議会は，当該選挙で選挙された者について，その資格審査の後，当該職を補充するために，同数得票を得た者の1人を任命しなければならない。この場合，そうして任命された者は，解職請求の規定に服し，次の一般自治体選挙の後の4月30日まで，その職を奉ずる。

第12・1節 会計検査官の欠員

会計検査官の職に欠員が生じた場合，議会は，その職を補充するための任命を行わなければならない。自治体選挙で，会計検査官が，候補者が同数の得票を得たために選出されなかったとき，議会は，当該選挙で選挙された候補者について，その資格審査の後，欠員の場合と同じように，その職を補充するために，同数の得票を得た者の1人を任命することができる。この場合，そうして任命された者は，解職請求の規定に服し，次の一般自治体選挙の後の6月30日まで職を奉ずる。

第12・2節 家賃安定委員会委員の職の欠員

(1) 家賃安定委員会の職に欠員が生じた場合，

(a) その在任期間が1年未満である場合，家賃安定委員会の在任の委員は，その残任期間の欠員を補充するために必要な資格を有する後任者を選出しなければならない。欠員は，当該欠員を補充する旨の適当な通知が，家賃安定委員会委員毎に，議事日程の記載により，委員会の在任委員に対しなされた後の家賃安定委員会の定例集会でのみ，補充されなければならない。

家賃安定委員会が，その欠員が生じた後60日以内に欠員を補充できない場合，議会は，10日以内に，命令の日から60日以上90日以内に実施されるべき特別自治体選挙を命令しなければならない。

しかし，定期の全州選挙または一般自治体選挙が本市内で行われることになっており，それが定期の全州的な選挙である場合は，当該欠員が生じた日から80日以上180日以内に，また，それが一般自治体選挙である場合は，当該欠員が生じた日から60日以上180日以内に行われるとき，その欠員は，家賃安定委員会または特別選挙によって補充

されてはならず，定期的に実施される選挙で補充されなければならない。
　(b) 残任期間が1年以上である場合，その欠員は，当該欠員が生じた日から10日以内に議会によって要求された日から60日以上90日以内に実施されるべき特別選挙によって補充されなければならない。ただし，定期の全州的選挙または一般自治体選挙が本市内で行われることになっており，それが定期の全州的な選挙である場合は，当該欠員が生じた日から80日以上180日以内に，また，それが一般自治体選挙である場合は，当該欠員が生じた日から60日以上180日以内に行われるとき，当該欠員は，特別選挙によって補充されてはならず，定期的に実施される選挙で補充されなければならない。
(2) 自治体選挙で，必要な数の家賃安定委員会が，候補者の同数の得票を得たために選出されないとき，家賃安定委員会は，その選挙で選出された者について，その審査資格の後，同数得票による職の欠員を補充するために，同数得票を得た者のうちから必要な数の委員を任命しなければならない。この場合，そのようにして任命された者は，解職請求の規定に服し，次の一般自治体選挙後の11月30日まで職を奉ずる。
　　第13節　教育委員の職の欠員
　教育委員の職に欠員が生じた場合，教育委員会は，その欠員を補充するための任命を行わなければならない。もし，自治体選挙で，教育委員が，候補者の同数の得票を得たために選出されないときは，教育委員会は，上記選挙で選挙された者の審査資格の後，欠員の場合と同じように，当該職を補充するために，同数の得票を得た者の1人を任命することができる。いずれの場合も，そのようにして任命された者は，解職請求の規定に服し，次の一般自治体選挙後の4月30日まで職を奉ずる。
　　第14節　市長の任期
　市長は，その当選を市書記官によって証明された後の12月1日から後任者が選出され資格が与えられるまで，4年間職を奉ずる。しかし，1979年4月の一般自治体選挙で選出された市長の任期は，後任者が，1982年11月の一般自治体選挙で選出された後の1982年12月1日に終わる。
　　第14・1節　会計検査官の任期
　会計検査官は，その当選を市書記官によって証明された後の12月1日から後任者が選出され資格が与えられるまで，4年間職を奉ずる。しかし，1979年4月の一般自治体選挙で選出された会計検査官の任期は，後任者が1982年11月の一般自治体選挙で選出された後の1982年12月1日に終わる。
　　第15節　議員の任期
　議員は，その当選を市書記官によって証明された後の12月1日から後任者が選出され資格が与えられるまで，2年間職を奉ずる。しかし，1979年4月の一般自治体選挙で選出された議員の任期は，後任者が1982年11月の一般自治体選挙で選出された後の1982年12月1日に終わり，1981年4月の一般自治体選挙で選出された議員の任期は，その後任者が1984年11月の一般自治体選挙で選出された後の1984年12月1日に終わり，また，1984年11月の一般自治体選挙で選出された議員の任期は，その後任者が1986年11月の一

般自治体選挙で選出され資格が認められた後の1986年12月1日に終わる。

　　　第16節　教育委員の任期
　教育委員は，選挙後の12月1日からその後任者が1982年11月の一般自治体選挙で選出されるまで，4年間職を奉じる。1981年4月の一般自治体選挙で選出された教育委員の任期は，その後任者が1984年11月の一般自治体選挙で選出された後の1984年12月1日に終わる。
　1982年11月の一般自治体選挙およびその後2年毎の一般自治体選挙で，3名の教育委員が選出される。1984年11月の一般自治体選挙およびその後2年毎の一般自治体選挙で，2名の教育委員が選出される。

　　　第17節　保証証書（bond）
　市長，会計検査官，各議会議員および各教育委員は，それぞれの職の任務に就く前に，唯一の保証人としての保証会社（surety company）による公的保証証書により保護される。
　議会は，条例で，本憲章または条例によって要求される市のすべての吏員（officers）または雇員（employees）の公的保証証書の種類，条件，期間または額を決めなければならない。
　複数の吏員または雇員に保護を与える包括的または主要な公的保証証書，もしくはその他の種類の保証証書を利用することができる。
　すべての保証証書は，その種類について市法律顧問（City Attorney）によって承認され，かつ市書記官に提出されなければならない。
　吏員または雇員に保護を与え，保証会社によって実行される公的保証証書の保険料は，市によって支払われなければならない。

　　　第18節　就任の宣誓
　市支配人（City Manager）を含めすべての市の吏員は，それぞれの職の任務に就く前に，キャリフォーニア州憲法に規定されているところにしたがい，就任の宣誓をし，市書記官に宣誓書を提出しなければならない。

　　　第19節　給　　　与
　議員は，1988年12月に始まる議会の開催中，その公的義務の遂行に対して1ヵ月875ドルの割合で報酬を受け取ることができ，市長は，月に1750ドル受け取ることができる。市長または議会の議員が，その公的な業務に出席するために議会によって許される場合を除き，1ヵ月の間に定例議会を1日以上休んだ場合，1ヵ月の報酬を当該月に開かれた定例集会の回数で割った額に等しい金額を，当該月の間に出席した各定例集会毎に支払われる。
　会計検査官は，議会によって決められた給与を受け取ることができる。ただし，給与は，年3600ドルを下回ってはならない。
　教育委員は，1988年12月に始まる教育委員会の有効な期間中，その公的な義務の遂行に対して月875ドルの割合で報酬を受け取ることができる。教育委員会の公的な業務に出席するために委員会によって許される場合を除き，1ヵ月の間に教育委員会の定例集

会を1日以上休んだ教育委員は，1カ月の報酬を当該月に開かれた定例集会の回数で割った額に等しい金額を，当該月の間に出席した委員会の各定例集会毎に支払われる。

　第20節　宣誓と喚問状（subpoenas）の執行

　市議会，条例によって権限が付与されている場合は，議会の小委員会，または委員会（Board, Commission, Committee）は，喚問状によって，証人を召喚し，宣誓に基づく証言をさせ，および記録の提出を求めることができる。すべての公選された公務員，すべての部局の長，および委員会によって権限を付与されている場合は，それら委員会のすべての委員は，宣誓（oath）および確約（affirmation）を執行する権限を有する。警察の長は，上記機関の依頼に基づき，上記の喚問状を送達するために警察官を派遣しなければならない。出頭および記録の提出を怠りまたは拒否をし，もしくは上記機関の多数が，適当かつ関連があると判断した質問に対する証言または回答を拒否する被喚問者は，州の一般法にしたがって提起される議会侮辱手続（contempt proceedings）に服する。

第6条　市　　長

　第21節　市長の権限

　市長は，議会の議長となり，議会の集会で司会をし，かつ議会によって課せられる市長の職務に矛盾しないその他の義務を遂行する。市長は，議会に提出されるすべての議案について投票する資格があるが，拒否権（veto power）を有しない。市長は，すべての儀式的目的に関して市の公式の首長と認められ，民事訴訟手続をとる目的では裁判所により，また軍事的目的では知事により，市の公式の首長と認められる。市長は，契約書もしくはその他の法的文書の作成，または州の一般法によって生ずるその他の必要事項が要求する場合に，「市長（Mayor）」という肩書きを使用することができる。しかし，このことは，州の一般法に基づいて，行政的または司法的な任務もしくはその他の権限または任務を市長に与えるものである，と解釈されてはならない。市長の権限と義務は，本憲章の修正規定と，その修正規定にしたがって議会によって与えられるものに限られ，それ以外にはない。

　第22節　臨時の市長（Mayor pro tempore）

　市長の一時的な欠勤または不能の間，議会の副議長が臨時の市長として行為する。市長および副議長の双方の一時的な欠勤または不能の場合，議会は，その議員の1人を臨時の市長に選出しなければならない。市長の職に欠員が生じた場合，本憲章で規定されているところにしたがい，その欠員が補充されるまで，議会の副議長が市長として行為する。

　第23節　（廃止）

　第24節　市長による市の帳簿の検査依頼

　市長は，各会計年度の初めに，契約報酬により，公認会計士を雇わなければならない。公認会計士は，当該会計年度中に少なくとも1回，会計検査官および市の公金を受領し，もしくは支払ったすべての吏員・雇員の帳簿，記録および報告書，ならびに市長が指揮

する上記以外の吏員および部局の帳簿，記録および報告書を検査し，および毎年，各会計年度終了後，検査報告をしなければならない。当該報告書は，市長に提出され，その写しは会計検査官，市支配人および市書記官に提出されなければならない。上記会計士は，宣誓またはその他に基づき，市のすべての吏員，書記および雇員を調べるために，無制限の調査特権を有する。すべての吏員，書記および雇員は，上記会計士に対し，すべての要求された援助と情報を与え，また要求されたその職に関する帳簿や書類を調査のために当該会計士に提出しなければならず，その不履行は，当該職の剥奪（forfeiture）および放棄（abandonment）とみなされ，かつ判断される。議会は，上記会計士の役務の報酬について定めなければならない。

第25節および第26節　（廃止）

第7条　執行・行政部局
　　第27節　市支配人
　議会は，市支配人として知られる公務員を任命する。市支配人は，市政府の行政の長で，すべての部局の能率的な運営について責任をもたなければならない。市支配人は，議会によって決められる給与を受け取ることができる。市支配人は，議会により，その政治的信条に関係なく，行政的・管理的能力に基づいてのみ選任される。

　本憲章で別段の定めがなされている場合を除き，市支配人は，期限の定めなく任命され，議会の5名の投票によらなければその職を解任されない。市支配人は，議会の意思にしたがって職務を行わなければならず，解任される場合，最終的な解任が行われる前に，事由説明書（written charges）と議会での公聴会（public hearing）を要求することができる。しかし，公聴会に基づく議会の決定と処分は最終のものであり，公聴会が行われるまで，議会は市支配人の職務を停止することができる。

　市支配人の欠勤または不能の間，議会は，市支配人の職務を行うために誰か適当な有資格者を指名しなけばならない。市支配人の職に欠員が生じたときはいつでも，議会は，直ちに市支配人を任命するための手続を進めることができる。

　　第28節　市支配人の権限と責任
　市支配人は，議会の政策の実行および市のすべての事務の能率的な運営について，議会に対し責任を負わなければならない。市支配人は，以下の権限と責任を有する。

　(a)　すべての法および条例が正しく執行されているかを調査すること。これによって，市支配人は，それらの執行のために関心があり，かつそれらを執行するために適当な裁判所に訴訟を提起する権限がある，と宣言されること。

　(b)　本憲章に別段の定めがなされている場合を除き，本憲章の公務員（Civil Service）規定にしたがって，市のすべての吏員および雇員を任用し，懲戒し，または免職すること。市支配人による部局の長の任命は，議会の5名の議員の賛成投票に基づいて効力を生ずる。議会も，その委員会または議員も，直接または間接を問わず，市支配人による特定人の吏員または雇員への任用または雇用を指示し，または指示しようとしてはなら

ない。調査目的の場合を除いて、議会および議員は、市支配人を通してのみ行政事務を処理することができ、公的にも私的にも、市支配人の部下に対し命令をすることができない。

　(c)　市政府のすべての部局（departments, devisions and bureaus），ならびにそれらのすべての任命職の吏員および雇員に対する監督を行うこと。

　(d)　議会が市支配人の解任を検討しているときを除き、議会およびその委員会のすべての定例集会に出席すること。投票権はないが、討議に参加する権利を有する。市支配人は、すべての特別集会の通知を受ける。

　(e)　必要と考える議案および条例案の採択を議会に勧告すること。

　(f)　市またはその部局の事務、契約、市が負っている義務の適正な履行について調査すること。

　(g)　毎年の予算案を作成して議会にその審議のために提出すること。

　(h)　議会が市の財政状況および財政需要について常に十分な助言が受けられるようにしておくこと。

　(i)　少なくとも毎月1回、市支配人によって支払いが承認されたすべての請求および請求書のリストを議会に提出すること。

　(j)　全時間を市の義務と利益に捧げること。

　(k)　本憲章によって規定され、また条例または議会の決議によって要求されるその他の義務を履行すること。

　市支配人は、すべての公益企業に対し、それらが市の監督に服する限りにおいて、一般的監督を行う責任を負う。市支配人は、すべての点で法を遵守することに関して十分な知識を有してしなければならず、また市によって付与されたすべての特権（franchise）が誠実に守られていることを調査しなければならない。市支配人は、公益企業を法違反で訴追するために必要な訴訟または法的手続（proceedings）を始めさせ、すでに全部または一部喪失しているか、何らかの理由で違法かつ無効であり、市に対して拘束力をもたない、市によって個人、会社または組合に付与されたすべての特権を、撤回（revoke）し、取消（cancel）し、または無効（annul）にしなければならない。市法律顧問官は、市支配人の要求に基づいて、本項の規定を執行するために必要な訴訟を提起し、訴追しなければならない。

　　第29節　試用期間（probation period）

　議会は、条例で、本節の発効後に任命された市支配人または部局の長に関する試用期間を定めることができる。試用期間の終了の時に、市支配人または部局の長は、議会の5名の議員の賛成投票に基づいてのみ、その地位を保持される。

　　第30節　図書館評議員（library trustees）

　5名の図書館評議員は、議会の5名の議員の投票によって任命され、また解任される。それらの評議員のうち1名は、議会の議員の中から議会によって任命される。図書館評議員会議は、図書館の運営と図書館のすべての吏員および雇員を任用し、懲戒し、解雇

する権限を有する。

第31節　部局の創設と職種分類（job classification）

議会は，条例で部局を創設および廃止し，決議によってそれらの職務を定めるために職種分類を設ける権限を有する。

第32節　吏員および雇員の報酬

議会は，本憲章で別段の定めがなされている場合を除き，市支配人の勧告に基づいて，すべての吏員および雇員の報酬を決定することができる。吏員または雇員は，議会によって決められた給与または報酬以外に，いかなる謝礼，チップ，手当，報償または報酬も貰うことは許されず，その公的な職務に関連して受け取った謝礼等は市の公庫に払い込まれなければならない。

第33節　部局の報告

各部局および委員会は，毎年議会によって定められた日に，市支配人および議会に，その年の当該部局または委員会のすべての業務運営に関する完全な報告書を提出しなければならない。

第34節　報告書の公表

議会は，市支配人からの毎年の報告書の公表について規定しなければならない。

第35節　議会議員の兼職禁止

議会の議員は，本憲章で別段の定めがなされている場合を除き，市から報酬が支払われる他の地位，職または業に就いてはならない。

議会の議員は，選挙されまたは任命された期間中，もしくはその期間終了後1年以内は，市支配人または行政部局の長の職に任命されてはならない。

議会の議員は，選挙されまたは任命された期間中，もしくはその期間終了後1年以内は，市から報酬が支払われる地位，職または業が，当該議員が議員であった間に議会によって創設され，もしくはその報酬が増額されたものである場合，それらの地位，職または業に任用されてはならない。

本節は，議会の議員が無報酬の地位，職または業に任用されること，または市長職の欠員をうめるために任命されることを妨げない。

第36節　吏員が契約または特権と利害関係をもつことの禁止

吏員または雇員は，直接にも間接にも，市の契約，事業または取引，もしくはその費用，価格または対価が公庫または法律もしくは条例によって課せられた税によって支払われる物品の売買に利害関係をもってはならない。また，吏員または雇員は，直接にも間接にも，市に帰属する不動産その他の財産，もしくは税または税の査定のためまたは市の訴訟における法的手続に基づいて売却される不動産その他の財産の購入または賃貸借に，利害関係をもってはならない。吏員は，本市内にある公益会社，本市と何らかの契約関係をもつ者，または本市にとって付与された特権の保持者のいずれのもとでも勤務してはならない。

ただし，本節で規定されている禁止は，以下の場合に適用されない。

資料　自治憲章について　59

　(a)　給与その他報酬なしに就任する市の諮問的な委員会の委員。ただし，諮問的な機能以外の機能を行う委員会の委員は，この例外の中に含まれない。
　(b)　キャリフォーニア州またはその部局，もしくは憲法によって創設される機関の吏員または雇員。
　本節に違反してなされた契約または協定は無効である。
　本節の規定に対する違反は，軽犯罪（misdemeanor）とみなされる。
　議会は，適切な立法によって，本節の規定を強化することができる。
　　第37節　差別の禁止
　市政府のもとにある地位への任用は，宗教的または政治的な思想，所属もしくは政治的活動を理由に，または，性，人種，皮膚の色，出身国または祖先を理由に，なされたりなされなかったりしてはならない。また，任用，選抜または免職および移動，昇進，降格，賞罰は，上記のごとき思想，所属または活動により，もしくは性，人種，皮膚の色，出身国または先祖により，いかなる意味においても影響されてはならない。

　　第8条　議　　会
　　第38節　議会，統治機関（governing body）
　議会は，本地方自治体の統治機関である。議会は，本市の法人としての権限を行使することができ，また本憲章で明示された制限にしたがって，州憲法に矛盾しない完全な地方自治制度に適切な地方的事務（municipal affairs）に関するすべての立法権を与えられる。
　　第39節　議長および副議長
　市長が議会の議長となり，集会が開かれるとき，それを主宰する。議会は，その議員の一人を副議長に選出する。
　　第40節　議会の集会
　議会は，集会が開催される時期および場所，ならびに特別集会と呼ばれる集会の方法について定めなければならない。
　　第41節　集会の公開
　議会のすべての会期（legislative session）は，定期のものであると特別のものであるとを問わず，住民に公開されなければならない。
　　第42節　定足数
　議会の議員の過半数をもって，議事を処理するための定足数とする。
　　第43節　議事手続に関する規則
　議会はその手続に関する規則を定めなければならない。
　　第44節　条例，決議および動議
（1）議会による活動
　議会は条例，決議または動議によって活動することができる。
（2）賛　　否

すべての条例，決議および動議の可決には賛否をとり，議会の議事録に記載されなければならない。
(3) 議会の過半数の投票
　条例，決議または動議は，少なくとも議会の5名の賛成投票が得られなければ可決されず，または有効とならない。
(4) 項目と表題
　歳出予算（appropriation）について定める条例を除き，すべての条例，決議または動議は，表題に明記される1つの項目に限定されなければならず，またすべての歳出配分承認を定める条例は，その歳出配分承認の項目に限定されなければならない。ある項目がその表題に明記されていない条例の中に含まれている場合，当該条例はその表題に明記されていないということだけで無効となる。
(5) 条例の制定文言（enacting clause）
　議会によって可決されたすべての条例の制定文言は，「バークリィ市の議会により，次のように制定された」という言葉でなければならない。
(6) 条例の要件
　条例を制定するために，条例案は，それに関する最終の議決をする前に印刷することについて可決され，賛否（ayes and noes）と一緒に2日間公表されなければならない。それについて修正を加える場合は，当該条例について最終の採決をする前に，同様な方法で，1日以上，修正された旨再公表されなければならない。
(7) 公の財産の取得，売却または賃貸，税の賦課または査定，特権の付与，防火区域（fire limits）の設定または変更，もしくは制裁の賦課について定めるいかなる行為も，条例以外の方法をとってはならない。ただし，議会が州の一般法にしたがって措置をとる場合に必要とされる例外は認められる。
(8) 議案が最終の議決にかけられたが可決されず，かつ再審議を求める動議が出された場合，当該動議に対する投票は，当該動議が出された集会から1週間以上たった後で開催される議会の集会における場合を除き，行われてはならない。
(9) すべての決議および条例は市長によって署名され，市書記官によって証明されなければならない。
(10) いかなる条例も，その表題だけに関連して，改正，再制定または修正されてはならない。改訂または再制定すべき条例，修正すべき節または追加すべき新たな節は，条例の採択について本節で規定されている方法で，規定され，採択されなければならない。
(11) いかなる条例またはその条項も，本節で規定されている方法で採択された条例によらなければ廃止されない。
(12) （廃止）
(13) 市条例の記録
　すべての条例の真実で正確な写しは，市書記官により，「市条例」と記された本にして保管され，証明されなければならない。上記証明または原本の条例の付いた上記記録

の写しは，当該条例の内容および当該条例の適正な可決および公表の一応の証拠（prima facie evidence）となり，裁判所または法的手続においても同様に認められる。当該記録はいかなる場合にも提出されるべきでなく，市書記官の管理のもとに戻されなければならない。ここで規定されているものは，通常の方法による条例の可決および公表の証明を妨げるものと解釈されてはならない。

第45節　（廃止）

第46節　憲章および条例の公表

議会は，本憲章に基づき組織されてから1年以内に，およびその後は適宜に，その時点で効力を有するすべての条例を適切な表題のもとに分類させ，かつ本市の憲章，議会が役立つと考える州憲法および州法と一緒に，またはそれと別に，本の形式で公表させなければならない。

第47節　（廃止）

第9条　市および市議会の権限

第48節および第49節　（廃止）

第10条　財政と税

第50節　会計年度

市の会計年度は，毎年7月1日か条例で定める別の日に始まる。

第51節　税制度

議会は，条例により，本憲章に違反しないすべての市税の査定，課税および徴収に関する制度を規定することができる。

議会は，条例で，現在または将来有効なキャリフォーニア州の法を利用し，バークリィ市に所在する郡（county）の課税額査定官（Assessor）によってなされる査定による需要額にしたがい，上記郡の徴税官（Tax Collector）によってバークリィ市のために，バークリィ市に代わって税を徴税してもらう権限がある。査定，課税および徴収に関する本憲章のその他の規定は，条例が有効である間，条例の規定に従わなければならない。

第52節　部局による毎年度の必要額の見積

毎年，市支配人によって決められる日に，部局および委員会の長は，市支配人に，次会計年度中のそれぞれの部局や委員会の事務および適切な活動のために必要な金額の慎重な見積を，文書で，対象を詳細に特定して，提出しなければならない。

第53節　市の毎年度の需要額および歳入の見積

毎年5月の最初の月曜日までに，または毎年議会によって決められた日に，市支配人は，市の未払いの固定負債（funded indebtedness）に関する利息および減債基金（sinking funds）に対応するために必要とされる金額，および市政府のすべての部局の需要の細目を述べ，かつ各基本および部局に提供する必要のある金額を明確に示した，次会計年度に関する市政府の予想される支出見積を記載した仮予算（tentative budget）を議会に提出

しなければならない。また，市支配人は，財産に対する税を除く，罰金，許認可料（licenses）その他の財源からの収入総額の見積り，および税を賦課徴収すべきことが要求される予想額も，議会に提出しなければならない。

第54節　毎年度の予算

議会は毎年，税の課税を決定する前に集まらなければならず，市支配人によって提出された仮予算を検討した後，次会計年度における市政府の職務を処理する費用の支払いに必要な見積額についての最終予算を作らなければならない。最終予算は，各部局または委員会に割り当てられる金額およびその項目について，議会が妥当と考える程度に詳細に定められなければならない。議会はまた，その最終予算で，議会が妥当と考える額の緊急用の基金を定めることができる。この基金は，以下に規定される場合を除き，特定の部局または委員会に配分されてはならない。

また，議会は，同時に，市支配人によって提出された予算に基づき，ここで定められたところにしたがって作成される，毎年度の歳出予算条例（appropriation ordinance）を可決しなければならない。歳出予算の総額は市の歳入見積を越えてはならない。

議会は，毎年度の歳出予算条例が可決される前，それが有効となるまで条例が可決されれば当該年度の歳出予算の負担となる，それぞれの部局の必要な支出を賄うに十分な額の部局の当面の費用に関する暫定的な歳出予算を作らなければならない。毎年度の歳出予算条例の規定にしたがう場合，および本憲章の規定に基づいて認められた継続的契約および借り入れに基づく場合を除き，その他いかなる債務も市の吏員または雇員によって負われることはない。

議会は，歳出配分承認条例可決後の集会で，緊急用の基金を含め，ある目的に充当された未利用の残金を他の目的に流用する権限を与え，または年度予算に含まれていない利用可能な歳入に割り当てるため，その議員の6名の投票により，上記条例を修正することができる。

第55節　（廃止）

第56節　毎年度の税の賦課

議会は最後に，市の一般的な債務その他有権者が認めるキャリフォーニア州憲法第13条(a)に適合する債務を賄うため，当該年度予算で必要と見積もられている金額を調達するために十分な率の税を賦課する条例を，本憲章の規定にしたがい，8月1日までに採択しなければならない。

第57節　（廃止）

第58節　公債税，図書館税

議会は，ここで賦課および徴収を認められた税に加え，市の固定負債の利息を支払い，およびその減債基金を維持し，また無料の公立図書館ならびに読書室の設置および維持管理に供するために十分な税を，賦課し徴収する権限を有する。

第58・1／2節　（廃止）

第59節　（廃止）

第60節　税の先取特権（lien）

　賦課されるすべての税は，滞納に課せられる利率および徴収費用とともに，課税対象財産のうえに先取特権を構成する。私的財産に対するすべての税は，その所有者の不動産のうえに先取特権を有する。本節で規定される先取特権は，毎年3月の第1月曜日付で差し押えし，当該先取特権を実行するための管轄権を有する裁判所における訴訟によるか，または条例によって規定される規制にしたがい，指定された財産の売却およびそのために必要なすべての証明書および権利証書（deed）の作成および引き渡しによって，執行される。ただし，不動産が納期限のきた市税のために売り出されるときは，州税および郡税のために売りに出されるときに，当該不動産が売却リストから除かれ，州に売却されるのと同様に，同様な場合に，同様な方法で，同様な効力をもって，同様な買戻し権（right of redemption）付きで，当該不動産は売却リストから除かれ，市に売却されなければならない。議会は，市に対する売却およびその後の買戻しにおいて従うべき手続について規定する権限を有する。

第61節　会計検査官の責任

　公債および利礼（interest coupon）の償還を除き，市による支払いは，当該部局の長によって証明され，かつ市支配人によって承認された証拠書類に基づき，市公庫の金銭支払証券（warrant）によるか，会計検査官によって発行され，かつ市支配人によって副署された銀行で管理されている預金から引き出される小切手によって，なされなければならない。会計検査官は，給料支払い簿，請求書および市に対するその他の要求および請求を検査しなければならない。また会計検査官は，当該請求が正しい形式で正確に計算されており，かつ，それが正当で法的に適正であって支払い可能なものであること，歳出予算が作られており，それが使い果たされていないか，または当該支払いが別に法的に認められていること，および支払い可能な金銭があること，が適正に証明されていない限り，いかなる金銭支払証券も小切手も発行してはならない。会計検査官は，請求者に当該請求の正当性について宣誓させることができる。会計検査官は，すべての請求を調査することができ，そのために宣誓した証人を審問することができる。会計検査官は，それが不正なものであるか，不正確なものであるか，さもなくば無効であることを発見した場合，それについて金銭支払証券または小切手を発行してはならない。請求が行われ，かつその全部または一部が拒否されるまでは，金銭に関する請求について，市または市の公務員もしくは委員会を相手にいかなる訴訟も提起することができない。もし一部が拒否された場合は，その全部を回復するために訴訟を提起することができる。また，承認されかつ会計検査されている要求または請求については，市または市の公務員もしくは委員会相手にいかなる訴訟をも提起することができない。ただし，本節の規定は，請求者が，上記の要求または請求に基づく行為をさせ，または会計検査されたときにその金銭を支払わせるために，市議会または公務員もしくは委員会を相手に職務執行令状（writ of mandamus）その他の法的手続に訴える権利を奪うためのもの，と解釈されてはならない。

第62節　金銭支払証券および小切手を支払うための金銭

　市の経常費支出が，現金，請求に対する支払いが収入役（Treasurer）または収入役の管理する基金から引き出されるべき金銭支払証券，または銀行で管理する預金から引き出される小切手で行われる場合，上記金銭支払証券または小切手の振り出しまたは発行のときに，当該金銭支払証券または小切手を支払うために十分な金銭が，公庫または銀行に存在しなければならない。

　　第63節　徴収した金銭の処置

　市に帰属する金銭または市の使用のための金銭を徴収し，または受領するすべての公務員は，毎月末までに，または議会によって指示されるより頻繁な間隔で，収入役とその金銭の清算をし，かつ会計検査官の命令に基づき，当該金銭が個々に帰属する財源にあてるため，直ちにそのすべての金銭を公庫に払い込まなければならない。月末が日曜日または祭日にあたる場合，上記払い込みはその前日になされなければならない。議会は，州法にしたがい，その裁量で，銀行にある市の預金について規定することができる。

　　第64節　統一的な会計と報告

　議会は，金銭を受領し支出する市のすべての公務員および部局によって守られるべき統一的な会計の方式を定めなければならない。

第11条　公共事業と支出

　　第65節　契約の形式

　すべての契約は市法律顧問の監督のもとに締結されなければならない。すべての契約は文書でなされ，当該契約書に署名する権限を有する公務員によって，市の名において行われ，かつ会計検査官によって副署されなければならない。会計検査官は，当該契約書に番号を付し，その保管する公簿に登録しなければならない。

　　第66節　契約に関する分割払い（progressive payment）

　当該事業を承認しまたは命ずる条例ないし決議の中で許可が与えられている場合，分割払いを契約することができる。しかし，前払いがなされている場合に，その総額が，その時までになされた労働および使用された資材の価値の90％を越えるにいたっているときには，いかなる分割払いの約定もできないし，支払いをすることもできない。また，契約に基づいてなされる事業が完成し，関係する公務員または部局，委員会がその引き渡しを受ける前に，契約金の90％以上の支払いを約定し，認め，許すいかなる契約もしてはならない。

　　第67節　条例で定められた限界を超える支出

　(a)　67節(b)で規定されているように，その支出が条例で定められた額を超える個々の特定の改良工事（improvement）および必需品，器具または資材の購入は，議会の決議によって認められた契約によってなされなければならない。また，上記契約は，本憲章によって要求されるところにしたがい5日間封緘された申し込み書が広告された後，最低額で引き受けた入札者にさせなければならない。当該広告には，なされるべき事業また

は購入されるべき生活必需品，器具または資材についての簡単な説明がなされなければならない。議会は，入札のどれかまたはすべてを拒否することができる。すべての入札が拒否され，または入札が全くなかった場合，議会は，新たな入札について再度広告することができるし，また市支配人に，合理的な価格での契約について公開市場で交渉する権限を与え，または市の雇員によってその事業を行わせる権限を与えることもできる。

(b) 市議会によって承認されなければならないここの特定の改良工事や買収の額を定める条例は，市議会の9分の6以上の承認がなければ採択されず，修正もされない。

第67・1節　市の雇員によって行われる事業

本憲章第67条の規定は，市の雇員が市の資材や市によって所有または賃借されている器具を使って行われている事業には，適用されない。

第67・2節

議会は，決議によって，アメリカ合衆国または州，地方自治体またはその他の公共団体または機関から，第67節によって要求される入札を必要とせずに私的な財産を購入する権限を与えることができ，また上記決議において，市の吏員に，上記私的財産について入札を出し，また当該入札や売却に関連して要求される頭金や全額の支払いをする権限を与えることができる。本節の規定に矛盾する本憲章の規定は，その矛盾する限りにおいて効力を停止される。

第67・3節　公益事業（utilities）からの購入

本憲章第67節の規定は，キャリフォーニア州公益事業委員会（the public Utilities Commission of the State of California）またはその継承者によって所有され，または規制されている公益事業からの購入には，適用されない。

第67・4節　緊急事態

(a) 本憲章第67節の規定は，緊急事態が現在し，かつ生命，健康または財産を保護するために緊急の必要性があると市支配人によって認められるために行われる事業および購入については，適用されない。ただし，第67・4節(b)で規定されているところにしたがい，条例で定められる金額を超える支出は，議会の決議によって認められなければならない。

(b) 市支配人が緊急事態の現在する場合に行う支出最高限度を定める条例は，市議会の9分の6以上の投票によらなければ，採択または修正されない。

第67・5節　条例によって設定された制限を超えるその他の支出

(a) 67・1節，67・2節または67・3節において明確に認められる場合を除いて，その金額が67・5節(b)の規定にしたがい，条例で定められた額を超える公金の支出について約定する行為は，議会の決議によって承認されるか，または議会の決議によって承認された契約によって行われなければならない。

(b) 市議会によって承認されなければならない第67・5節(a)の各支出の金額を定める条例は，市議会の9分の6以上の投票によらなければ，採択または変更されない。

第68節　公　　表

議会は、その裁量により、本憲章によって公表が要求されるすべての事項の公示および写しを、条例によって決められたバークリィ市内の10カ所の人目につきやすい場所に掲示することができる。そのような掲示は、本憲章第44節（6）によって公表すべきことが求められている事項の公表として十分なものである。

第69節および第70節　（廃止）

第71節　労働時間

本市の事業に関して雇用される労働者、職人または機械工に要求される労働または役務の最大時間は、それらの者が市または市の公務員によって直接雇用されているか、契約業者または下請け契約業者によって雇用されているかにかかわらず、1暦日につき8時間とする。

第72節　入札者との結託

他の入札者の入札価格よりも高い値段で労働、資材または必需品を供給する契約を確保するために援助または助力し、もしくは情報を与えたり保留したりすることによって他の入札者より特定の入札者に恩恵を与え、もしくは故意に要求されている資材または必需品の特徴について入札者を欺き、もしくは故意に契約によって要求されているものよりも劣る品質の資材または必需品を受け取り、もしくは故意に実際に行われた労働より多い労働量、または実際受け取った資材または必需品より多い量、または実際に受け取った資材または必需品と種類の異なるものについての領収書を証明した、市またはその行政部局の公務員は、違法行為を犯したものとみなされ、免職される。

第73節　入札者による結託

契約を締結された者が、入札に臨んで、入札を妨害する目的で、他の当事者または当事者たちと結託したことがわかったときは、その締結された契約は無効となる。議会は、上記事業について新たな契約を公示するか、または当該公共事業を公共事業部（the Department of Public Works）によって行われるべき旨定めるか、しなければならない。

第12条　特　権

第74節　営業特権（franchises to operate）

いかなる個人、会社または団体も、キャリフォーニア州憲法またはアメリカ合衆国憲法の直接の権限によって資格が与えられていない限り、本憲章の本条の規定にしたがい、かつ条例で定める手続にしたがって特権を得なければ、バークリィ市内において、本条で定められている特権、権利または恩恵的利益（privilege）を行使することができない。本条のいかなる規定も、これまでに付与された適法な特権を無効にしたり、特権保持者が有効期限内の特権を行使するために新たな特権を取得することを要求するものである、と解釈されてはならない。

第75節　特権を付与する権限

市議会は、条例によって、個人、会社または団体に対し、それらが既存の特権に基づいて営業されているか否かにかかわらず、市および市の居住者に運輸、通信、ターミナ

ル施設，上水道，灯火，暖房，電力，冷蔵庫，倉庫その他公共の施設やサービスを提供し，またはその関連で，すでに存在しまたは将来存在するかもしれない公共の道路（streets, ways, alleys）や広場を利用する特権を与える権限が認められている．

第76節　特権の期間，条件および手続

市議会は，条例で，本憲章にしたがって特権が付与される期間ならびに条件，および特権の付与に関する手続を規定することができる．ただし，その手続を定める条例には，特権申請の公示を行うこと，特権付与に対する異議申し立て，および申請に関する公聴会（public hearing）が規定されなければならない．

市議会は，特権の付与にあたり，本憲章の適用およびそれに基づいて制定された条例にしたがい，当該特権の期間と条件を定めなければならない．また，市議会は，公共の利益のために必要と考え，または住民発案によって示された住民の要望するところにしたがい，上記憲章および条例に違反しない追加的な期間および条件を，それが性質上統治的（governmental）なものであると契約的（contractual）なものであるとにかかわらず，当該特権に課することができる．

第77節　特権付与の方法

市議会は，入札（bids）を必要とせずに特権を付与することができ，または，その裁量で，本条の規定に違反せず，かつ入札の公示および売却の公示において発表されるべき基準で特権の売却のための入札を公示する（advertise）ことができる．

第77節1／2　（廃止）

第78節　特権の期間

すべての特権は，25年を越えない一定の期間か，期間の定めなく存在する．もし一定の期間存在する場合は，当該特権に，その与えられる期間が示される．もし期間の定めなく存在している場合，特権は，それが終わる期間と条件を宣言しなければならない．

第79節　市による買収（purchase）または収用（condemnation）

特権の付与は，買収または収用権（eminent domain）の行使によって特権授与者（grantee）の財産を取得するため，法により市に与えられ，または将来与えられる権利を，いかなる方法または程度にも損なうものでも，また影響するものでもない．また本条の規定は，公共施設に関する市の収用権を，ある期間または永久に縮小し，限定し，弱めるものと解釈されてはならない．

第80節　適用除外条項

本条は，本憲章第49節第52項に規定される側線（spur track）または退避線（side track）に適用され，また，バークリィ市の条例で要求されていない限り，一定の営業区域を越えて営業しない冷凍業者や倉庫業者または貨客輸送業者，または第75節で明確に列挙されていないその他の公共施設や役務が，市内で営業するために特権を取得することを要求している，と解釈されてはならない．

第12条Ａ　大通から離れた自動車駐車場（off-street vehicular parking）

第81節ないし第91節　(廃止)

第13条　住民発案 (initiative)
　　第92節　直接立法
　市の有権者は，本憲章および州の一般法で規定されているところにしたがい，住民発案およびその他の方法によって，市の権限または議会の権限を実施し，執行するために適切な法を制定する権限を有する。
（1）提案される条例案または憲章修正案は，以下に定める率に相当する数の市の登録された有権者によって署名された請願によって，議会に提出できる。
（2）第3条の規定の準用
　請願の書式および要件，ならびに審査，証明および提出の方法に関する第3条の規定は，事柄の性質による修正を別として，実質的に順守されなければならない。
（3）住民発案にかかる条例：10％の請願
　提案された条例案に伴う請願が，市長が選出された直近の一般自治体選挙において，すべての市長候補者に投ぜられた全得票の10％に相当する数の有権者によって署名され，かつ次回に行われる定期の全州的選挙または一般自治体選挙において当該条例案を住民の投票に付すべきである，との要求を含んでいる場合，議会は，
　(a)　市書記官の当該請願が要件を満たしている旨の証明の添付後20日以内に，修正なしで当該条例を可決する（本憲章第14条の規定に基づき，住民投票 (referendary vote) に服する）か，
　(b)　市書記官が当該条例案に伴う請願に要件を満たしている旨の証明書を添付してから25日以内に，議会は，市書記官が請願の審査を議会に報告する時点において，キャリフォーニア選挙法および政府法で定められている掲示，公表またはその他の法的期限が過ぎていない限り，当該条例案を修正なしに，次回に行われる全州的選挙または一般もしくは特別自治体選挙で住民の投票に付させるか，いずれかをしなければならない。
（4）住民発案にかかる条例案：5％の請願
　請願が，市長が選挙された直近の一般自治体選挙において，すべての市長候補者に投ぜられた全得票の5％以上10％未満の数の有権者によって署名され，かつ前項に規定されているところにしたがって議会によって可決されない場合，議会は，市書記官が当該請願の審査を議会に報告する時点において，キャリフォーニア州選挙法および政府法で規定されている提出，公表またはその他の法的期限が過ぎていない限り，当該条例案を修正なしに次回の一般自治体選挙で住民の投票に付さなければならない。
（5）憲章は，キャリフォーニア選挙法および政府法にしたがい，住民発案によって修正することができる。
（6）住民発案による条例案または憲章修正案の公表
　本憲章により，条例案，憲章修正案または提案 (proposition) が，いずれかの選挙で市の有権者に提示される場合，

(a) 議会は，当該条例案，憲章修正案または提案を印刷させ，市書記官は，その印刷された写しを見本の投票用紙と同封して当該選挙の前に各有権者に郵送しなければならず，かつ
(b) 議会は，当該条例案，憲章修正案または提案が市の公報紙に印刷され，かつ議会によって制定される条例が公表を要求される場合と同じ方法で公表されるよう，命令しなければならない。
（7）（廃止）
（8）1つの選挙での複数の条例または憲章の修正
　提案される条例案，憲章修正案またはその双方の数がどれくらいあっても，本条の規定にしたがい，同一の選挙で投票することができる。
（9）住民発案による条例または憲章修正条項の廃止
　議会は，上記条例，憲章修正条項の廃止またはそれらの修正を，次の一般自治体選挙での投票に付することができる。そのようにして提示された提案が，その選挙で過半数の得票を得た場合，当該条例または憲章修正条項はそのように廃止または修正される。請願によって提案され，または住民の投票によって採択された条例または憲章修正条項は，住民の投票による場合を除き，廃止または修正することができない。
（10）追加的規制
　議会は，条例で，本節の規定を実施し，さらに第3条の規定に適合するために必要とする追加的規制を定めることができる。

第14条　住民投票（referendum）
　第93節　条例に異議を申し立てる方法
　議会によって可決されるいかなる条例も，州一般法または道路の改良工事に関する本憲章の規定によって別の日が定められている場合，および毎年度の税を課する条例，緊急を要する旨規定されており，議会の9分の7の投票によって可決された公安，健康または安全の即時的確保に関する条例（ただし，いかなる特権の付与も緊急の処置と解釈されるべきでなく，すべての特権はここに規定される住民投票にしたがわなければならない）を除き，その最終の可決の日から30日がたたなければ効力を生じない。もし，上記の30日の間に，市長が選挙された直近の一般自治体選挙において，すべての市長候補者に投ぜられた全得票の少なくとも10％に相当する数の有権者により，当該条例の可決に異議を申し立てる旨の署名がなされた請願が議会に提出された場合，当該条例はその執行を延期され，かつ議会は当該条例を再審議しなければならない。当該条例が完全に廃止されない場合，議会は，市書記官が請願の審査を議会に報告する時点で，キャリフォーニア選挙法および政府法で定められている掲示，公表またはその他の法的期限が過ぎていない限り，憲章の第13条に定められているところにしたがい，当該条例を次回に行われる定期の全州的選挙または一般もしくは特別自治体選挙で，市の有権者の投票に付さなければならない。有権者の過半数が当該条例を支持する投票をしなければ，当該条例は効力を生じな

いか、または実施されない。請願の書式および要件、ならびに立証、証明ならびに登録の方法に関する第3条の規定は、事柄の性質による修正は別として、実質的に順守されなければならない。

第94節　立法の住民投票への付託

議会は、その発議により、議会または市の有権者が制定する権限を有する条例または提案を、請願に基づいて提示される条例または立法について本憲章で定められている方法と強制力と効力をもって、定期の全州的選挙または一般もしくは特別自治体選挙で、有権者の賛否に付することができる。いずれの住民投票においても、用意されている条例または立法に追加して有権者の投票に他の問題を提示することは、その問題が当該住民投票に適法に提出できるものであるならば、何ら妨げられない。同一の投票で承認または採択された複数の立法の規定が相反する場合、最多数の賛成票を得た立法が優先する。

第95節　追加的規制

議会は、条例で、本憲章の規定を実施し、かつ第3条の規定に適合させるために必要と認める追加的規制を定めることができる。

第15条　公立学校

第96節　教育委員会

教育委員会は、州憲法および州一般法にしたがって、本市における公立学校について完全な統制と管理を行うことができ、また、本憲章および市教育委員会に関する州一般法によって規定されるすべての権限が与えられるとともに、すべての義務が課せられる。

第97節　教育委員会の委員長

教育委員会は、毎年委員の一人を委員長に選出しなければならない。委員長は、4名の委員の賛成投票によって罷免される。委員長は、委員会の委員としての投票権以外の投票権をもたない。

第98節　集　　会

教育委員会は、当該委員会の議決によって指定され時間に、市議会によって定められた場所で集会することができる。委員会は、特別集会と称される集会方法について規定しなければならない。

第99節　定足数

委員会の3名の委員によって定足数を構成する。議案を可決するためには3名の委員の賛成投票を必要とする。しかし、出席委員が3名に満たない場合は、他の日に延期し、委員会が定める方法で欠席委員の出席を強制することができる。

第100節　審議手続の規制

教育委員会は、その審議手続の規則を定めることができる。

第101節　集会の公開

教育委員会のすべての集会は公開される。

第102節から第108節　（廃止）

第16条　雑　　則
　　第109節　本憲章の施行期日
　本憲章にしたがって候補者を推薦し，市長，会計検査官，議会議員および教育委員を選挙するために，本憲章は，州議会によってその承認が得られたときから効力を生ずるものとする。その他の目的のためには，本憲章は1909年7月1日に効力を生ずる。
　　第110節および第111節　（廃止）
　　第112節　既存の条例の有効性
　本憲章が発効した時点で効力を有し，本憲章の規定に違反しないすべての合法的な条例，決議および規則は，それらが適法に修正され，また廃止されるまで効力を有する。
　　第113節
　市法律顧問官は，住民のために，本憲章の規定および本市の条例の違反によって生ずるすべての刑事事件を訴追し，本市が法的に利害関係をもつすべての訴訟および法的手続に出席することができる。ただし，議会は，市のすべての訴訟を監督することができ，訴訟を担当しまたは市法律顧問官を助けるために他の弁護士を雇用することができる。
　　第114節　憲章および条例違反
　本憲章の規定または市条例の違反は軽犯罪とみなされ，市当局により，キャリフォーニア州民の名のもとに本市の機関によって訴追され，または，上記市当局の選択により，民事訴訟によって直される。本憲章の規定または条例の違反で拘留の刑（imprisonment）を言い渡された者は，市の刑務所に拘禁されるか，または，議会が条例で規定している場合，バークリィ市が所在する郡の郡刑務所に拘禁される。後者の場合，その拘禁の費用は，上記郡の利益のためにバークリィ市の負担とされなければならない。
　　第115節　地方的事務
　バークリィ市は，本憲章で制限および限界が定められていない限り，地方的事務に関するすべての法および規則を制定し，執行する権利と権限を有する。ただし，これにより，州の一般法によって従来または今後与えられ，もしくは規定される権利，権限および特権のいずれかまたはすべてを行使し，もしくはそれらに同意を与えることが妨げられ，または制限される，と解釈されるべきではなく，市はそれらのいずれか，またはすべての権利，権限および特権を行使する権限を与えられる。
　　第116節　（廃止）
　　第117節　現在の公債所有者の権利
　バークリィ市は，市議会決議 No. 35, 324-N. S. にしたがって地方債を購入した公債所有者の権利にいかなる形においても影響し，それを変更または縮小する大通から離れた自動車駐車場の財政を賄うためのいかなる公債も，発行してはならない。
　　第118節　追加的権限
　市議会は，適切な立法を制定・実施し，かつ本市の権限または本憲章の規定を実施す

るために必要かつ適当なその他の行為および活動のいずれか，またはすべてを行い，および州憲法，本憲章および市民によって採択される条例に違反しないすべての権限を行使する権限を有する。

第119節　人事委員会

市議会は，人事委員会を設置し，議会によって制定される規程や規則に基づく人事制度を管理するため，無報酬の委員を任命する権限を有する。特に委員会は，本憲章の規定，議会または市民によって除外されていない市の行政活動に従事するすべての雇用に関する職種分類，開放的・競争的・無料の適性試験，雇用が永続的なものとなる前の試用期間中欠員が補充されるべき有資格者リスト，および成績，経験および経歴に基づく昇進について規定することができる。

第17条　公選の家賃安定委員会

第120節　公選の家賃安定委員会の目的

本条の目的は，居住用家賃を規制する施策の適切な執行について規定すること，不正な家賃の値上げや恣意的・差別的・報復的な立ち退き要求から借家人を保護すること，バークリィの地域社会における多様性を維持することを援助すること，および住宅の賃貸に関する法的義務の順守を確保すること，である。

第121節　家賃安定委員会の構成

公選の家賃安定委員会は，バークリィ市内に存在しなければならない。委員会は，9名の公選委員で構成される。委員会は，毎年委員の1人を委員長に選出しなければならない。

（1）被選挙資格

バークリィ市の正当な有権者である居住者は，委員会の委員となる資格を有する。

（2）資産の全面公開

委員の職の候補者は，本憲章第3条第6・1／2節に規定する要件を満たさなければならない。

さらに，候補者は，推薦書を提出するときに，その所有，売買または管理するものだけに限らず，不動産の利害関係および取引関係，および過去3年間に所有，売買，管理にかかわった組合，会社，合弁事業および企業連合への投資および提携関係について，証明された申告書を提出しなければならない。

（3）利益相反

委員は，キャリフォーニア政治改革法その他利益相反に関する州法および市の法の定めるところに従わなければならない。

第122節

委員は，本節第3項に規定されている場合を除き，偶数年の11月に実施される全州的な一般選挙の際に選挙されなければならない。

（1）任　　期

委員は，選挙の次の月の最初の日から始まる任期の間務めなければならない。任期は，本節第4項で規定されている場合を除き，4年間とする。委員の任期は2期8年間を限度とする。
（2）解職請求
委員は，本憲章第4条に雛されている解職請求にしたがわなければならない。
（3）委員会の第1回選挙
最初の委員会のための選挙は，本条制定後90日以内に行われる定期的な一般自治体選挙，全州的一般予備選挙（primary），全州的一般選挙のうち最も早く行われる選挙の際，行われなければならない。
（4）最初の委員会における委員の任期
本節第3項に基づいて選挙された9名の委員のうち，得票の少なかった5名の委員は，次の偶数年の11月末日まで職を奉じる。他の4名の委員は，さらに2年間職を奉じ，その任期は当該年の11月末日で終わる。
　　第123節　権限と義務
公選の家賃安定委員会は，一般的調停であると個別的調停であるとにかかわらず，バークリィ市条例に基づき，家賃が統制されている家屋の家賃の額を決定し，仲裁し，確定するとともに，家賃および明け渡しを規制するバークリィ市の施策を執行する権限を有する。
（1）任命制委員会の交替
本条で規定されている委員会は，バークリィ市条例5261-N.S.で規定されている任命制の委員会に替わるものである。公選制委員会は，任命制委員会の権限，義務，権利および責任を，個別的にも全体的にも引き継ぐものとする。任命制委員会は，新たに公選された委員会によって要請される事務引き継ぎを援助する場合を除き，そのときに，上記事務の執行を終了する。引き継ぎ期間（公選委員会によって決定される）の終了時に，任命制委員会は法的実在としての存在を終える。
（2）職員の採用
委員会は実施機関であり，その職務を効果的に遂行するために必要な，かつバークリィ市条例によって規定される職員を雇用することができる。委員会は，本憲章第7条第28節(b)および(c)ならびに第16条第119節の規定にかかわらず，職員を採用し，解雇することができる。市支配人は，バークリィ市条例にもとづき適切な協力を続けなければならない。委員会は，バークリィ市の差別是正のための雇用政策（affirmative action employment policy）にしたがわなければならない。
（3）財　　政
委員会は，委員会が相当と考える額の登録税を毎年家主に課すことによって，その合理的かつ必要な費用を賄うことができる。当該登録税は，委員会の明示的な事前の認可なしに家賃の増額という方法で借家人に転嫁されてはならない。委員会は，またその合理的かつ必要な支出について，必要な場合いつでも，バークリィ市および（または）他の

適当な財源に資金の提供を求め，またそれらから資金の提供を受ける権限が与えられている。

（4）追加的な権限と義務

市議会は，委員会の同意に基づいて，適切と考える追加的権限と義務を委員会に譲渡することができる。さらに，有権者も，本憲章で規定されている住民発案条例（initiative ordinance）によって追加的権限と義務を付与することができる。

（5）定足数

5名の委員をもって委員会の定足数とする。委員会のすべての動議，規程，規則および命令を含め，議決には5名の委員の賛成投票が要求される。

（6）可分性（severability）

本条の規定が，正当な管轄権をもった裁判所によって，強制できない旨判決されたとしても，当該判決は，他の規定の強制力に影響することはなく，強制できないとされた規定がここに規定されていなかったものとして，本条は，引き続き完全な強制力（force）と効力（effect）を有する。

(1) GHQ発行の「日本の政治的誘導」（Political Reorientation of Japan）のなかで，「改革の目的は，むしろ，アメリカ合衆国の多くの州において州憲法や法律により都市に適用されているいわゆるホーム・ルールに近かった」と述べられていることに窺われるが，具体的には，例えば，いわゆるマッカーサー草案の第78条で，「首都地方，市及町ノ住民ハ彼等ノ財産，事務及政治（government）ヲ処理シ並ニ国会ノ制定スル法律ノ範囲内ニ於テ彼等自身ノ憲章（charter）ヲ作成スル権利ヲ奪ハレルコト無カルヘシ」という規定に，ホーム・ルール自治制を導入しようとしたGHQの意図が明白に認められる。

(2) 後述する特別立法の禁止が，そのルーツといえる。

(3) 州議会が，このような源泉者となり得た理由としては，①植民地政府のうち，独立後も実質的に継続したのが植民地議会を前身とする州議会であったこと，②植民地議会が，それまでにも法律により地方共同体に対し課税権その他の権限を付与していたこと，③独立革命の政治理念に基づいて州議会の権限が著しく強化された結果，チャーターの付与は法制定行為であり州議会の権限であると観念されたこと，等が挙げられる。

(4) その理由としては，①州議会における党派的な事情から，政党や議員が，当時発達しつつあった都市をその支配下におくために，地方自治体の政治・行政に対して干渉したこと，②アメリカでは，我が国のように地方自治体に全権限性が付与されておらず，地方自治体において事務を処理するためには，チャーターあるいは州法律によって地方自治体にそのような事務を処理する権限が授権される必要があったこと，③チャーターも州法であり，したがって，州議会は州法律と同じくチャーターを自由に改正できるという慣行が成立したこと，④当時の地方政治・行政において，いわゆる猟官政治が行われ，ボス支配ないし黒幕支配が横行し，そのため，地方政治・行政の腐敗と非能率が著しかったこと，などが挙げられる。

(5) これを，人口の増加という面からみると，アメリカで最初の人口調査が行われた1790年には，人口2500人以上の地方自治体に住む人口は，全体のわずか5.1％にすぎなかった

資料 自治憲章について 75

が，その後1800年6.1％，1820年7.2％，1840年10.8％，1860年19.8％，1880年28.2％，1900年39.7％と増加し，特に1840年から1900年の間に都市の人口が急速に増加している。
(6) コネチカット州，ニューメキシコ州，ノースキャロライナ州が後者の方式を採っている。
(7) 例えばペンシルヴェイニア州では，1922年にこのタイプの自治憲章制定権に関する規定が憲法で定められてから，1949年に至るまで自治憲章制定に必要な立法措置が行われなかった。なお，同州は，1968年，自治憲章制定の手続を州議会に授権する一方，州議会がその手続を定めない場合，住民発案または地方自治体によって自治憲章またはその制定手続を有権者に提示できる旨を定める，憲法改正を行っている。
(8) 例えば，キャリフォーニア州では州務長官，アリゾナ州やオクラホマ州では州知事が，それぞれ承認または拒否を行う。もっとも，州務長官や州知事は，当該憲章が州憲法や州法律に違反する場合でなければ拒否することができない。
(9) 現行のキャリフォーニア州憲法第11条第5節a項は，次のように規定している。
"It shall be competent in any city charter to provide that the city governed thereunder may make and enforce all ordinances and regulations in respect to municipal affairs, subject only to restrictions and limitations provided in their several charters and in respect to other matters they shall be subject to general laws. City charters adopted pursuant to this Constitution shall supersede any existing charter, and with respect to municipal affairs shall supersede all laws inconsistent therewith."
(10) 1970年のキャリフォーニア州改正憲法第11条第5節b項は①市警察の設置，規制および管理，②市の全部または一部の下部行政機構，③市の選挙の運営，④市の公務員の人事管理の4項目を，自治憲章で規定できる事項として掲げている。しかし，同規定は，municipal affairs を具体的に明示することを意図したものではなく，また municipal affairs はそれらに限られるわけではないから，解釈上の問題が残る。
(11) キャリフォーニア州では，これを，チャータド・シティ（chartered city）と称する。なお，自治憲章をもたない市をジェネラル・ロー・シティ（general law city）と称する。
(12) この型の組織の特徴は，議会が政策を決定し，議会により任命され，かつ議会に対して責任を有する職業的支配人が，議会によって決定された政策を遂行するところにあり，1908年，ヴァージニア州スタントンが最初にこの型の組織を採用した。現在，全米の中規模以上の都市の多くが，この型を採用しているといわれている。キャリフォーニア州の場合，361市がこの型の組織を採用しており，採用率は，実に約88％に達する。その他の組織形態としては，首長＝議会型（Mayor-council form），理事会型（commission form）がある。
(13) バークリィ市は，サンフランシスコ・ベイ・エリアに位置する，人口約10万5000人の中規模の都市である。同市は，大阪府堺市と姉妹都市関係にあり，また，同市の中心地には，筆者が現在，客員研究員として所属しているキャリフォーニア大学バークリィ校が所在する。バークリィ市の名称はクロインの主教（bishop）で，かつ著名な哲学者および作家であったジョージ・バークリィ師（アイルランド生まれ。1685～1753年）に由来する。同市の前身であるバークリィ町（the Town of Berkeley）は，1878年，州法によって設立されている。
(14) バークリィ市憲章の元の憲章は，1909年に制定されたが，その後度々改正され，本文に紹介する市憲章は，1986年に改正された現行の憲章である。

第Ⅱ部
条例制定権の範囲と限界

第1章
条例と刑罰

I　はじめに

　日本国憲法（以下，憲法という）第94条が，地方公共団体の権能としてそれに付与している条例制定権は，刑罰設定権を含むか。これが本章で検討しようとする問題である。

　もっとも，このような問題提起に対しては，現行の地方自治法第14条第5項が，「普通地方公共団体は，法令に特別の定があるものを除く外，その条例中に，条例に違反した者に対し，2年以下の懲役若しくは禁錮，10万円以下の罰金，拘留，科料又は没収の刑を科する旨の規定を設けることができる」と規定しているのであるから，特に議論する実益がないではないかと反論する向きがあるかもしれない。

　しかし，この反論は，以下のごとき理由から妥当でない。すなわち，もし，憲法第94条の条例制定権が刑罰設定権を含まないと解するならば，地方自治法第14条第5項は，条例に刑罰設定権を授権した規定であるということになるが，このような解釈をとると，次のようなことが問題となる。すなわち，法律が他の法形式に立法を委任する場合，個別的・具体的に委任されなければ，当該授権規定および同規定に基づき制定される規定は国会独占立法の原則（憲法41条）に反し無効となるが，はたして，地方自治法第14条第5項は，個別的・具体的な授権規定と解することができるであろうか，という問題である。同条項を個別的・具体的委任と解することができなければ，同規定および同規定に基づいて刑罰を定めている多数の条例の規定は無効ということになるが，もしそうなるならば，大事である。

もっとも，後に紹介する大阪市売春取締条例事件に関する最高裁大法廷昭和37年5月30日判決(1)の多数意見は，「条例によって刑罰を定める場合には，法律の授権が相当な程度に具体的であり，限定されておればたりる」として，地方自治法第14条第5項を合憲，有効な授権規定と解している。したがってまた，この問題はすでに解決済みであると反論されるかもしれない。しかし，上記多数意見についても，法律の条例への委任は，何故に「相当な程度」に具体的・限定的で足ると解されるのかという問題があるほか，そもそも，地方自治法第14条第5項は，「相当な程度」に具体的・限定的であるといえるのか，という疑問が残るのである。

　さらに，より根本的で重要な問題は，はたして地方自治法第14条第5項は，法律の条例に対する刑罰授権規定かどうかということである。仮に憲法第94条の条例制定権は条例の刑罰設定権を含まず，したがって，地方自治法第14条第5項は条例に対する刑罰授権規定であると解するとすれば，地方自治法第14条第5項を改め，条例による刑罰を罰金・科料・没収といった財産刑に限ることも，あるいは条例の刑罰設定権を全く否認することも可能ということになるが，このような解釈ははたして妥当であろうか。

　明治憲法時代の市町村・府県は，事業団体とか費用負担団体であったといわれるように，非権力的な地方行政を担当していたわけであるから，条例に刑罰設定権が伴わなくとも，特に不都合はなかったといえようが，現行憲法の地方公共団体は，一の統治団体(2)である。すなわち，憲法は，「地方公共団体は，その財産を管理し，事務を処理」するほか，「行政を執行する権能を有」すると規定して，それを明らかにしている。したがって，現行憲法の下では，警察・統制等の権力的行政，すなわち，いわゆる行政事務が地方公共団体の事務として当然認められなければならない。

　ところで，法治国家の下で，行政事務の執行は条例に基づいて行われる必要がある（地方自治法14条2項参照）が，条例が，かかる地方自治行政の根拠法として，その機能を果たし得るためには，当該条例に違反する者に対し，刑罰を科することができなければならない。そうでなければ，その実効性を確保し得ないからである。したがって，条例の刑罰設定権が否認される場合，行政事務

条例などは著しくその機能が阻害され、これにより、事実上行政事務条例の制定権が否認されたに等しい結果となる。そして、このことは地方公共団体の行政事務の否認をも意味する。

このような意味で、法律により、条例から刑罰設定権を奪うことを可能ならしめる上記解釈は問題とされなければならない。したがって、「現行地方自治法が存在し、これを合憲とする限りでは、具体的結果は同一に帰し、甲論乙駁する実益は少ない」(3)ということはないと考える。

かように、条例の刑罰設定権の問題は、地方自治法第14条第5項の解釈問題にとどまらず、憲法第94条の保障する条例制定権の本質、延いては「地方自治の本旨」の根幹にかかわる問題を含んでいると考えるので、本書第Ⅱ部「条例制定権の範囲と限界」の第1章において、検討を試みる次第である。

Ⅱ 条例の刑罰設定権に関する沿革

本題の検討に入る前に、条例の刑罰設定権に関する沿革をみておくことが、その問題を考えるうえで有益であると思われるので、簡単に触れることにする。(4)

1 明治憲法時代

市町村は、明治21年法律1号市制町村制の制定の当初から、条例（規則）制定権が認められ（10条）、府県も、明治23年法律35号府県制の制定および同32年法律64号府県制全文改正では、条例（規制）の制定を認める明文規定を欠いていたが、(5)昭和4年法律55号府県制改正により、明文でそれが認められている（3条の2）。

しかし、市町村および府県いずれの条例（規則）も、条例で罰則を定めることを認められていなかった。

ところで、明治憲法時代、府県知事は、地方公共団体たる府県の首長の地位のほか、国の地方行政官庁としての地位にあった。すなわち、例えば、明治19年勅令54号地方官官制第2条に、「知事ハ一人勅任二等又ハ奏任一等トス内務大臣ノ指揮監督ニ属シ各省ノ主務ニ就テハ各省大臣ノ指揮監督ヲ承ケ法律命令

ヲ執行シ部内ノ行政及警察ノ事務ヲ総理ス但東京府知事ハ勅任一等ニ陞ルコトヲ得」との規定があり，このような地位にある府県知事について，同第3条は，「知事ハ部内ノ行政及警察事務ニ付其職権若クハ特別ノ委任ニ依リ法律命令ノ範囲内ニ於テ管内一般又ハ其一部ニ府縣令ヲ発スルコトヲ得」と規定していた。

かくして，府県知事は，部内の警察事務について，法律・勅令・閣令・省令等の特別の委任に基づくことなく，命令（警察命令）を発することができ，現に，警察命令たる府県令は，「旧制度下において，現在の行政事務条例の役割を果たしていた[(6)]」のである。

ところで，警察命令たる府県令は，公共の安全秩序を維持するために，住民の権利や自由を制限し，住民に義務を課するところのものであることから，特にその実効性の確保が必要となるが，府県令には50円以下の罰金もしくは科料または拘留の刑罰を規定することが認められていた（明治23年勅令208号閣令，省令，府令，府県令，警察令ニ関スル罰則ノ件）。

2　昭和21年法律27号府県制改正

ポツダム宣言の受諾に伴い，大日本帝国憲法の改正とともに，地方行政の民主化が緊急の課題とされた政府は，昭和21年9月，東京都制，府県制，市制，町村制等の改正を行った。

この改正では，条例（規則）制定権そのものに関するものとしては，住民に条例の制定請求権を認めたことだけであったが，後に述べる地方自治法の規定との関連では，府県知事の公選制に伴う府県知事の身分をどうするかという問題があった。

政府原案の府県制第74の2第2項は「府県知事ハ官吏トス」と規定し，その提案理由として，「国家事務の執行がその事務の大部分である都道府県の執行機関は官吏を充てるのが適当である」等の理由を挙げていた。しかし，衆議院の審議において，各党派の議員から，同政府原案に対する強い反対意見が出され，また総司令部もそれに注目し，知事を官吏とすることに反対する旨を申し入れたこともあって，結局，衆議院において，「第74条ノ2　政府原案の第2項を削る」「附則第5項の次に次の一項を加える。府県知事は，改正憲法施行

の日まで官吏とする」旨修正・可決するとともに,「政府は都道府県の首長及び部下をすべて公吏とする都制,府県制改正案及びこれに必要なる法律を急速に整備し,来るべき通常議会に提出すべきこと」との附帯決議がなされた。

3　昭和22年法律67号地方自治法

かくて,新憲法の施行とともに,府県知事は公選による公吏となることとなったため,地方行政官庁としての知事の根拠法たる地方官官制等は廃止され,これにより府県令もその根拠を失うこととなった。そしてその結果,それまで地方行政官庁としての知事が,地方官官制等に基づき行っていた事務は,一部は府県に,大部分は府県知事に委任されることとなった。すなわち,昭和22年法律67号地方自治法第2条第2項は,「普通地方公共団体は,その公共事務並びに従来法令により及び将来法律又は政令により普通地方公共団体に属する事務を処理する」と規定するとともに,同法第148条第1項は,「都道府県知事は,当該都道府県の事務及び部内の行政事務並びに従来法令により及び将来法律又は政令によりその権限に属する他の地方公共団体その他公共団体の事務を管理し及びこれを執行する」と規定した。

ところで,後者の規定について,政府は,「従来地方官庁は,国の普通地方行政長官として,特に他の特別地方行政官庁の権限に属しない国の事務は,すべてその権限に属するものとされているのであるが,府県知事公選の趣旨に鑑み,独り自治団体たる府県等の事務が民意に基づいて運営されるのみでなく,国政事務といえども府県の区域において行なわれるものは,地方的色彩を帯有し,府県自体または府県住民の利害休戚に関するものが多く,従ってこれが府県民の要望を反映して行なわれることが必要であり,また府県知事等が公選されることとなっても,従来通り府県の機構によって国の行政を行なうことの必要に毫も変りないのみならず,逆にこれを分離して別個の行政機関を設けて処理させることとすることは,却って行政の官僚化を招来し,経費の濫費に陥り能率を害し,監督が不徹底となる等国の全体の行政組織として,極めて不合理かつ不経済な結果に陥るものと考えるので,府県等の区域内における国政事務は,従来と同様,原則として府県知事等の権限に属せしめることとした」とそ

の理由を述べている。

かくて，従来の府県令を引き継ぐ任務を負うこととなるのが，府県条例，特に府県規則である。すなわち，上記地方自治法第14条は，「普通地方公共団体は，法律の範囲内において，その事務に関し，条例を制定することができる／法律又は政令により都道府県に属する国の事務に関する都道府県の条例に違反した者に対しては，法律の定めるところにより，これに刑罰を科することがあるものとする」と規定し，また第15条は，「普通地方公共団体の長は，法律の範囲内において，その権限に属する事務に関し，規則を制定することができる／前条第2項の規定は，前項の規則にこれを準用する」と規定して，従来の府県令を，府県条例と府県規則で引き継がせることとした。

ところで，ここで注目されるのは，府県条例・規則に違反した者に対し，法律で刑罰を科することがあるとしていることと，その理由である。すなわち，政府は，「従来東京都長官，北海道庁長官及び府県知事は，何れも官制の規定に基づいて都令，庁令，府県令の法規命令を発し，これに一定の刑罰を附し，以って行政の執行に実効を収めることができたわけであるが，公選に基づく都道府県には，かくの如き権能は認められない。しかるに国政事務が都道府県又は都道府県知事に委任せられ，これらによって処理されることの必要は従来と毫も変りないのみならず，むしろ国政の民主化を徹底するためには，中央各省の国政事務を委譲し又は他の地方特別行政官庁を都道府県に統合すべきことが考えられる。従って，この場合において特に執行力を必要とするような国の委任事務等については，一定の刑罰を以って臨むことが絶対に必要であるが，刑罰の本質上自治団体たる都道府県又は都道府県知事が自らその条例又は規則を以って刑罰を科することは許されないので，法律又は政令により，都道府県知事に委任された国の事務に関する条例又は規則に違反した者に対しては，法律の定めるところにより，これに刑罰を科することがあるものとし，条例又は規則に実質上刑罰を附したと同様の実効性を与えるものとしたものである」と述べているが，府県条例・規則が府県令を引き継ぐべく期待されていること，およびそれら条例・規則の実効性を確保するため，罰則を科する必要性のあることを明らかにしている。

4 昭和22年法律169号地方自治法改正

　上述の地方自治法は,「地方自治の本旨」という観点から, きわめて不十分な内容のものであったため, 制定後間もなく改正されることとなった。ところが, 衆議院における審議の過程で, 総司令部から,「地方公共団体は, 憲法又は法律 (市町村の条例については, 都道府県の条例を含む) に違反しない限りにおいて, 一般的に条例を制定することができるものとせよ」との修正意見が表明されたため, 政府は総司令部の要求を入れ,「地方公共団体は, 法令に特別の定めがあるものを除くほか, 行政事務に関する地方公共団体の条例に違反した者に対しては, 都道府県にあっては五千円以下, 市町村にあっては二千円以下の過料を科することができる」という修正案を用意した。しかし, 総司令部民生局のティルトン中佐は政府当局者をよび, 条例違反者に対して, 2年以下の懲役, 20万円以下の罰金, 拘留, 科料の刑罰を科するものとするよう命じた。これに対し, 政府は罪刑法定主義の立場から反対したが, 総司令部民生局は, 都道府県に法務部を設け, 司法行政を地方分権化する, それが不可能であれば府県に法律顧問を置くという意見をもっていたこともあって, 結局, 懲役または禁錮2年以下, 罰金10万円以下という線で妥協した。

　以上のような経緯を経て, 現行の第14条が成立したのである。

Ⅲ　条例の刑罰設定権の検討

1　大阪市売春取締条例事件最高裁大法廷判決における諸見解

　地方自治法第14条第5項が, 憲法第31条に違反するかどうかについて争われた最初の事件が, 大阪市売春取締条例事件である。事件の概要は, 以下の如くである。

　大阪市では, 売春防止法 (昭和31年法律118号) が施行される前, 街路等における売春勧誘行為等の取締条例 (昭和25年大阪市条例68号) を制定・施行しており, 同条例第2条第1項には,「売春の目的で, 街路その他公の場所において, 他人の身辺につきまとったり又は誘ったりした者は, 五千円以下の罰金又は拘留に処する」と規定していた。本件被告は同規定に違反したとして起訴され,

一審（大阪簡裁判昭31年3月15日）で5000円の有罪判決を受けたので控訴したが，二審（大阪高判昭31年10月18日）でも控訴棄却された。そこで，被告人は，地方自治法第14条は学説上の白地刑法または空白刑罰法規に外ならないが，「白地刑法が下級命令に罰則の制定を授権するに当っては，必ずやその授権の範囲を具体的に特定しなければならないのであって，若しその授権事項が不特定であり抽象的である場合には，その白地刑法は無効である……。これは罪刑法定主義の建前からいって当然のこと」であるところ，「地方自治法第14条は，白地刑法として，その授権事項を具体的に特定していないから，その罰則制定権の委任に関するかぎり無効であり，従ってその授権に基づいて制定された本件大阪市条例も無効であり，その当然の結果として被告人は無罪である」，として上告に及んだというものである。

　ところで，最高裁判所は，上記の上告を棄却したのであるが，その判決の多数意見および補足意見中に，条例の刑罰設定権に関するほとんどすべての見解が含まれているので，少し長くなるが，以下，これを引用する。

　すなわち，多数意見は，「憲法31条はかならずしも刑罰がすべて法律そのもので定められなければならないとするものでなく，法律の授権によってそれ以下の法令によって定めることもできると解すべきで，このことは憲法73条6号但書によっても明らかである。ただ，法律の授権が不特定な一般的な白紙委任的なものであってはならないことは，いうまでもない。ところで，……条例は，法律以下の法令といっても，……公選の議員をもって組織する地方公共団体の議会の議決を経て制定される自治立法であって，行政府の制定する命令等とは性質を異にし，むしろ国民の公選した議員をもって組織する国会の議決を経て制定される法律に類するものであるから，条例によって刑罰を定める場合には，法律の授権が相当な程度に具体的であり，限定されておればたりると解するのが正当である。そうしてみれば，地方自治法2条3項7号及び1号のように相当に具体的な内容の事項につき，同法14条5項のように限定された刑罰の範囲内において，条例をもって罰則を定めることができるとしたのは，憲法31条の意味において法律の定める手続によって刑罰を科するものということができるのであって，所論のように同条に違反するとはいえない。従って地方自治法14

条5項に基づく本件条例の右条項も憲法同条に違反するものということができない」と判示した。しかし，これに対し補足意見が付せられた。それは，以下の如くである。

　まず，裁判官入江俊郎は次の如く述べる。「憲法31条は，いわゆる罪刑法定主義の根拠たる法条であって，……国会の議決を経た国法たる法律で定めることとした所以のものは，いかなる行為が犯罪とされるか，これにいかなる刑罰を科するかという刑罰権の基本は，国家主権の権能に属するものであることを前提としている」「ところで，憲法は……明文をもって法律による政令への罰則委任を認めたが，憲法の趣旨とするところは，いわゆる委任命令をこの場合だけに限るとしたものではなく，ひろく委任命令の制度を認容しているものであり，罰則委任も，政令以外の法令への委任を禁じたものではないと解されている（国家行政組織法12条4項参照）。なお，わたくしは，法律で規定すれば，地方公共団体の条例に対しても，罰則を委任することを得ると解するものであり，条例を地方公共団体の自主立法と認めて，その制定権を根拠づけた憲法94条等の法条が，地方公共団体に固有の刑罰権を認めた趣旨を包含するものとも，また罪刑法定主義を定めた前記憲法31条の特例をなすとも，到底考えられないから，わたくしは条例で罰則を規定するにも，必らず法律の委任が必要であると思うのである」「ただ，……条例は，公選による議員をもって組織する地方議会の議決を経た地方公共団体の民主的な自主立法である点において，条例への罰則の委任の仕方は，政令等行政庁のみで制定する法令に対する委任の場合に比較して，より緩やかなものであってもよいと思うのである」「条例への罰則委任の規定である右14条5項は，同条1項，同法2条2項，3項と相まって，個別的罰則委任の規定に外ならないと解することを得るのであって，この程度に個別的であれば結局，条例において違反行為とされる事項は，法律上相当具体的に示されており，科せられるべき刑罰には限度が附せられており，地方公共団体の自主立法である条例への罰則委任として妥当というべく，憲法31条にいう法律の定める手続によって刑罰を科するものということを得ると考える」

　次に，裁判官垂水克己の補足意見（裁判官藤田八郎同調）は次のとおりである。「刑罰法規は国会の制定した法律でなければならないという原則は堅持すべき

である。ただ憲法94条は例外的に条例による罰則を制限付で認容している。憲法は，政令には特定の『法律の委任がある場合を除いては罰則を設けることができない』と規定するに反し，条例は，単に『法律の範囲内で』という広い制限の下にこれを制定することができることを認めている。地方自治法14条5項は，これを受けて，条例を制定しうる範囲についての一般的制限を設けたのである。だからこの制限は，政令への委任の場合と異り，広く包括的な，一般的なものであっても違憲ではない。単に条例も政令も法律の下位法だという点のみを捉えて同一に論ずるのは正確でなく，それなら条例を自治立法というほどのことはない」

さらに裁判官奥野健一の補足意見は次のとおりである。「憲法31条が刑罰を科する手続は法律によらなければならないと規定していることは当然に刑罰の実体規定も法律によらなければならない趣旨を意味するものと解する。しかし，同条は法律を以って，法律以下の法令に罰則を設けることを委任することを絶対に禁止しているものと解すべきではない」「憲法73条6号但書は『特にその法律の委任がある場合』に限り政令に罰則を設けることを許し，一般的委任を認めていない。これは行政権による刑罰権の濫用を防止する趣旨から，特に個別的法律委任を必要とすることを定めたものと解される。然るに条例は地方公共団体の住民の代表機関である議会によって制定せられるものであるから，これに罰則を設けることを委任する場合には，必ずしも右73条6号但書の如く個別的に法律の委任を必要とするものと解すべきではない」「地方自治法14条5項は，地方公共団体は条例を以って，条例に違反した者に対し一定の刑罰を科する旨の規定を設けることができる旨の一般的委任を規定しているのであるが，……かかる一般的委任立法を以って憲法31条に反するものということはできない」「なお，附言するに多数意見は地方自治法2条3項7号及び1号の事項が同法14条5項の授権規定の委任の範囲に属するものの如く解し，従ってこれに関する限り右14条5項の刑罰授権規定は具体的事項の委任であって，一般的な委任規定でないと判示するものの如くであるが，右14条5項は一般的に，地方公共団体は条例を以って，条例に違反した者に対し一定の刑罰を科する旨の規定を設けることができると規定しているのであって，これを具体的事項の委任

規定であると解することは到底不可能であり，一般的授権規定という外はない」

　以上の諸意見を分類・整理すると，次のようになる。
① 法律の授権を要する。
　（i）命令への授権と同じく，個別的・具体的委任を要する。――上告理由
　（ii）命令への授権とは異なる。
　　a　相当程度に具体的・限定的であれば足りる。――多数意見・入江俊郎補足意見
　　b　一般的委任で足りる。――奥野健一補足意見
② 法律の授権を要しない。すなわち，憲法第31条の例外として認められている。――垂水克己・藤田八郎補足意見

2　条例の刑罰設定権に関する諸見解の検討

　それでは，上記の諸意見のいずれが妥当であろうか。これに答える前提として，以下の諸点について検討する必要があるように思われる。すなわち，
　第1に，罪刑法定主義は，憲法第31条によって保障される原則ないし憲法上の原則か。
　第2に，罪刑法定主義は，法律または法律の授権に基づく法によらなければ，絶対に刑罰を定めることを許さない趣旨の原則か。
　第3に，法律の条例への授権は，法律の命令への授権と同じように考えるべきか，それとも異なるものと考えることができるか。異なるものと考えることができるとすれば，その根拠と程度如何。
　第4に，地方自治法第14条第5項は，どの程度に具体的・限定的な規定か。
　第5に，地方公共団体の立法能力ないし現実態としての条例をどのようなものとして認識し，それを条例の刑罰設定権の解釈にどう考慮するか。
　第6に，条例で刑罰を定めることによる地方公共団体間の不平等ないし地域差をどう考えるか。
　第7に，条例の刑罰設定権と，裁判・検察および刑の執行が国の機関によって行われている現行制度との関係如何。

以下，順次検討を加える。

まず第1の点について。憲法第31条は，「何人も，法律の定める手続によらなければ，その生命若しくは自由を奪われ，又はその他の刑罰を科せられない」と規定しているので，文言どおりに読めば，同条は，刑罰を科するには法律の定める手続（procedure established by law）によらなければならないことを規定したものということになろう。しかし，法律によりさえすれば，どのような内容の法律でもよいというわけではないから，同条は，正当な内容の法律の定める手続（due process of law）を保障した規定であると解さなければならない。

ところで，憲法第31条は，実体的にいわゆる罪刑法定主義をも保障しているかどうか。憲法第73条第6号但書は，罪刑法主義の考え方を前提とした規定であるということができるが，正面からそれを認めた規定ではないこと，また第31条は，アメリカ合衆国憲法修正第5条および同14条のデュー・プロセス・クローズの影響を受けて成立したものであり，アメリカの判例・学説上，それらの規定は，手続的正当手続（procedural due process）のみならず，実体的正当手続（substantive due process）をも保障していると解されている（特に修正14条は「基本的人権の宝庫」とさえいわれるような解釈が判例によって行われている）ことから考えると，第31条は，罪刑法定主義を含むと解することが妥当である（入江・垂水・奥野各補足意見は，憲法31条は罪刑法定主義を含むことを明示的に述べており，多数意見も当然それを前提としている）。もっとも，本条が罪刑法定主義を含まないとしても，それは基本的人権の尊重を基本原理とする現行憲法の当然承認する原則であるということができる（その場合，憲法13条にその根拠を求めることが妥当であろう）。したがって，「どちらに解しても，結果はあまりちがわない」。
(7)

第2の点について。そこで，次に問題となるのは，犯罪と刑罰は必ず法律（または法律の授権に基づく法）によって定められなければならないかということである。昭和22年12月の第1次地方自治法改正の際，総司令部が条例の刑罰設定権を明文化せよと要求したのに対し，政府は罪刑法定主義を理由に反対した旨は述べたが，この点に関して，田中二郎博士の見解が注目される。すなわち，条例の罰則に関するティルトン中佐の質問に答えた部分で，「私は即座に反対

をした。まず第一に憲法違反の疑いがある。罰則を設けることができるのはナショナル・ローに限られていると解釈すべきで，命令に罰則をつけることは憲法の規定をみても原則的に禁止している。条例は命令ではないけれども，むしろ命令に近いものと考える。ナショナル・ローでなく，バイ・ローなんだ，だからこういうように直接罰則をつけるということは，憲法の趣旨に反する疑いがあるということを言った。それに対して，ティルトンは，絶対そんなことはない，憲法が命令に罰則を付することを制限するという考え方を示しているのは，行政府の命令についてである。地方の条例というのは，地方に限って効力を持っているもので，地方住民の代表議会の議を経て制定したものであるから，これに罰則を設けることにしても別に憲法の精神に反しない。君の考え方は非常に形式的だというのです。そこで，その点については 2 つの解釈が成り立つとして，自分は憲法の趣旨からいえば条例に罰則をつけることは一般的に承認すべきではないと思うと，頑張りました」と述べている点である。罪刑法定主義と条例に関する 1 つの，否むしろオーソドックスな考え方ということができる。

　ところで，罪刑法定主義は，18 世紀中葉，ベッカリーアによって説かれ，その後，近代刑法の父と呼ばれるフォイエルバッハによって，「法律なければ犯罪なく，刑罰なし」（Nullum crimen, nulla poena sine lege）との標語の下に唱導された近代刑法の基本原理であるが，それは，基本的人権の保障を目的とするものである。したがって，罪刑法定主義は，法治国家思想の刑法における表現であって，同じく法治国家思想の行政法における表現である法治主義とその思想を共通にする。とすれば，「地方自治の本旨」に基づく地方自治を保障し，自治立法権として条例制定権を認めている現行憲法の下で，地方公共団体が，法律の授権に基づくことなく，条例によって基本的人権を制限することができると同様に，法律の授権に基づくことなく，条例で犯罪と刑罰を定めることが許されてよいと解することができる。したがって，罪刑法定主義ということから，論理必然的に，（法律の授権がない限り）条例で刑罰を定めることは許されないということにはならないのである。したがって，法律の授権に基づかず，条例で刑罰を定めることが，罪刑法定主義の見地から許されないと解するかど

うかは、罪刑法定主義（憲法31条）と条例制定権（憲法94条）のどちらに重きを置いて考えるかによって決まる問題である。

　第3の点について。憲法第73条第6号但書は、「政令には、特にその法律の委任がある場合を除いては、罰則を設けることができない」と規定している。同規定が、罪刑法定主義を前提とするものであることは前述したが、問題は、この規定の読み方である。すなわち、第1の読み方は、この規定から、刑罰は必ず法律で定めなくてもよく、法律の授権さえあれば政令以外の命令、さらに条例でも定めることができるとの解釈を導き出す。多数意見および入江・奥野各補足意見が、この立場をとっている。そして、このような立場から、法律の条例への授権のあり方を法律の政令への授権と比較的に論ずるのである。その結果、これらの見解はいずれも、条例が公選議員をもって構成される地方議会によって制定される法であるという、その制定手続の民主性を理由に法律の条例への授権について、その要件を緩和することができると解する。すなわち、多数意見および入江補足意見は「相当な程度に具体的であり、限定されておればたりる」と解し、奥野補足意見は「一般的委任」でよいとする。

　しかし、憲法第73条第6号但書に関する以上のような読み方は、妥当とは思われない。けだし、明治憲法時代、憲法は、天皇・行政府に対し、緊急勅令（8条）、独立命令（9条）の制定といった副立法権を認め、かつ法律の命令への白紙委任も広く行われ、臣民の権利が保障されなかったため、現行憲法は、基本的人権を尊重する見地から、国会中心立法主義をとり（41条）、法治主義を徹底することとしたのであるが、同時に現実的な配慮から、行政府の立法をも認めるとともに、それを、法律を執行するための具体的細則を定める執行命令と、「特にその法律の委任がある場合」に、当該法律の委任に基づいて定める委任命令の2つに限ることによって、行政権の濫用の防止を図ったのである。憲法第73条第6号は、このような趣旨の規定である（なお、委任命令については、正面からこれを認める規定にはなっていないが、その承認を前提としており、したがって、委任は罰則の委任に限らない。また規定上は「政令」への委任となっているが、政令への委任に限られず、省令等への委任も許す趣旨であると解される。国家行政組織法12条参照）。したがって、「政令は憲法なり特定の法律なりを実施するために制

定される従属的なもので，その罰則は当該特定法律の特別委任がある場合のほか設けることができないのを原則とし，命令も法律若しくは政令を施行するため，又は，法律若しくは政令の特別の委任に基づいてのみ発することができ，それには法律の直接委任がなければ罰則を設けることができないのである」（垂水補足意見）。これに対し，「条例は政令，命令とは選を異にし憲法上『法律の範囲内で』あれば特定の法律の委任を要せず，これを制定しうるものである」（垂水補足意見）。

　このような理由から，刑罰を条例で定め得る根拠を，命令と同様，憲法第73条第6号但書（したがって，法律の授権）に求め，命令との比較において，条例への委任の具体性・限定性を論ずる考え方は，委任立法（命令）と自治立法（条例）を混同するものであって，妥当とはいえないのである。

　第4の点について。条例で刑罰を定めるについては，法律の授権を要すると解する場合，地方自治法第14条第5項の具体性・限定性が問題となる。まず，罰則を科し得る事項であるが，同条項は「条例に違反した」者に対し罰則を科する旨規定し得るとしているのみであるから，条例制定事項一般がその対象となる。ところで，同条第1項は，「第2条第2項の事務に関し」，条例の制定ができると規定しているが，第2条第2項は，「普通地方公共団体は，その公共事務及び法律又はこれに基く政令により普通地方公共団体に属するものの外，その区域内におけるその他の行政事務で国の事務に属しないものを処理する」と，地方公共団体の事務を包括的に示すのみである。もっとも，同条第3項に事務の例示がなされてはいるが，これとて，広範であるばかりでなく，抽象的である。例えば，第1号のごときは，「地方公共の秩序を維持し，住民及び滞在者の安全，健康及び福祉を保持すること」ときわめて漠然としている。しかも，これらは，あくまでも例示であるから，第2条第2項の事務，すなわち地方公共団体の事務は，これらに限定されるわけではない。したがって，多数意見がいうように，地方自治法第14条第5項は「相当な程度」にも具体性・限定性を有していないのである。ここで，多数意見は破綻を生ずる。したがって，もし現行地方自治法第14条第5項を合憲的に解釈するとすれば，奥野補足意見のごとく，「一般的委任」でよいと解さなければならないことになる。

小島和司教授は，委任立法は，立法部が憲法上立法権をもたぬ機関に立法の権限を委ねることであるから，委任範囲の限定と受任立法に対する指針明示とを合憲性要件とするが，「自治立法権は，受任立法の権限とは本質を異にし，その範囲が具体的限定に服することはあっても特に立法指針による拘束にはなじまない。このような自治立法の実効性担保の手段について，憲法が罰則の個別委任を要求すると考えることは，木に竹を継いで木たることを期待するようなものである」とし，多数意見は「自治立法を委任立法の一とみるという本質誤認の上に，その権限に大きな実質的制約をくわえるものである」と批判しておられる。もっとも，同教授の所説は，だから，一般的委任でよいとする趣旨か，それとも，そもそも法律の授権を要しないとする趣旨か明らかでないが，自治立法という点を重視すれば，授権を要しないと考えるのが，より筋の通った解釈ということになろう。そうでなく，一般的委任にせよ，なお法律の授権がなければ条例で刑罰を定めることができないと解するのは，刑罰設定権は国が独占すべきであるとア・プリオリに考えるか，または基本的人権の保障という本来の目的とは無関係に，罪刑法定主義の形式解釈に拘泥するかのいずれかであると評さざるを得ない。

第5の点について。田中博士は，先に紹介したティルトン中佐の質問に対し，また次のように答えている。すなわち，「条例に2年以下の懲役，20万円以下の罰金，拘留，科料という罰を規定することができるという原案でありましたので，私は仮りに憲法違反でないとしても，日本の地方団体というものは，市町村の場合はもちろん，府県の場合にも，適正な条例を制定するだけでも相当困難な仕事であるのに，罰則を作るということになると，構成要件規定そのものが正確でなければならない。そうでないと非常に脅怖を生ぜしめることになる。こういう立法技術的な能力を十分に期待することはできない。だから仮りに罰則をつけることを認めるにしても，そんな高い程度の罰則をつけ得ることにすることは立法政策的にもおもしろくないということを強調しました」と述べ，地方公共団体の立法能力を理由に，条例への罰則の委任について消極的見解を明らかにしておられる。

しかし，明治憲法時代には，条例による刑罰の設定のみならず，そもそも行

政事務条例の制定が地方公共団体に認められていなかったこと，今日よりはるかに小規模の地方公共団体が大多数であったこと等々を考えると，当時において，田中博士が，条例への罰則委任に消極的見解をとられたことは怪しむに足らない。これに対し，「現実態としての条例を見るとき，その立法過程における中央省庁との関係や，地方公共団体の立法能力とあいまって，実際には，委任立法としての性格を強く持っていることは否み得ない」とか，あるいは，「臆測すれば，地方議会における論議が国会のそれに比して，世人の注意をひくことが少ないために，法律によって自由を制限することのかわりに，条例で，なしくずしに自由を制限する危険さえも考えられる」，といった条例の実態に関する指摘がされている。もしそのような実態が存在するとすれば，当然，条例への刑罰の委任，特に高度な刑罰の委任の当否の判断に影響するであろうし，さらに，そもそも憲法第94条は，刑罰設定権を含む条例制定権を保障しているかどうかの解釈にも影響することが考えられる。

　しかし，このような条例の実態に関する指摘は，ほとんどが昭和30年代までのものであって，むしろ，40年代以降，地方公共団体，とりわけ都道府県，政令指定都市，県庁所在市等において，その立法能力にめざましい向上が認められるところである。公害防止，自然環境保全，まちなみ・集落の保存・再生，消費者保護等，現代型行政分野における条例の先駆的役割が評価されているのであって，むしろ条例制定を不可能ならしめる理論（第3章において検討する法律先占論）の妥当性こそ問題とされなければならない，というのが近時の状況である。したがって，上記のような現実態としての条例の問題はなお存するとしても，先に紹介した田中博士の回答に対するティルトン中佐の，「それは，従来の日本の地方の議会というものを頭に置いて考えるからそうなのであって，これからはどんどんそういう立法技術上の能力を養成していかなければならぬ」との反論に軍配をあげなければならないであろう。

　第6の点について。この点については，すでに東京都売春等取締条例事件に関して，最高裁大法廷昭和33年10月15日判決は，「社会生活の法的規律は通常，全国にわたり画一的な効力をもつ法律によってなされているけれども，中には各地方の特殊性に応じその実情に即して規律するためにこれを各地方公共団体

の自治に委ねる方が一層合目的的なものであり，またときにはいずれの方法によって規律しても差支えないものもある。これすなわち憲法94条が地方公共団体は『法律の範囲内で条例を制定することができる』と定めている所以である」「論旨……は，売春取締に関する罰則を条例で定めては，地域によって取扱に差別を生ずるが故に，憲法の掲げる平等の原則に反するとの趣旨を主張するものと解される。しかし憲法が各地方公共団体の条例制定権を認める以上，地域によって差別を生ずることは当然に予期されることであるから，かかる差別は憲法みずから容認するところであると解すべきである」と判示しているところであり，妥当な解釈であると考える。しかも，上記のごとき地方公共団体間の不平等は，法律の授権に基づく場合にも生ずるものであるから，法律で刑罰の範囲を制限する理由にはなり得ても，条例で罰則を定めるにつき法律の授権を要しないとする解釈の妨げとなるものではないことはいうまでもない。

　第7の点について。現行の制度の下では，裁判・検察および刑の執行は，いずれも国の機関によって行われている。特に裁判・検察に関しては，昭和22年の地方自治法の第1次改正の際，総司令部の民生局は，都道府県に法務部を設け，司法行政を地方分権化する，それが不可能であれば府県に法律顧問を置くとの意見をもっていたが，政府はこれに強く反対し，司法行政が国の事務であることを明確にするため，条例違反の罪に関する裁判についても国がこれを管轄する旨地方自治法第14条第6項で明らかにしたという経緯がある。また，現行憲法も，司法権を地方公共団体の自治権能として保障していない[20]（むしろ，逆に，司法権は国の権能とする前提に立っている。憲法76条1項，80条1項等参照）。

　しかし，裁判・検察および刑の執行が国の機関によって行われることと，法律の授権によらず，すなわちオリジナルに条例で刑罰を科する旨定めることができるとすることとは，矛盾するものではない。もし両者矛盾するというのであれば，法律の授権に基づいて，特にその一般的授権に基づいて，条例で罰則を定めることとする場合でも矛盾するはずである。条例違反者を地方公共団体自らの機関によって，起訴し，裁判し，執行できれば，最も徹底するといえるであろうが，条例違反者を国の検察機関によって起訴し，国の裁判所によって裁判し，国の機関・施設によって刑の執行を行うとしても，条例による刑罰設

定が無意味となるわけではない。この意味で,「授権の対象が刑法の定める国家的制度としての刑罰である以上,憲法がこれを直接条例に授権したと考えるのは,論理的に無理」[20]ということはない,と考える。

IV おわりに

前節における検討の結果,
(1) 法律の授権に基づかなければ,条例において刑罰を定めることができないと解すると,現行地方自治法第14条第5項は違憲・無効な規定となり,同規定に基づいて制定される条例の刑罰規定もすべて無効となるという不都合が生ずる。けだし,地方自治法第14条第5項は,個別的・具体的な刑罰の委任と解することができないばかりでなく,「相当な程度」にも具体的・限定的な委任とは解し難いからである。また,条例への刑罰の委任は一般的委任で足るとの解釈も,刑罰設定権は国が独占すべきであるとの旧来の考え方に対する盲信,または基本的人権の保障という本来の目的を忘れた罪刑法定主義の形式解釈によるものであって,妥当でないからである。
(2) 他方,罪刑法定主義(憲法31条または13条),政令への罰則委任に関する憲法第73条第6号但書の存在,地方公共団体の立法能力の不足,条例による刑罰制定に伴う地域差(憲法14条の法の下の平等の保障),裁判・検察・刑の執行が国の事務として国の機関によって行われている現行法制等,いずれも,条例による刑罰の設定に法律の授権を要しないとする解釈の妨げとならない。

以上の2点が明らかとなった。したがって,地方自治法第14条第5項を合憲的に解釈しようとするならば,条例による刑罰の設定には法律の授権を要しない。すなわち,条例の刑罰設定権は条例制定権に当然含まれていると解し,同条は条例による罰則の種類と範囲を定めた規定と解するほかないということになる。そして,上記のような解釈は,単に地方自治法第14条第5項を合憲的に解釈するためのテクニックとしてではなく,それが,自治立法たる条例の性質を正しく理解する解釈として妥当なのである。この点については,冒頭における問題提起の中で,また前節の検討の際,すでに述べているところであるので

繰り返さないが，最後に，このような解釈によって初めて，憲法第94条の条例制定権が，法律によっても奪われない一定の内容を確保し，延いては，第92条の「地方自治の本旨」の内実が確保されることを強調しておきたい。

(1) 刑集16巻5号577頁。
(2) 塩野宏教授は，その機能的特質を一層明確にするために，「規制団体」の言葉をこれにあてはめるのが妥当であるとされ，かつ統治団体のカテゴリーの下に規制団体・計画団体の2つを分けられる。「地方公共団体の法的地位論覚え書き」社会科学研究3巻3号（1981年）113頁以下。
(3) 阿部照哉「評釈」法学論叢73巻2号（1963年）。
(4) 以下の叙述については自治大学校編『戦後自治史』Ⅱ（1961年）・Ⅴ（1963年）・Ⅶ（1965年），金丸三郎・若林仙二『條例と規則』良書普及会，1949年，坂田期雄『地方自治制制度の沿革』ぎょうせい，1977年等を参照した。
(5) 美濃部達吉博士は，府県が自給団体である以上，授権規定がなくとも，自治の範囲に属する事項について自主法を定め得るのは当然の事理であるとして，府県の条例制定権を肯定していた。『行政法提要 上巻〔2版〕』393頁，有斐閣，1927年。
(6) 久世公堯「府県令と行政事務条例」『地方自治条例論』2頁，日本評論社，1970年。
(7) 宮沢俊義・芦部信喜『全訂日本国憲法』295頁，日本評論社，1978年。
(8) 「連合国総司令部と地方制度の改革について」注(4)『戦後自治史』Ⅱ246頁。
(9) ベッカリーア（風早八十二訳）『犯罪と刑罰』19頁，刀江書院，1929年。
(10) 原龍之助教授は，住民の自由および権利の制限に関する法規的性格をもつ条例については，法律による授権を必要とすると解しておられる。「条例と規則」『行政法講座 1巻』294頁，有斐閣，1965年。
(11) 条例で定めることができる犯罪は，主として行政犯である。もっとも，行政犯と自然犯の区別そのものが相対的である（例えば，売春防止条例の売春勧誘行為等）ので，条例の対象となし得ないのは，典型的な自然犯についてである。
(12) 須貝脩一教授も，「地方公共団体の条例であるが，これは憲法自身が保障する自治権に基づくものを本体とし，これは法律の委任をもって論ずることはできない。……さて，条例が実効をもつために，それは当然罰則を定めうる。憲法73条6号但し書は，政令に対する罰則委任の卸売方式を禁止し，小売方式だけがゆるされるとした。しかし，これは政令に関するものであって，第8章地方自治（92-95条）にはあてはまらない」と解しておられる。「法律と命令」法学論叢75巻5号10・11頁。
(13) 「条例における罰則」ジュリスト『憲法判例百選』（1963年）260頁。
(14) この点で，田中二郎「條例の性質及び効力」『法律による行政の原理』342・343頁，酒井書店，1995年，成田頼明「法律と条例」『憲法講座（4）』203頁，有斐閣，1964年は，妥当でないと考える。
(15) 注(4)『戦後自治史』Ⅱ246・247頁。なお，田中・注(14)書344・345頁。
(16) 園部逸夫「条例における罰則」ジュリスト『憲法の判例』（1966年）189頁。
(17) 有倉遼吉「条例における理念と現実」鵜飼信成編『憲法行政法論集』257頁，河出書房

第1章　条例と刑罰　99

新社，1960年。
(18)　注(4)『戦後自治史』Ⅱ247頁。
(19)　刑集12巻14号3305頁。
(20)　昭和21年2月3日，日本国の憲法草案を作成のため，総司令部民生局内に，運営委員会（Steering Committee）と，その下に専門委員会（Special Committee）が設けられることとなり，これに基づき，地方行政に関する専門委員会として，地方行政に関する委員会（the Committee on Local Government）が設置された。ところで，この専門委員会は，後に運営委員会で反対にあうが，「都道府県，市，町および村の政府は，それぞれの地域内で合法的に統治作用を行ないうるようにするため，地方の諸条件に応ずるため，次の権限を有する。税を課し，これを徴収する権限，地方の警察を設け，これを維持する権限，およびこの憲法の明文で留保されておらず，または国会の制定した法律と矛盾しない範囲のその他の統治の権限」，すなわち一種の地方主権（local sovereignty）を認める草案を作成したといわれている。高柳賢三・田中英夫「ラウエル所蔵文書」ジュリスト350号（1966年）127頁参照。
(21)　山内一夫「条例への罰則の委任」ジュリスト『地方自治判例百選』（1981年）33頁。なお，田中・注(14)書342頁。

第2章
条例の限界 (その1)
―― 営業の自由・財産権の規制を主として

I　はじめに

　憲法第94条は,「地方公共団体は, その財産を管理し, 事務を処理し, 及び行政を執行する機能を有し, 法律の範囲内で条例を制定することができる」と規定し, 地方公共団体の条例制定権を明文で認めている。そして, ここにいう「条例」とは, 地方公共団体が法律の委任に基づくことなく制定し得るいわゆる自治立法[(1)]を意味する。けだし, 憲法は,「地方自治の本旨」に基づく地方自治制度を保障しており (92条), 条例制定権は, 自治権能と解すべきだからである。また, この条例制定権は, 組織や財産の管理等いわゆる公共事務に関する自治立法の制定にとどまらず, いわゆる行政事務条例の制定をも含むと解すべきである。けだし, 憲法は, 前述のごとく, 地方公共団体が「その財産を管理し, 事務を処理」するほか,「行政を執行する機能」を有することを認めているからである。

　かように, 憲法は行政事務条例の制定を含む地方公共団体の自治立法を保障しているが, この権能には以下のごとき限界が存在する。すなわち, 条例 (以下, 特に断わらない限り, 自主条例, すなわち, 地方議会が法律の委任に基づかず, 自治事務に関して制定するところの条例を念頭において述べる) は, 憲法の保障する基本的人権を侵害し得ない。これは, 憲法の最高法規性 (98条) による限界で, 法律その他についても妥当し, 条例に特有の限界ではない。これに対し, 次の2つは条例に特有の限界である。すなわち, その一は, 条例の制定事項が当該地方公共団体の事務に限られるという限界であり, 他は, 条例が「法律の範囲

内で」（憲法94条）あるいは「法令に違反しない限りにおいて」（地方自治法14条1項）制定し得るという限界である。前者は，条例が地方公共団体の自治立法であることによる限界であり，後者は，単一国家において国・地方を通じた法秩序の一元性の要請による限界である。[(2)]

そこで，本稿では，昭和56年，大阪府下の東大阪市，藤井寺市，および忠岡町と相次いで制定された，東大阪市ラブホテル建築の規制に関する条例（以下，東大阪市条例という），藤井寺市ラブホテル建築の規制に関する条例（以下，藤井寺市条例という），および忠岡町ラブホテル建築規制条例（以下，忠岡町条例という）を取り上げ（なお，上記3条例を包括していう場合，以下，ラブホテル規制3条例という），条例の上記限界について検討する。

II　ラブホテル規制3条例の概要

まず東大阪市条例であるが，同条例はラブホテル規制の目的を「市民の快適で良好な生活環境の実現に資すること」とし（1条），規制の対象となるラブホテルを，人の宿泊または休憩に供するための施設のうち，「異性を同伴する客に利用させることを目的とするものであって，規則で定める構造及び設備を有しないもの」と定義（2条），これを受けて規制は，その構造および設備として，「(1)営業時間中，自由に出入りすることのできる玄関，(2)受付，応接の用に供する帳場，フロント等の施設，(3)自由に利用することのできるロビー，応接室，談話室等の施設，(4)会議，催物，宴会等に使用することのできる会議室，集会室，大広間（宴会場）等の施設，(5)食堂，レストラン，喫茶室及びこれらに付随する厨房，配膳等の施設，(6)帳場，フロント等より各室に通じる共用の廊下，階段，昇降機等の施設で，宿泊又は休憩のために各室を利用する者が通常使用する構造のもの，(7)付近の住居の環境を損なわない素朴な外観」を掲げている（東大阪市ラブホテル建築の規制に関する条例施行規則2条）。そして規制の方法として，市内における旅館またはホテルの建築（増築ならびに大規模の修繕および模様替えを含む）について市長に対する届け出を義務づけたうえで（3条），都市計画法（以下，都市法という）第8条第1項第1号に規定する用途地

域のうち，第一種住居専用地域，第二種住居専用地域，住居地域，および都計法第8条第1項第7号に規定する風致地区内におけるラブホテルの建築を禁止するとともに（4条），上の規制区域外におけるラブホテルの建築については，市長が必要な勧告を行うことができるとしている（6条）。そして第4条による規制を実効あらしめるため，市長の中止命令（5条），上記中止命令違反に対する罰則（6月以下の懲役または3万円以下の罰金〔9条〕。なお10条は両罰規定）を定めている（その他，立入調査〔7条〕，審議会の設置〔8条〕，規則への委任〔11条〕，施行期日，経過措置〔附則〕について規定）。

次に，藤井寺市条例は，規制目的として市民の快適で良好な生活環境の確保と並んで，「青少年の健全な育成に資すること」を明記している（1条）点，ラブホテルの定義に関する一定の構造設備を条例で規定し（ただし，一部は規則に委任），その構造設備として，「青少年の健全育成……を損なわない清楚で」素朴な外観，「客室の内部が必要以上に装飾されておらず，通常使用するのに足る設備」を掲げている（2条）点，規制区域として，第一種住居専用地域，第二種住居専用地域，住居地域のほか，「これらの地域に接続するおおむね100メートル以内の区域」，「青少年の健全な育成を図るための施設，スポーツ施設その他多数の18才未満の者の利用に供される施設で市長が指定するものの敷地の周囲おおむね100メートル以内の区域」，および上の「市長が指定する施設に通ずる道路のうち市長が指定する区間の両側それぞれおおむね100メートル以内の区域」を追加し，逆に風致地区を除外している（4条。なお同市には風致地区が存在しない）点，立入調査（7条）を正当な理由なく拒み，妨げまたは忌避した者に対して5000円以下の罰金を科すとしている（10条）点で，東大阪市条例と異なる。

また，忠岡町条例は，町全域を規制区域とする点で上記2条例と異なる。

III　ラブホテル規制の2つの側面

ラブホテル規制3条例は，住民の快適で良好な生活環境の実現（および青少年の健全育成）に資するために，一定の地域（東大阪市では市域の約7割，藤井寺

市では事実上ほぼ全域，忠岡町では町全域）においてラブホテルの建築を禁止することを柱とするのであり，後に検討するような法律上の問題が存在するが，それらの問題の検討に入る前に，ラブホテル規制の2つの側面について述べておかなければならない。

　ラブホテルを規制しようとする場合，一応，2つの規制方法が考えられる。すなわち，その営業面を規制する方法（営業規制）と，営業を行うための施設の建築を規制する方法（建築規制）である。例えば，旅館業法が「旅館業を経営しようとする者は……都道府県知事……の許可を受けなければならない」としている（3条1項本文）のは，営業規制の例である。これに対し，ラブホテル規制3条例はいずれも，「ラブホテルの営業を行う施設の建築に対し，必要な規制を行う」（傍点筆者）として，規制区域内において「ラブホテルを建築してはならない」（傍点筆者）とするもので，規定の形式としては建築規制に属する。しかし，営業の規制と営業のための施設の建築の規制を明確に区別することはできない。すなわち，営業施設の建築規制は必然的に当該営業活動に影響し，それを制限する結果をもたらす。特にその建築規制がいわゆる立地規制である場合には，特定場所における営業の禁止であると同時に，特定の者にとっては，事実上，当該営業の自由そのものの否定を意味する。したがって，規定の文言（形式）が営業施設の建築規制である場合にも，当該規制の合憲性・適法性の判断にあたっては，当該規制の営業活動に与える影響という実質を考慮して，営業の自由に対する規制面の検討が必要である。ラブホテル規制3条例の立地規制も，単なる建築面の規制にとどまらず，ラブホテル営業の自由に対する重要な制限という効果を伴うものであるから，その営業規制としての面の検討が不可欠であり，かつ重要である。

Ⅳ　営業の自由との関係

　憲法第22条第1項は「職業選択の自由」を保障する旨規定しているが，その中に「営業の自由」が含まれると解されている。したがって，ラブホテル規制3条例は，憲法第22条第1項に違反しないかが検討されなければならない。

ところで、現行憲法が保障する基本的人権は、明治憲法が「法律ノ範囲内ニ於テ」または「法律ニ定メタル場合ヲ除ク外」保障する臣民の権利のように、法律の留保を伴うものではないが、かといって絶対無制約な権利でもない。すなわち、「この憲法が国民に保障する自由及び権利は、国民の不断の努力によって、これを保持しなければならない。又、国民は、これを濫用してはならないのであって、常に公共の福祉のためにこれを利用する責任を負ふ」(12条)、「……生命、自由及び幸福追求に対する国民の権利については、公共の福祉に反しない限り、立法その他の国政の上で、最大の尊重を必要とする」(13条)と規定して、基本的人権も「公共の福祉」によって制約されることを明らかにしている。けだし、基本的人権といえども他人の権利や利益を不当に侵害することが許されない(それは、権利の濫用となる)からである。1789年のフランス人権宣言が、「自由は、他人を害しないすべてをなし得ることに存する。その結果、各人の自然権の行使は、社会の他の構成員にこれら同種の権利の享有を確保すること以外の限界をもたない」(4条)と規定するところと同旨のものである。したがって、上記の制約は、いわば基本的人権自体に内在する制約であるということができる。ところが他方、憲法は、「何人も、公共の福祉に反しない限り、居住、移転及び職業選択の自由を有する」(22条1項)、「財産権の内容は、公共の福祉に適合するやうに、法律でこれを定める」(29条2項)と規定し、基本的人権のうち居住・移転・職業の選択の自由および財産権について、これらの権利が「公共の福祉」によって制約される旨重ねて規定している。

そこで、憲法第22条第1項・第29条第2項にいう「公共の福祉」の意味・内容が問題となる。この点について種々の考え方が存在するが(4)、次のように解すべきものと考える。すなわち、上記「公共の福祉」は、福祉国家の理念の実現・生存権の保障のため、国家・公共団体の実施する社会経済政策による制限を意味するものと解すべきである。憲法第22条第1項および第29条第2項は、最初の典型的な現代憲法(20世紀憲法)といわれる、いわゆるワイマール憲法の、「経済生活の秩序は、すべての者の人間たるに値する生活(eines menschenwürdigen Daseins)を保障することを目的とする正義の原則に適合しなくてはならない。個人の経済的自由は、この限界内で確保される」(151条1項)、「所有権は、義

務を伴う。その行使は、同時に公共の福祉（das Gemeine Beste）に役立つべきである」（151条3項）という規定と同系譜の規定だからである。故宮沢俊義教授は、「公共の福祉」を「自由国家的公共の福祉」と「社会国家的公共の福祉」に分けておられるが、憲法第22条第1項および第29条第2項にいう「公共の福祉」は、「社会国家的公共の福祉」に相当するものということができる。また、憲法第12条・第13条の「公共の福祉」による制約は基本的人権の「内在的制約」であるのに対し、憲法第22条第1項・第29条第2項の「公共の福祉」による制約を「外在的制約」ということもできよう。

それでは、憲法第12条・第13条にいう「公共の福祉」による制約と同第22条第1項・第29条第2項にいう「公共の福祉」による制約との間で、制約の程度にどのような相違があるのであろうか。この点は、前述したところの「公共の福祉」の意味・内容と密接に関係する。すなわち、前者の「公共の福祉」は、基本的人権を「濫用してはならない」ということであるから、その制約は、基本的人権の行使が濫用にわたる場合に、それを限度として許される。したがって、それは、社会公共の秩序を維持するための必要かつ最小限度の制約であって、その意味で、前者の「公共の福祉」は、基本的人権の「消極的制約原理」であるということができる。これに対し、後者の「公共の福祉」は、福祉国家の理念の実現・生存権の保障のためにする社会経済政策による制限を意味するから、その制約はこの社会経済政策の実施に必要かつ合理的な範囲で許される。その意味で、それは、基本的人権の「積極的制約原理」であるということができる。したがって、前者の制約原理による基本的人権の制限立法と後者の制約原理による基本的人権の制限立法とで、その合憲性のテストに差異が生じる。

ところで、アメリカでは、1938年合衆国対カロリーヌ・プロダクト・カンパニー事件に関する連邦最高裁判所のストーン法廷意見によって明瞭に示され、かつ、その後の判例、特にウォーレン・コート時代の判例によって発展した「二重の基準」（double standard）の理論という考え方がある。この理論によれば、精神的自由権は経済的自由権に「優越する地位」（preferred position）が与えられ、前者に対する制限立法の合憲性は、「厳格な司法審査」（exacting judicial scrutiny or searching judicial injury）を要するのに対し、後者に対する制限立法

の合憲性については，当該立法に「合理的な基礎」（rational basis）があれば足り，かつ，かかる「合理的な基礎」の有無については立法府の判断が尊重される，すなわち，「合憲性の推定」（presumption of constitutionality）が働くとされている。そして，かかる二重の基準の理論の根拠として，一般に精神的自由権の重要性，とりわけ，それが民主的な政治過程に不可欠な権利であること，および政策問題に対する司法の能力の限界が挙げられているが，我が国の憲法も立憲主義的民主政をその基本原理としており，また，アメリカのニュー・ディール時代のような経済規制に関する司法の苦い経験はないものの，政策問題に対する司法の能力の限界については同様であることから，我が国においても，上記のごとき二重の基準の理論が妥当する基盤が存在するということができる。しかも，憲法は，福祉国家を標榜し，前述のごとき人権制約規定を設けていることを併せ考えると，憲法は「二重の基準」を採用しているといえる。

しかし，このことから，経済的自由権に対する制限立法のすべてが合憲性の推定を受けると即断してはならない。けだし，経済的自由権に対する制限立法がすべて社会経済政策のための立法，すなわち「積極的制約原理」に基づく立法とは限らないからである。社会公共の秩序の維持という「消極的制約原理」に基づく立法である場合もあるからであり，そして，後者の場合には精神的自由権に対する制限立法の合憲性テストに準じた厳しい合憲性のテストを必要とするのである。

これらの点に関して参考となる2つの最高裁判決を紹介する。

第1は，小売商業調整特別措置法違反被告事件に関する最高裁大法廷昭和47年11月22日判決で，同判決は「個人の経済活動に対する法的規制は，個人の自由な活動からもたらされる諸々の弊害が社会公共の安全と秩序の維持の見地から看過することができないような場合に，消極的に，かような弊害を除去ないし緩和するために必要かつ合理的な規制である限りにおいて許されるべきことはいうまでもない。のみならず，……憲法は，全体として，福祉国家的理想のもとに，社会経済の均衡のとれた調和的発展を企図しており，その見地から，すべての国民にいわゆる生存権を保障し，その一環として，国民の勤労権を保障する等，経済的劣位に立つ者に対する適切な保護政策を要請していることは

明らかである。このような点を総合的に考案すると，憲法は，国の責務として積極的な社会経済政策の実施を予定しているものということができ，個人の経済活動の自由に関する限り，個人の精神的自由等に関する場合と異なって，右社会経済政策の実施の一手段として，これに一定の合理的規制措置を講ずることは，もともと，憲法が予定し，かつ，許容するところと解するのが相当であり，国は，積極的に，国民経済の健全な発達と国民生活の安定を期し，もって社会経済全体の均衡のとれた調和的発展を図るために，立法により，個人の経済活動に対し，一定の規制措置を講ずることも，それが右目的達成のために必要かつ合理的な範囲にとどまる限り，許されるべきであって，決して，憲法の禁ずるところではないと解すべきである」「ところで，社会経済の分野において，法的規制措置を講ずる必要があるかどうか，その必要があるとしても，どのような対象について，どのような手段・態様の規制措置が適切妥当であるかは，主として立法政策の問題として，立法府の裁量的判断にまつほかはない。というのは，法的規制措置の必要の有無や法的規制措置の対象・手段・態様などを判断するにあたっては，その対象となる社会経済の実態についての正確な基礎資料が必要であり，具体的な法的規制措置が現実の社会経済にどのような影響を及ぼすか，その利害得失を洞察するとともに，広く社会経済政策全体との調和を考慮する等，相互に関連する諸条件についての適正な評価と判断が必要であって，このような評価と判断の機能は，まさに立法府の使命とするところであり，立法府こそがその機能を果たす適格を具えた国家機関であるべきであるからである。したがって……裁判所は，立法府の右裁量的判断を尊重するのを建前とし，ただ，立法府がその裁量権を逸脱し，当該法的規制措置が著しく不合理であることの明白である場合に限って，これを違憲として，その効力を否定することができるものと解するのが相当である」「本法所定の小売市場の許可規制は，国が社会経済の調和的発展を企図するという観点から中小企業保護政策の一方策としてとった措置ということができ，その目的において，一応の合理性を認めることができないわけではなく，その規制の手段・態様においても，それが著しく不合理であることが明白であるとは認められない」として，小売商業調整特別措置法第3条第1項，同法施行令第1条・第2条所定の

小売市場の許可規制を憲法第22条第1項に違反しないと判示した[13]。

これに対し，薬局開設不許可処分取消請求事件に関する最高裁大法廷昭和50年4月30日判決[14]は，「一般に許可制は，単なる職業活動の内容及び態様に対する規制を超えて，狭義における職業の選択の自由そのものに制約を課するもので，職業の自由に対する強力な制限であるから，その合憲性を肯定しうるためには，原則として，重要な公共の利益のために必要かつ合理的な措置であることを要し，また，それが社会政策ないしは経済政策上の積極的な目的のための措置ではなく，自由な職業活動が社会公共に対してもたらす弊害を防止するための消極的，警察的措置である場合には，許可制に比べて職業の自由に対するよりゆるやかな制限である職業活動の内容及び態様に対する規制によっては右の目的を十分に達成することができないと認められることを要するものというべきである。そして，この要件は，許可制そのものについてのみならず，その内容についても要求される」「適正配置規制は，主として国民の生命及び健康に対する危険の防止という消極的，警察的目的のための規制措置であり，そこで考えられている薬局などの過当競争及びその経済の不安定化の防止も，それ自体が目的ではなく，あくまでも不良医薬品の供給の防止のための手段であるにすぎないものと認められる。……（この点において，最高裁昭和……47年11月22日大法廷判決……で取り扱われた小売商業調整特別措置法における規制とは趣きを異にし，したがって，右判決において示された法理は，必ずしも本件の場合に適切ではない。）」と判示したうえ，薬局等の適正配置規制に関する立法事実の存否を検討し，薬局の開設等の許可基準の1つとして地域制限を定めた薬事法（改正前）第6条第2項・第4項（これらを準用する同法26条2項）は不良医薬品の供給の防止等の目的のために必要かつ合理的な規制を定めたものということができないとして，憲法第22条第1項に違反すると判示した[15]。

これら2つの最高裁判決から次のごとき類型化が可能である。すなわち，経済的自由権に対する制限立法の合憲性判断については，その立法目的が，社会経済政策上の積極的目的である場合（「積極的制約原理」に基づく場合）には，立法府の裁量を広く認める合憲性推定の原則ないし明白性の原則が妥当するのに対し，その立法目的が社会公共の秩序維持という消極的・警察的目的である場

合(「消極的制約原理」に基づく場合)には、「より制限的でない他の選びうる手段」(less restrictive alternatives)の理論(以下、L・R・Aの基準という)が適用されるということである。

　以上の叙述を基に、以下、ラブホテル規制3条例の合憲性を検討する。

　まず、ラブホテル規制3条例は、積極的目的による規制条例か、それとも消極的・警察的目的による規制条例かであるが、前述のごとく、ラブホテル規制3条例はその目的について、「市民の快適で良好な生活環境の実現に資する」(東大阪市条例、忠岡町条例)または「市民の快適で良好な生活環境の確保と青少年の健全な育成に資する」(藤井寺市条例)と規定している。しかし、かかる抽象的文言だけでは、それが積極的目的であるのか、消極的・警察的目的であるのか明らかでない。この点、後述の飯盛町旅館建築規制条例事件において、被告飯盛町が、同条例の立法理由について、「モーテル類似の旅館が建設され、営業が行われると、その家屋の構造、ネオンサイン、人の出入りなどにより、特種淫靡な雰囲気がかもし出され、……地域住民特に青少年の好奇心の的となり、地域住民の善良な風俗を害し、健全な環境を破壊するおそれがあるばかりか、地域住民の性風俗ないし性道徳との間に著しい違和感が生じこれが地域地域住民の嫌悪し反対する根本的理由となっている」と述べているが、筆者が、東大阪市・藤井寺市・忠岡町の各行政担当者にインタビューしたところでは、ラブホテル規制条例の立法理由も上記と同様であるようである。とすれば、たとえラブホテル規制条例がラブホテル規制を、「健康で文化的なまちづくり」(藤井寺市条例)あるいは「健康で文化的な生活を営める豊かな人間環境の創造」(東大阪市環境保全に関する基本条例)といった積極的行政の一環として位置づけているとしても、それは、消極的・警察的目的のための、あるいはそれを主たる目的とする規制であると解さなければならないであろう。

　そこで次の問題は、L・R・A (less restrictive alternatives)の基準による合憲性のテストである。まず、立地規制の点から検討する。前述のごとく、ラブホテルが規制の対象とされる場合は、それが特種淫靡な雰囲気をかもし出しているからであるが、その特殊淫靡な雰囲気は、ケバケバしいネオンサインや装飾、建物の構造、アベックの出入り等が有機的に関連して特殊淫靡な雰囲気を醸出

しているのである。すなわち、ラブホテルは複数の要因が複合・相乗して特殊淫靡な雰囲気を醸出し、そして、それが地域の善良な風俗を害し、生活環境を破壊する要因となっている。したがって、上に述べた特殊淫靡な雰囲気を醸出する諸要因の1つ1つを取り上げて規制するのでは、規則目的を達し難いのである。以上の理由から、特殊淫靡な雰囲気をかもし出すラブホテルから地域の善良な風俗を保持し、その生活環境を保全するためには、ラブホテル規制3条例で定義しているようなラブホテル（この定義中の「付近の住居の環境を損なわない素朴な外観」あるいは「青少年の健全育成……を損なわない清楚で素朴な外観」という構造・設備上の要件は、必要な、また重要な用件ではあるが、同時にきわめて主観的要件でもあるので、慎重な解釈・運用が必要となる）を、一定の地域を限って、その区域内での営業を禁ずるなり、その施設の建築を禁止するなり、いわゆる立地規制の方法をとることが考えられる。

　次に、規制区域であるが、それは、ラブホテルの特殊淫靡な雰囲気によって善良な風俗が著しく害されたり、生活環境が著しく破壊されることとなる範囲の地域でなければならない。そこで、かかる観点から、ラブホテル規制3条例の定める規制区域を検討すると、まず、風致地区（「都市の風致を維持するため定める地区」都計法9条15項）、第一種住居専用地域（「低層住宅に係る良好な住宅の環境を保護するため定める地域」同条1項）、および第二種住居専用地域（「中高層住宅に係る良好な住宅の環境を保護するため定める地域」同条2項）を規制区域とすることについては、特に問題はない（なお、建築基準法は、第一種・第二種住居専用地域内での「ホテル又は旅館」の建築を禁止している。同法別表第二（い）・（ろ）参照）。住居地域（「主として住居の環境を保護するため定める地域」同条3項）も、建築基準法が同地域内において建築が禁止される建築物として、劇場、映画館、演芸場または観覧場、待合、料理店、キャバレー、舞踏場その他これらに類するもの、個室付浴場業に係る公衆浴場等を定めている（別表第二（は）・（に））ことからいって、同地域をラブホテル規制区域とすることが許されよう。

　それでは、上記以外の規制区域はどうであろうか。まず藤井寺市条例が定めている規制区域のうち第一種・第二種住居専用地域および居住地域に接続するおおむね100m以内の区域であるが、地形的な事情によって多少異なるもので

はあるけれども，一般的にいって，上記用途地域の住環境を保全するためには，同地域に接続するその程度の範囲での同様の規制がどうしても必要と考えられる。また，青少年の健全な育成を図るための施設，スポーツ施設その他多数の18歳未満の者の利用に供される施設で市長が指定するものの敷地の周囲おおむね100m以内の区域は，例えば，旅館業法第3条第3項第3号に基づく大阪府旅館業法施行条例第1条第1項第4号イの規定と同様の考え方に立つもので，規制区域とすることが許されると考える。さらに，上記の市長が指定する施設に通ずる道路のうち市長が指定する区間の両側それぞれおおむね100m以内の区域については，そこにいう市長が指定し得る道路区間について，それを限定する物差しが必ずしもはっきりしていないうらみがある（したがって，立法趣旨から慎重な解釈・運用が必要となる）が，例えば，青少年保護条例などで通学路についてその両側一定の範囲内での自動販売機による指定衛生用品の販売を規制する手法と同様，これを規制区域に加えることができるのではないかと考える。これに対し，忠岡町条例のように，町全域を規制区域とすることは，一般的にいえば，許されない。同町が町全域を規制区域と定めた理由として，町域の約半分が準工業地域で東大阪市方式では規制の意味がない，町域自体が約3.6㎢と狭く区割りすることがむずかしい，中途半端な規制では目的が達せられない等を挙げているが，なお疑問が残る。

V　財産権の保障との関係

本ラブホテル規制3条例は，規制区域でのラブホテル営業施設の建設を禁止するものであるから，財産権（憲法29条）に対する制限の限界如何が当然問題になる。しかし，この点については，前段での議論がそのまま妥当するので，ここでは，そもそも条例によって財産権を規制することができるかという問題について考える。

ところで，この問題は，憲法第29条第2項の「財産権の内容は，公共の福祉に適合するやうに，法律でこれを定める」との規定の解釈問題として論じられている。解釈上の争点は，次の3つである。第1は，「財産権の内容」と規定し

ている点に関して，財産権をその「内容」と「行使」に分けて考えるか否か，第2は，「公共の福祉に適合するやうに」と規定している点に関して，それを社会経済政策的規制を意味すると解するか，それとも消極的・警察的規制をも含むと解するか，第3は，「法律でこれを定める」と規定している点に関して，その「法律」に条例が含まれる，あるいは条例はその例外をなすと解するか否か，である。そして，上記の諸点に関する解釈の組み合わせにより，条例による財産権規制の可否に関する種々の考え方が成り立つが，そのうち主な見解は次のとおりである。すなわち，その1は，財産権の規制は法律事項であって，法律による授権がなければ条例で財産権を規制することができないとする見解[21]，その2は，財産権の内容の規制は法律事項であるが，財産権の行使については，条例でも規制することができるとする見解[22]，その3は，社会経済政策的規制は法律によらなければならないが，消極的・警察的規制は条例でも規制することができるとする見解[23]，その4は財産権の「内容」と「行使」を区別することがなく，また，消極的・警察的規制であると社会経済政策的規制であるとを問わず条例で財産権を規制することができるとする見解[24]，である。

　ところで，上記問題を考えるうえで参考になる事件として，いわゆる奈良県ため池保全条例違反被告事件がある。奈良県ため池の保全に関する条例は，「ため池の破損，決かい等に因る災害を未然に防止するため，ため池の管理に関し必要な事項を定めることを目的」（1条）として，「一　ため池の全水はきの溢流水の流去に障害となる行為　二　ため池の堤とうに竹木若しくは農作物を植え，又は建築その他の工作物（ため池の保全上必要な工作物を除く。）を設置する行為　三　前各号に掲げるものの外，ため池の破損又は決かいの原因となる行為」を禁止し（4条），これに違反した者は「3万円以下の罰金に処する」（9条）旨規定していたが，上記事件では，同条例の合憲性をめぐって，条例による財産権規制の可否が争われた。そこで，以下，同事件に関する判決で示された諸見解を紹介する。

　一審判決（葛城簡裁昭35・10・4判決）では，右の点は特に触れられていないが，控訴審判決[25]（大阪高判昭36・7・13判決）は，「奈良県条例は，……貯水池の周囲の池堤地に対する一般の権利の行使を禁止しており，かくては右土地が公有地

ではなく私有地である場合，その土地に対する個人の権利の内容に制限が加えられることになるのであって，かように私有財産権の内容に規制を加えるには，それが公共のためとはいえ，法律によらなければならないことは，憲法第29条第2項に明記されているとおりであり，……右のように私有地である池堤地に対する個人の権利に規制を加えることは単なる条例のよくしうるところではないといわなければならない」と判示したのに対し，最高裁判決（大法廷昭38・6・26判決）では，「ため池の堤とう使用する財産上の権利を有する者は，本条例1条の示す目的のため，その財産権の行使を殆ど全面的に禁止されることになるが，それは災害を未然に妨止するという社会生活上の巳むを得ない必要から来ることであって，ため池の堤とうを使用する財産上の権利を有する者は何人も，公共の福祉のため，当然これを受忍しなければならない責務を負うというべきである。すなわち，ため池の破損，決かいの原因となるため池の堤とうの使用行為は，憲法でも，民法でも適法な財産権の行使として保障されていないものであって，憲法，民法の保障する財産権の行使の埒外にあるものというべく，従って，これらの行為を条例をもって禁止処罰しても憲法および法律に牴触またはこれを逸脱するものとはいえない」と判示している。

　その他参考になる見解として，以下の諸意見がある。

　まず，憲法が財産権の「内容」に関する規制を法律事項とした理由について，裁判官河村大助の少数意見（なお，この点は，裁判官山田作之助の少数意見も同旨）は，「『法律で定める』の法律とは形式的な意義の法律に限る趣旨か否か，すなわち，命令，規則，条例等も包合する趣旨か否かは問題の存するところである。しかし，憲法の右規定は，私有財産制度の下において，極めて重要な意義を有する財産権不可侵の原則を宣言する第1項の規定を承けていることにかんがみると，公共の福祉のためとはいえ，財産権の内容に対する右制約の許容については，できる限り厳格に解することを必要とするものと考える。故に，右にいわゆる法律とは国家の制定した法律を指し，憲法は財産権の内容は，原則として民法その他の国の法律によって，統一的に規制しようとする趣旨であると解せられる」として，私有財産制度ないし財産権自体を重視する立場から，財産権法定主義を主張している。これに対し，裁判官横田正俊の少数意見は，「法

律で定めるとは、財産権の内容は、国民の多くの意思に基づき、国民全体に対しできうるかぎり統一的かつ無差別なものとして定立されることが望ましいので、その内容を定める法的規範は、その制定の手続において右趣旨に最もよく適合し、その効力において最も普遍的かつ強力な法律、すなわち国会制定法にこれをかぎる旨を規定したものと解される」として、財産権の規制手段の当否という観点から財産権法定主義を主張している点で、両者ニュアンスを異にしている。

次に、財産権の「内容」と「行使」を明確に区別したうえで条例による財産権規制の可否を論じているものとして、裁判官入江俊郎の補足意見がある。すなわち、「財産権の不可侵といってもそれは絶対無制限のものではなく、財産権の内容は公共の福祉に適合するようなものであるべきで、憲法29条はまさにこの理を明文化したものにほかならない。そして、ここに財産権の内容とは、それぞれの財産権がいかなる性質のものであるか、権利者がいかなる範囲、程度においてその財産に対する支配権を有するか等、それぞれの財産権自体に内在する一般的内容をいうものであって、同条項は、財産権自体の内容をいかに定めるかを問題としているのである。それ故、財産権自体の内容をいかに定めるかということではなく、人の権利、自由の享有をいかに規制するかを定めた規定は、その規定の法的効果により、財産上の権利の行使が制限されるに至ることがあっても、それは、憲法29条2項の問題ではないと解する」

さらに、社会経済政策的規則と消極的・警察的規制とを区別し、後者の規制は条例で行えるとの考え方を明確にしているものとして、裁判官横田正俊の少数意見がある。すなわち、「財産権の内容ないしその行使は、……政策的考慮に基づく法律の規定により制限される場合があるほか、権利そのものに内在する制限に服するものであることを忘れてはならない。すなわち、憲法上、憲法が国民に保障する自由及び権利は、国民において、これを濫用してはならず、国民は、常に公共の福祉のためにこれを利用する責任を負い（12条）、国民の権利が立法その他の国政上で最大の尊重を必要とされているのも、公共の福祉に反しないかぎりにおいてであり（13条）、また、民法上も、私権は公共の福祉に違うものであり、権利の行使は信義に従い誠実にこれを為すことを要し、

権利の濫用は許されないものとされている（1条）のであるから，財産権もまた，政策的考慮に基づく諸法律の規定により制約に服するほか，権利そのものに内在する右のごとき政策に服しなければならないのである。したがって，右制約の範囲内においては，法律をもって，形式上は財産権の内容ないしその行使の認められる行為に対し各種の規則を行うことができるのはもちろん，同様の規制は，地方公共の秩序を維持し，住民などの安全，健康及び福祉を保持する等のため，条例をもってこれを行ないうるのであり，かかる条例は，上述の範囲を逸脱しないかぎり，法律の範囲内に止まるものであり，法令に違反するものではない」

　しかし，これら諸見解は，いずれも妥当でないと考える。以下，その理由を箇条書きすると，

　(1)　財産権の「内容」に対する規制とその「行使」に対する規制とを区別することはできない。けだし，財産権は，本来その享有，行使と本質的に結びついているからである。あるいは，「財産権が権利として意味を持つのは，その権利者がこれを享受，行使するという，いわばその動態面である」からである。したがって，両者の区別を前提した立論は妥当ではない。

　(2)　憲法が「法律でこれを定める」と規定しているのは，法治主義の見地から，当然の事理を述べただけのことで，特別の意味をもたないと考える。横田裁判官のいわれることにもっともな点はあるが，「地方公共団体は，……行政を執行する機能を有し」（憲法94条）ており，行政事務を処理する（地方自治法2条2項・3項）うえで，財産権の規制が必要となる場合が当然予想されるところで，前述のごとく，財産権の「内容」と「行使」を区別できないとすれば，横田見解も妥当でないといわざるを得ない。また，河村・山田両裁判官の見解は，福祉国家のもとで，財産権が社会経済政策による積極的制約を受ける権利である点を看過するものであるばかりか，財産権に優越する地位を与えられている精神的自由権が条例によって規制できることと比べ権衡を欠いて妥当でない。

　(3)　財産権の消極的・警察的規制，すなわち憲法第12条・第13条の「公共の福祉」による財産権の制約は条例によることもできるが，財産権の社会経済政

策的規制，すなわち憲法第29条第2項の「公共の福祉」による制約は法律によらなければならないと区別して考えることは妥当ではない。けだし，福祉国家の理念を実現する責務は，国だけでなく地方公共団体も負っているからである。

(4) むしろ，憲法は「地方自治」の本旨に基づいた地方自治制度を保障している趣旨から，憲法第29条第2項の「法律」には，地方議会によって制定される「条例」を含む，あるいは条例による財産権の規制は例外として認められていると解するのが妥当であると考える。

Ⅵ 地方自治法との関係

地方自治法第2条第2項は，「普通地方公共団体は，その公共事務及び法律又はこれに基づく政令により普通地方公共団体に属するものの外，その区域内におけるその他の行政事務で国の事務に属しないものを処理する」と規定し，地方公共団体の事務（自治事務）に，いわゆる公共事務・委任事務・行政事務があることを明らかにしている。

ところで，これに関して重要な点は，地方公共団体が行政事務を処理するということである。ここで行政事務とは，地方公共団体が地方公共の秩序を維持し，または住民の福利を増進するため，住民の権利・自由を制限したり，義務を課したりするような権力の行使を伴う事務をいうと解すべきであるが，明治憲法時代の府県制，市制町村制の下では，府県や市町村はこのような行政事務を行うことが認められていなかったのである。すなわち，旧制度の下では，警察・統制等の権力的事務は国に専属し，地方公共団体は，その内部において住民の福利を増進するための非権力的な事務を処理するというのが，地方行政に関する法の建前であった。したがって，地方公共団体は，その存立を維持するために必要な限度での財政に関する権力行使が認められたほかは，特別の委任がない限り，権力行使を行うことができなかったのである。ところが，現行憲法は，「地方自治の本旨」に基づく地方自治制度を保障し（92条），地方公共団体に「行政を執行する機能」を付与した（94条）結果，前述のごとき意味の行政事務が地方公共団体の事務とされるに至ったのである。もっとも，具体的に

いかなる事務が行政事務に属するかとなると、はなはだ不明確である。地方自治法第2条第3項は、地方公共団体の事務を例示しているので、そこに列挙されている事務が一応参考となるが、結局は、憲法が地方公共団体に条例制定権を付与した意味を考慮しつつ、個々の事務について、当該事務の性質と法令の趣旨（地方自治法2条3項但書参照）から判断していかなければならない問題である。

　それでは、ラブホテル営業またはそのための施設の建築を規制するという事務は、地方公共団体ないし市町村の行政事務であろうか。同事務は、地方自治法第2条第3項に例示する事務のうちの「地方公共の秩序を維持し、住民及び滞在者の安全、健康及び福祉を保持すること」（1号）、および「風俗又は清潔を汚す行為の制限その他の環境の整備保全、保健衛生及び風俗のじゅん化に関する事項を処理すること」（7号）に該当するとともに、他方、都道府県に対する事務配分のメルクマークである広域的事務（2条6項1号参照）、統一的事務（同条2号参照）、連絡調整的事務（同条3号参照）、および補完的事務（同条4号参照）のいずれにも該当するものでないので、一応市町村の事務に属すると考えられる。また、その性質を考えてみても、それは、各地方の事情によって規制の是否を判断していくことが必要であると考えられるので、ラブホテルの規制は、地方公共団体ないしは市町村の事務に属する行政事務と考えてよい。ところが、後述のごとく、営業規制面では、旅館業法が旅館業に関して営業規制をしており、また建築規制面では、都計法および建築基準法が用途地域に関する規制をしているので、ラブホテルの規制は地方公共団体の行政事務でないのではないかとの疑問が生ずる。この点については、次項ならびに次章で述べる。

　ラブホテルの規制が地方公共団体の行政事務かどうかに関し問題となるもう1つの点は、地方自治法第2条第3項第18号との関係である。というのは、同号は、「法律の定めるところにより、建築物の構造、設備、敷地及び周密度、空地地区、住居、商業、工業その他住民の業態に基く地域等に関し制限を設けること」（傍点筆者）と規定しているので、法律の授権がなければ、地域制限をなしえないのではないかとの疑問が生ずるからである。

しかし，この規定は，そのように解すべきではない。けだし，第1に，同規定は，同条項各号の規定と同様，同条第2項に規定する地方公共団体の事務を「例示」した規定にとどまること，すなわち授権規定ではないこと，第2に，「法律の定めるところにより」とは，そこに示されたような規制については建築基準法や都計法等で規定されていることが多いが，そういった法律の規定がある場合にそれに従って地域制限に関する規制を行うことが地方公共団体の責務であることを注意しているだけで，上記規定により事務を法律が先占したものであると解することができない，からである。

Ⅶ　旅館業法・建築基準法との関係

憲法第94条は「法律の範囲内で条例を制定することができる」と規定し，地方自治法第14条第1項も「法令に違反しない限りにおいて……条例を制定することができる」と規定しているので，ラブホテル規制条例が国の法令に違反しないかどうかが検討されなければならない。

ところで，ラブホテル規制3条例には，営業規制の面と建築規制の面の両側面があることは，前述のとおりである。そこで，ここでも両側面から検討が必要となる。

まず，営業規制面では，国の法律として旅館業法が存在する。同法は，旅館業を経営しようとする者は，都道府県知事（保健所を設置する市にあっては市長）の許可を受けなければならないと規定し（3条1項本文），その許可基準（同条2項・3項）の1つとして，許可の申請にかかる施設の設置場所が，学校教育法第1条に規定する学校（大学を除く），児童福祉法第7条に規定する児童福祉施設，社会教育法第2条に規定する社会教育に関する施設その他の施設で上記施設に類するものとして都道府県の条例で定める施設の敷地（これらの用に供するものと決定した土地を含む）の周囲おおむね100mの区域内にある場合において，その設置によって当該施設の清純な施設環境が著しく害されるおそれがあると認めるとき，を挙げている（同条3項）。

ところで，同法にいう「旅館業」とは，「ホテル営業，旅館営業，簡易宿所

営業及び下宿営業」（2条1項）をいい，「ホテル営業」とは，「洋式の構造及び設備を主とする設備を設け，宿泊料を受けて，人を宿泊させる営業で，簡易宿所営業及び下宿営業以外のもの」をいい（同条2項），また「旅館営業」とは「和式の構造及び設備を主とする施設を設け，宿泊料を受けて，人を宿泊させる営業で，簡易宿所営業及び下宿営業以外のもの」（同条3項）をいうから，ラブホテル規制3条例が（実質的）規制の対象とするラブホテル営業は，上の「ホテル営業」ないし「旅館営業」に該当する。そこで，もし同法がラブホテル営業をも規制していると解すると，ラブホテル規制3条例は，前述のごとく規制区域を定めてラブホテル（営業）を規制する点で，旅館業法がすでに規律している事項を重複して規制するものとなり，その適法性が問題となる。飯盛町旅館建築規制条例事件では，このような点が問題となった。すなわち，同町では，「住民の善良な風俗を保持し，健全なる環境の向上を図」る目的で（1条），旅館業を目的とする建築物を建築しようとする者は，当該建築および営業に関する所轄官庁に認可の申請を行う以前に町長の同意を得なければならないとし（2条），町長は，同意を求められたときは，当該建築物の位置が住宅地，官公署・病院およびこれに類する建物の付近，教育・施設の付近，児童福祉施設の付近，公園・緑地の付近，その他町長が不適当と認めた場所の一に該当する場合は同意しない（3条）ことなどを定めた条例（飯盛町旅館建築の規制に関する条例）を制定していた。同事件は，同条例に基づいて町長の同意を求めたが得られなかったために，その不同意処分の取消しを求めた訴訟であった。

　この事件に関して，長崎地裁昭和55年9月19日判決は，「旅館業法は，公衆衛生の見地及び善良の風俗の保持という2つの目的をもって種々の規制を定めている」「旅館業法に右善良の風俗の保持という目的が加えられ，施設の設置場所が学校の周囲おおむね100mの区域内にある場合において，許可を与えないことができるとされたのは，昭和32年6月15日法律176号による改正においてであり，さらに学校の周囲の他に児童福祉施設，社会教育施設などが加えられたのは昭和45年5月18日法律65号による改正においてであり，これらは善良の風俗の保持という目的からモーテル類似の旅館業の規制を行うことにあったと考えられる」「ところで，……旅館業法は前期のとおり自ら規制場所につき

定めを置いていること，しかも規制場所については，同法が定める敷地の周囲おおむね100mの区域内と限定しており，これは無制限に規制場所を広げることは職業選択の自由を保障した憲法22条との関係で問題があることを考慮したものであると思われること，旅館業法が条例で定めることができるとしているのは，都道府県の条例をもって学校ないし児童福祉施設に類する施設を規制場所に加えること（同法3条3項3号）及び旅館業を営む者の営業施設の構造設備につき基準を定めること（同法施行令1条1項11号，2項10号，3項7号，4項5号）の2点であると限定していることにかんがみると，旅館業法は，同法と同一目的の下に，市町村が条例をもって同法が定めているより高次の営業規制を行うことを許さない趣旨であると解される」として，同条例第2条，第3条は旅館業法に違反し無効のものである，と判示した。

　ところで，国の法令との関係における条例の限界に関する伝統的な解釈は，いわゆる法律先占論であるが，それは，法律が明文または黙示に先占している事項について，条例は法律と同一の目的で（上乗せまたは横出し）規制することができないとする考え方である。同判決は，この法律先占論に立って解釈したものである。

　それでは，法律先占論に立った場合，上記のような解釈以外の解釈は不可能であろうか。昭和47年法律116号による改正によって，風俗営業等取締法（以下，風営法という）は，その第4条の6で，新たにモーテル営業を規制する規定をおいた。すなわち，「個室に自動車の車庫が個個に接続する施設であって総理府令で定めるものを設け，当該施設を異性を同伴する客の宿泊（休憩を含む。）に利用させる営業（以下「モーテル営業」という。）は，モーテル営業が営まれることにより清浄な風俗環境が害されることを防止する必要のあるものとして都道府県の条例で定める地域においては，営むことができない」（1項）と規定し，同規定に基づいて，モーテル営業の施設を定める総理府令は，この施設について，次のいずれかに該当する構造設備のものとするとして，「一　個室に接続する車庫（2以上の側壁（カーテン，ついたて等を含む。）及び屋根を有するものに限る。以下同じ。）の出入口がとびら等によってしゃへいできるもの　二　車庫の内部から個室に通ずる専用の人の出入口又は階段若しくは昇降機が設けられて

いるもの　三　個室と車庫とが専用の通路によって接続しているものにあっては，当該通路の内部が外部から見えないもの」を掲げている。そして，例えば，大阪府の風俗営業等取締法施行条例第36条・別表第2は，大阪市の一部を除く市部全域と，三島郡・豊能郡・泉北郡・泉南部および南河内郡の区域をモーテル規制区域と定めているので，東大阪市，藤井寺市，および忠岡町はいずれもその全域においてモーテル営業が規制されている。

　ところが，例えば，ワンルーム・ワンガレージではなく，ツールーム・ワンガレージであれば，モーテルの定義からはずれ，風営法の規制外となるため，構造設備等の点においても，利用のされ方の点においてもモーテルとほとんど異ならず，したがってまた，それが地域の善良の風俗や生活環境に与える害悪の程度においてもほとんど異なるところのないラブホテルないしモーテル類似施設が多く出現することとなった。このような事態は，風営法改正時に予想しなかったのであって，そういった営業を認める趣旨では決してなかったと考えられる。このような立法の経緯から考えると，旅館業法は，一般的な業態による旅館業によって通常生ずることが予想される害悪から善良の風俗を保持することを目的として，一般的に旅館業を規制する法律であるのに対し，風営法はモーテル営業という特殊な業態による営業によって生ずる害悪から善業の風俗を保持することを目的としてモーテル営業を規制する法律であるということができる。ところが，前述のごとく，モーテル営業に類似するものでありながら，風営法の対象とならないラブホテル営業を規制しようとするのがラブホテル規制3条例であるから，ラブホテル規制3条例は，旅館業法と目的ないし対象を異にし，したがって旅館業法に違反しないとの解釈も可能ではないかと考えられる。[37]

　次に，ラブホテル規制3条例の建築規制の面について考える。建築規制面での国の法律としては，建築基準法がある。同法第6条は，建築物を建築する等の場合，建築主事の確認を受けなければならないと規定し，また同法第48条は用途地域内における一定の建築制限を定めており，同条および別表第2により，第一種住居専用地域（1項，（い）），第二種住居専用地域（2項，（ろ）），工業地域（7項，（と）），および工業専用地域（8項，（ち））においては，「ホテル又は

旅館」の建築が規制されている。ところが、ラブホテル規制3条例は、前述のごとく、建築確認のほかに建築の同意を要する旨規定するとともに、その用途地域以外の用途地域等を規制区域と定めているので、建築基準法の上記規定および風致地区の建築制限については都計法第58条（「風致地区内における建築物の建築、宅地の造成、木材の伐採その他の行為については、政令で定める基準に従い、都道府県の条例で、都市の風致を維持するため必要な規制をすることができる」〔1項〕。なお、傍点筆者）の上乗せないし横出し規制ということになり、その適法性が問題となる。けだし、法律先占論の立場に立って考えると、ラブホテル規制3条例は、建築基準法と全面的ではないが部分的に共通した目的をもち、かつ上述したように建築基準法等より高次の規制をしている点で、同法に違反し無効と解されるからである。

　もっとも、この点について建築基準法は、「この法律は、建築物の敷地、構造、設備及び用途に関する最低の基準を定めて、国民の生命、健康及び財産の保護を図り、もって公共の福祉の増進に資することを目的とする」（1条。なお、傍点筆者）と規定していることから、同法による規制では上の目的を達成するに不十分である場合には、同法の上乗せ規制は許されるとの見解がある。しかし、上規定にいう「最低の基準」の意味は、労働基準法が「この法律で定める労働条件の基準は最低のものである」（1条2項。傍点筆者）というところのものと同じである。すなわち、建築物の敷地・構造・設備および用途に関する基準も、労働者の労働条件もともに最低基準以上であることが望ましく、あるいはその向上が図られなければならないが（労働基準法1条2項参照）、他面、財産や使用者の権利・利益の保障から、社会的経済的諸条件の下で、法律によって強制しうる限度がある。上記の法律は、その限度（その意味では、法律で定めうる最高限度）を示したものと解することもできる。

　いずれにせよ、厳格な法律先占論をとる限り、ラブホテル規制条例が旅館業法および建築基準法との関係で適法であると解するのはむずかしいといわざるを得ない。

(1) 錦貫芳源教授は、条例を法律の授権に基づく委任立法の一種と解する。「条例の性質と

その司法審査の基準」公法研究35号（1973年）。なお，憲法第94条の「条例」には，形式的意義の条例のほか，長の定める規則（地方自治法15条），委員会の制定する規則を含むと解する。『註解日本国憲法』下巻（2）1402頁，有斐閣，1953年，清宮四郎『憲法Ⅰ〔新版〕』法律学全集3，433頁，有斐閣，1957年，俵静夫『地方自治法』法律学全集8，297頁，有斐閣，1969年。これに対し，形式的意義の条例と解する学説として，宮沢俊義『日本国憲法』772・773頁，日本評論新社，1955年，成田頼明「法律と条例」憲法講座（4）193頁，有斐閣，1964年等。

(2) 両者は相互に密接に関連しており，塩野宏教授は「問題に対するアプローチとしては，国の事務かどうか，というよりは，むしろ……先占の問題として処理を図ったほうが実際に即した解決が得られる場合もある」とされている。『条例百選』ジュリスト800号（1983年）13頁。

(3) 宮沢俊義『憲法Ⅱ〔新版〕』法律学全集4，319頁，有斐閣，1971年，同・注(1)書253頁。最大判昭41年7月2日民集20巻6号1217頁。ところが経済史学者である岡田与好氏が，「『営業の自由』と『独占』および『団結』」（東大社研編『基本的人権』5，1969年）において，その社会科学上の歴史認識に基づき，この通説的見解を批判したことを契機として，「営業の自由」の法解釈について論争が行われることとなった。

岡田氏の主張は，「営業の自由」は歴史的には国家による営業・産業規制からの自由であるだけでなく，営業の「独占」と「制限」からの自由であって，人権として追求されたものではなく，いわゆる「公序」として追求されたものであること，したがって，営業の自由は「国家からの自由」として人権の一内容とみなされるべきではなく，国家から自由な諸個人の私権の行使を，まさに資本主義的に制限し秩序づけるところの「公序」の一内容であり，営業の制限や独占の自由を否認し制限する政策原理＝法原理であること，したがって，特定職業への強制的緊縛・固定化を否認することによって諸個人をあらゆる職業機会へ解放することを意味する「職業選択の自由」とは区別され，営業の自由を憲法第22条の職業選択の自由の中に含まれる人権とみなすことができない，というものである。

上の主張に対し，渡辺洋三教授は，岡田論文は「営業の自由」を経済学上の概念として捉えられており，法的概念としての「営業の自由」は「国家からの自由」としてのみ構成され，経済社会内部における「独占」からの自由としての営業の自由は，まさに経済の問題であって，法の問題ではないとし，営業の自由を「財産権の自由（営業の自由）」として人権であると反論した。「法学と経済学―岡田論文を手がかりとして―（一），（二）」社会科学の方法12号（1969年），14号（1970年）。なお，同反論に対する岡田氏の再反論として，「職業選択の自由と営業の自由―渡辺洋三氏への反論として―（一），（二）」社会科学の方法16号（1970年），17号（1970年））。

これに対し，今村成和教授は，岡田論文にいう「営業の自由」は，社会関係における「営業の制限」からの自由，すなわち実質的自由を指しており，憲法学者が形式的自由の意味での「営業の自由」を問題としているのを，この角度から攻撃するのは筋違いであるとする一方，憲法学者が，安易に，広義の「営業の自由」までも含めて，これを憲法第22条のみの問題と解していることに対する批判としては，十分示唆的なものも含まれているとして，「営業の自由」の憲法的意義について，以下のごとく述べておられる。す

なわち,「職業選択の自由」に含まれる「営業の自由」は, 狭義の営業自由, すなわち「営業することの自由」だけであって,「営業活動の自由」は, 財産権行使の自由として, もっぱら憲法第29条に関することである。したがって, 営業の自由は, 現行憲法秩序の下においては, 基本的には, 資本財としての財産権行使の自由に係ることで, 職業選択の自由は, 限られた場合にしか問題になりえず, また職業選択の自由は, 人間がその能力発揮の場の選択の自由を保障するものとして, いかなる社会体制にも通用する普遍の原理であるが, 営業の自由は資本主義社会に固有の原理である, とされる。「『営業の自由』の公権的規制」ジュリスト460号（1970年）。

　その他, 堀部政男「法学＝経済学論争（一）―『営業の自由』の概念をめぐって―」社会科学の方法19号（1971年）, 同「法学＝経済学論争（二）―『営業の自由』の人権性をめぐって―」（同前24号）, 長谷川正安「営業の自由, その解釈論的考察（一）, （二）」法学セミナー213号（1973年）, 214号（1973年）, 下山瑛二「『営業の自由』論争について」歴史学研究1976年11月号, 中島茂樹「『営業の自由』論争」法律時報49巻7号（1977年）参照。

(4) 末川博編『基本的人権と公共の福祉』法律文化社, 1957年, 俵静夫「基本的人権と公共の福祉」憲法講座2, 有斐閣, 1963年参照。
(5) 宮沢・注(1)『全訂日本国憲法』199頁以下, 注(3)『憲法Ⅱ〔新版〕』235頁以下参照。
(6) United State V. Carolene Products Co., 304 U. S 144 (1938). 本件は, ミルク・クリーム・スキムミルクに乳脂肪以外の脂肪や油を添加したり, それで混合・合成した調整ミルク（Filled Milk）は, 健康に害があること, およびその販売は公衆を欺罔するものであるとして, その州際通商および外国貿易を禁ずる1923年の連邦法 Filled Milk Act（62条および63条）に違反するとして起訴された事件で, 被告会社は, 同法が適法手続条項（アメリカ合衆国憲法修正14条）に違反するとして争ったものである。
(7) この事件におけるストーン判事（Mr. Justice Stone）の法廷意見は, 二重の基準の原型理論をなすものであるので, 比較的詳細に引用する。

　「我々は, いかなる立法府の宣言も, 口汚い言辞を用いて禁止法の合憲性を攻撃することを妨害しえないこと, および提訴人から生命・自由または財産を奪う法令が合理的基礎を有することを証明しまたは証明するのに役立つであろうすべての事実について, 司法手続において反証することを妨害する法令は適法手続（due process）を否定するものであると, 一応仮定する（assume）ことができる。

　しかし, 我々は, 調整ミルクが健康に有害で, かつ公衆を欺罔するものであるとする立法意思の目的または意味するものは, そういうものではないと考える。ここでは, 立法権の合憲的な行使としてなされた行為を支持し正当化すると思われる立法府の事実認定は, 立法府の委員会の報告書同様, 当該立法の根拠を示すことによって, 良識ある司法審査（informed judicial review）を助ける以上のものとして考える必要はない。そのような助けがなくても, 立法府の判断を支持する事実の存在は推定されるべきである。けだし, 通常の商取引に影響する規制立法は, 既知の事実または一般に当然のこととされる事実に照らして, それが, 立法者の知識と経験の範囲内の何らかの合理的な基礎に基づいているとの仮定を排除するような性格のものでなければ, 違憲と宣言されるべきではない」（Metropolitan Casualty Ins. Co. V. Brownell, 294 U.S, 580, 584, および同引用

判例参照）と判示する一方，脚注4において，「立法が，文面上，修正条項の最初の10カ条のような憲法の明確な禁止（specific prohibition）——修正14条内に包含されると考えられる場合にも同じく明確であると考えられる——の範囲内にあると思われる場合には，合憲性の推定の働く範囲はより狭くなるであろう」（Strombery V. California, 283 U.S. 359, 369-370; Lovell V. Griffin, 303 U.S. 444, 452, 参照）。

望ましくない立法を廃止させることが通常期待される政治的過程（political processes）を制限する立法は，修正14条の一般的禁止の下で，他の多くの類型の立法に比し，より厳格な司法審査（more exacting judicial scrutiny）に服すべきかどうかを，ここで考えることは不要である。投票権の制限について，Nixon V. Herndon, 273 U.S. 536; Nixon V. Condon, 286 U.S. 73, 情報宣伝の制限について，Near V. Minnesota ex rel. Olson, 283 U.S. 697, 713-714, 718-720, 722; Grosjean V. American Press Co. , 297 U.S. 233; Love V. Griffin, supra, 政治団体の規制について，Strombery V. California, supra, 369; Fiske V. Kansas, 274 U.S. 380; Whitney V. Califolnia, 274 U.S. 357, 373-378; Herndon V. Lowry, 301 U.S. 242; Holmes, J., in Gitlow V. New York, 268 U.S. 652, 673, 平和的集会の禁止について，De Jonge V. Oregon, 299 U.S. 353, 365, 参照。

我々は，同じ考慮が，特定の宗教（Pierce V. Society of Sisters, 268 U.S. 510），もしくは民族（Meyer V. Nebraska, 262 U.S. 390; Bartes V. Iowa, 262 U.S. 404; Farrington V. Tokushige, 273 U.S. 484）もしくは人種的少数者（Nixon V. Herndon, supra; Nixon V. Condon, supra）に向けられた法令の審査に働くかどうか，すなわち，分離され孤立した少数者に対する偏見は，通常，少数者を保護してくれるはずの政治過程の作用を著しく減殺させ，かつこれに対応してより厳格な司法審査（more searching judicial inquiry）を要求し得る特別の状況となるかどうかを問う必要もない」（McCulloch V. Maryland, 4Wheat. 316, 428; South Carolina V. Barnwell Bros., 303 U.S. 177, 184, n.2 および同引用判例と比較せよ）と述べ，二重の基準の考え方を明瞭に示した。

(8) 代表的判例として，例えば，1955年の Williamson V. Lee Optical Co（348 U.S. 483），および1563年の Ferguson V. Skrupa（372 U.S. 726）。

(9) 芦辺信喜教授は，ウォーレン・コート（the Warren Court）期の二重の基準の理論の特徴として，①ストーン法廷意見の脚注4の第1項の趣旨が拡大・強化されたこと，具体的には，二重の基準の考え方を平等保護条項の違憲審査の場合にも推し及ぼしたこと，憲法による明確な保障もなく，政治過程にとって中心的な意味をもつわけでもないプライバシーの権利のような新しい基本権に対しても厳格な審査が及ぶようになったこと，修正第1条の自由を規制する立法には違憲性を推定することによって，優越的自由の理論の意味を大きく発展させたこと，②経済的自由権（財産的権利）の領域において，ガンサーのいう「理論上は最小限の審査，事実上は審査皆無も同然（minimal scrutiny in theory and virtually none in fact）」（Gunther, The Supreme Court, 1971 Term-Foreword: In Search of Evolving Doctrine on a Changing Court: A Model for a Newer Equal Protection, 86 Harv. L. Rev. I, 8〔1972〕）の司法消極主義を徹底させる判例理論が確立したこと，を挙げておられる。『憲法訴訟の現代的展開』72・73頁，岩波書店，1965年。

なお，同教授は，「『二重の基準』説の基本思想を根幹に抱きながら，ウォーレン・コー

126 第Ⅱ部 条例制定権の範囲と限界

ト期の判例に特に顕著に見られるカテゴリカルな思想はこれを排し，経済的自由の規制立法のうちある種の類型のものはかなり厳格な司法審査に服せしめ，反対に，精神的自由の規制立法に対して一律に同じ厳格な基準が妥当するというのではなく，経済的自由の規制立法に準ずる領域もあることを認める，というのが私の立場だ」（前掲書67頁）とされ，バーガー・コート（the Burger Court）の下で打ち出された「厳格な合理性」（strict rationality）の基準（同98-110頁）に注目され，憲法第22条の職業選択の自由・営業の自由，同第14条の法の下の平等，同第25条の生存権，同第28条の労働基準権に関する司法審査基準としての有用性を提唱されている（同112-115頁）。

(10) 例えば，事前抑制（prior restraint）の理論，漠然性の故に無効（void for vagueness）の理論，明白かつ現在の危険（clear and present danger）の理論等がそれである。

(11) 伊藤正己『言論・出版の自由』岩波書店，1959年，同「現代における自由」現代法2，岩波書店，1965年参照。二重の基準の理論が，我が国の判例に最初に現れたのは，悪徳の栄え事件に関する最高裁大法廷昭和44年10月15日判決（刑集23巻10号1239頁）における田中二郎裁判官の反対意見であった。すなわち，「憲法21条の保障する言論出版その他一切の表現の自由や，憲法23条の保障する学問の自由は，憲法の保障する他の多くの基本的人権とは異なり，まさしく民主主義の基礎をなし，これを成りたたしめている，きわめて重要なものであって，単に形式的に言葉のうえだけでなく，実質的に保障されるべきものであり，『公共の福祉』の要請という名目のもとで，立法政策的な配慮によって，自由にこれを制限するがごときことは許されないものであるという意味において，絶対的な自由とも称し得べきものであり，公共の福祉の要請に基づき法律によって制限されることの予想されている職業選択の自由や居住移転の自由などとは，その性質を異にするものと考えるのである。表現の自由や学問の自由の保障は，これを裏がえしていえば，読み，聞き，見，かつ，知る自由や学ぶ自由の保障を意味するのであって，国会の多数の意見や政府の見解によって，『公共の福祉』の要請という名目のもとに，言論の表現の自由がたやすく制限され得たり，学問の自由に制限が加えられ得たり，ひいては，読み，聞き，見，かつ知る自由や学ぶ自由が抑制されたりしたのでは，民主主義の基本的原理が根底からゆすぶられ，社会文化の発展や真理の探究が不当に抑圧されることになるおそれを免れ得ないからである。……内圧的制約のみがこれらの自由に対する制約として承認され得る限界とみるべき」（傍点筆者）と述べ，精神的自由権の優越性ないし二重の審査基準と，その民主政原理による基礎づけを明らかにされた。

(12) 刑集26巻4号586頁。

(13) 判例評釈として，今村成和「小売市場の許可制と営業の自由」ジュリスト524号（1973年），中山勲「小売市場開設許可制と営業の自由」判例評論176号（判例時報712号）（1973年）参照。

(14) 民集29巻4号572頁。

(15) 判例評釈として，和田英夫「薬局開設の距離制限違憲判決」法学セミナー1975年7月号，芦部信喜「薬局距離制限の違憲判決と憲法訴訟」ジュリスト592号（1975年）他参照。

(16) L・R・Aの基準は，アメリカでは"less drastic means"「より徹底的でない手段」，あるいは，"alternative less subversive"「より破壊的でない他の選びうる手段」（Bagley V. Washington Township Hospital District, 421 p 2d 409〔1996〕）とも表現され，主に精神

的自由権を制限する法律の合憲性を判断する基準として，判例でしばしば用いられる原則である。ちなみに，我が国では，いわゆる猿払事件に関する旭川地裁昭和43年3月25日判決（判例時報514号30頁）が，L・R・Aの基準を用いた最初の判例である。すなわち，「法の定めている制裁方法よりも，より狭い範囲の制裁方法があり，これによってもひとしく法目的を達成することができる場合には，法の定めている広い制裁方法は法目的達成の必要最小限度を超えたものとして，違憲となる場合がある」として，被告人の所為に，国家公務員法第110条第1項第19号が適用される限度において，同号は憲法第21条，第31条に違反するとの，いわゆる適用違憲の判決を下した。なお，我が国およびアメリカにおける判例については，田中和夫「『より制限的でない他の選択しうる手段』（"less restrictive alternative"の原則」訟務月報19巻3号（1973年）3頁参照。

ところで，L・R・Aの基準の導入につき積極的な立場をとるものとして，芦部信喜「公務員の政治活動規制立法の合憲性判定基準」ジュリスト505号（1972年），同『憲法訴訟の現代的展開』189頁，有斐閣，1981年。これに対し，消極的立場をとるものとして，今村成和「国家公務員に対する政治的行為の制限について」労働法律旬報808号（1972年），同「猿払事件」法律時報44巻10号（1972年），有倉遼吉「公務員の政治的行為」法律時報46巻3号（1974年）。

なお，アメリカでは，修正1条との関係におけるL・R・Aの基準の適用についてLess Drastic Means and the First Amendment（78 Yale L. J. 464 〔1969〕），は「『より徹底的でない手段』という呪文は，結果を説明するよりは，結果を宣言する」（invocation of the phrase "less drastic means" does not so much explain the result as announce it）ものであるとして，消極論をとり，同様に，G.M. Struve: The Less-Restrictive Alternative, Principle and Economic Due Process（80 Harv. L. Rev 1463 〔1967〕）は，経済的適法手続との関係で消極論をとっている。

筆者は，L・R・Aの基準は，「必要最小限度」の基準として（田中・前掲論文90頁，伊藤公一「『公務員の政治活動の制約』に関する一考察」阪大法学83号（1972年）29頁参照），消極的・警察的規制立法の合憲性審査に有用であると考える。ただ，この基準を経済的自由権・財産権を制限する立法の合憲性審査に適用する場合には，精神的自由権の制限立法のそれに適用する場合に比べ，やや緩和して適用する必要があると考える。けだし，経済的自由権・財産権を規制する目的であるが，消極的・警察的目的と積極的・社会経済的政策目的とを判然と区別し難いという事情があるほか，上記目的の両方を規制目的としている場合もあるからである。なお，田中・論文115頁参照。

(17) 積極的・社会経済政策的目的による規制か，それとも消極的・警察的目的による規制かによって経済的自由権に対する規制立法の合憲性のテストに緩厳の差をつけることの是否について，山内一夫教授が，警察目的は目的が限定されているから，その目的に合理的に仕える手段であるかどうかが判断しやすいのに対し，経済政策上の規制は目的が包括的であるから，それに仕える手段もいろいろあり，その取捨選択についての裁量の幅がかなり広く，「その裁量の広狭の差は，当該の規制が仕える目的のちがいから出てくるのではないか」と語っておられる。「座談会・営業制限立法の問題点」ジュリスト592号（1975年）45頁。同旨；塩野宏・同46頁。そういうことも論拠たりえようが，より根本的には，本文に述べたごとく，制約原理の性質の違いにあると考える。

(18) 例えば，奈良県青少年の健全育成に関する条例29条。
(19) 朝日新聞1981年11月8日朝刊。
(20) 兼子仁教授は，憲法第29条第2項は，本来条例制定の可否を左右する規定ではないのであって，従来，条例による財産権規制の可否の問題は，憲法第29条第2項の解釈に一般化されすぎるきらいがあった，とされる。そして，同教授は，この問題を専ら地方自治の範囲に属するかという観点から，財産権の「全国一律的権利内容」を法定することと，財産権の「行使」を法律，条例で規制することとの区別が重要であるとされている。『条例をめぐる法律問題』条例研究叢書1，119-121頁，学陽書房，1978年。
(21) 久世公堯「法律と条例」総合判例研究叢書憲法（4）有斐閣，1960年，雄川一郎「財産権の規制と条例—奈良県ため池保全条例に関する最高裁判決について—」ジュリスト280号（1963年），神谷昭・本件評釈（判例評論44号，判例時報283号〔1962年〕）。なお，奈良県ため池保全条例事件の最高裁判決における河村・山田裁判官の少数意見（奥野裁判官の補足意見も，この立場に立つと解してよいと思われる。もっとも，権利濫用行為の禁止は条例でも定め得るとしているので，この権利濫用行為の禁止を警察的規制と同旨に解すれば，第3の見解に属する。）
(22) 佐々木惣一『日本国憲法論』有斐閣，1949年，田中二郎「国家法と自治立法（一）」法学協会雑誌80巻4号（1964年）（もっとも，田中博士は，「現実には，財産権の内容又は効力に関する定めであるか，財産権の現実の行使の制限に関する定めであるかの区別は必ずしも明確とはいえない」と述べておられるので，この点を強調すれば，第1の見解に近づく。上掲雑誌455・456頁参照），高辻正己「財産権についての一考察」自治研究38巻4号（1962年），田口精一「行政事務条例による営業の規制」行政法演習Ⅰ，有斐閣，1962年。なお，奈良県ため池保全条例事件の最高裁判決における入江裁判官の補足意見。ところで，この見解には，財産権の行使について消極的・警察的規制ならできるという考え方と，社会経済的規制も認めるという考え方があり得る。しかし，多くは，この点について特に言及していないが，前者の考え方を前提としているものと思われる。
(23) この見解も，財産権の行使についてだけ認める考え方と財産権の内容についても認める考え方の2つがあり得る。奈良県ため池保全条例事件最高裁判決の多数意見は，前者の考え方に立っていると解されている（例えば，雄川・注(21)論文13頁参照）。したがって，最高裁判決と控訴審判決の違いは，結局，奈良県ため池保全条例が財産権の内容を規制するものか否かの解釈の違いにあったのではないかと考える。これに対し，横田裁判官の少数意見は後者の考え方に立っている。
(24) 今村成和「財産権の保障」憲法講座2，有斐閣，1963年，山田幸男「宅地造成規制法案をめぐる諸問題」ジュリスト234号（1961年），法学協会『註解日本国憲法』上，有斐閣，1948年，佐藤功『憲法』（ポケット註釈全書）有斐閣，1972年。
(25) 判例時報276号33頁。
(26) 評釈として，神谷・注(21)評釈，山田・注(24)論文。
(27) 刑集17巻5号521頁。
(28) 評釈として，雄川・注(21)論文他参照。
(29) 雄川・注(21)論文14頁。
(30) 同旨・成田頼明「法律と条例」憲法講座4，205頁，有斐閣，1964年。

第2章　条例の限界（その1）　129

(31)　雄川・注(21)論文14頁は，法律によることが合理的であるとされる。
(32)　同旨・山田・注(24)論文10頁。
(33)　例えば，法務調査意見長官回答昭和24年3月26日は，「ここに本号が特に『法律の定めるところにより』と規定しているのは，本号が住民又は建築物及び土地等の所有者の権利を著しく侵害する故，直ちにこれらの事例を条例で定めることを許さないで，『法律の定めるところに』従って行わせる趣旨と解せられる。……故に，質問の場合には，県が一般私有地を県立公園に指定して国立公園法と同内容の公用制限ををを加えることはできないと解せられ，従って右に関して条例を制定することもできないといわなければならない」としている。なお，長野士郎『逐条地方自治法』（第8次改訂版）41頁，学陽書房，1974年，塩野宏「国土開発」『未来社会と法』現代法学全集，205頁，筑摩書房，1976年。
(34)　成田・注(30)書213頁（もっとも，教授は都市計画法等の趣旨から条例による横出し規制はできないと解している），室井力「公害対策における法律と条例」『現代行政法の原理』204・205頁，勁草書房，1973年，村上義弘「土地利用規制と条例」法学教室（第二期）2，(1973年) 145頁，兼子・注(20)書127頁（19号に関することであるが，教授は，公用収用の全国一律性から，例えば，「条例で当該自治体内においてのみ行われる土地収用を定めるということは許されず，それは憲法にも違反するととも，土地収用法《2，3条》に反するであろう」とされている（27・128頁）。杉村敏正・室井力編『コンメンタール地方自治法』（勁草書房，1979年）における芝池義一教授の見解（100頁）。
(35)　判例時報978号24頁以下。
(36)　風営法がモーテルを規制することになった理由については，名古屋地裁昭和50年4月14日判決（判タ320号131頁）が参考になる。それによると，わが国では昭和34年頃から出現し，昭和43年頃以降著しく増えたこと，「ワンルーム・ワンガレージ形式のモーテルの構造設備に特有の密室性ないし秘匿性が高いことから不健全な需要が醸成され，モーテルの著しい増加に伴い，一般の旅館における場合と比較して種々の弊害，特に年少者や，一般の女性が自動車でモーテルへ強制的に連れ込まれることをはじめとし，少年グループが不純異性交遊の場として利用するほかシンナーの乱用または万引の謀議をこらす場とする等の弊害が全国各地に相次いで発生し，青少年に対し風俗上好ましくない影響を与えるばかりでなく，モーテル周辺の正常な風俗環境を害すること甚しく，因に一般の旅館，ホテル1軒当たりに対するモーテル1軒当たりの犯罪発生比についても，昭和46年現在において窃盗罪については3倍，強盗罪については8倍，強姦罪については12倍，強制わいせつ罪については21倍に達したこと。……そのため，とくに昭和46，7年頃以降当該地域住民，地域社会から強いモーテル反対運動が全国各地に起こり，幾つかの市，町においては法律の規制に待つことなく独自に条例によるモーテル規制がなされるなど，モーテル反対の世論が強くなり，改正法が提案されるに至った」とされている。
(37)　自治実務セミナー1981年20巻10号所収「ラブホテル・モーテル規制条例の問題点」21頁は，「ラブホテル等と清浄な環境との調整については，旅館業法は，その本来の目的としているものではないと解すべきではなかろうか。けだし，モーテルも旅館業法上は，『旅館業』に含まれているが，モーテルの規制については，風営法により別途，規制が行われていることからもわかるように，旅館業法は，一般の旅館等を経営する際に当然随伴してくる諸事情により善良の風俗が害されないよう規制しているものであり，ラブホ

テル等のように，その存立自体が風紀を乱すものの規制は，本来想定していないというべきである。従って，ラブホテル等を規制する条例は，旅館業法の規制目的と異なった目的から規制を行うものであって，抵触を生じない」「一方ラブホテルについては，風営法により，特種目的による規制が行われていないことから，この目的による条例の規制は可能と解すべきである。つまり，風営法の規制目的によるラブホテルの規制は，法律上白地と考えればよい」とする。反対・河合代悟「モーテル規制条例の問題点」地方自治293号（1972年）。なお，この点については，風営法と深夜喫茶条例との関係についての議論が参考となる。佐藤功「地方立法の限界―いわゆる深夜喫茶の規制問題を中心として―」都市問題50巻1号（1959年）参照。

(38)　建築基準法の用途規制は，都計法の用途地域指定制度と一体となって，風俗環境という都市環境を良好なものとすることを目的としていると考えることができる。他方ラブホテル規制3条例も，文面上は「快適で良好な生活環境の実現」となっているが，その「生活環境」とは「風俗環境」を意味し，結局，その目的とするところは，地域の善良の風俗を保持することである。この点で，建築基準法は，ラブホテル規制3条例と目的を部分的に共通にするということができる。

(39)　注(37)自治実務セミナー21頁。

第3章
条例の限界（その2）
──いわゆる法律先占論の再検討

I　はじめに

　前章では，昭和56年，大阪府下の自治体で相次いで制定された，いわゆるラブホテル規制条例の合憲性・適法性を条例制定権の限界という観点から検討したが，その中で，旅館業法との関係について，大要次のように述べた。すなわち，ラブホテル営業も旅館業法にいう「ホテル営業」（2条2項）または「旅館営業」（同条3項）に該当するから，同法の適用を受け，営業にあたって知事から経営の許可を受けなければならない（3条）等の規制を受ける。しかし，旅館業法は，公衆衛生および旅館業によって通常生ずることが予想される害悪から善良の風俗を保持することを目的として，一般的に旅館業を規制する法律であるから，ラブホテル営業のような特殊な業態による旅館業によって生ずる害悪から善良の風俗を保持すること等を目的とする規制は，同法の目的外にある，あるいは，ラブホテル営業が旅館業法による規制の対象となるのは，一般の旅館業が公衆衛生および善良の風俗の保持という見地から規制される限度においてであって，ラブホテル営業が特殊な業態による旅館業であることによって生ずる害悪から善良の風俗を保持する等の必要から規制される部分については，同法の対象外であるということもできる。

　昭和47年法律116号によって追加された風俗営業等取締法（以下，風営法という）第4条の6は，まさにこの旅館業法による規制によってカバーしきれない害悪から善良の風俗を保持するための規制法である。しかるに，上記規定が対象とする旅館業は，「個室に自動車の車庫が個々に接続する施設であって総理

府令で定めるものを設け，当該施設を異性を同伴する客の宿泊（体憩を含む。）に利用させる営業」，すなわち「モーテル営業」であるため，例えば，ワンルーム・ワンガレージではなく，ツールーム・ワンガレージであれば，同法による規制の対象外となる。しかし，ラブホテルは，モーテルと構造設備等の点においても，利用のされ方の点においてもほとんど異ならず，したがってまた，それが地域の善良の風俗や生活環境に与える害悪の程度においてもほとんど異なるところがないわけであるから，ラブホテル営業によって生ずる害悪から地域の善良の風俗を保持すること等を目的とするラブホテル規制条例は，旅館業法に抵触しない。以上が，そこで示した解釈論であった。

しかし，この解釈論は，あくまでも，従来通説とされてきたいわゆる法律先占論からの法解釈の可能性について述べたものである。近時は，法律先占論そのものに対する批判的な見解が有力に唱えられているほか，そもそも法令との関係における条例の限界をどのように考えるかは，条例が法令に違反するのはどのような場合かという単なる法解釈上の問題にとどまらず，自治立法権，さらには，自治権や地方自治そのものをどう考えるかという根本的な問題にもかかわる重要な問題である。そこで，本章では，国の法令との関係における条例の限界について，これまで論ぜられてきた学説や判例を再検討し，これをどのように理解することが，現行憲法の地方自治保障の理念に則し，かつ実際の地方自治運営に適するかを考察する。

II　学　説

1　原型的法律先占論

いわゆる法律先占論の原型理論は，法令が明示または黙示に（法令による明確な規制はないが，法令全体の趣旨から考えて）先占している事項については，法令の明示的な委任がなければ条例を制定することができない，というものである。したがって，このような考え方によるときは，どのような場合に法令による先占があり，条例が法令に抵触すると解するかが重要となる。この点について，詳細な類型的分析をし，その後多くの論者により，法令との関係における

条例の限界に関する論述の中で引用され、あるいはそのベースとなったものとして、久世公堯氏の実証的研究がある。[5]

氏の所説をなるべく損なうことのないように留意しつつ、それを要約すると、以下のごとくである。

A 法令の規定がない場合
　a_1　従来も何ら法令の規定がなく、現在も規定のない場合［例；種畜検査条例等］——条例規制可
　a_2　従来は法令により規制されていたが、現在は何ら規制のない場合
　　a'_1　当該法令廃止の趣旨が、条例の趣旨と異なる場合［例；馬籍法の廃止と牛馬籍条例等］——条例制定可
　　a'_2　当該法令廃止の趣旨が、法令の規定の必要なしと認めた場合
　　　a''_1　国全体としておよそ法規範をもって規制する必要なしとして法令を廃止した場合［例；刑法改正による姦通罪を罰する条例］——条例制定不可
　　　a''_2　国として全国的統一的に規制する必要はないと認めて法令は廃止したが、地方特殊の事情から規制することは自由とした場合——条例制定可

B 法令の規定がある場合
　b_1　当該条例が法令と対象、目的、事項のすべてを一にする場合
　　b'_1　法令と全く異なる規制をする場合［例；左側通行の条例］——条例制定不可
　　b'_2　法令以上の規制をする場合［例；食品衛生法の適用を受ける食品または添加物について厚生大臣が定めた基準・規格より高次の基準・規格を定める条例］——条例制定不可
　　b'_3　国の法令以下の規制をする場合
　　　b''_1　原則として不可
　　　b''_2　法令の趣旨が、国全体としては一定の線まで取り締まることとし、それ以下の規制は各地方の自由としている場合［例；条例水道法の適用を受けない水道につき水道法に規定する基準を超えない範囲で

水道施設の布設および管理の適正を図るために制定された条例等]
　　──条例制定可
　b_2　当該条例が法令と目的（趣旨）または対象を異にする場合
　　b'_1　法令と対象を一にするが，目的ないし趣旨を異にする場合［例；飼犬取締条例］──原則として条例の制定可
　　b'_2　法令と趣旨ないし目的は同一であるが，その対象を異にする場合
　　　b''_1　法令の趣旨がその隣接分野をも考えてその中一定事項のみを取り上げたことが明らかである場合──条例制定不可
　　　b''_2　法令の趣旨が，当該事項およびその隣接の分野中当該事項のみを全国的規制の必要ありとして取り上げ，他は規制の自由を認めたことが明らかである場合［例；農産物検査条例，ふぐ調理士条例，深夜喫茶取締条例］──条例制定可
　b_3　法令の定めはあるが，その規定が不備であり，その不備によって行政上著しく支障が起こりうる場合［例；玩具煙火取締条例，押売防止条例等］──条例制定可
　b_4　当該条例が法令の規定自体としては問題がなくとも，当該法令の趣旨に反する場合［例；家畜の取引を家畜市場に限る条例］──条例制定不可

　そこで，この久世説によってラブホテル規制条例の適法性を考えてみよう。前述のごとく，ラブホテル営業も旅館業法にいう旅館業であるから，同営業については，旅館業法という法律が存在するということができる（Bケース）。問題は，その先である。幾通りかの考え方が可能と思われる。第1の考え方は，次のとおりである。まず，目的の点について，旅館業法は，公衆衛生とともに，「善良の風俗の保持」を目的としている（1条）から，両者は同じ目的をもつと解釈し，また，対象の点については，飯盛町旅館建築規制条例事件に関する長崎地裁昭和55年9月19日判決のごとく，「旅館業法に右善良の風俗の保持という目的が加えられ，施設の設置場所が学校の周囲おおむね100メートルの区域内にある場合において，許可を与えないことができるとされたのは，昭和32年6月15日法律176号による改正においてであり，さらに学校の周囲の他に児童福祉施設，社会教育施設などが加えられたのは昭和45年5月18日法律65号に

第3章 条例の限界（その2） 135

よる改正においてであり，これらは善良の風俗の保持という目的からモーテル類似の旅館業の規制を行うことにあったと考えられる」と解釈して，ラブホテル規制条例は，目的・対象とも旅館業法と同一であり（B-b₁のケース），しかも，同条例は，旅館業法より規制区域を拡大している等の点で法律より高次の規制をする条例（B-b₁-b'₂のケース）であるから違法であると結論づける考え方である。上記の長崎地裁判決は，この考え方をとったものである。

　第2および第3の考え方として，すでに冒頭で紹介したところの解釈が考えられるが，それらは，B-b₂-b'₁およびB-b₂-b'₂-b"₂の適用である。なお，類型B-b₂-b'₂-b"₂については，「法令の趣旨が，当該事項及びその隣接の分野中当該事項のみを全国的規則の必要ありとして取り上げ，他は規制の自由を認めたことが明らかである場合は条例の制定権あり」（傍点筆者）としているので，はたして旅館業法および風営法は，条例によるラブホテル営業の規制を「明らかに」認めていると解し得るかといった疑念が生じる。しかし，「明らか」という言葉が類型B-b₂-b'₂-b"₁のところでも使用されていることから考えると，おそらく，この「明らか」という言葉は，単なる修辞にすぎないと読むのが正しいと思われる。

　以上のほか，類型B-b₃によって，ラブホテル規制条例適法説をとることも，あながち不可能ではないように思われる。すなわち，風営法の対象と考えるモーテルは，ワンルーム・ワンガレージであるから，ツールーム・ワンガレージにすれば，同法の対象からはずれ，単に旅館業法の適用を受けるにすぎない。その害悪の程度がモーテルとはほとんど異ならないにもかかわらず，一方は，風営法第4条の6第1項に基づく都道府県条例でほとんど全域的に規制されているのに，他方は，学校からおおむね100mしか規制されない。これは法の不備であり，そのため行政上著しい支障が生じているという解釈である。もっとも，「その不備によって行政上著しく支障が起りうる場合」という要件を充足するかどうかが問題である。
(8)

　以上，久世説の分析に基づいてラブホテル規制条例の適法性を検討したが，上記のごとく，適法説・違法説を含む複数の解釈の可能性が認められ，したがって，上記類型的分析も，条例の適法性判断の解釈基準としては必ずしも有

用とはいえない。その原因は，同説が条例制定の可否の窮極的な基準を，必ずしも明確とはいえない法令の「趣旨」に求めているところにあると考えられる。しかも，より問題は，国家法優位の思想（そもそも法律先占論自体がそのような思想の表れであるが）の下で，法律先占論によって条例制定の可否を解釈するとき，結局法令が存在すれば，当該法令に先占されており，条例の制定は認められないというように，条例制定の範囲を狭く解する傾向を生むことである。

2 修正的法律先占論

基本的には法律先占論に立ちつつ，条例制定権の範囲を拡げようとする以下のごとき解釈論がある。

（1）明白性の理論

成田頼明教授は，「法令の先占領域の観念をあまり広く解して自治立法権の施囲を縮小する解釈にはにわかに賛成しがたい。先占領域の観念を認めるにしても，その範囲は，当該法令が条例による規制を明らかに認めていないと解される場合に限られるべきである(9)」として，いわゆる明白性の理論を提唱された。(10) この考え方は，先の久世説に比べ，条例制定権の範囲を広く認めようとする解釈であると同時に，法令による独占の有無の判断を容易にするという利点も有する，と一応いうことができよう。

しかし，実際は必ずしもそうではないようである。けだし，例えば前出の長崎地裁判決は，「旅館業法は……自ら規制場所につき定めを置いていること，しかも規制場所については，同法が定める敷地の周囲おおむね100mの区域内と限定しており，これは無制限に規制場所を広げることは職業選択の自由を保障した憲法22条との関係で問題があることを考慮したものであると思われること，旅館業法が条例で定めることができるとしているのは，都道府県の条例をもって学校ないし児童福祉施設に類する施設を規制場所に加えること（同法3条3項3号）及び旅館業を営む者の営業施設の構造設備につき基準を定めること（同法施行令1条1項11号，2項10号，3項7号，4項5号）の2点であると限定していることにかんがみると，旅館業法は，同法と同一目的の下に，市町村が

条例をもって同法が定めているより高次の営業規制を行うことを許さない趣旨であると解される」と判示しているが，旅館業法の趣旨は上記のようなものであることが「明らか」であると解することも不可能ではないと思われるからである。

同様な疑問は，大気汚染防止法第4条・第32条，水質汚濁防止法第3条第3項・第29条の解釈をめぐっても生じる。

ところで，上記条項は，昭和45年末のいわゆる公害国会において改正されたものであるが，改正前の公害防止条例をめぐる議論は，主として次の3点であった。すなわち，①法令が一定の規制区域内の施設等に対して規制をしている場合，条例で，当該指定区域外の区域について同じ目的で規制することができるか（指定地域外規制の可否），②法令が一定の物質の量や濃度等について排出基準・許容基準・規制基準等を定めている場合，それより厳しい基準を条例で定めることができるか（上乗せ規制の可否），③法令が排出基準等において規制の対象としていない特定の項目を条例で規制の対象とすることができるか（横出し規制の可否），であった。

これらの点については，公共用水域の水質の保全に関する法律および工場排水等の規制に関する法律と同様な問題に対する内閣法制局意見は，[11]公共用水域の水質の保全に関する法律第5条第1項に基づき指定された指定水域以外の水域に排出される水に関し，当該水域の水質の保全を図るため，条例で必要な規制を定めること，および工場排水等の規制に関する法律第2条第2項の定める特定施設を設置していない工場または事業場から指定水域に排出される水に関し，当該指定水域の水質の保全を図るため，条例で必要な規制を定めること（指定地域・施設外規制）はできるが，水質基準において規制の対象とされていない特定の項目に関し，条例で必要な規制を定めること，水質基準において規制の対象とされていない一定量未満の水に関し，条例で必要な規制を定めること（横出し規制），および条例で必要な規制を定めることができる場合において，水質基準より厳しい規制を定めること（上乗せ規制）はできない，と解している。しかしながら，公害の地域性や公害防止において条例が果たしてきた先導的役割を考えれば，[12]明白性の理論によって，上の問題のすべてを積極に解する可能

性が十分あったと思われる。前記改正規定は，その立法的解決を図ったものである。

しかるに，皮肉にも，上の法改正は，公害規制領域における法律と条例の関係をめぐる問題を解決するより，むしろ，新たにやっかいな問題を生むところとなった。すなわち，①大気汚染防止法第4条第1項，水質汚濁防止法第3条第3項によって上乗せ規制条例を制定できるのは都道府県のみであるから，市町村にはそのような条例の制定を許さないのではないか，②大気汚染防止法第4条第1項が上乗せ規制を許しているのは，ばいじんならびに有害物質についてであって，「燃料その他の物の燃焼に伴い発生するいおう酸化物」（2条1項1号）は除外されているから，条例によるいおう酸化物に関する上乗せ規制は許されなくなったのではないか，③上記各条項が許容する上乗せ規制は，法令上の規制数値のかさ上げであるから，条例が法令上とられている規制方法と異なる方法によって規制を実質的に強化することが許されないのではないか，が問題となる。

これらの点について，成田教授は，②の点については，「このような改正後の大気汚染防止法の規定の下では，いおう酸化物について条例で国の基準より厳しい基準を設けることが許されないことはかえって明確になった」といわれ，また，③の点については，条例による上乗せ基準の設定にあたって，国の排出基準と同一の設定方式を用いること，すなわち，濃度規制方式のとられているものを量規制に変更してはならないこと，また，上乗せ基準においては国の測定方法と同一とし，基準値のみを厳しくすることが認められるにすぎないという見解も是認されておられる。

以上のごとく，明白性の理論においても，法令の趣旨が「明らか」に条例による規制を禁じているか否かについて，なお解釈の分かれる余地があるほか，大気汚染防止法の例からもわかるように，明白性の理論による条例制定権の範囲の拡大には限界があるといわざるを得ないのである。

(2) 弾力的・実質的解釈論

かつて厳格な法律先占論に立って，法令と条例の関係について詳細な類型的

第3章 条例の限界（その2） 139

分析を行い，法律先占論の原型を形づくった久世氏は，その後，その所説を改められ，「憲法や法令に，正面から衝突するとか，直接的に抵触する場合は別として，それ以外の場合には，できる限り，地域性を生かし，その自主性を尊重しうるように，幅広く解釈することが望ましいのである。それが，『地方自治の本旨』に沿った法解釈であり，……新しい条例が多くあらわれればあらわれるほどそれを生かす結果になることは疑いえないところなのである。従来のように，形式的法秩序のみを重んじた法解釈を行なっている限り，せっかく新地方自治制において認めた自治立法権そのものも否定的存在となりかねないのである。新しい条例を批判するための第一の視点としては，このような見地から，条例の制定権の範囲をできるだけ拡張するという方向で考えることが必要とされるであろう(16)」と述べるに至っている。

　しかし，この見解には不明な点が多い。すなわち，「地方自治の本旨」に基づく地方自治制度および自治立法権の保障を重視する見地から，条例制定権の法令との関係における限界如何については，地域性を生かし，その自主性を尊重し得るように，幅広く解釈することが望ましいといわれる点は，まさしくそのとおりである。要は，どのような基準によって解釈すれば，いわゆる望ましい解釈ができるのかという点である。この点については，憲法や法令に，正面から衝突するとか，直接的に抵触する（どのような場合を指すのか不明であるが）場合には，条例の制定は認められないということ，およびそれ以外の場合には，「地域性を生かし，その自主性を尊重しうるように」解釈すること，の2点について基準が示されている。しかし，前者の基準は，いわゆる積極的抵触の場合のことで，何も新しい基準ではない。基準として意味をもつとすれば後者の基準である。しかるに，上記の見解では，この基準は絶対的な基準として考えられているのではなく，「できる限り」妥当する基準なのである。したがって，この見解はいささか対症療法的・ムード的な解釈論であって，憲法による地方自治の保障の意味を生かし，かつ国と地方公共団体のあるべき協同関係を確立するうえで条例制定権はいかにあるべきかという観点から，法令との関係における条例の限界を画する明確な解釈基準を示すのに有益とは思われない。

　この立場に属するもう1つの見解は，後述する徳島市公安条例事件に関する

最高裁大法廷昭和50年9月10日判決中にみられるもので,「条例が国の法令に違反するかどうかは,両者の対象事項と規定文言を対比するのみでなく,それぞれの趣旨,目的,内容及び効果を比較し,両者の間に矛盾抵触があるかどうかによってこれを決しなければならない」という解釈である。このような立場から,原型的法律先占論においては認められない次のような場合にも,条例の制定が可能とされている。すなわち,「特定事項についてこれを規律する国の法令と条例とが併存する場合で……,両者が同一の目的に出たものであっても,国の法令が必ずしもその規定によって全国的に一律に同一内容の規制を施す趣旨ではなく,それぞれの普通地方公共団体において,その地方の実情に応じて,別段の規制を施すことを容認する趣旨であると解されるときは,国の法令と条例との間にはなんらの矛盾抵触はなく,条例が国の法令に違反する問題は生じえない」とする。

例えば,先に紹介した飯盛町旅館建築規制条例事件の控訴審判決は,これと同じ解釈論に立っている。すなわち,「条例の法令適合性を判断するには,条例が法令と同趣旨の規制目的のもとに法令より強度の規制を行っている場合でも,両者の対象事項と規定文言のみを対比して直ちにその間に抵触があるとすることは相当ではなく,それぞれの趣旨,目的,内容及び効果を比較し,法令が当該規定により全国的に一律に同一内容の規制を施す趣旨か,あるいはその地方の実情すなわち当該地方の行政需要に応じた別段の規制を施すことを容認する趣旨であるかを検討したうえ,両者の間に矛盾抵触があるかどうかによってこれを決しなければならない」としたうえ,「旅館業法と本件条例とを対比すると,本件条例が飯盛町内における旅館業につき住民の善良な風俗を保持するための規制を施している限り,両者の規制は併存,競合しているということができる」が,「地方公共団体が当該地方の行政需要に応じてその善良な風俗を保持し,あるいは地域的生活環境を保護しようとすることは,本来的な地方自治事務に属すると考えられるので,このような地域特性に対する配慮を重視すれば,旅館業法が旅館業を規制するうえで公衆衛生の見地及び善良な風俗の保持のため定めている規定は,全国一律に施されるべき最低限度の規制を定めたもので,各地方公共団体が条例により旅館業法より強度の規制をすることを

第3章　条例の限界（その2）　141

排斥する趣旨までを含んでいると直ちに解することは困難である」と判示している。

　しかし，地域の善良な風俗の保持ないし地域的生活環境の保護が，本来的な地方自治事務に属するから，そのような地域特性に対する配慮をすれば，旅館業法は条例による高次の規制を排斥する「趣旨」のものではないと解することができるというのであるが，旅館業法の「趣旨」解釈ならば，同事件に関する一審判決の前述のごとき解釈も十分成り立ち得，むしろ一審判決の趣旨解釈の方が無理のない素直な解釈であるともいい得るのである。

　このように，上の見解も法令の趣旨解釈によって条例制定の範囲を考えるものであるため，適法説・違法説に解釈が分かれる場合が多いものと思われ，条例制定権の限界を画する解釈基準としての安定性に欠ける恨みがあるほか，根本的には，原型的法律先占論と共通した難点を払拭できないものと考える。

3　法律ナショナル・ミニマム論

　そこで，法律先占論自体を否定し，それとは別の観点から条例制定の可否を論ずる考え方がある。いわゆる，法律ナショナル・ミニマム論である。[20]

（1）室井説

　まず，室井力教授は，公害規制領域において，「公害現象の地域性および生存権と財産権＝企業の自由との対抗関係における前者の価値優越性，公害行政に対する現代的要請などの諸判断を基礎として，まずなによりも，国の法令による公害規制は，国が『国民の健康を保護し，及び生活環境を保全する使命を有することにかんがみ，公害の防止に関する基本的かつ総合的な施策を策定し，及びこれを実施する責務を有する』（公害対策基本法4条）が故に，全国的・全国民的視点から，右のような責務を果すために設けたものであって，地方公共団体の責務（公害対策基本法5条…前出）の履行をそこなったり，それを不可能にするごときものではありえない。国は，法令によって，一定の公害行政領域を先占したり，あるいは不十分な規制にとどめることによって，地方自治体の責務の履行をそこなったり，不可能にするようなことはできないのである。そ

してこのような解釈こそが，憲法92条の保障する『地方自治の本旨』に基づく法律のあり方として，法律の合憲性・正当性を根拠づけるのである。……右のように考えてくると，国の法令による規制は，地方自治体の条例による規制を抑制するものではなく，全国的・全国民的見地からする規制の最低基準を示すものと解されることとなり，むしろ，現実には地方自治体の条例による公害行政活動を積極化するためのものと，解釈論としては理解すべきであろう」との観点から，条例による指定地域・施設外規制，上乗せ規制，横出し規制も許されると述べている。

ところで，この見解に対し，成田教授は，「従来の厳格な法律先占領域論を地方自治権の尊重の立場から批判しようとするところから出発するもので，その着想そのものは妥当である」が，「国が一義的に定めている基準よりも条例で定めた基準のほうが優先し，その限りで国の基準が無効になるというロジックは，国の基準が内容的にきわめて不十分な立法措置であり，その立法内容自体が不合理であるがゆえに憲法31条に違反するというか，あるいは，国の不十分な基準の存在によって地方公共団体の固有の規制権が発動できなくなっているので国の基準は『地方自治の本旨』に反するとでもいわなければ成り立ちそうもないが，このような憲法論は法理論としてはやや暴論である」として，批判された。

この批判に対し，室井教授は，「それならば，法律は万能であるということになるのか。すなわち，憲法の示す『地方自治の本旨』とは，結局，93条および95条を除いて，地方公共団体の条例制定権については無意味な規定にすぎないということになるのであろうか。地方自治体は，地域住民の福祉のために，どうしてもなさなければならないことをなさなくともよいということを国の政策によって認めることが憲法の趣旨なのであろうか。今かりに，ある地方自治体において，いおう酸化物について，国の基準による規制では，住民の公害による被害がどうしても規制できないことが科学的にも明らかとなった場合においても，国の低いおう重油の需給政策に基づく国のゆるやかで不十分な基準と異なるよりきびしい基準は絶対に設定できないと解されるのであろうか。地方自治体の存在理由をそこなうごとき解釈は，むしろこの場合とるべきではなく，

法律の合憲的解釈として，われわれによれば，このような場合には，いおう酸化物の上乗せ基準の条例による設定も許されると解さざるをえない」と反論されている。以上の叙述から，公害規制領域においては，①法律は，不十分な規制立法によってそれを先占し得ないこと，②先占すれば，「地方自治の本旨」を無意味ならしめ，また地方自治体の存在理由を損なう（すなわち，当該法律は違憲となる）こと，③したがって，法律による規制は最低基準を示すものと合憲的に解釈しなければならないこと，以上３つのポイントを指摘することができる。

(2) 原 田 説

しかし，その後，上記室井説をより一般化した見解が唱えられるに至った。原田尚彦教授の見解がそれである。同教授は，まず，「明白性の理論が一方で法律の優位を強く承認しながら，他面でなぜ法文の客観的意図を度外視してまで条例の有効性の範囲を広げようとするのか，その根拠は必ずしも明らかでない」として明白性の理論を批判したうえ，同理論が当然前提とする法律先占論は，「国は地方の事務を法律をもってしさえすれば任意にこれを国の事務に吸い上げることができるという発想に立脚」する考え方であって，「明治憲法下におけるように，地方自治制度がもっぱら法律を基礎にして認められていた場合には，まさに妥当な議論であったといえたかもしれない」が，「現行の地方自治制度のように，憲法に自治制度の根拠がある場合には，いかなる事務でも国の立法政策で任意に国の事務とし，地方自治体の関与を一切排除することができると考えること自体に疑問がある」，として法律先占論を否定される。

そして，「わたくしは，現在，自治体が営む行政の中には，むろん，国の立法政策によって国の事務とも地方の事務ともなしうる領域があることは否定できないと考えるが，地方自治行政の核心的部分については，『地方自治の本旨』を保障した憲法の趣旨よりみて国の立法政策のいかんによらず，いわば『固有の自治事務領域』としてその第一次的責任と権限が地方自治体に留保されるべきではないか，と考えている。……かかる事務領域につき，国が法律を制定して規制措置を定めた場合には，それは全国一律に適用さるべきナショナ

ル・ミニマムの規定と解すべきであって，自治体がもしそれを不十分と考える場合には，それ自体が基本的人権の保障や比例原則に違反しあるいはその手段目的が不合理でないかぎり，独自に条例をもって横出しないし上乗せ規制を追加することも，つねに許されるとする解釈が，素直に導かれてよいと考える。かかる領域について，国が，条例の関与を一切禁示する趣旨の法律の明文を設けるとすれば——たとえば，大気汚染防止法４条が，いおう酸化物については条例による規制強化を絶対に禁示している趣旨であるとすれば——，法律の方が地方自治の本旨に反するものとなり，かえって違憲の疑いをもたれることになるであろう」とされる。

ところで，この見解も，室井説について指摘した３つのポイントを有している。しかし，室井説が考案の対象を一応公害規制領域に限定したものであるのに対し，この見解では，法律はナショナル・ミニマムの規定であると解すべき領域を「固有の自治事務領域」に拡大・一般化している点に特色がある。また，仮に法律が条例の関与を一切禁止するものであるならば，当該法律は地方自治の本旨に反するものとなり，違憲の疑いをもたれる旨をよりはっきり述べている点にも特色が認められる。しかし，それだけに，「固有の自治事務領域」とはどのような領域で，いかなる事務がそのような領域に属する事務なのか，また，そもそも，法律によって奪うことのできない（法律によって先占すれば，当該法律が違憲無効となる）「固有の自治事務」なる概念が認められるのか否かが問題となる。前者の問題については，教授自身，その困難さを認められ，「今後の学説の展開や実務の運用を通じて歴史的経験的に具体例を積み重ねその内実を確認していかなければならないであろう」とし，「少なくとも公害防止，地域的自然環境の保護，土地利用の計画化など，住民生活の安全と福祉に直接不可欠な事務は，さしあたりかかる事務領域に含めてよいといえるのではないか」とされるにとどまっている。しかも，この「住民生活の安全と福祉に直接不可欠な事務」という基準も不明確で，例えば，善良の風俗を保持するためにラブホテル営業を規制することが，はたしてそのような事務といえるのかどうか，上記の基準からはいずれとも決し難い。また，上に示された具体例も，はたして妥当か問題である。けだし，「固有の自治事務」は法律によっても奪わ

れない，奪うと違憲となる事務であるから，仮に，「固有の自治事務」概念が認められるとしても，そのような事務の範囲は広いものではないと考えなければならないであろうからである。

(3) 兼子説

　条理解釈によって，地方自治にかかわる法律の多くは「全国的最低基準法律」と解されるとする兼子仁教授の見解は，どのように位置づけられるべきであろうか。

　教授の所説の骨子は，次のごとくである。すなわち，「一般に規代法の解釈としては，法文の文理（文字や国語的文脈どおりの意味合い）を重視するだけの文理解釈では不十分で，正しくは，事務の性質にもとづく『条理』に叶った『条理解釈』でなくてはならない」が，「地方自治条例の制定・運用にかかわりをもつ国の法律は，とりわけ，その文理どうりに条例の制定・運用を制限しうるものではなく，規定事項の性質に応じつつ条例をめぐる地方自治を不当に抑制しないように条理解釈されなければならない。この場合の『条理』には，『地方自治の本旨』の保障という憲法原理も含まれている。……現に地方自治法2条12項がこの条理を確認して……いる」とし，地方自治にかかわりをもつ国の法律は条理解釈によって，「規制限度法律」と「最低基準法律」の2つに大別される。「第1の『規制限度法律』は，規制事項の性質と人権保障とに照らして，当面における立法的規制の最大限までを規定していると解される法律（最大限規制法律）であり，当然のことながらこの場合には，法律の示す規制限度を越えて規制しようとする条例は，法律に違反することとなる。これに対し第2の『最低基準法律』は，全国的な規制を最低基準として定めていると解される法律（全国的最低基準法律）で，それは，それ以上の規制を各地方における行政需要に応じて自治体にゆだねる趣旨であるから，まさに規制『上のせ条例』が法律に反することなく制定されうる」。

　ところで，「かつての法律先占論におけるごとく，法律の文理ないし立法者意思に従って決するときには，上のせ条例を許さない規制限度法律と解されるものが少なくないであろう。しかし規定内容が地方自治にかかわりを持つ法律

である以上，事柄の性質に応じ『地方自治の本旨』の憲法的保障を促進するように，合憲的に条理解釈していく必要があり，規制限度法律は，その上でなお個人の自由権保障と全国一律的規制の必要とから，法律による規制が最大限を成しているものと解すべき場合でなければならない。となると，そのように条理解釈されるべき規制法律は，実際にはさほど多く有るものではないであろう。条例罰則の限度を定めた地方自治法14条5項のほか，交通取締法規としての道路交通法がそれに当たるであろうか。それに対して，規定内容の性質に照らして全国的最低基準法律と目すべき場合が，むしろ多いと考えられる[28]」とされる。

　条例制定の可否については，法律先占論のごとく，法律の文理・立法者の意思よるのではなく，事柄の性質に応じ「地方自治の本旨」の憲法的保障を促進するよう，合憲的に条理解釈しなければならず（逆にいえば，そのように条理解釈しなければ，法律は違憲となる），そのような条理解釈によれば，地方自治にかかわる多くの法律は，「全国的最低基準法律」つまりナショナル・ミニマムの規定と解さなければならないというのであるから，この兼子説も，いわゆる法律ナショナル・ミニマム論に属する考え方であるといえよう。

　しかし，この見解には問題が多い。まず，「条理」であるが，教授は，これを「問題となっている事柄の性質と住民の法意識とに根ざして有るべきものと認められる現行法論理[29]」であるとされているが，教授自身認めておられるように，「何が本当の『条理』かは，けっして自明ではなく」，「その具体的内容について見解が分かれる場合も少なくない[30]」のである。このことは，地方自治条例の制定・運用にもかかわりをもつ法律の条理解釈の場合には，「条理」に「地方自治の本旨」の保障という憲法原理が含まれるとしても，「条理」なるものが不明確で，見方が分かれるという点に変わりがないということができる。したがって，かかる「条理」を条例の法令適合性の解釈基準とすることは有用でも適当でもないと思われる。また，条理解釈により「規制限度法律」とされる法律は，実際にさほど多くあるものではないとし，地方自治法第14条第5項のほか，道路交通法がそれにあたるとしている点は，もちろん，これら2つに限るという意味ではないと思われるが，あまりに狭く（すなわち，「最低基準法律」をあまりに広く）考え過ぎではなかろうか。ただし，上記は，合憲的条理解

釈の結果（すなわち，そのように条理解釈しなければ，当該法律は違憲無効となる）なのであるから，そのように狭く解すべきか疑問と思われるからである。

Ⅲ 判　例

条例の効力が争われた裁判例は多数存在するが，行政事務条例が法令に違反するかどうかという点でその効力が争われた裁判例はそう多くない。ここでは，すでに触れた飯盛町旅館建築規制条例事件以外で，法令との関係における条例制定の可否を考えるうえで重要と思われる2つの最高裁判決を紹介する。

1　徳島市公安条例事件最高裁判決

本判決は，徳島市内の道路上において集団示威行進した際，被告人が，自らだ行進をしたことが道路交通法（以下，道交法という）第77条第3項・第119条第1項第13号に該当し，集団行進者にだ行進をさせるよう刺激を与え，もって集団行進者が交通秩序の維持に反する行為をするように扇動したことが，「集団行進及び集団示威運動に関する条例」（以下，本条例という）第3条第3号・第5条に該当するとして問擬された事件に関する上告審判決である。

ところで本件では，道交法との関係で本条例の有効性が主要な問題点の1つとなった。すなわち，徳島県道路交通法施行細則（昭和35年12月18日徳島県公安委員会規則5号）第11条第3号は，道交法第77条第1項第4号に基づき，警察署長の許可を要する道路使用行為として，「道路において競技会，踊，仮装行列，パレード，集団行進等をすること」（傍点筆者）を定め，また，道交法は，第77条第3項で，上記の道路使用許可に条件を付し得る旨定めるとともに，第119条第1項第13号で，上記条件違反行為に対し，「3月以下の懲役又は3万円以下の罰金に処する」（傍点筆者）旨規定している。そして本件で，徳島東警察署長は，「だ行進，うず巻行進，ことさらなかけ足又はおそ足行進，停滞，すわり込み，先行てい団との併進，先行てい団の追越し及びいわゆるフランスデモ等交通秩序を乱すおそれがある行為をしないこと」（傍点筆者）等4項目の条件を付していた。

ところが，他方，本条例は，第1条で，道路その他公共の場所で集団行進を行おうとするとき，または場所の如何を問わず集団示威運動を行おうとするときは，徳島県公安委員会に届け出なければならない旨規定するとともに，第3条で，集団行進等の遵守事項の1つとして，「交通秩序を維持すること」（傍点筆者）を挙げ，第5条において，第3条に違反して行われた集団行進等の主催者，指導者または扇動者に対し，「1年以下の懲役若しくは禁錮又は5万円以下の罰金に処する」（傍点筆者）旨規定している。したがって，本条例は，道交法と同じ目的（交通秩序の維持）で，同一事項（道路における集団行進）を対象として二重に高次（罰則強化）を規制する条例で無効ではないか，ということが争われたのである。

本判決は，まず両者の目的について，「道路交通法は道路交通秩序の維持を目的とするのに対し，本条例は道路交通秩序の維持にとどまらず，地方公共の安寧と秩序の維持という，より広はん，かつ，総合的な目的を有する」ので，両者は，「その規制の目的を全く同じくするものとはいえない」が，「地方公共の安寧と秩序の維持という概念は広いものであり，道路交通法の目的である道路交通秩序の維持をも内包するものであるから，本条例3条3号の遵守事項が単純な交通秩序違反行為をも対象としているものとすれば，それは道路交通法77条3項による警察署長の道路使用許可条件と部分的には共通する点がありうる」として，目的の部分的共通性を認める。しかし，「条例が国の法令に違反するかどうかは，両者の対象事項と規定文言を対比するのみではなく，それぞれの趣旨，目的，内容及び効果を比較し，両者の間に矛盾抵触があるかどうかによってこれを決しなければならない」との実質的解釈の立場から，①「ある事項について国の法令中にこれを規律する明文の規定がない場合でも，当該法令全体の趣旨からみて，右規定の欠如が特に当該事項についていかなる規制をも施すことなく放置すべきものとする趣旨であると解されるときは，これについて規律を設ける条例の規定は国の法令に違反する」し，逆に，②特定事項についてこれを規律する国の法令と条例とが併存する場合でも，(i)「後者が前者とは別の目的に基づく規律を意図するものであり，その適用によって前者の規定の意図する目的と効果をなんら阻害することがないとき」や，(ii)「両者が同

一の目的に出たものであっても、国の法令が必ずしもその規定によって全国的に一律に同一内容の規制を施す趣旨ではなく、それぞれの普通地方公共団体において、その地方の実情に応じて、別段の規制を施すことを容認する趣旨であると解されるとき」は、国の法令と条例との間には何らの矛盾抵触はなく、条例が国の法令に違反する問題は生じ得ないとする。

そして、本件の場合、道交法第77条第1項第4号、同号に定める道路の特別使用行為等を警察署長の許可によって個別的に解除されるべき一般的禁止事項とするかどうかを各公安委員会の裁量に委ね、全国的に一律に定めることを避けていることから推論し、「右規定は、その対象となる道路の特別使用行為等につき、各普通地方公共団体が、条例により地方公共の安寧と秩序の維持のための規制を施すにあたり、その一環として、これらの行為に対し、道路交通法による規制とは別個に、交通秩序の維持の見地から一定の規制を施すこと自体を排斥する趣旨まで含むものとは考えられ」ないとし、したがって、「道路における集団行進等に対する道路交通秩序維持のための具体的規制が、道路交通法77条及びこれに基づく公安委員会規制と条例の双方において重複して施されている場合においても、両者の内容に矛盾抵触するところがなく、条例における重複規制がそれ自体としての特別の意義と効果を有し、かつ、その合理性が肯定される場合には、道路交通法による規制は、このような条例による規制を否定、排除する趣旨ではなく、条例の規制の及ばない範囲においてのみ適用される趣旨のものと解するのが相当であり、したがって、右条例をもって道路交通法に違反するものとすることができない」と判示し、また、本条例の罰則が重くなっている点について、「条例によって集団行進等について別個の規制を行うことを容認しているものと解される道路交通法が、右条例においてその規制を実効あらしめるための合理的な特別の罰則を定める」ことを否定するものではない、と判示した。

ところで、上記の①は、前章で紹介した久世説の類型的分析では欠けている点であるが、A-a_2-a'_2-a''_1やB-b_2-b'_2-b''_1に類似した考え方であり、②(i)は、まさに久世説の類型B-b_2-b'_1にあたるもので、目新しい見解ではない。これに対し、②(ii)が法令と同一の目的をもって条例により重複規制することが許され

る場合もあることを認めている点，そして，このような条例による重複規制がそれ自体としての特別の意義と効果を有し，かつ，その合理性が肯定される場合には，当該条例が優先するとしている点は，注目される。特に後者は，法律と条例に関する従来見られない新しい考え方であり，以後，前段の解釈を「法令の趣旨解釈論」と呼び，後段のそれを「特別意義論」と呼ぶことにする。

ところで，筆者は，かつて研究会で本事件の判例研究報告をした際，この特別意義論はむしろ，公害防止条例，自然環境保護条例，消費者保護条例等の適法性判断に適切な解釈論を提供するものではないか，と述べたことがある。同様に，例えばラブホテル規制条例に関しても，この特別意義論がまさに妥当し，これによって，同条例の適法性を肯定し得ると考える。

2　高知市普通河川管理条例事件最高裁判決

本件の概要は，次のごとくである。本件河川は，高知市内を流れる幅員約2mの普通河川（河川法の適用も準用もない河川）であり，本件土地は，本件河川とX（原告・控訴人・上告人）の居住する土地とに挟まれた幅員約0.6m，長さ約21mの東西に細長い土地であるが，Xは本件土地を通路代わりに通行する者がX方家屋をのぞいたりこれに侵入しようとしたりするので，一般人が本件土地を通行することができないように本件土地の東側と西側の両端に木塀を設けた。これに対し，Y（高知市長，被告・被控訴人・被上告人）は，高知市普通河川管理条例（以下，本件条例という）に基づき，木塀の除却を命じた。そこで，Xは除却命令の無効確認訴訟を提起した。本判決は，この上告審判決である。

ところで，本件では，河川法との関係で本件条例の有効性が争点となった。すなわち，本件条例では，河川管理者以外の者の設置した施設も，その設置者の同意の有無にかかわりなく，河川管理の対象となし得る旨定めているが，その点，本件条例は，河川法では設置者の同意を要件としている（3条2項）ことに比べ，より強力な規制を定めるもので，河川法の趣旨に反し違法ではないかということである。

この点につき，本判決は，「河川の管理について一般的な定めをした法律として河川法が存在すること，しかも，同法の適用も準用もない普通河川であっ

ても、同法の定めるところと同程度の河川管理を行う必要が生じたときは、いつでも適用河川又は準用河川として指定することにより同法の適用又は準用の対象とする途が開かれていることにかんがみると、河川法は、普通河川については、適用河川又は準用河川に対する管理以上に強力な河川管理は施さない趣旨であると解されるから、普通地方公共団体が条例をもって普通河川の管理に関する定めをするについても（普通地方公共団体がこのような定めをすることができることは、地方自治法2条2項、同条3項2号、14条1項により明らかである。）、河川法が適用河川等について定めるところ以上に強力な河川管理の定めをすることは、同法に違反し、許されないものといわなければならない」とし、河川法が、設置者の同意を要件としているのは、財産権の保障（憲法29条）を考慮したことによるものと解されるから、設置者の同意の有無にかかわらず河川管理権に服せしめる条例は同法に違反する、と判示した。

　ところで、本判決の説示は、久世説でいえば類型 B-b_1-b_3-b''_2 に相当するものであるが、先に紹介した徳島市公安条例事件最高裁判決の特別意義論とどのような関係に位置するかが、ここでの関心事となる。基本的に2つの見方があると思われる。1つは、特別意義論を捨て、「条例制定権に法律の枠をはめようとする」ものという見方であり、もう1つは、本件条例については、横出し、上乗せ規制がそれ自体としての特別の意義と効果を有せず、またはその合理性が肯定されないケースであったからという見方である。本判決の判断そのものは不当であると思われるが[40]、おそらく、後者の見方があたっているのではないかと考える。けだし、本判決は、普通河川については、いつでも適用河川または準用河川として指定することにより、河川法の適用または準用の対象とする途が開かれていることから、普通河川管理条例を制定する特別な意義もなく、また河川法以上の河川管理を行う合理性がないと判断したものと推論することができるからである。

IV　おわりに

　以上、法令との関係において条例の限界をどう考えるべきかを検討するため

に，学説，判例を一瞥したが，ここで，私見を述べ，本章のまとめにかえたい。

(1) 法律先占論では法令の趣旨が決定的な意味をもち，それが必ずしも明確なものでないため，伝統的な法律優位思想と相まって，結果的には条例制定権の範囲を縮小する解釈論となっている。このような見解がなお支配的であるかのごとくであるために，自治体が今日抱えている，すぐれて現代的かつ緊要な行政需要に応えるために必要な条例の制定ができないといった不都合が生じているほか，法治主義の見地からはなはだ問題である，いわゆる統制指導，またかかる行政指導のための内部的準則たる要綱に基づくいわゆる要綱行政へ逃避させるというマイナスを生じさせてしまっている。明白性の理論ならびに弾力的・実質的解釈論も上記の問題解決の処方箋になるとは必ずしもいうことができない。

(2) その点，法律ナショナル・ミニマム論によれば，上のごとき不都合を解消する道が開かれ，かつ法治主義を貫くことも可能となる。しかも，この見解は，憲法を基礎とした地方自治論を展開するものであるという点において，その意義は大きい。

ところで，先に紹介した法律ナショナル・ミニマム論に属する見解には，以下のごとき共通の考え方が認められる。第1は，公害規制領域，固有の自治事務領域，あるいは地方自治事務領域等においては，公害現象の地域性・生存権の財産権に対する価値優越性・公害行政に対する現代的要請，「地方自治の本旨」を保障した憲法の趣旨，「地方自治の本旨」の保障という憲法原理を含む条理解釈等から，国の法令はこれらの領域に属する事務を先占することができない。第2は，仮に国の法令が，上記の領域に属する事務を先占するとすれば，むしろ当該法令自体が，地方自治体の存在理由を損ない，あるいは地方自治の本旨に反し，違憲無効となる。第3は，したがって，国の法令を合憲的に解釈するためには，国の法令は，「全国的，全国民的見地からする規制の最低基準を示すもの」，「全国一律に適用さるべきナショナル・ミニマム」，あるいは「全国的最低基準法律」と解すべきである。以上の3点である。

現行憲法が，地方自治の本旨に基づく地方自治を保障し，自治権の1つとして条例制定権を保障している趣旨から考えて，法律先占論のごとく，条例制定

の可否を国の立法政策に全く委ねてしまう結果となる解釈は妥当ではなく，したがって，できるだけ国の法令の趣旨を離れて条例制定の可否を論じることにより，条例制定権の範囲を広く解していこうとすること自体は正しい解釈であると考える。

　しかし，問題は，第1に，如何なる事務ないし如何なる事務領域について，そのような解釈が妥当するのか，また如何なる根拠と基準によって，そのような事務ないし事務領域を確定するのかという点である。公害規制領域については，後述のごとく解することにより，合理的な説明が可能と考えられるが，それ以外の事務領域については，納得できる説明がなされているとも思われない。

　そして，この問題は，法律ナショナル・ミニマム論の第2の特色と不可分に関係する。すなわち，上にいう事務ないし事務領域は，法律によっても奪うことのできない事務であるとの考えが前提となっているものと思われる[41]。しかし，憲法は，地方団体は固有の権利に基づく政治的・倫理的な共同体（Gemeinwesen）であると考えるギールケの組合理論，あるいはフランス革命時の憲法議会（Assemblée Constituante）においてトゥーレによって説かれた自然法思想に基づく地方権（Pouvoir municipal）の概念に由来するとされる[42]，19世紀のドイツ公法学において発達した固有事務（eigene Angelegenheiten, Wirkungskreis）の概念によって説明されるような事務を保障していないのではないかと考える。けだし，ドイツにおいても，固有事務の概念は，自然法思想の衰退と国家主権思想の高まりにより一般に否定されており[43]，また現行憲法は，第92条において，地方公共団体の組織および運営に関する事項は「法律でこれを定める」と規定し，法律の留保を認めていることから，上の固有事務概念の前提たる固有権としての自治権を保障していないものと解されるからである[44]。

　しかし，他方，地方自治について，法律でいかようにでも定めることができるかといえば，それは許されない。けだし，憲法第92条は，地方公共団体の組織および運営に関する事項は，「地方自治の本旨に基いて」定めなければならないと規定しているからである[45]。つまり，現行憲法は，地方自治の本旨に基づく地方自治を保障しているのである。その趣旨とするところは，「現代国家の地方公共団体は，国家と対立・緊張関係に立つ自然権的人格権の主体ではなく，

民主的国家構造の一環をなすものとして、国家とともに、国民生活の福祉の向上に奉仕するために、国民の主権から発する公権力を国から独立して各地域において自己の責任の下に行使する一の公の制度である。憲法は、かような制度の意義を尊重して、これを本質的内容において侵されない一の公の制度として保障」するにある、と解するのが妥当である。

　ところで、このような考えにおいて、重要な点は、不可侵とされる地方自治制度の本質的内容（Wesensgehalt）とは何かである。条例制定権に関していうならば、罰則の制定を全く認めないとか、行政事務条例の制定を一切認めないとかの場合は、条例制定権の本質的内容を侵害するものであるといえる。しかし、個々の行政事務に関する国の法令による先占は、条例制定権の本質を侵害するものではないと解される。このような理由から、法律ナショナル・ミニマム論は支持することができない。もっとも、公害規制については、国の法令による規制が不十分で、そのような規制によるだけでは、公害から住民の生命・健康を守ることができないという状況の下で、なお、国の法令が条例による必要な上乗せ・横出しの規制を排除するものである場合には、当該国の法令は、生存権の自由権的側面を侵害するものとして違憲・無効となり、したがって、この場合には、条例を制約する国の法令が存在せず、地方公共団体は必要な上乗せ・横出し規制条例を制定できると解される。

　(3)　しかし、上に述べたごとく、個々の行政事務に関する国の法令による先占は、条例制定権の本質を侵害するものでないとしても、憲法の保障する地方自治は、法律によっても侵害し得ないという意味での地方自治を保障するだけでなく、地方の政治・行政が当該地方住民の意思に基づいて行われ（住民自治）、かつそのために、国という統治団体とは別に、一定の地域を基礎とし、当該地域の住民で構成される地方公共団体が、当該地方の政治・行政を自主的に行う（団体自治）ことを、より強く保障する理想的な地方自治をも保障していると解されるのである。このような観点からすれば、法律先占論は、つきつめて考えれば、条例制定権の保障を全く無意味ならしめる考え方である点で是認し得ないばかりでなく、憲法の趣旨からも妥当でない。そこで、条例制定権の本質的内容を保障するというにとどまらず、さらに憲法の趣旨とする地方自治の理想

を実現するために，法律先占論（その原型的理論のみならず，修正的法律先占論を含め）のごとく，国の法令の趣旨によって条例制定の可否を決するのではなく，条例制定の可否について，できるだけ法令の趣旨解釈から解放する解釈論を確立しなければならないと考える。

　そこで，筆者は，次のような見解を提唱してみたい。すなわち，法令に積極的に抵触する条例は無効であるが，条例による規制が特別の意義と効果をもち，かつその合理性が認められるならば，かかる条例は適法である。もちろん，それは，個々の条例について判断されるわけであるが，例えば，地域的事情が特に考慮されなければならないとか，どちらかといえば法令による規制が望ましい事務でも，法令の規制が不備であって，法令の制定をまてない緊要性が認められるとかの場合には，条例による規制が認められてよいのではないかと考える。そして，このような場合でなければ，法令の趣旨，立法の目的により判断する。かく解することにより，一面で，「地方自治の本旨」に基づく地方自治ならびに条例制定権が実質的に保障され，他面で，法秩序の一元性ならびに国家的利益との整合性が確保されることとなり，ここに，国民の福利のための国と地方公共団体の機能分担と協同関係が真に可能となると考えるのである。[50]

(1)　この関係を図式化すると，次のとおりである。

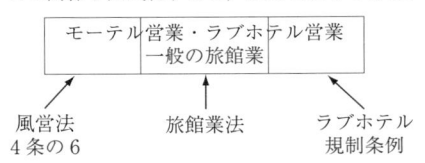

```
┌─────────────────────────────┐
│　モーテル営業・ラブホテル営業　│
│　　　　一般の旅館業　　　　　│
└─────────────────────────────┘
    ↑           ↑          ↑
　風営法　　　旅館業法　　ラブホテル
　4条の6　　　　　　　　　規制条例
```

(2)　本章でも，行政事務条例を検討の対象とする。ただし，法令との抵触という問題は，行政事務条例について最も端的に生じており，かつその点についての解釈が如何にあるべきかは，条例制定権および地方自治に関する基本的な理解と深くかかわっていると考えるからである。もっとも，社会保障，社会福祉行政の領域においても，いわゆる「上づみ給付」が問題とされ，したがって，上づみ給付について定める上乗せ・横出し条例の適法性が問題とされているが，福祉国家の理念に基づいて，生存権ないし社会権を保障する現行憲法の下では，福祉的給付を定める国の法令が地方公共団体による上づみ給付を禁ずるという関係に立ち得ないものと考えられるから，そもそも国の法令と条例の抵触問題が生じ得ないと考える。兼子仁『条例をめぐる法律問題』条例研究叢書1，

51・52頁，学陽書房，1978年参照。

　問題はむしろ，上づみ給付に伴う「財政的負担増」を国がいかに評価するかであるが，この点につき，木佐茂男助教授の以下のごとき見解が注目される。すなわち，「広く国民の生存権の保障については，自治体を含む広義の国家機構が責務を負うが，しかし，同時に，国会が立法義務をもち，自治体とは異なる統治団体としての『国』に義務づけられる一定範囲の行政が存在するものといわなければならない」との基本的な考え方に立ち，憲法第25条の生存権の保障には，「人間としての『最低限度の生活』の保障」と「より快適な生活の保障」，あるいは生活不能状態を前提とする具体的「緊急的生存権」と「最低限度の生活」水準を確保したうえでの「生活権」の，二重の保障が存在するとし，前者については，狭義の「国」の責務とされるべきとの立場から，生活保護行政における保護費等の2割自治体負担の自治事務化は安易に認められるべきでないと解するとともに，自治体の年末等の一時金について，「それが1973年ごろのいわゆる石油ショックを契機に一般化したことから知られるように，『国』の定める基準では生活しえないことから生ずる，広義の国家機構の一環をなす自治体による給付であって，本来予定された既述の緊急的生存権の不備を補ういわば超緊急的措置として理解されるべきであり，将来的には『国』がその費用の金額を負担すべき」と述べている。『福祉行政・公有財産条例』条例研究叢書8，72・79頁，学陽書房，1981年。

(3)　明治憲法時代にも，市町村は，明治21年の市制町村制（法律1号）以来，昭和4年の府県制改正（法律55号）により，府県はそれぞれ明文を以て条例制定権が認められていた。そして，当然のこととして，条例は，法律命令に抵触することができなかった（例えば，明治21年市制町村制10条2項は，「市（町村）条例……ハ法律命令ニ抵触スルコトヲ得ス」と規定し，これを明らかにしている。なお，美濃部達吉『日本行政法 上巻』583・584頁，有斐閣，1936年，田中二郎「公共団体の自主法の根拠と限界――最近の2・3の判例を機縁として――」『法律による行政の原理』325・326頁，酒井書店，1955年は，法律の特別の委任に基づく命令は別として，自治権の範囲内に属する限度においては命令をもって条例を侵犯できないとする）。したがって，明治憲法時代にも，条例の法令適合性という問題は生じる余地があったわけであるが，旧制度の下では，警察・統制等の権力的事務は国に専属し，市町村・府県はその内部において住民の福祉を増進するための非権力的な事務を処理するという建前であった（例えば，行政実例として，「火炎予防ノ為二十年ヲ期シ可燃物質家屋ヲ漸次改造シテ不燃物質家屋トヲサントスルハ警察権ノ作用ニ属スルモノニシテ旧市制町村制第十条ノ条例ヲ以テ規定スヘキ範囲外ナリトス（明治二十七年八月八日）」，「林野ノ火災警防ノ為メ区域ヲ定メテ役員ヲ置キ其ノ区内ノ警防ニ当ラシメ尚区域外ノ警防ニ応援セシムル事項ノ如キハ警察権ニ属スルモノナレハ町村条例ヲ以テ之ヲ規定スルヲ得ス（大正七年三月七日）」等。入江俊郎・古井喜実『逐条市制町村制提義 上』225頁，良書普及会，1937年）わけであるから，本章のごとく，行政事務条例について，自治立法権としての条例制定権が国家法との関係で如何なる限界を有するかといった考察にとって直接的に有意味な学説・判例等は，明治憲法時代には存在しないとみてよいと思われるので，専ら，戦後の学説・判例を検討の対象とする。もっとも，明治憲法時代には，府県令が実質的に今日の行政事務条例としての機能を果たしていた（久世公堯「府県令と行政事務条例」『地方自治条例論』2頁，日本評論社，1970年）の

であるが，この府県令は，国の官吏たる府県知事が地方官官制に基づき（例えば，明治19年勅令54号地方官官制3条「知事ハ部内ノ行政及警察事務ニ付職権若クハ特別ノ委任ニ依リ法律命令ノ範囲内ニ於テ管内一般又ハ其一部ニ府縣令ヲ発スルコトヲ得」）制定するところの国の命令であるから，この府県令の範囲と限界に関する議論も，やはり本章の考察に必ずしも有意味とは思われない。
(4) 山内一夫教授は，法律が一定の事項について規制を設けている場合において，行政事務条例がその法律の規制と矛盾抵触する規制を設けることが許されないと解釈する主張を「不可変更論」といい，その法律の規制の対象となった事項は，法律の先占領域であるとし，行政事務条例がそれについて新たな規制を設けることは許されないと解釈する主張を「先占領域の理論」といって，両者を分けておられる（「法律と行政事務条例との関係に関する解釈論と立法論」地方自治三十年記念『自治論文集』109・110頁，ぎょうせい，1977年）が，本書では，両者を含めて「法律先占論」として考察する。
(5) 久世公堯「法律と条例」総合判例研究叢書 憲法（4），有斐閣，1966年。
(6) ラブホテル規制条例がその目的として掲げるものは，必ずしも一様でない。例えば，「市民の快適で良好な生活環境の実現」（東大阪市。同旨，尼崎市・忠岡町），「市民の快適で良好な生活環境の実現に資するとともに青少年の健全な育成を図る」（枚方市。同旨，泉南市・柏原市），「青少年の健全な育成を図る」（茨木市。同旨，伊丹市・寝屋川市），「善良な風俗を保持する」（吹田市）等である。しかし，制定の動機や規制の内容をみると，「善良な風俗の保持」を全部または一部目的としている点，共通している。居住環境保全研究会（真砂泰輔・南川諦弘・平岡久）『旅館建築等規制条例について―堺市ラブホテル規制調査研究報告書―』（1983年）中の付録「各市（町）の条例等」，および同Ⅳ「旅館建築等規制条例の比較・検討」（平岡）参照。
(7) 判例時報978号34頁。
(8) 例えば，大阪府風俗営業等取締法施行条例36条・別表第2参照。
(9) 成田頼明「法律と条例」憲法講座4，215頁，有斐閣，1964年。
(10) 山内一夫教授は，すでに「座談会」（ジュリスト261号〔1962年〕15頁）において，国家法がその種の条例の規定が設けられては困るという積極的な意思を明確に表明している場合以外には，条例の制定は自由に認めるべきであると述べておられる。
(11) 昭和43年10月26日内閣法制局一発第15号経済企画庁国民生活局長宛内閣法制局第一部長回答。
(12) 公害防止条例の展開については，原田尚彦『公害防止条例・自然環境保全条例』条例研究叢書3，7-16頁，学陽書房，1978年参照。
(13) 成田頼明「公害防止に関する法令と条例との関係」自治研究47巻4号（1971年）9・10頁。この点，兼子教授は，いおう酸化物を除いたばい煙排出規制の上乗せ条例に限定する大気汚染防止法第4条第1項は，国の事務としての公害防止規制に関してなのであるから，地方自治事務としての公害防止規制を実質的に上乗せする特別条例・行政事務条例にまで当然に及ぶものではないという余地があるとされる。兼子・注(2)書77頁。
(14) 通産省公害保安局公害部編『大気汚染防止法・水質汚濁防止法の解説』30頁，産業公害防止協会，1971年。
(15) 成田・注(13)論文10頁。もっとも，教授は，「発生規制を末端の排出口から排出される物

質の規制としてではなく、生産のプロセス全体から飛散、蒸発、浸透等の形態で排出される物質を規制する方式をとり、さらに、個々の煙突を高くして拡散したり排出水を稀しゃくしたりすることによる集積や蓄積の被害の防止をも加味した包括的な規制基準を条例で定め、この規制基準にしたがって改善命令等の監督処分を行なうシステムを独自に条例で定めることはあながち違法とはいいがたいように思われる」(10・11頁)といい、また、「国の法令が個別特定の施設を大気汚染、水質汚濁等の現象に応じて個別法で抑えているのに対して、特定工場をトータルなものとしてとらえ、しかも大気汚染、水質汚濁、騒音、振動、悪臭等の個別現象のすべてを総合的に勘案した上で1個の許可の対象とする手法は、国の立法には存在しないところであって、個別法の届出制より厳しいというだけの理由で違法とするにはあたらないであろう」(13頁)といわれている。注目される見解ではあるが、それが教授の基本的な考え方とどのように結びつくのか、いささか理解し難いところである。けだし、規制の態様が異なれば、規制の対象が異なるとか目的が異なるということにはならないであろうからである。

　鵜飼信成教授も、法律がばい煙の排出基準を各発生施設の排出口における基準を定めて規制している場合、条例が一定の地域における総排出量を規制する必要を感じて、例えば事業場単位に総排出量を定めて、これを規制することができるとされている。鵜飼「公害と地方自治体」地方自治論文集334・335頁、良書普及会、1972年。

(16)　久世公堯「新しい条例とその問題点」『地方自治条例論』154頁、日本評論社、1970年。なお、これに対する批判として、小嶋和司「条例制定権の限界について」都市問題63巻1号(1972年)43頁。

(17)　最大判昭50・9・10刑集29巻8号489頁。

(18)　中谷敬寿教授は、つとに大阪市地盤沈下防止条例要綱試案(昭和37年大阪市議会事務局)と工業用水法との関係について、「条例は一般的には、効力において法律に劣り、その規定事項については法律に違反し得ない、ということができるが、法律が全国的視野からみて単に規制の標準を示したのにとどまり、個々の点については地方地方の実情に即応せしめる趣旨において規定していると解し得る場合においては、地方の特殊事情に即応して制定された条例が一般的標準を示したに過ぎない法律と外形上矛盾するかに見えても、その条例を以て或は『法律の範囲』を超えたものであるとか、或は国の法秩序を破るものであるとか、即断するのはむしろ誤りであるといわざるを得ない」と述べておられる。中谷「『大阪市地盤沈下防止条例要綱試案とその問題』についての所見」『大阪市地盤沈下防止条例要綱試案とその問題点』大阪市議会事務局昭和37年1月。なお、『大阪市地盤沈下対策史』大阪市環境保健局環境部、昭和47年10月426頁。

(19)　福岡高判昭58・3・7判例時報1083号58頁。

(20)　このような考え方の萌芽は、まず、前述の『大阪市地盤沈下条例要綱試案とその問題点』に見出すことができる。すなわち、「大阪市の地盤沈下を現状のまま放置するならば、大阪市という地方公共団体はその構成の基礎である『土地』の大半を失うことになり、またその構成員である『市民』も土地を失うことによる移動を余儀なくされるにいたることは、もはや時間の問題であるといわなければならない。地方公共団体が土地と住民を失って存在し得ないのは自明の理であって、憲法92条が地方自治を保障していることは、その前提として、地方公共団体の存在そのものを保障していると考えられるのであって、

地方自治の本旨に基づかないものは，法律といえども許されないところである。すなわち地方公共団体の存立の基礎を失わせるような法律は，憲法92条に違反するものと考えるべきであって，地盤沈下防止条例の制定にあたって問題となる工業用水法も，地方公共団体の存立の基礎を侵さない範囲で存在するものであると考える」（中谷・注(18)『大阪市地盤沈下対策史』413頁）としている。

　このように，法律（工業用水法）の趣旨解釈によることなく，条例制定の可能性を論じ，かつ地方公共団体の存立の基礎を失わせる法律は，憲法第92条に違反するとしている点は，法律ナショナル・ミニマム論に通ずる考え方である。ただ，上の主張は，不徹底な工業用水法の規制に委ね，地盤沈下の現状を放置すれば，大阪市という地方公共団体の「土地」と「住民」を失い，存在し得なくなるから，そのような事態を引き起こす法律は憲法第92条に違反するというもので，「行政事務」に関するものでない点，法律ナショナル・ミニマム論と異なる。

　また，公害規制立法に関し，「法律と条例─公害規制立法の矛盾の一考察─」（東京都議会月報141号昭和38年2月）をはじめ，著書（『公害法体系─法と行政の接点─』公法研究所，1970年）・論文を多く物された河合義和教授も，例えば，「憲法原理と行政原理─公害の法理をめぐって─」（『公害行政論』自治論集19，地方自治研究会，1963年）では，「公害のような市民にとって身近な人権の侵害が侵害として意識されることが少なく，また，せっかく目ざめた市民の意思によって生まれた条例による自治行政が，次々と作られる法律によって中央に吸収され，なしくずしに原則がくずされているのが現状である。……民主政治の基礎としての地方自治の意義に対する認識を欠いている現実の反映と考えざるをえない」（2頁），「日本で法律といえば，すぐ例外のない全国一律のものしか考えない習慣……があるが，法律に巾をもたせ，全国的なものはごく大ざっぱに規定して細目は条例によるとか，地方によって著しく事情を異にするもの，あるいは規制の必要のある地域がごく限られた少数の場合には条例または地域ごとの法律によることは考えられないものであろうか」（13頁）と述べておられるのも，法律ナショナル・ミニマム論につながる見解であるといえよう。

　さらに，後掲室井論文において同旨とし引用されている佐藤英善教授の論文「公害防止における法律と条例」（戒能編『公害法の研究』日本評論社，1970年所収）も，ここで取り上げなければならないであろう。すなわち，「法令によって憲法の保障する『地方自治の本旨』を侵害することも許されないのである。……わたしは……団体自治や住民自治そのものが自己完結的な目的ではなくて，地域住民の基本的人権の保障のための手段にすぎないのではないかと考える。このように考えると地域の特殊性を考慮しないで，法律によって一律に公害規制を行なう結果公害のひどい地域の人々の基本的人権が侵害される（法律による公害規制の希薄化現象）ということになれば，地域住民の基本的人権を守る，という地方公共団体の使命すなわち『地方自治の本旨』（憲法上の原則）を法律によって侵害することになるように思われる。このような観点から公害防止の法律と条例の関係をみ」（191頁）ると，「法令の定めた排出基準は，それ以上は野放しにしないという法律の守備範囲を定めたものと考えられ，各地の特殊性を考慮して，条例でよりきびしい規制を行うことは，特に法令によって積極的に禁止していない限り可能となってくるように思われる。なぜなら，それが生命・生存権を擁護するための公害立法の立

法趣旨と合致する所以と考えるからであり，仮に，各々の地方の公害の特殊性を考慮して公害規制を行なうことができないとすれば，地域住民の生命・健康を守らなければならない地方公共団体の存立の意義すなわち『地方自治の本旨』が侵害されると考えられるからである」（192頁．傍点筆者）と述べておられるのは，まさに本文紹介の室井説に同旨である。ただ，上の傍点の箇所は理解に苦しむ。けだし，教授の全体的な立論からすれば，そのような法律は無条件で条例を制約するのではなく，むしろ違憲・無効とされるはずだからである。

(21) 室井力「公害行政における法律と条例」『現代行政法の原理』200頁，勁草書房，1977年。
(22) 成田・注(13)論文8頁。
(23) 室井・注(21)書218頁。ところで，杉村敏正教授は，これより先，一連の論文において，上記の趣旨すなわち地方自治の存在理由を損なう法律は違憲となる旨を，より明快に述べておられる。すなわち，「公害防止関係の法律は，公害防止の実効を挙げるため，それぞれの地方自治体が自ずからとろうとする公害防止措置に対して，枠をかぶせて，これを制約するものと解しなければならないものとすれば，そのような法律こそ，地方自治と住民の生存を不当に侵害する違憲の疑いのあるものといえよう」「憲法と地方自治権」『憲法と行政法』99頁，勁草書房，1972年，「公害防止は，住民の健康，生活環境などを守るための地方公共団体の自治事務であるということは，否定できないと思います。したがって，法律が国土全体についての規制基準や規制手段を定め，地域によってはやむをえず，それ以上の強い規制措置をとらなければ，その地域としては公害の発生を防止しえないという場合に，これをも禁止するものであれば，その法律は，憲法第92条にいう『地方自治の本旨』に基づく法律ではなく，憲法に違反すると考えます」（前掲「公害関係法の現状と問題点」『憲法と行政法』146頁），「地域の自然的，社会的条件から判断して，人の健康を保護し，又は生活環境を保全するために，いおう酸化物につき総理府令で定める排出基準が不十分であり，如何に，客観的に，よりきびしい排出基準を定める必要が認められても，なお，大気汚染防止法は，よりきびしい内容の排出基準を定める条例を絶対的に禁止する趣旨と解されなければならないものとすれば，むしろ，大気汚染防止法の当該規定は，そのかぎりにおいて，憲法92条の『地方自治の本旨』に反し，無効と解されるべきであろう。そこで，大気汚染防止法を合憲な法律と解するためには，この法律は，いおう酸化物につき総理府令で定める排出基準も，場合によっては，地方自主法たる条例でよりきびしくされうることを許容するものと解すべきであろう。そして，このことは，『ばい煙発生施設』など，法律が届出制による規制を行なっている施設の設置につき，条例で許可制をとる場合についても，妥当する」（前掲「条例制定権についての一考察——公害防止条例を一例として——」『憲法と行政法』162・263頁）が，それである。
(24) 以上，原田尚彦「地方自治の現代的意義と条例の機能」（『環境権と裁判』245・246頁，弘文堂，1977年）。なお，故田中二郎博士は，従来の見解（「国家法と自治立法(1)」法学協会雑誌80巻4号〔1963年〕457・458頁）を改め，「いわゆる自治事務についても，国が国の法令で全国一律に規制する合理的な理由のある場合が少なくない。しかし，元来，自治事務とされているものは，地域の実情に即した行政の要請されるものが多いのであって，その基準たるべき条例の制定を許さず，したがってまた，地域の実情に即した行政措置を否定するような国の法令は，地域住民を十分納得させるに足るだけの合理的理

由がない限り，国の法令そのものが，不当に自治事務に介入し，地方公共団体の自治権を侵害するものであって，その限りにおいて，国の法令自体の効力が問題とされなければならなくなる。こういう見地からすれば，国の法令の先占領域——条例を制定しえない範囲——は，できるだけ限定的に解釈し，法令が条例との関係で沈黙している場合には，十分合理性の認められる法令の定めに明らかに牴触するものでない限りにおいて，条例を制定することができるものと解すべきであろう」（『新版 行政法 中巻』135頁，弘文堂，1976年。傍点筆者）と述べ，法律ナショナル・ミニマム論をとっておられる点が注目される。
(25) 兼子・注(2)書181頁。
(26) 同183頁。
(27) 同69頁。
(28) 同71頁。
(29) 同182頁。
(30) 同182頁。
(31) ほとんどが公安条例に関するもので，その他には，わずかに青少年保護条例，売春（風俗）等取締条例，金属屑業条例等に関するものがある程度である。
(32) 最高裁大法廷昭和50年9月10日判決には，同一被告人にかかる同様な事実の2つの事件に対する2つの判決が存在するが，本件は，そのうちの昭和48年（あ）第91号事件である。
(33) 過去の判例の分析については，小田健司・ジュリスト605号（1976年）33頁，法曹時報28巻5号（1976年）825・826頁等。
(34) 本判決の評釈としては，（4）掲示の文献のほか，曽根威彦・判例タイムズ330号（1976年），高田敏・別冊ジュリスト61号（1979年）116頁等。
(35) 関西行政法研究会（昭和51年10月24日。於，京都大学）。
(36) 本判決が，公安条例の適法性判断に特別意義論を適用したことについては，東京都公安条例事件に関する最高裁大法廷昭和35年7月20日判決（刑集14巻9号1243頁）の，いわゆる「デモ暴徒化論」ほどではないにしても，「集団行動は，……単なる言論，出版等によるものと異なり，多数人の身体的行動を伴うものであって，多数人の集合体の力，つまり潜在する一種の物理的力によって支持されていることを特徴とし，したがって，それが秩序正しく平穏に行われない場合にこれを放置するときは，地域住民又は滞在者の利益を害するばかりでなく，地域の平穏をさえ害するに至るおそれがある」という，デモを危険視する認識が大きく影響していると考えられるが，公安条例は，集会・表現の自由に対する制限である点で，特別の意義なり合理性の有無を判断するにあたって，特に慎重でなければならないと考える。「公害対策の現状と問題点」と題する座談会地方自治研究会（『自治論集19』昭和38年11月）の中で，鵜飼信成教授が，「取り締まり制限に対して，基本的人権がどのくらいの位置を占めているかということ，これはたとえば言論の自由とか信教の自由とかいうことは非常に重要なものなんで，それらについてどれくらい制限できるかということは大へんな問題で，国が一定の限度しか制限できないのに，それに地方公共団体がそれよりもさらに厳重な制限をするということは，大へんな問題があるとおもいます。しかし，経済的な関係の基本権というものは，重要なもの

に違いないけれども，今日の歴史的な条件からいえば，制限されるという考え方，制限しなければならないという考え方が相当強くなっているわけです。そのもとで国がどれだけの制限をするか，それ以上のものについては地方公共団体の自主的な判断にゆだねる，こういう考え方だってあり得るとおもうので，……そういうふうに理解すれば，公害に関する限り国の法律以上の強い制限を条例で定めることができる」と述べ，条例の制定，特に上乗せ・横出し条例の制定が全く許されないというわけではないが，経済的自由権を制限する条例に比べ，その適法性判断において，より慎重でなければならないという意味で，上の指摘は重要である。

(37) 南川・注⑳書156頁，阿部泰隆『地方自治法の論点』107頁，有斐閣，1982年。
(38) 最判昭53・12・21民集32巻9号1723頁。
(39) 本判決の評釈として，村上義弘・民商法雑誌81巻4号（1980年）533頁，村上順・判例評論254号（1980年）。芝池義一・ジュリスト718号（1980年）36頁等。
(40) 村上教授は，河川法第3条第2項の同意制度の欠陥は，地方小河川を対象としたときさらに拡大され，したがって，条例が河川の実情に照らし右の同意制度を採用しないことに合理的理由があるとされる。村上・注㊴雑誌544・545頁。
(41) 塩野宏教授は，地方公共団体の憲法的地位が保護される範囲の確定方法として，「法律決定システム」，「事項的保護システム」，「内容的保護システム」の3つがあるとしているが（「地方公共団体の法的地位覚え書き」社会科学研究33巻3号〔1981年〕130頁），法律ナショナル・ミニマム論は上の「事項的保護システム」論と異なる。けだし，「事項的保護システム」は地方公共団体の一定事項については国家の介入を許さないとするものであるのに対し，法律ナショナル・ミニマム論では，条例による規制の方が法律によるよりも弱い場合にはより厳しい法律が適用になるとしている（塩野教授は，これを二重濾過理論という）からである。ところで，「事項的保護システム」を採用しているアメリカ・キャリフォーニア州においても，chartered city の municipal affairs の概念は，内部組織に関する限りでは，自治の保障にきわめて強く働いているが，ポリス・パワーについては否定的である。塩野宏「自主立法権の範囲—キャリフォーニアの場合—」アメリカ法1982年1月12頁以下，ショウ・サトウ〔田島裕訳〕「キャリフォーニアにおける市の自治」アメリカ法1966年2月222頁以下，S. Sato, "Municipal Affairs" in California. CALF. L. REV. 1094-97（1967）参照。
(42) 渡辺宗太郎『地方自治の本質』94頁，弘文堂，1935年，宮沢俊義『固有事務と委任事務』19-40頁，有斐閣，1943年。なお，河合義和教授は，フランス憲法議会の議事録等原資料に基づいた研究の結果，「地方団体それ自身に絶対的に保障された固有の権利であるとする通説の内容に重大な誤解がある」とし，「(1789年) 11月9日のトゥーレ演説における pouvoir municipal についての発言内容は，……通説が理解しているように地方団体に絶対的かつ独立的権利を認める趣旨ではなく，むしろ，国政の一環として委任事務をこなしていく主体に，国政とは無関係な，全く地方的，特殊的問題を上級庁の監督の下に認めるという相対的かつ従属的，部分的な権限を認めているにすぎないものである」ことが判明したとしておられる。日本法学47巻4号（1982年）142・146頁。なお，同・日本法学46巻4号（1981年）30頁，47巻2号（1981年）54頁，47巻3号（1982年）37頁参照。

第3章　条例の限界（その2）　163

(43)　ドイツにおける学説の展開については，宮沢・注(42)書41-70頁，成田頼明「地方自治の保障」『日本国憲法体系5巻』204-215頁，有斐閣，1964年，木佐茂男「プロイセン＝ドイツ地方自治法理論研究序説」(一)～(四)自治研究54巻7～10号(1978年)参照。

(44)　この点について，高田敏教授は，「日本国憲法における自然法思想の導入（基本的人権の信託，国政の信託，国民による憲法の確定，憲法の最高法規性の宣言等はそのあらわれである），92条の『地方自治の本旨』が前憲法的な当為としての『地方自治』を予定していること，等より考えれば，日本国憲法下の解釈としては固有権説が妥当なのではないかと思われる。ただ，固有権説を採用する場合には，その前提として，事実問題（quaestio facti）と権利問題（quaestio juris）が区別されなければならない。……日本国憲法は，右の段落で挙げた根拠よりすれば，権利問題として，あたかも国民に基本的人権を保障しているかのように，地方公共団体に一定の不可侵の自治権を保障するという立場を採っていると解されよう」と述べておられる。高田敏・村上義弘編『地方自治法』15頁，青林書院新社，1976年。なお，後掲注(45)中の須貝教授所説参照。これに対し，国民主権の原理，基本的人権の保障の観点から固有の自治権を問題とする学説として，杉原泰雄「地方自治権の本質1」法律時報48巻2号(1971年)，手島孝「憲法と地方自治の法理─固有権説の再照射─」LAW SCHOOL No. 32 (1971年)，鴨野幸雄「憲法と条例」法律時報47巻3号(1970年)，同「憲法と法律と条例」LAW SCHOOL No. 32参照。

(45)　同条の立法の経緯ならびに解釈については，佐藤達夫「憲法第8章覚書」『地方自治論文集』地方財務協会，1954年参照。これに対し，柳瀬良幹教授は，「如何なる理由あるも絶対に廃止変更し得ない地方自治制度の如きものは同条の認めるところではない。同条の定めるところはただ『地方自治の本旨』に合する限りにおいて地方自治を行ふべきことにすぎない。而して『地方自治の本旨』とは，結局において，地方自治制度の存在理由の意味であり，平に言えば地方自治の制度を認める趣旨のことであるから，従ってこれを裏から言えば，若し今後事情が変って，例えば今次の戦争の末期にその片鱗を見た如く，地方自治を認める余地が全くない如き事態を生じた場合には，一切の地方公共団体を廃止し，すべての行政を官治行政とすることも，決して憲法の禁ずるところでもなければ，又それに牴触することでもないのであって，如何なる状況の下においても必ず存置しなければならぬ地方公共団体とか，その権能に属する事務とか，それに対する国家の監督の限度とかいふ如きものは決して存在するものではない。……その意味において第92条を以て地方自治制度を保障するものとなすことも固より全然誤ではないが，併しその限度が右の如く伸縮自在のものであり，即ち地方自治を認める趣旨から言って地方自治が適当である限りにおいて地方自治を行へといふのがその窮極の意味であるとすれば，斯様な具体的の内容をもたない，いはば立法はその立法権を適当に行使せよといふにすぎないものを特に『保障』と称して何の得るところがあるか，頗る疑問と思はれる。……斯様に，第92条は……極端に言へばそれは全く無内容な規定」であると述べておられる。「憲法第8章について」自治研究28巻6号(1952年)12・13頁。

　ところが，この柳瀬説に対し，多くの批判が加えられた。例えば，鵜飼信成「憲法における地方自治の本旨」都市問題44巻2・3・4号(1953年)，俵静夫「憲法と地方自治」神戸経済大学創立五十周年記念論文集法学編(Ⅰ)有斐閣，1953年，長濱政寿『中央集権と地方分権』法学理論篇50冊，日本評論新社，1953年，有倉遼吉「地方自治の本旨

憲法講座 4，有斐閣，1964年等。この鵜飼・俵・長濱各教授の批評に対する柳瀬教授の反論については，「憲法と地方自治──批評に対する答弁と反省──」自治研究29巻11号・12号（1953年）参照。

なお，これらの通説的立場からの批判とは異なる立場から，須貝脩一教授は，「国産の92条」が総則的に挿入されたことは，「佐藤氏のお手柄」と評価する一方，「『地方自治の本旨』が抽象的で漠然としており，伸縮自在であるために，保障規定としてはこれまた下手な作文の域を出ないことのうらみがある」とされる。しかし，同時に「唯一のセービング・グレースは94条の王冠の規定中削除されたのは手続的ホーム・ルールの部分だけであって，これに反して実体的ホーム・ルールのそれはまだ残って存するということである。地方団体の組織運営（両者ともに手続的部分である）は国の法律によるが，それは実体的ホーム・ルール権を侵害することはできない。これが厳格な意味での『地方自治の本旨』である。しかし広義においては92条以外の他の3カ条に定められたところをいうと解することができる」と述べておられる。

同教授の論旨をさらに敷衍すると，おおよそ以下のごとくである。アメリカにおいても，固有権論は否定され，それに代わってホーム・ルール論が生まれ（現行憲法制定当時で，ミズーリ州をはじめとして16州が市に憲法上ホーム・ルールを付与していた）が，この憲法ホーム・ルールに「わが憲法93条・94条・95条の法学上の故郷」（同24頁）を求めることができる。ところで，憲法ホーム・ルール州の市には，実体的権能，すなわちその範囲内で市が行動することのできる政治権能の一定の諸分野の留保と，付与された右の権能を市が適当と認める仕方で行使する手続上の権能の2種類の権能が付与されるが，現行憲法については，総司令部との接渉の結果，憲法の第92条で，「地方公共団体の組織及び運営に関する事項」が「法律」で定められ，また94条の「条例」が charters から regulations に変えられたこと等から，右のホーム・ルールの手続面が否定された。しかし，実体面は残っていると結論づけておられる。法学論叢88巻4・5・6号参照。なお，ホーム・ルールと条例制定権との関係については，村上義弘「アメリカの条例」公法研究35号（1973年）217頁参照。これに対し，河合義和教授は，総司令部との接渉過程における日本政府官僚の意図的策謀を推論し，「92条や93条・95条で法律に授権したり，法律で限定づけ，94条で『法律の範囲内で』という制約を明示しているほか，95条の特別法を解釈上ゆるめる運用をしているといった，実質的な側面から憲法第8章をみるならば，『法律で改正することができなくなった』といえる日本憲法固有の原則と称せるほどのものは，残念ながら，乏しいというのが現実ではなかろうか」と述べておられる。日本法学44巻4号（1979年）。

(46)　成田・注(43)書234頁。制度的保障説については，同216-25頁。C. Schmitt, Verfassungslehre, 1928, S. 171ff, C・シュミット（阿部照哉・村上義弘訳）『憲法論』202-206頁，みみず書房，1974年参照。

(47)　前者については，第1章での検討参照。後者については，憲法第94条が，地方公共団体の「行政を執行する権能」を認めていることから考えて，行政事務条例の制定権を一切認めないとすることは，違憲と解されなければならないからである。

(48)　しかし，事務配分の問題に関しても，現行のごとき権力的な監督統制（地方自治法150条）を前掲とする機関委任事務は，それを合理的ならしめる理由のない限り，違憲と解

されなければならないであろうし，国の機関委任事務が都道府県事務の8割に達するごとき現状は，違憲といえないまでも，後述するLeitbildとしての地方自治の本旨から到底正常とはいえないものである。

(49) 成田教授は，「憲法92条は，一方では，民主主義の政治理念に由来する理想像としての地方自治のマキシマムにできるだけ近づけるように，立法府に対して法律制定にあたって考慮すべき指針を示しつつ，他方では，立法府に対して地方自治の本質的内容つまり，制度のミニマムを侵害してはならないことを拘束的に命令したものと解すべきであって，ひとしく『地方自治の本旨』といっても，前者の側面と後者の側面とでは法的な意味内容が全く異なるものといわなくてはならない。……憲法解釈上は，あるべき姿という意味でのそれと，侵してはならない本質的内容という意味でのそれとを区別しなくてはならない。こうした見地に立つ場合，Leitbildとしての『地方自治の本旨』を問題にする場合には，住民自治と団体自治の双方を含めて考えてもよいが，Normとしての『地方自治の本旨』を問題にする場合には，主として法律的意味における自治＝団体自治の観念が中心になるものということができよう」と述べておられる。成田・注(43)書288・289頁。

(50) 山内一夫教授は，立法的解決によらざるを得ないとして，法律と行政事務条例との関係に関する一般法の制定を提唱され，その骨子は，①法律によって規制すべき事項の範囲と行政事務条例によって規制すべき事項の範囲を一般的に区分すること。②①の区分にあたっては，地方自治の本旨に従い，行政事務条例で規制すべき事項の範囲をできるだけ拡大するものとすること。③①の一般原則にもかかわらず，何らかの理由により，行政事務条例で規制すべきものとされた事項について法律が規律を定める場合には，その規制と将来における行政事務条例による規制との優劣関係をその法律において規定すべきものとし，もしその規定がなければ，行政事務条例による規制が優越するものとすること，である。なお，アメリカにおいて，黙示的先占理論（implied preemption doctrine）を適用した1962年のライネ（Lane）判決（58 Cal. 2d 99, 22 Cal. Rptr. 857. 372P. 2d 897 (1962)後，キャリフォーニア・シティ連盟（the League of California Cities）による憲法改正の提唱，および先占法に関する知事諮問委員会（the Governor Commission on the Law Preemp-tion）による立法の勧告がなされている。栗本雅和「アメリカ・カリフォルニア州における条例論―判例を中心として―」自治研究51巻7号（1975年）108・109頁，塩野宏「自主立法権の範囲―キャリフォーニアの場合―」アメリカ法1982年1月9-12頁参照。

第4章
特別意義論の検証

I　特別意義論の提唱

1　憲法による条例制定権の保障

　「地方自治の本旨」に基づく地方自治を保障する現行憲法は，地方公共団体は「財産を管理し，事務を処理」するほか，「行政を執行する権能を有」する，と規定している（94条）。すなわち，旧憲法時代の府県や市町村が事業団体あるいは経済団体と観念されたのと異なり，現行憲法の地方公共団体は，警察や統制といった権力的行政を行うことができる，1つの統治団体であることを保障している。

　ところで，法治国家の下では，行政は法に基づき，法に従って行われなければならないが，とりわけ権力的行政については法律の留保の原則が適用される。したがって，統治団体としての地方公共団体が，その地域において権力的行政を行い得るためにはその根拠となる法が必要であるが，この地方公共団体の権力的行政が自治的なものであるためには，その根拠法を地方公共団体が自ら制定し得なければならない。けだし，地方公共団体の行政が，国の法令に基づき国の法令に従ってしか行い得ないとするならば，そこには地方公共団体の自治が存在するとはいえないからである。

　したがって，地方公共団体が自治立法権をもつということは，地方公共団体，とりわけ統治団体たる地方公共団体の自治を保障するうえで不可欠である。現行憲法が，「地方公共団体は，……法律の範囲内で条例を制定することができる」と規定し（94条），法律の授権によることなく（「法律に基づいて」と規定していない），かつ法律によっても奪うことのできない条例制定権を地方公共団体

に付与しているのは，このような理由からである。

　ところが，他方，憲法は，国法秩序の一元性という観点から，地方公共団体の条例制定権に「法律の範囲内で」なければならないとの制約を課している（地方自治法14条1項は，これを「法令に違反しない限りにおいて」と規定しているが，同旨）。すなわち，条例は国の法令に抵触し得ない。そこで，どのような場合に条例は国の法令に抵触するか，が問題となるが，その解釈如何によって，条例制定権の範囲が広くも狭くもなり，延いては地方公共団体の自治の内容・程度が決定される。このような意味から，条例の法令適合性をどのように考えるかは，「地方自治の本旨」に基づく地方自治制度の保障という観点からきわめて重要な問題である。

2　条例の法令適合性に関する学説・判例

　条例の法令適合性に関する学説・判例の状況を時系列的に概述すると，以下のとおりである。

（1）原型的法律先占論

　条例の法令適合性に関する伝統的な見解は，法律先占論と呼ばれる。その原型理論は，国の法令の明示または黙示に（法令による明確な規制はないが，法令全体の趣旨から考えて）先占している事項については，法令の明示的な委任がなければ条例を制定することができない，というものである。この見解では，いったいどのような場合に法令による先占がなされ，条例が法令に抵触することになるのか，が問題となる。この点について，久世公堯氏は，行政実例等をもとに詳細な類型的分析を行っておられる[1]。それによれば，(1)条例が法令と目的を異にする場合は，条例の制定は可能であるが，(2)目的が同じで対象だけを異にする場合は，①法令の趣旨が，当該事項およびその隣接の分野中当該事項のみを全国的規制の必要ありとして取り上げ，他は規制の自由を認めたことが明らかであるときは，条例の制定は可能であると解するものの，②法令の趣旨が，その隣接分野をも考えて，そのうち一定事項のみを取り上げたことが明らかであるときには，条例を制定することができないと解しているし，さらに(3)条例

が法令と目的および対象を同じくする場合は条例の上乗せ規制はできない、としている。

(2) 明白性の理論

　昭和30年代の中頃になると、上に述べたような法律先占論を修正する見解が唱えられるようになった。すなわち、成田頼明教授は、「法令の先占領域の観念をあまり広く解して自治立法権の範囲を縮小する解釈にはにわかに賛成しがたい。先占領域の観念を認めるにしても、その範囲は、当該法令が条件による規制を明らかに認めていないと解される場合に限られるべきである」との、いわゆる明白性の理論を唱えられた。

(3) 法律ナショナル・ミニマム論

　昭和40年代中頃から、法律先占論とは異なる立場、というよりそれを否定する立場から条例の法令適合性を考える、いわゆる法律ナショナル・ミニマム論が唱えられるようになった。この見解は、当初は公害規制に関し、公害現象の地域性、生存権の財産権＝企業の自由に対する価値優越性、および公害行政に対する現代的要請から、国の法令による規制は、全国的・全国民的見地からする規制の最低基準を示すものである、とする解釈であったが、その後一般化され、例えば、原田尚彦教授は、「現行の地方自治制度のように、憲法に自治制度の根拠がある場合には、いかなる事務でも国の立法政策で任意に国の事務とし、地方自治体の関与を一切排除することができると考えること自体に疑問がある」として法律先占論を否定したうえで、「地方自治行政の核心的部分については、『地方自治の本旨』を保障した憲法の趣旨よりみて国の立法政策のいかんによらず、いわば『固有の自治事務領域』として第一次的責任と権限が地方自治体に留保されるべき」であり、「かかる事務領域につき、国が法律を制定して規制措置を定めた場合には、それは全国一律に適用さるべきナショナル・ミニマムの規定と解すべきであって、自治体がもしそれを不十分と考える場合には、……独自に条例をもって横出しないし上乗せ規制を追加することも、つねに許される」と解釈されてよく、もし「かかる領域について、国が条例の

関与を一切禁止する趣旨の法律の明文を設けるとすれば、……法律の方が地方自治の本旨に反するものとなり、かえって違憲の疑いをもたれることになる」と述べておられる(5)。

(4) 法令の趣旨解釈論

公害上乗せ規制条例の出現や法律ナショナル・ミニマム論は、学説のみならず(6)、判例にも少なからぬインパクトを与えた。最高裁は、徳島市公安条例事件において(7)、「特定事項についてこれを規律する国の法令と条例とが併存する場合で……、両者が同一の目的に出たものであっても、国の法令が必ずしもその規定によって全国的に一律に同一内容の規制を施す趣旨ではなく、それぞれの普通地方公共団体において、その地方の実情に応じて、別段の規制を施すことを容認する趣旨であると解されるときは、国の法令と条例との間になんらの矛盾抵触はなく、条例が国の法令に違反する問題は生じえない」と判示し、原型的法律先占論では条例の法令適合性が否定される場合、すなわち条例が法令と同一の目的で同一の対象について規定する場合でも、当該法令の趣旨を解釈することによって条例の法令適合性を肯定することができる、とのいわば法令の趣旨解釈論とでもいうべき新たな見解（法律先占論の修正理論）を打ち出した。

3 条例の法令適合性に関する諸見解の検討と特別意義論

まず原型的法律先占論であるが、この見解によれば、国の法令が存在する場合、たとえそれが不十分な内容で当該地域の実情に適合しないものであっても、地方公共団体としては独自にその必要とする条例を制定することができないという不都合がある。また、国の法令が存在しない場合でも、この見解がよって立つ国家法優位思想の下では、国の法令によって黙示的に先占されているとして、条例の制定が許されないと解される可能性が高い。このように、原型的法律先占論は、無条件に国の法令による先占を認める結果、法令制定の可否を全く国の立法政策に委ねてしまうものであって、憲法が法律によっても奪うことのできない自治権として条例制定権を地方公共団体に保障している意味を没却し、妥当とは思われない。

しかし，他方，法律先占論の対極にある法律ナショナル・ミニマム論もとり得ない。けだし，同見解は，一定の自治事務については国の法令によっても奪うことができず，したがって，そのような事務領域においては条例が国の法令に常に優位することを認めるのであるが，憲法第94条は，条例の制定は「法律の範囲内で」と規定し，また同第92条は，地方公共団体の組織および運営に関する事項は「法律でこれを定める」と規定している現行憲法の下では，たとえ地方自治の核心的部分にかかわる事務（固有の自治事務）について定める条例といえども，国の法令に積極的に抵触することができないであろうし，また，法律によっても奪われないという意味で固有の行政事務を憲法が地方公共団体に具体的に保障していると解することが困難である(8)，からである。

といって，国の法令による先占は，当該法令が条例による規制を明らかに認めていないと解される場合に限られるべきであるとして，一見条例制定権の範囲を拡大するかのごとく思われる明白性の理論も，国の法令が一定の基準を設けて規制している場合に，国の法令と同一の目的で同一の事項につき法令よりも高次の基準を付加する条例，および国の法令が一定の規制をしている事項について国の法令と同一の目的で国の法令の規制より強い態様の規制をする条例の制定は許されない，としているし，また，昭和45年改正の大気汚染防止法第４条第１項が，ばいじんならびに有害物質については排出基準の上乗せ規制を認める一方，いおう酸化物を除外していることに関連して，「このような改正後の大気汚染防止法の規定の下では，いおう酸化物について条例で国の基準より厳しい基準を設けることが許されないことはかえって明確になった」(9)としており，原型的法律先占論の解釈とほとんど変わらない。

また，現在の通説といえる法令の趣旨解釈論についても，法令の趣旨が必ずしも明らかでないため，その解釈次第で条例制定権の範囲が広くも狭くもなり，条例の法令適合性の判断基準としての安定性に欠けるところがある。例えば，飯盛町旅館建築規制条例事件において，第一審判決は，「旅館業法は，……自ら規制場所につき定めを置いていること，しかも規制場所については，同法が定める敷地の周囲おおむね100メートルの区域内と限定しており，これは無制限に規制場所を広げることは職業選択の自由を保障した憲法22条との関係で問

題があることを考慮したものであると思われること，旅館業法が条例で定めることができるとしているのは，都道府県の条例をもって学校ないし児童福祉施設に類する施設を規制場所に加えること（同法3条3項3号）及び旅館業を営む者の営業施設の構造設備につき基準を定めること（同法施行令1条1項11号，2項10号，3項7号，4項5号）の2点であると限定していることにかんがみると，旅館業法は同法と同一の目的の下に，市町村が条例をもって同法が定めているより高次の営業規制を行うことを許さない趣旨であると解される」と判示したのに対し，その控訴審判決は，「地方公共団体が当該地方の行政需要に応じてその善良な風俗を保持し，あるいは地域的生活環境を保護しようとすることは，本来的な地方自治事務に属すると考えられるので，このような地域特性に対する配慮を重視すれば，旅館業法が旅館業を規制するうえで公衆衛生の見地及び善良の風俗の保持のため定めている規定は，全国一律に施されるべき最高限度の規制を定めたもので，各地方公共団体が条例により旅館業法より強度の規制をすることを排斥する趣旨までを含んでいると直ちに解することは困難である」と判示し，同じ旅館業法について全く逆の趣旨解釈を行っている。したがって，地方公共団体としては，このような解釈の下では，確信をもって条例を制定することができず，結局，国の法令に従った行政に甘ずるか，さもなくば，法治主義の点から大変問題のある，いわゆる要綱行政に逃避することにならざるを得ない。

　そこで，筆者は，前述したように，(1)条例の制定は「法律の範囲内」でなければならない，との憲法上の制約を無視できない，(2)憲法は，地方公共団体の組織および運営に関する事項は「法律でこれを定める」と規定し自治権の保障につき法律に留保していることから，法律によっても奪われない一定の行政事務を憲法が保障しているとの見解はとり得ない，という前提の下で，(3)統治団体としての地方公共団体にとって，行政事務について条例制定権を有することが地方自治の保障にきわめて重要な意味をもつことから，できる限り広くそれを認める方向で条例の法令適合性を解釈するために，次のような見解（特別意義論）を提唱している。すなわち，国の法令に積極的に抵触する条例は制定できないが，条例による規制が特別の意義と効果をもち，かつその合理性が認め

られる場合には，そのような条例の制定を承認してもよいのではないか，というものである。[13]

ところで，条例が国の法令に積極的に抵触する場合としては，法律が条例による規律を明文規定をもって排斥している場合が考えられる。例えば，自然公園法第42条第1項が，「都道府県は，都道府県立自然公園の風致を維持するため，条例の定めるところにより，その区域内に特別地域を指定し，かつ，特別地域内及び当該都道府県立自然公園の区域のうち特別地域に含まれない区域内における行為につき，それぞれ国立公園の特別地域又は普通地域内における行為に関する前章第4節の規定による規制の範囲内において，条例で必要な規制を定めることができる」（傍点筆者）と規定し，上乗せ・横出し規制を禁止しているような場合である（自然環境保全法46条1項も同様）。[14] また，法律が一定の事項の遵守を要求している場合に，当該法律による特別な授権なしに，その遵守義務を免除したり軽減する等の措置を条例で定める場合も，積極的抵触に該当するであろう。したがって，例えば，建築物の敷地，構造，設備および用途に関する「最低の基準」を定めている建築基準法の規定の適用を緩和させる条例を，法律の授権（例えば，建築基準法41条）なしに制定することができない。

しかし，上記のように，条例が国の法令と積極的に抵触する場合でないならば，条例による規制が特別の意義と効果をもち，かつその合理性が認められる（条例制定の必要性・合理性・実効性が存在する）ときは，国の法令と目的が同一ないし共通しているか否かとか，国の法令の趣旨が全国一律に規制せんとするにあるか，それとも地方の実情に応じて条例による別段の規制を施すことを容認するか等を詮索することなく条例の制定を可能と解することが，地方公共団体に条例制定権を与えた憲法の趣旨に沿う所以である，と考える。そして，かような解釈によって初めて，地方公共団体がそれぞれの地域的事情から制定している条例の法令適合性を肯定することができ，また現在は要綱行政に逃避しているものを法治主義の要請を叶えさせる途である，と考える。

そこで，以下では，3つの条例を取り上げ，現在の通説である「法令の趣旨解釈論」と対比させながら，「特別意義論」の有用性を検証する。

Ⅱ 特別意義論の有用性の検証

1 普通河川管理条例

　河川法は，一級河川（国土保全上又は国民経済上特に重要な水系で政令で指定したものに係る河川で建設大臣が指定したもの〔同法4条1項〕）および二級河川（4条1項の政令で指定された水系以外の水系で公共の利害に重要な関係があるものに係る河川で都道府県知事が指定したもの〔5条1項〕）を対象とし（3条1項），一級河川および二級河川以外の河川で市町村長が指定したものについては，二級河川に関する規定（政令で定める規定を除く）が準用される（100条1項）仕組みになっている。前者を適用河川，後者を準用河川といい，それ以外の河川が普通河川で，いわゆる法定外公共用物（行政財産）といわれているものである。

　ところで，高知市では，河川法の適用または準用を受けない公共の用に供せられる河川，沼，ため池，ほり，水路およびみぞで市長の指定する区域と，公共の安全を保持し，または公共の利益を増進するためこれらに設けられた堤防，護岸，水利，床留め，水門，閘門，樋管等の施設（普通河川等）において，工作物の新築，改築その他により流水または土地を占用しようとするときは，市長の許可を要する，等と定めた条例（高知市普通河川等管理条例）を制定していたが，同条例の対象である河川の堤防の土地所有者Ｘが，一般人の通行を阻止するため（通行人がＸ方家屋をのぞいたり，これに侵入しようとするので），その両端に木塀を設けたところ，市長は，同条例（14条）に基づき，木塀の除却を命じたので，Ｘは同除却命令の無効確認訴訟を起こした。この事件において，最高裁は，「河川の管理について一般的な定めをした法律として河川法が存在すること，しかも，同法の適用も準用もない普通河川であっても，同法の定めるところと同程度の河川管理を行う必要が生じたときは，いつでも適用河川又は準用河川として指定することにより同法の適用又は準用の対象とする途が開かれていることにかんがみると，河川法は，普通河川については，適用河川又は準用河川に対する管理以上に強力な河川管理は施さない趣旨であると解されるから，普通地方公共団体が条例をもって普通河川の管理に関する定めをするに

ついても……河川法が適用河川等について定めるところ以上に強力な河川管理の定めをすることは，同法に違反し，許されないものといわなければならない」とし，設置者の同意を得ないで河川管理施設を河川管理権に服せしめる上記条例は河川法に違反する，と判示した。すなわち，同判決は，普通河川をいつでも適用河川または準用河川として指定することにより同法の適用または準用の対象とすることができることを理由に，同法で定める以上の高次の河川管理を許さない，つまり上乗せ・横出し規制を許さないというのが同法の趣旨である，と解したのである。

　しかし，そのような河川法の趣旨解釈は，はなはだ不都合な結果をもたらす。(1)上記条例が制定された（昭和42年）当時の河川法では，準用河川の指定の対象を，「第4条第1項の政令で指定する水系（一級河川の水系―筆者注）及び第5条第1項の水系（二級河川の水系―筆者注）以外の水系に係る河川」としていたので，一級河川および二級河川の水系の小河川は準用河川の指定の対象となし得なかったのである。それが昭和47年の河川法改正で，冒頭に述べたように，「一級河川及び二級河川以外の河川」を準用河川として指定し得るようになったのである。上記最高裁判決は，おそらく，同改正法により準用河川への途が広く開かれるようになったことから，条例による横出し上乗せ規制に対し厳しい趣旨解釈をしたのであろう。ところで，国の法令の改正によって，国の法令が従来条例で規定されていたものを吸収する結果，条例による規制が当該改正法令の趣旨から許されなくなるという場合，即時に当該法令に適合するように条例を廃止ないし改正しなければ，条例は無効ということになるであろうか。当然，一定の猶予期間が認められるであろう。もっとも，本件の場合，昭和47年に河川法の改正があり（47年7月1日施行），除却命令は同49年に出され（49年12月27日），同50年に準用河川に指定されている（50年4月1日）。したがって，この点については，仮に最高裁判決の趣旨解釈によるならば，本件条例は無効となるであろう。また，私見の特別意義論によっても，準用河川への道が開かれたということによって，この点での条例制定の特別意義（条例制定の必要性）は認められないということになる。

　しかし，(2)47年の法改正によって，本件のような条例制定の必要性が全くな

くなったのであろうか。高知市では，10㎡に及ぶゼロm地帯を抱え，しかも同周辺地域の宅地化・都市化に伴い遊水地帯が激減して低地帯の浸水被害が毎年繰り返されていたというなかで，普通河川の管理の重要性が高まり，河川法第100条第1項に基づき，県の指定した高知市内の106の普通河川のうち重要度の高い63河川を準用河川として指定し，市が管理することの承認を県に対して申請したが，満足し得る回答が得られなかったため，結局，県との協議のうえ，106河川すべてを市が普通河川として指定し県に代わって管理することとし，上記条例を制定したということである(16)。このように，法律上は準用河川への途が開かれていても，実際には準用河川の指定は必ずしも容易でないことがうかがわれる。

そのうえ，(3)「適用河川においては，同意を得て新たに河川管理施設としなければならないような私有の河川施設は極めて少ない……。また，適用河川に，たとえ私有の河川施設が存する場合であっても，その所有者の多くは個人ではなく，農業関係団体……などであるため，法3条2項の同意を拒否することはほとんどない。さらに河川施設，特に護岸などは，河川管理者に管理してもらうことは，その所有者にも利益になることが多く，特に宅地等の造成業者などにあっては，……大抵の場合，かかる河川施設についての所有権をも放棄する。……以上のような理由で，適用河川にあっては，実際上，河川管理上必要な私有の河川施設について，権限あるものの同意が得られず，ひいては河川管理施設とすることができず，河川管理に支障を来すというような事態は，……ほとんどない」のに対し，普通河川である「地方の小河川の堤防，河岸もしくはそれに類するあぜ道等は大河川の場合と違って私有地が多く，その所有関係も甚だ複雑で，一々その権原者の同意を得るなど不可能に近い」という事情が存在する，といわれている(17)。そして，主としてこのような理由から，上記最高裁判決の河川法についての趣旨解釈が批判されているのである(18)。

しかし，私見によれば，法令の趣旨解釈は，もともとこのように解釈者によって結論を異にすることになる不安定さを孕んでいるのであって，それ故にこそ，地方公共団体の条例制定権を重視する立場から，法令の趣旨解釈からの解放が必要であり，筆者は上述のような特別意義論を提唱しているのである。

ところで、私見によれば、本件条例の立法当時では、(1)から(3)のような条例制定の必要性（条例による規制に特別の意義）が認められ、昭和47年河川法改正後においても、(2)、特に(3)のような事情が存在することから、条例の制定が認められることになる（条例制定の合理性・実効性は、この場合特に問題にならず、肯定できる）。特別意義論が有用である所以がここにあるといえよう。

2 公害防止条例

条例の法令適合性の問題が特に大きな議論の対象とされるようになったのは、昭和44年の東京都公害防止条例の制定によってである。もともと公害規制については自治立法が先行し、例えば戦前においては、明治24年の大阪府令「製造工場取締規則」など、また戦後においても、例えば、東京都の昭和24年の工場公害防止条例、同昭和29年の「騒音防止に関する条例」、同30年の「ばい煙防止条例」等の条例が制定され、公害規制行政は地方公共団体の手によって先行的に行われた。ところが、その後昭和33年に至って、流血事件にまで発展した江戸川製紙事件を契機に、国においても、公共用水域の水質保全に関する法律、工場排水等の規制等に関する法律を制定し、さらに昭和37年のばい煙規制法、建築物用地下水の採取の規制に関する法律、同42年の公害対策基本法、大気汚染防止法、騒音規制法と、逐次公害規制立法の整備を行っていった。これに伴って、既存の条例の方は法令との二重規制を回避するために改正が行われ、その結果、条例の規制内容は、いわゆる落ち穂拾い的なものとなっていった。しかるに、昭和30年代後半以降の高度経済成長により、太平洋ベルト地帯を中心に公害その他生活環境の悪化が進んだ結果、公害が深刻な地方公共団体においては、国の公害規制立法では十分に対応できないことから、国の法令の上乗せ規制を含む独自の公害防止条例を制定せざるを得なくなった。

上述の東京都公害防止条例は、このような地方公共団体による公害上乗せ規制条例の制定に先導的役割を果たすことになった。すなわち、同条例では、例えば、大気汚染防止法では届出制であるばい煙発生施設の設置および変更について認可制を採用し、また法律では施設毎のばい煙の排出基準を工場単位で総量規制する、などの上乗せ規制を定めていた。そのため、そのような条例の法

令適合性が大きな問題となった。しかし，当時の公害状況は，上記のような条例を無効と言い切るにはあまりにも深刻であったために，十分な法的検討も行われることなく，"皆んなで渡ればこわくない"式に既成事実が先行していった。このような状況の下で，昭和45年秋のいわゆる公害国会において，悪名の高かった公害対策基本法第２条第２項の経済調和条項が削除されるとともに，大気汚染防止法第４条，水質汚濁防止法第３条第３項が改正され，都道府県の条例による排出基準・排水基準の上乗せ規制が認められたことによって，公害防止条例が立法的解決をみたかにみえた。

　ところが，上記改正は，かえって公害防止条例の法令適合性の問題に新たな困難を投げかけるところとなった。すなわち，①大気汚染防止法第４条第１項，水質汚濁防止法第３条第３項によって上乗せ規制条例を制定できるのは都道府県のみであるから，市町村にはそのような条例の制定が許されないのではないか，②大気汚染防止法第４条第１項が上乗せ規制を許しているのは，ばいじんならびに有害物質についてであって，「燃料その他の物の燃焼に伴い発生するいおう酸化物」（２条１項１号）は除外されているから，条例によるいおう酸化物に関する上乗せ規制は許されなくなったのではないか，③上記各条項が許容する上乗せ規制は，法令上の規制数値のかさ上げであるから，条例が法令上とられている規制方法と異なる方法によって規制を実質的に強化することが許されないのではないか，という問題が起こったのである。ところで，本節第１項で紹介した最高裁の法令の趣旨解釈論からすれば，河川法の場合よりもよりはっきりと，上記の(1)～(3)，特に(1)，(2)については否定的に解されるであろう。[19]つまり，現在の通説的見解である法令の趣旨解釈論からすれば，排出基準の上乗せ規制をしている市町村条例，工場設置・変更の許認可制，燃料規制，装置規制を盛り込んでいる条例は，いずれも国の法令に抵触し無効と解されるのである。

　昭和40年代ほど公害問題が深刻視されない昨今において，もはや公害上乗せ規制を競う段階が過ぎたともいわれているが，なおそれぞれの地域の公害事情から，国の法令による規制では足らないために，上乗せ・横出し規制条例の制定を必要とする地方公共団体もあると思われるが，法令の趣旨解釈論では，そ

のような条例を制定したくともできないという不都合がある。この点，私見の特別意義論では，大気汚染防止法等の国の法令はいずれも明示的に条例による規制を排斥していないし，しかも他方，まさに公害現象の地域性から，公害問題が深刻な地方公共団体においては，国の法令を上回わる規制を盛り込んだ条例を制定する特別の意義（必要性）が認められるであろうから，上乗せ規制条例の制定を肯定する結論を導くことが可能である。ここにも，特別意義論が有用である所以がある。

3　ラブホテル等規制条例

いわゆるラブホテルないしモーテル類似施設（およびそれによる営業）は，地域の風俗環境を害し，青少年に有害な影響を与え，また良好な生活環境の保持という観点からも望ましくないとして，その建築や営業に反対する住民運動が各地で起こり，このような反対運動が契機となって，多くの地方公共団体（市町村）では，ラブホテルないしモーテル類似施設の建築ないし営業を規制する条例（以下，ラブホテル等規制条例という）を制定している。

もっとも，このような条例も，立法の形式，条例の目的，規制の対象，規制の手段，実効措置，罰則の有無等，その内容は様々であるが，ここでは，そのうちで最も典型的な条例，すなわち，「ラブホテル」あるいは「モーテル類似施設」を定義し，一定の区域（当該地方公共団体の全域であることもある）を設定して，その区域内でのラブホテルやモーテル類似施設の建築を認めない（禁止したり，長の同意制度をとり原則としてその同意を与えない）とする条例（立地規制型のラブホテル等規制条例）を取り上げることにする。

ところで，ラブホテル等規制条例の法令適合性の問題は，昭和59年8月制定の風俗営業等の規制及び業務の適正化に関する法律（以下，新風営法という）が施行される前においては，営業規制面では，旅館業法，風俗営業等取締法第4条の6，建築規制面では建築基準法との関係がそれぞれ問題となったが，法令の趣旨解釈論の立場からも，右のいずれの法令との関係もクリアーする，と解することができた。[20]

ところが，新風営法が制定され，同法がラブホテルやモーテル類似施設を規

制の対象とすることになったことによって，ラブホテル等規制条例の法令適合性の問題に新たな要素が加わることになった。すなわち，同法は，新たに目的規定を設け，「善良の風俗」の保持のみならず，「清浄な風俗環境」の保持，および「少年の健全な育成に障害を及ぼす行為を防止」することをその目的に掲げている（1条）。また，第2条第4項第3号で，「風俗関連営業」の1つとして，「専ら異性を同伴する客の宿泊（休憩を含む。以下この号において同じ）の用に供する政令で定める施設（政令で定める構造又は設備を有する個室を設けるものに限る。）を設け，当該施設を当該宿泊に利用させる営業」をあげ，同規定に基づく風俗営業等の規制および業務の適正化等に関する法律施行令第3条でレンタルルーム（1項1号），モーテル（1項2号・2項1号），モーテル類似施設（1項2号・2項2・3号），およびラブホテル（1項2号・3項）の施設，構造，設備について規定している。そして，その営業に対する規制の方法として，営業所ごとに，公安委員会へ届け出をさせる（新風営法27条）とともに，一団地の官公庁施設，学校，図書館，児童福祉施設またはその他の施設でその周辺における善良の風俗もしくは清浄な風俗環境を害する行為もしくは少年の健全な育成に障害を及ぼす行為を防止する必要のあるものとして都道府県条例で定める敷地（これらの用に供するものと決定した土地を含む）の周囲200mの区域内での同営業を禁止し（同28条1項），さらにその禁止区域の上乗せ規制を都道府県の条例に授権している（同条2項）。そして，上記一定区域（地域）での営業禁止に実効性をもたせるため，罰則（同49条3項6号）のほか，営業の停止および廃止命令（同30条）の措置を定め，その他，同法または同法に基づく命令もしくは条例の規定（前述の施設ならびに禁止区域に関する都道府県の上乗せ条例を除く）に違反した営業者に対し，善良の風俗もしくは清浄な風俗環境を害する行為または少年の健全な育成に障害を及ぼす行為を防止するため必要な指示（同29条）を行うことができる旨規定している。

　かくして，新風営法は，その目的において，従来よりも一層ラブホテル規制条例の目的との共通性を鮮明にするとともに，旧風営法が規制の対象としていたモーテル（施行令では，3条2項1号がこれについて規定している）営業のほか，定義の仕方および内容に異なるところがあるものの，ラブホテル等規制条例が

（実質的に）規制の対象としているいわゆるラブホテルおよびモーテル類似施設（営業）をも規制の対象としているので，新風営法が，ラブホテルの規制については同法による規制で必要かつ十分と考え，それ以上（以外）の規制を許さない趣旨かどうかが問題となる。結論から先にいえば，同法の趣旨は，おそらく，善良な風俗ないし清浄な風俗環境の保持や少年の健全育成に障害となる行為の防止という目的による旅館営業の規制の対象，程度および方法は同法の定めるところによらしめるというものではないかと解される。けだし，同法がラブホテル営業を規制の対象とすることとなった今回の改正（新風営法の制定）は，昭和47年，旧風営法がモーテル営業を規制の対象としたときと趣きを異にしているからである。すなわち，旧風営法のそれは，風俗保持上問題のあったモーテル営業について，旅館業一般について善良の風俗の保持という見地から最小限の規制を行うところの旅館業法の規制では不十分な部分を上乗せ規制しようとするものであって，いわば弥縫策であった（したがって，同法はモーテル営業以外の営業まで黙示的に先占し，それに対する条例による規制を排斥する趣旨であるとは解されない）のに対し，新風営法は，それまでの改正のような弥縫策によって対処しきれなくなった最近の性風俗をはじめとする風俗環境の悪化という状況の下で，単に善良の風俗の保持にとどまらず，清浄な風俗環境の保持および少年の健全育成に障害となる行為を防止するという目的から，風俗営業（2条1項）および風俗関連営業（同条4項）について，それらに対する取締および風俗営業の適正化のための措置について定める抜本的改正法である。このことは，同法が旧風営法を全面改正し，法律の名称も改めたところにも現れている。同法によるラブホテル営業の規制も，このようなコンテクストにおいて理解しなければならないと考える。

　したがって，法令の趣旨解釈論からすれば，新風営法の下で，善良の風俗ないし清浄な風俗環境の保持あるいは青少年の健全育成といった目的から制定される，①新風営法が明示的に規制の対象とするラブホテル営業と同じ対象（ラブホテルないしラブホテル営業の定義の仕方・表現に違いがあっても，実態的に同一内容の施設ないし営業を規制する場合は，これにあたる）について，一定の区域での建築なり営業を禁止（立地規制）することを定める市町村条例（新風営法では，

立地規制の上乗せは都道府県条例に授権しているから，このような市町村条例はこの都道府県条例にも抵触することになり，この点でも事実上無効となる〔地方自治法２条15項〕），②新風営法が明示的に規制の対象とするラブホテル営業以外の営業，例えば，ラブホテル類似営業ないしそのための施設について立地規制する条例は，それぞれ同法に抵触し無効と解釈されざるを得ないものと考える。

このようななかで，従来のラブホテル等規制条例のような立地規則方式をとらず，建築基準法上乗せ規制方式の条例を制定した大阪府高槻市の「高槻市ホテル等建築の適正化に関する条例」が注目される。同条例は，健全で快適な町づくりの一環として，ホテル等の構造等について一定の建築基準法の上乗せ基準を定めた条例である。新風営法との抵触を避けつつ，ホテル等の建築物が快適で良好な都市環境の実現および青少年の健全な育成に反するようなものにならないことを求めたもので，建築基準法がその目的として決して排斥してはいないが，しかしそれを確保するという点で同法に欠落している基準を定めるという，ユニークな内容の条例である。

ところで，私見の特別意義論では，従来型のラブホテル等規制条例もその法令適合性を肯定する余地がある。けだし，新風営法および同施行令の対象とするラブホテルおよびモーテル類似施設は，施行令第３条第１項第２号に定める数値を達成する施設でありさえすれば同法による規制の対象とならないために，青少年の健全育成あるいは地域の良好な生活環境の保全という点で，不十分な面がないとはいえないからである。したがって，地域によっては，条例で構造基準を上乗せして規制する特別の意義（条例制定の必要性）が認められよう。ここにも，特別意義論の有用性が認められる所以がある。

Ⅲ　お わ り に

以上３つの条例を取り上げ，その法令適合性について，特別意義論の検証を行ったが，上の条例はいずれも，現在の通説的見解によれば，法令適合性が否定されたり，あるいは否定的な結論が導かれる可能性が高いのに対し，私見の特別意義論によれば，いずれも地域的特別事情が存在し，条例制定の特別意義

（条例制定の必要性）が認められ（条例によって規制する合理性・実効性も認められる），条例の制定が可能と解される。

このように私見の特別意義論では，地域的特別事情が存在すれば条例制定が肯定できるので，その他に例えば，放置自転車の取締条例，地下水の採取規制条例，自家用天然ガス採取規制条例，カラオケ規制条例，景観保護条例，緑の保全条例等々，それぞれの地域的な特別事情から，国の法令が存在しなかったり，あるいは不十分な場合，それぞれの地域に必要な規制を行うための条例も，その法令適合性を比較的容易に肯定することが可能である。

なお，私見の特別意義論では，地域的特別事情が存在しない場合でも，すなわち本来は国の法令によって規制されることが望ましい事項でも，法令の規制が不十分ないし存在せず，法令による規制をまてない緊急性がある（例えば，金属屑取締条例の制定がその例）とか，緊急性があるとまでいえなくとも，法令による必要かつ十分な規制が行われるまでとりあえず条例によって補完しなければならないとかの事情が存在する場合（例えば，消費者保護条例の制定がその例），条例制定の必要性が肯定される。

⑴　「法律と条例」総合判例叢書憲法（4）有斐閣，1966年。
⑵　このような考え方に立つ判例として，例えば，高松地判昭43・5・6下刑集10巻5号567頁，名古屋高判昭53・10・25判時927号253頁。
⑶　成田頼明『法律と条例』憲法講座4，215頁，有斐閣，1964年。
⑷　杉村敏正『憲法と行政法』99・146・162・163頁，勁草書房，1972年，室井力「公害行政における法律と条例」法学セミナー1970年11月号67頁。
⑸　原田尚彦「地方自治の現代的意義と条例の機能」『環境権と裁判』245・246頁，弘文堂，1977年。
⑹　例えば，久世公堯氏や田中二郎博士も改説された。久世「新しい条例とその問題点」『地方自治条例論』154頁，日本評論社，1970年，田中「新版行政法中巻」135頁，弘文堂，1976年。
⑺　最大判昭50・9・10刑集29巻8号489頁。
⑻　塩野宏教授は，現行憲法では「事項的保護システム」をとっていないと解しておられる。「地方公共団体の法的地位論覚え書き」社会科学研究33巻3号（1981年）。
⑼　成田頼明「公害防止に関する法令と条例との関係」自治研究47巻4号（1971年）9・10頁。
⑽　長崎地判昭55・9・19行集31巻9号1920頁。
⑾　福岡高判昭58・3・7行集34巻3号394頁。

第4章　特別意義論の検証　183

⑿　筆者は，開発指導要綱や中高層建築物指導要綱に基づく行政指導のようないわゆる統制的行政指導は，法的根拠なく行うことができないと解する。また，このような行政指導の実効性を担保するためにとられる，例えば上水道の供給拒否等の措置は，水道法15条1項に違反すると解する。南川「行政指導と法治主義」判例タイムズ581号（1986年）37-39頁。東京地八王子支決昭50・12・8判時803号18頁，東京地八王子支判昭59・2・24判時1114号10頁，東京高判昭60・8・30判時1166号41頁。なお，大阪地堺支判昭62・2・25は，開発指導要綱に基づく開発協力金について，割当的寄附金等を禁止する地方財政法第4条の5に違反する，と判示しているのが注目される。
⒀　私見は，徳島市公安条例事件に関する最高裁判決の考え方を敷衍させたものである。すなわち，同判決は，本文中で紹介したように，道交法第77条第1項第4号の規定から推論して公安条例の法令適合性を肯定したのであるが，筆者は，この推論自体に無理があると考える。けだし，同規定は，道路交通の秩序維持の見地から，所轄警察署長の許可を要する道路の特別使用行為を定めるにつき，各地方の道路交通の状況を考慮すべく各公安委員会の裁量に委ねたものであって，同規定を根拠に，条例が，道路交通の秩序維持という目的を超えた地方公共の安寧秩序を維持するという目的のために（その一環として），道路交通の秩序を乱す行為を規制の対象とし，かつその規制に関し条例の優先適用を許している，と解することはできないと考えるからである。したがって，本判決は，道交法の趣旨云々をいうものの，その実は，「条例における重複規制がそれ自体としての特別の意義と効果を有し，かつその合理性が肯定される場合」には条例は法令に違反しない，という考え方によったというのが，筆者の同判決についての理解である。
⒁　同規定の解釈について，荒秀教授は，「同規定が最高規制を定めたとみることが妥当か否かは疑問であり，地方公共団体の独自の判断で規制する余地を認めているとみる方が正しいのではないかと思う」とされ，神奈川県の自然環境保全条例の上乗せ規制を紹介されている。「自然環境保全条例」『条例研究叢書』3，65-67頁，学陽書房，1978年。
⒂　最判昭53・12・2民集32巻9号1723頁。
⒃　竹内俊子『条例百選』ジュリスト800号（1983年）200頁。
⒄　村上義弘・民商法雑誌81巻4号（1980年）542-544頁。
⒅　なお，阿部泰隆「条例制定権の限界―最近の事例をめぐって―」都市問題75巻1号（1984年）。
⒆　成田・注⑼論文9・10頁，通産省公害保安局公害部編『大気汚染防止法・水質汚濁防止法の解説』30頁，産業公害防止協会，1971年，原田・注⑸書17・18頁。
⒇　南川諦弘「ラブホテル規制条例と新風営法（二）」自治研究62巻6号（1986年）。
㉑　成田頼明「新風営法と警察活動」法律時報57巻7号（1985年）25頁。

第5章
風俗環境の保全と地方自治
―― パチンコ店規制条例を例として

I　はじめに

　平成9年4月28日，神戸地裁は，宝塚市パチンコ店等及びゲームセンターの建築等の規制に関する条例（昭和58年宝塚市条例19号。以下，宝塚市条例という）が風俗営業等の規制及び業務の適正化等に関する法律（以下，風営法という）および建築基準法に違反するとして，市が求めた建築工事続行禁止請求を退ける判決(1)（以下，宝塚市判決という）を下した。同裁判所は，かつて，伊丹市教育環境保全のための建築等の規制条例（昭和47年伊丹市条例8号。以下，伊丹市条例という）が風営法に違反しない，と判示(2)（以下，伊丹市判決という）していただけに，筆者には驚きであった。と同時に，同判決は，法律と条例の関係（条例制定権の限界），「まちづくり」(3)と地方自治の関係を改めて考えさせるものであった。目下，地方分権が推進されつつあるが，以下では，「まちづくり」とかかわりの大きい風俗環境の保全のために，条例がどこまで規制し得るのか，つまりは，地方自治が風俗環境の保全についてどのような役割を果たし得るのかについて，パチンコ店の規制条例に関する上記両判決を例にとって，若干の考察を行ってみたい。(4)

II　伊丹市判決および宝塚市判決の検討

1　伊丹市判決

【事案の概要】　本件は，パチンコ等の娯楽遊戯場の経営を目的とする原告（以下，X_1という）が，パチンコ店を建築するために，伊丹市条例（ただし，昭和60

年条例15号による改正後のもの）第3条に基づき，伊丹市長（以下，Y₁という）に対し，建築同意申請（なお，同申請は，X₁が本件建築予定地において当初計画していたパチンコ店の建築同意申請についてY₁から不同意の処分を受けたため，同計画を敷地面積で約41％，建築面積で約26％，延べ面積で約13％にまで大幅に規模縮小して，再度申請したものである）をしたところ，Y₁が，同市教育環境審査会の意見を聴取したうえ，以下に述べるような理由で，同申請を不同意としたため，X₁がその不同意処分の取消しを求めた訴訟である。Y₁が右申請を不同意とした理由は，建築予定地が教育文化施設・公園および児童遊園地の敷地の周囲200mの区域内および通学路から20mの区域内にあり，伊丹市条例第4条第1項本文に抵触すること，建築予定地は都市計画法による準工業地域であるが，周囲は住居系地域に囲まれ，実態は住居地域の形態を形成しているので，善良な住民の生活環境および青少年の健全な教育環境の保全上好ましくないこと，等の点を総合的に考慮すると，伊丹市条例第4条第1項但書を適用するに至らない，というものである。これに対し，X₁は，伊丹市条例の目的である風俗営業の規制による青少年の教育環境の保全については，すでに風営法と同法に基づく兵庫県風俗営業等の規制及び業務の適正化等に関する法律施行条例（昭和39年兵庫県条例55号。ただし，昭和59年兵庫県条例35号による改正後のもの。以下，兵庫県条例という）による規制が行われているが，伊丹市条例はこれらの法令と同一の目的の下に，これらの法令の定める規制の範囲を超えて一層広範な場所的規制を定めている点において憲法第29条第2項および第94条に違反し無効であるから，同条例に基づく本件不同意処分は違法である，等と主張して本件訴訟を提起した。以上が本件のあらましである。

　ところで，風営法は，「善良の風俗と清浄な風俗環境を保持し，及び少年の健全な育成に障害を及ぼす行為を防止する」目的で，風俗営業等（平成10年法律55号による改正前は，風俗営業と風俗関連営業等を規制の対象としていたが，同改正により，現在は風俗営業と性風俗特殊営業等が規制の対象とされている）を規制しており，その第4条第2項では，風俗営業を「許可をしてはならない」事由（いわゆる物的許可基準）について規定し，その第2号で，営業所が「政令で定める基準に従い都道府県の条例で定める地域内にあるとき」という事由を定めてい

る。これを受け、兵庫県条例第4条第1項は、風俗営業が禁止される地域を、第一種地域および「別表第2の上欄に掲げる施設ごとに、同表の下欄に掲げる場合の区分に応じ、それぞれ同欄に定める地域」としている。本件では、同条例にいう第二種地域（2条2号で、第一種地域、第三種地域および第四種地域を除く県内全域をいう、と規定されている）である都市計画法上の準工業地域でのパチンコ店が問題になっており、別表第2では、学校、図書館または保育所から100m以内の地域、病院または有床診療所から70m以内の地域が禁止されている。

他方、伊丹市条例（抄）は、以下のように規定している。

第1条　この条例は、青少年の健全な育成を図るため、教育環境を阻害するおそれのある建築物の建築等を規制することにより、教育環境の保全に資することを目的とする。

第3条　旅館業または風俗営業を目的とする建築物を建築（増築、改築および用途変更を含む。以下同じ。）しようとする者（以下「建築主」という。）は、あらかじめ、市長にその建築の同意を得なければならない。

第4条　市長は、前条の規定に基づき、建築の同意を求められた場合において、その位置が次の各号の一に該当するときは、建築の同意をしないものとする。ただし、第1条の目的に反しないと認められる場合は、この限りでない。

　(1)　規則で定める教育文化施設、公園、児童遊園地または児童福祉施設等の敷地（これらの用に供するものと決定した土地を含む。）の周囲200mの区域内
　(2)　規則で定める通学路の両側それぞれ20mの区域内
　(3)　その他市長が教育環境の保全のため必要と認める場所

　2　市長は、前項ただし書の場合またはその他必要があると認めるときは、執行機関の付属機関に関する条例（昭和39年伊丹市条例第44号）第1条に規定する伊丹市教育環境審査会（以下「審査会」という。）にはからなければならない。

第6条　市長は、第4条第2項の規定により審査会にはかる場合は、あらかじめ当該建築物の建築に利害関係を有する者の出席を求めて、公開による聴聞を行わなければならない。

　2　前項の規定による聴聞を行う場合は、市長は、聴聞を行おうとする日の7日前までに聴聞事項、期日および場所を告示しなければならない。

第8条　建築主が、第3条に規定する建築の同意を得ず旅館業または風俗営業を目的とする建築物を建築するときは、市長は、当該建築物の建築の中止を命ずることができる。

【判　旨】　伊丹市条例（なお、判決文中では、教育環境保全条例と略称されてい

る）と風営法および兵庫県条例との関係について，以下のような理由を挙げ，伊丹市条例の同法令適合性を肯定した。すなわち，①「風営法及びそれに基づく風営法施行条例は，風俗営業に関する規制及びその適正化に主要な目的があると認められるのに対し，伊丹市の教育環境保全条例は，良好な教育環境の保持を目的とするもので，いわば，伊丹市の豊かな街づくりを目指す施策に深く関係し，その一環として，制定されたものという位置づけができる条例であり，その狙いとしているところには，顕著な差があると認められる。そして，その規制方法についても，教育環境保全条例は，右の街づくりに関連するという観点から，建築物の建築規制という方法を採用しており，営業規制という手法をとる風営法とは，著しい違いがある。したがって，教育環境保全条例と，風営法及びそれに基づく風営法施行条例とは，その目的，規制方法を異にするものであり，かつ，教育環境保全条例の適用によって，風営法が規定する目的と効果をなんら阻害するものではないといわなければならない」，②「また，伊丹市の教育環境保全条例と，風営法及びその施行条例との間において，共通する面があったとしても，地方自治の本旨に則り，地方公共団体の事務に属する街づくり政策の一環として，良好な環境の下での豊かな住宅都市の建設を目的とする施策の一環として制定され運用されている教育環境保全条例は，それ自体，行政目的を有するものであるということができるから，風営法及び同法施行条例と重複する二重の規制であるとして，直ちに違憲，違法となるものでないことは明らかである」，③「用途地域は，都市計画法に基づいて指定されているものであり，当然のことながら，一般的に，都市計画の見地から指定されており，風俗環境の保持という観点からみると，右用途地域の区分に応じて，機械的に風俗営業の規制の対象とするか否かを分けることが，必ずしも相当と言えない点があることは否定できない。……本件建築予定地は準工業地域に指定されているものの，その地域はさほど広いものではなく，周辺を広大な住居系の地域に囲まれており，かつその準工業地域内にも中高層マンションを初めとする多くの住居が存在していること，伊丹市では，豊かな住宅都市の建設を目指すという目標の下，市全域において新たな工場の立地を制限する方針であり，また既存の工場が撤退した跡地には，マンション等の住宅が建築されているこ

と, 但し, 地域内に既設の工場が残存しているために, 直ちに工業系の地域を住居系の地域に用途地域の指定を変更しようとすることは困難であること等の事情からも明らかなように, 都市計画法に基づいて指定されている地域の内, 準工業地域の中には, その実態をみると, 住居地域に等しいと評価できる地域もあると推認することが十分可能であり, 現在の用途地域の区分のみに従い, 住居系地域については規制することができるが, 工業系地域については規制できないということになると, 地域の実情に適合しない点が出てくることがある。……したがって, ……各市町村において, 各地域の実情に応じた風俗環境を保持するために, 地域の状況に即して, 都道府県が定める地域以外の地域においても, その公共団体の立法手段である条例をもって, 同様の規制をすることは, 十分合理性が認められるものであって, かつ風営法及び同法に基づく条例に反するものではないといわなければならない」, ④「風営法及びこれに基づく風営法施行条例では, 風俗営業が不許可とされるのは, 第一種住居専用地域, 第二種住居専用地域及び住居地域における営業に限られ, 右以外の地域における営業については原則として許可されるのに対し, 教育環境保全条例では, 右以外の地域における建築物についても, 同条例が定めるところに従い, 不同意とされ, 結果として, 風俗営業を目的とする建築物の建築が不可能ということになる。しかし, 風営法が風俗営業の規制に関し, 同法の規定のみによって全国的に一律に同一内容の規制を施すものではなく, 各地方公共団体により独自の規制を施すことを前提としていることは, 同法がその規制対象地域の定めを各都道府県の条例に委ねていることからも明らかであるし, また, 都道府県の条例の規制対象地域以外の地域における規制につき, 各市町村の実情に応じ, 各市町村が良好な風俗環境, 教育環境を保全するために独自の規制を加えることを容認していないとする規定は存しないのである」

2 宝塚市判決

【事案の概要】 本件は, 宝塚市（以下, X_2 という）が, パチンコ店を建築しようとしている被告（以下, Y_2 という）に対し, 宝塚市条例に基づき, 同パチンコ店の建築工事の続行の禁止を求めた訴訟である。本件訴訟に至る経緯は, お

およそ以下のとおりである。すなわち、Y_2は、パチンコ店を営むことを計画し、宝塚市長に対し、宝塚市条例第3条に基づき建築同意申請をしたが、市長は、建築予定地が準工業地域に属しているとして、宝塚市条例第4条に基づき、申請に同意しなかった（同不同意処分に対する異議申立ても、棄却されている）。しかし、Y_2は、宝塚市条例および宝塚市開発指導要綱の手続が完了していないことを理由に申請書の受理を拒否された建築確認処分についてその取消しを求めた審査請求が同市建築審査会によって認容されたため、建築確認を受けることができた。そこで、Y_2は、パチンコ店建築の基礎工事に着手したところ、市長は、宝塚市条例第8条に基づき、同建築工事の中止命令を発した。しかし、Y_2が工事を続行したため、X_2は、同工事の続行禁止を求める仮処分を申請するとともに、本件訴えを提起した、というものである（なお、仮処分申請は、神戸地裁伊丹支部平成6年6月9日決定[6]によって認容され、以後本件工事は中断されている）。

なお、宝塚市条例（抄）には、以下のような規定が存する。

第1条　この条例は、宝塚市環境基本条例（昭和57年条例第49号）第5条の規定に基づき、市内におけるパチンコ店等及びゲームセンターの建築等について必要な規制を行うことにより、良好な環境を確保することを目的とする。

第3条　市内において、パチンコ店等及びゲームセンター（以下「パチンコ店等」という。）の建築等（既存の施設の増改築、大規模な修繕及び模様替え並びに用途変更を含む。以下同じ。）をしようとする者は、あらかじめ市長の同意を得なければならない。

第4条　市長は、前条の規定により建築等の同意を求められた場合において、その位置が、都市計画法（昭和43年法律第100号）第7条第1項に規定する市街化調整区域及び同法第8条第1項第1号に規定する商業地域以外の用途地域であるときは、同意をしないものとする。

第8条　市長は、第3条の規定に違反して建築等をしようとする者又は第6条の規定による指導に従わない者に対し、建築等の中止、原状回復その他必要な措置を講ずるよう命ずることができる。

【判　旨】　まず、宝塚市条例の風営法および兵庫県条例適合性については、以下のような理由を挙げ、それを否定した。すなわち、(1)「本件条例の制定経過、風営法の改正経過を比較してみれば、風俗環境の保持も、広く住宅、自然及び文化環境の保持の一部であると考えられ、したがって、風営法と本件条例

の目的は，相当な部分で共通し，重なり合うものというべきである。……風営法の規制方法は，風俗営業を営もうとする者は，公安委員会の許可を受けなければならない（3条）とする営業規制である。他方，本件条例の規制方法は，パチンコ店等の建築等をしようとする者は，市長の同意を得なければならない（3条）とする建築規制である。しかし，本件条例は，建築禁止地区を規定する（4条）ことにより，実質的にはその営業禁止地区を規定している。したがって，両者の規制方法は実質的には重なり合うと解することができる」，(2)「昭和59年に抜本的な改正がなされ，風営法は，……目的を規定し，これを明確にするとともに，従来都道府県の条例により区々定められていた風俗営業の場所的規制が，政令に基準を設けることにより全国的に統一された。また風営法はその目的の1つとして営業区域の規制を掲げ（1条），風俗営業の場所的規制として，『良好な風俗環境を保全するため特にその設置を制限する必要があるものとして政令で定める地域内にあるとき』には，『許可してはならない』（4条2項2号）と定め，右規定を受けた政令は条例で指定しうる地域の基準を規定し，『制限地域の指定は，風俗営業の種類，態様その他の事情に応じて，良好な風俗環境を保全するために必要最小限のものであること』と規定している（風営法施行法6条3号）。そして右規定を受けた県条例は，準工業地域につき，学校，図書館又は保育所の敷地から100m以内の地域，病院又は有床診療所の敷地から70mの敷地内では，パチンコ店の建築を許可しないとしている。また風営法には，風俗営業の場所的規制に関し，市町村の条例に委任する旨の規定は存しない。そうすると，風営法は昭和59年の改正により，風俗営業の場所的規制について全国的に一律に施行されるべき最高限度の規制を定めたものであるから，当該地方の行政需要に応じてその善良な風俗を保持し，あるいは地域的生活環境を保護しようとすることが，本来的な市町村の地方自治事務に属するとしても，もはや右目的を持って，市町村が条例により更に強度の規制をすることは，風営法及び県条例により排斥されるというべきである」，(3)「風俗営業の場所的規制は，憲法21条1項で保障する職業選択の自由を制約するものである。しかも，風営法の規制方法は許可制であり，単なる職業活動の内容及び態様に対する規制に比べ，職業選択の自由そのものを制限する強力

な規制である。また，同法4条の基準が満たされる場合には，公安委員会は風俗営業の許可をしなければならないと解されている。したがって，風営法及び県条例は，風俗営業の場所的規制に関し，立法により規制しうる最大限度を示したものであり，市町村が独自の規制をなすことを予定していないと解するのが相当である」，(4)「都市計画法は，地方公共団体が，どのような町づくりを行うかは，都道府県知事の都市計画における用途地域の決定，変更を通じて行うという都市計画行政体系を採用しているものと解される。そして，風営法及び県条例は，右都市計画によって定められた用途地域の区分に応じて，風俗営業の場所的規制を行っている。したがって，都市計画法は，風営法及び県条例の規制が地域の実情に適合しなくなった場合，地方公共団体が都市計画における用途地域の変更を通じて，これに対応すべきことを予定しているものと解するのが相当である。しかも，……同法は，市町村が地域の実情に応じた規制をなし得るようにするため，市町村が特別用途地区の指定を行い，右地区内の建築制限を条例で定め得るとしている」，(5)「パチンコ店営業が環境に与える影響は，当該地域住民の風習，感覚等により異なりうることは否定できないが，パチンコ店営業に対する規制は，射幸心の抑制とパチンコ店営業に伴って生じる生活環境への悪化の防衛という両面を有するものであり，射幸心の抑制・禁止という観点からみるとその規制は国家的規制に馴染むものであり，その生活環境に及ぼす影響についても，法的取り扱いを異にするような地域的特殊性があるとは認められない」，(6)「本件条例も，風俗営業の営業場所という風営法及び県条例と同一の対象についてより強度な規制をなすものであるから，『上乗せ』条例と解することもできる。そもそも『上乗せ』条例も『横出し』条例も，法律と同一目的から法律より高度の規制をなすという点では共通している。したがって，その適法性を検討するにあたっては，当該法律が，条例が同一目的からより高度の規制をなすことを許容しているかを検討する必要があり，両者の区別には意味がない」

また，宝塚市条例の建築基準法適合性についても，(7)「都市計画法及び建築基準法は，住居地域，商業地域等の用途地域ごとに建築可能な建築物をあらかじめ定め，地方公共団体が，どのような町づくりを行うかは，都市計画におけ

る用途地域の決定，変更を通じて行うという都市計画行政体系を採用しているものと解される。また，建築基準法において，一定の事項に関しては，地方公共団体の条例において同法と異なる規制を行うことができる旨規定している（40条，41条等）のに対して，用途地域における建築物の制限については，地方公共団体の条例において同法と異なる規制をなし得るとした規定は存在しない。さらに，地方自治法2条3項18号は，土地利用規制は，『法律の定めるところにより』地方公共団体の事務に属するとし，都市計画法は，用途地域等の地域地区内における建築物等に関する制限は，同法で特に定めるもののほか，別に『法律で』定めるとしている（10条）。したがって，建築基準法は，用途地域内における建築物の制限について，地方公共団体の条例で独自の規制をなすことを予定していないと解するのが相当である」，(8)「原告は，建築基準法が用途地域内における建築物の制限につき，条例で独自の規制をなすことを許容している根拠として，同法の平成4年改正により，都市計画区域以外の建築物に係る制限を条例で定めることができるとされた（68条の9）ことを挙げる。しかし，同法が，建築物の制限につき条例による独自の規制を許容しているならば，わざわざそのことを定めた規定を設けて，条例に委任する必要はないはずであり，右改正は，むしろ，法が法律の委任がない限り，条例で建築物の制限につき独自の規制をなすのを予定していないことを裏付けるものと解するのが相当である」等として，それを否定している。

3　両判決の相違点と是非

　まず，伊丹市判決であるが，その条例の法令適合性について挙げる理由は多岐にわたる。しかし，④以外の理由については，いずれも妥当性に欠ける。すなわち，①については，風営法が風俗営業を規制する主たる目的は，「善良の風俗と清浄な風俗環境を保持し，及び少年の健全な育成に障害を及ぼす行為を防止する」（1条）ことにあり，伊丹市条例の目的（1条）と共通する部分が大きく，決して両者の目的に「顕著な」差異があるとは認められないし，また，前者は営業規制の方法をとるのに対し，後者が建築規制（立地規制）の方法をとっているから，両者の規制方法に「著しい」差異があるとしているが，建築

の立地規制は，実質的には一定地域での風俗営業の禁止にあたり，営業規制か建築の立地規制かの違いによって，両者の規制方法に「著しい」差異があるといえず，妥当でない。この点は，宝塚市判決が(1)で判示している解釈が妥当である（なお，宝塚市条例の根拠となっている「宝塚市環境基本条例」〔昭和57年7月1日条例49号〕の1条は，「市民の快適かつ文化的な生活の確保に資することを目的とする」と規定しており，目的の点については，宝塚市条例の方が伊丹市条例のそれより広いということができる）。また，②の理由であるが，なぜに街づくり（良好な環境の下での豊かな住宅都市の建設を目的とする施策）のための条例であれば違憲・違法とならないのか，「明らか」ではない。同様に，③の理由についても疑問がある。けだし，用途地域の区分に応じて機械的に風俗営業の規制の対象とするか否かを分けるのは相当でなく，各地域の実情に応じた風俗環境を保持するためには，風営法に基づく都道府県条例で規定する地域以外を規制することの合理性が認められなければならないというが，それが何故に当該条例の法令適合性の根拠となるのか，条例制定権の限界に関する従来の議論との関係で明瞭とはいえないからである（なお，後述のように，私見である特別意義論では，この点は条例の法令適合性を肯定するうえで重要な判断要素となる）。したがって，仮に伊丹市判決を支持するとすれば，通説的立場からは④のみがその理由となる。この点では，結論は全く逆であるが，(2)の理由を中心に，それを(3)・(4)・(5)の理由で補強する宝塚市判決と同様である。

　ところで，④および(2)の理由づけは，いずれも，徳島市公安条例事件に関して最高裁大法廷昭和50年9月10日判決（以下，50年大法廷判決という）がとった見解（筆者は，この見解を「法令の趣旨解釈論」と称している）によったものである。すなわち，同判決は，従来の法律先占論（条例は，法令と同じ目的で同じ対象について規定することができない，という解釈）を修正し，法令と条例が目的および対象を同じくする場合でも，「国の法令が，必ずしもその規定によって全国的に一律に同一内容の規制を施す趣旨ではなく，それぞれの普通地方公共団体において，その地方の実情に応じて，別段の規制を施すことを容認する趣旨であると解されるときは，国の法令と条例との間には何らの矛盾抵触はなく，条例が国の法令に違反する問題は生じえない」との判断枠組みを示したうえで，「道

路交通法77条1項4号は、同号に定める通行の形態又は方法による道路の特別使用行為等を警察署長の許可によって個別的に解除されるべき一般的禁止事項とするかどうかにつき、各公安委員会が当該普通地方公共団体における道路又は交通の状況に応じてその裁量により決定するところにゆだね、これを全国的に一律に定めることを避けているのであって、このような態度から推すときは、右規定は、その対象となる道路の特別使用行為等につき、各普通地方公共団体が、条例により地方公共の安寧と秩序の維持のための規制を施すにあたり、その一環として、これらの行為に対し、道路交通法による規制とは別個に、交通秩序の維持の見地から一定の規制を施すこと自体を排斥する趣旨まで含むものとは考えられず、各公安委員会は、このような規制を施した条例が存在する場合には、これを勘案して、右の行為に対し道路交通法の前記規定に基づく規律を施すかどうか、また、いかなる内容の規制を施すかを決定することができるものと解するのが相当である」として、徳島市公安条例が道路交通法に違反しない、と判示している。要するに、交通秩序の維持に関する徳島市の公安条例による上乗せ規制の道路交通法適合性について、その根拠を、所轄警察署長の許可を必要とする道路の特別使用行為の決定を都道府県の公安委員会に授権する道交法77条1項4号に求めたのである。

　ところで、最高裁のこのような論理構成からすれば、風営法第4条第2項第2号が風俗営業の規制対象地域の定めを各都道府県の条例に委ねていることから、同法は、各地方公共団体（市町村を含む）が独自の規制を施すことを容認していると解釈した伊丹市判決の論理は、それが「明らかである」かはともかくとして、一応論理的には成り立つ解釈であるということができる。とはいえ、風営法第4条第2項第2号の規定から、同法は、「それぞれの普通地方公共団体において、その地方の実情に応じて、別段の規制を施すことを容認する趣旨」の法令（「最小限規制立法」と呼ばれている）であると解するのは、同条項が、「政令で定める基準に従い」と規定し、これを受けた同法施行令第6条第3号で、「制限地域の指定は、風俗営業の種類、営業の態様その他の事情に応じて、良好な風俗環境を保全するため必要な最小限度のものであること」と規定していることからみて、いささか短絡的な解釈に思えるし、また、同条項が、「都道

府県条例」に規制対象地域を定めることを委任していることから，逆に市町村条例が規制対象地域を定めることを禁じている，と趣旨解釈できないわけでもない。とりわけ，現行の風営法が，風俗環境の大きな変化に対応するため，昭和59年，法律の名称変更を含む全面的な法改正を行ったという立法経緯からすれば，同法は，風俗営業の規制は，同法およびそれに基づく同法施行条例で必要かつ十分と考えている。したがって，市町村による風俗営業に対する独自の規制（上乗せ・横出し規制）を許さない趣旨の法令（上記最高裁の表現によれば，「その規定によって全国的に一律に同一内容の規制を施す趣旨」の法令ということになる。なお，このような趣旨の法令は「最大限規制立法」と呼ばれている）であると解することも十分可能と思われる。宝塚市判決はまさにそのような解釈をとるものである。

　なお，伊丹市判決では言及されていないが，伊丹市条例および宝塚市条例と建築基準法に基づく用途規制との関係も問題となる。けだし，平成4年の建築基準法改正前は，第一種住居専用地域，第二種住居専用地域以外の用途地域ではパチンコ店の建築が制限されていなかったのに対し，伊丹市条例および宝塚市条例は上記の用途地域以外でも建築を禁止できることになっていた点で，同条例は建築基準法より広い場所的範囲でパチンコ店の建築を規制するからである。この点について，建築基準法は，建築物の敷地，構造，設備および用途に関する「最低の基準」を定めるものであるから，いわゆる最小限規制立法であり，したがって，「法令の趣旨解釈論」によれば上乗せ規制は許される，と解釈する論者もいる。しかし，建築基準法のいう「最低の基準」とは，財産権の保障との関係で法で規制できるのはそれが最高限度であるが，良好な居住環境や生活環境の保全という観点からはそれは「最低の基準」だ，ということを意味すると解することもできる。とすれば，建築基準法はいわゆる最大限規制立法ということになり，条例による上乗せ規制が許されない，という結論になる。宝塚市判決は，後者の解釈をとったのである。

　以上の検討から，「法令の趣旨解釈論」によれば，伊丹市判決のような解釈も，宝塚市判決のような解釈もともに成り立ち，いずれが妥当か容易に断じ難いということである（強いて言えば，6分4分で宝塚市判決がより説得的であると思

われる)。

Ⅲ　地方分権下における条例制定権のあり方

1　「法令の趣旨解釈論」の是非

　上述したように，50年大法廷判決は，従来の法律先占論を一部修正し，条例が法令と同じ目的で同じ対象について規定する場合であっても，当該法令の趣旨が，「それぞれの普通地方公共団体において，その地方の実情に応じて，別段の規制を施すことを容認する」ものであると解されるときは，条例の法令適合性が認められる，との解釈（「法令の趣旨解釈論」）を打ち出すことによって，理論的には条例制定権の範囲を拡大させた。しかし，この「法令の趣旨解釈論」は，はたして現実に条例制定権の拡大・強化に役立ち，地方自治体が「まちづくり」のために必要な条例を制定するうえでの後押しとなるかとなると，大いに疑問がある。このことは，パチンコ規制条例が風営法や建築基準法に適合するか否かの問題について，「法令の趣旨解釈論」からは明確な結論を得ることができなかったことで明らかであるが，次の裁判例も同様にそれを明らかにするものである。

　すなわち，長崎県飯盛町の旅館建築規制条例事件において，一審の長崎地裁昭和55年9月19日判決は，「旅館業法は，……自ら規制場所につき定めを置いていること，しかも規制場所については，同法が定める敷地の周囲おおむね100mの区域内と限定しており，これは無制限に規制場所を広げることは職業選択の自由を保障した憲法22条との関係で問題があることを考慮したものであると思われること，旅館業法が条例で定めることができるとしているのは，都道府県の条例をもって学校ないし児童福祉施設に類する施設を規制場所に加えること（同法3条3項3号）及び旅館業を営む者の営業施設の構造設備につき基準を定めること（同法施行令1条1項11号，2項10号，3項7号，4項5号）の2点であると限定していることにかんがみると，旅館業法は，同法と同一目的の下に，市町村が条例をもって同法が定めているより高次の営業規制を行うことを許さない趣旨であると解される」と判示したのに対し，二審の福岡高裁昭和58

年3月7日判決[19]は,「地方公共団体が当該地方の行政需要に応じてその善良な風俗を保持し,あるいは地域的生活環境を保護しようとすることは,本来的な地方自治事務に属すると考えられるので,このような地域特性に対する配慮を重視すれば,旅館業法が旅館業を規制するうえで公衆衛生の見地及び善良の風俗の保持のため定めている規定は,全国一律に施されるべき最高限度の規制を定めたもので,各地方公共団体が条例により旅館業より強度の規制をすることを排斥する趣旨までを含んでいると直ちに解することは困難である」と判示し,旅館業法第3条に関し両判決で異なる趣旨解釈を行っている。

このように,国の法令の趣旨は必ずしも明確なものではないために,解釈する者によって異なる結論となる可能性が高く,その意味で,「法令の趣旨解釈論」は条例の法令適合性の判断基準としては安定性に欠ける憾みがある。また,伝統的に国法優位の思想が強いため,国の法令が最大限規制立法であると趣旨解釈されやすい面もある。例えば,高知市普通河川管理条例事件で,最高裁昭和53年12月21日判決[20]は,「普通河川であっても……いつでも適用河川又は準用河川として指定することにより同法(河川法—筆者)の適用又は準用の対象とする途がひらかれていることにかんがみると,河川法は,普通河川については,適用河川又は準用河川に対する管理以上に強力な河川管理は施さない趣旨である」とし,「普通地方公共団体が,条例により,普通河川につき河川管理者以外の者が設置した堤防,護岸等の施設をその設置者等権原に基づき当該施設を管理する者の同意の有無にかかわらず河川管理権に服せしめることは,同法に違反し,許されない」と判示しているのが,それである。

このように,「法令の趣旨解釈論」は,法令適合性の判断基準として明確でなく,しかも「最大限規制立法」と解されやすいとなれば,地方公共団体としては,「まちづくり」のために必要とする条例の制定を躊躇してしまうことになる。[21]かように,「法令の趣旨解釈論」の妥当性については大いに疑問がある。

2 条例の法令適合性に関する地方分権推進委員会の見解

平成7年5月,「国民がゆとりと豊かさを実感できる社会を実現することの緊要性にかんがみ」,地方分権を総合的かつ計画的に推進することを目的とし

て，地方分権推進法が制定された。同法に基づき設置された地方分権推進委員会は，地方分権を明治以来の中央集権型行政システムの地方分権型行政システムへの変革と捉えるとともに，その推進が明治維新，戦後改革に次ぐ「第三の改革」であるとの位置づけの下に，5次にわたり内閣総理大臣に対し勧告を行っている。これを受けて，平成10年5月，「地方分権推進計画」が閣議決定され，目下，その立法化のための国会審議が行われているところである。

　上記の勧告ならびに地方分権推進計画の内容は多岐にわたるが，その重要な内容を成しているのは，以下の点である。すなわち，国は，国際社会における国家としての存立にかかわる事務，全国的に統一して定めることが望ましい国民の諸活動または地方自治に関する基本的な準則に関する事務，全国的規模・視点で行われなければならない施策および事業（ナショナルミニマムの維持・達成，全国的規模・視点からの根幹的社会資本整備等に係る基本的な事項に限る）などを重点的に担い，地方公共団体は，地域における行政を自主的かつ総合的に広く担うとともに，現在都道府県の事務の7～8割，市町村の事務の3～4割を占め（地方自治法別表に法律単位で列挙されている項目数で561。都道府県379，市町村182），わが国の中央集権型行政システムの中核的部分を形づくっている機関委任事務制度を廃止し，従前の機関委任事務は，事務自体を廃止するものおよび国自ら執行する事務を除き，おおよそ6割（改正案では5割5分）を自治事務とし，他を法定受託事務とする，という点である。

　ところで，機関委任事務制度の廃止については，地域住民の自己決定権の拡充を図り，民主主義の活性化を目指すという観点から誠に妥当であるが，自治事務に対する国の関与には若干の疑問がある。例えば，事前協議および合意（または同意）制度が存在することが，それである。すなわち，地方公共団体がその「固有の資格」（行政手続法4条に定める「固有の資格」をいう）において行う事務の処理について，あらかじめ国と調整する必要がある場合には，法律またはこれに基づく政令の定めるところにより，原則として国と協議することを義務づけることができ，また，例外的に事務の性質上双方の意思の合致が特に必要とされる一定の場合には，合意（または同意）を義務づけることができるものとされている点である。協議は，機関委任事務の執行におけるような指揮監

督関係ではなく，対等な団体間の意思の合致を目指した誠実な努力を意味するとはいえ，はたして現実に対等性が保障されるものか疑念なしとしない。

同様に，自治事務の処理が法令に違反していると認めるとき，または著しく適正を欠き，かつ明らかに公益を害しているものがあると認めるとき（不作為による場合を含む）は，是正措置要求ができるとする点，および自治事務のうち，緊急の場合など特に必要があるものとして，法律またはこれに基づく政令で定める一定の場合，法律またはこれに基づく政令で定めるところにより，個別に一定の措置を講ずべき旨の指示を行うことができるものとしている点にも疑問がある。けだし，地方分権の推進が地域住民の自己決定権の拡充を図るものであり，そのために機関委任事務を廃止し，その自治事務化を行うというのであるならば，自治事務に関する国の関与は立法的関与を原則とし，行政的関与は技術的助言・勧告およびそのための報告の徴収にとどめるべきだからである。

ところで，立法的関与については，その法形式は法律またはこれに基づく政令によるべきであることはもとより，その性格は標準法であることを原則とし，事柄の性質上全国的に最低限保障をすべき場合にのみ例外的に最低基準法の制定が許される，とするべきである。けだし，そうすることによって，条例は，最低基準法が定める基準を満たさないために無効となる場合の外は，条例が法律に抵触して無効とされることはなくなり，いわゆる上乗せ・横出し条例の制定も可能となって，条例制定権，つまりは地方公共団体（住民）の自己決定権が保障されることとなるからである。したがって，法律と条例に関するこの関係を，国と地方公共団体との関係を規律する基本的な法律の中に，「地方公共団体の事務に関する国の立法の原則」の1つとして明記すべきである[23]。しかるに，この点について，地方分権推進委員会の勧告は，徳島市公安条例事件に関する最高裁大法廷昭和50年9月10日判決を引用し，「地方公共団体の事務について，法律との関係において条例制定が制約されるかどうかは，個別の法律の明示の規定によるほか，法律の趣旨，目的などにより判断されることとなる」とし，「こうした法律と条例の関係についての考え方は，国と地方の新しい関係の下においても維持されるものである」と述べている[24]。

しかし，上述したような理由から，「法令の趣旨解釈論」は，地方公共団体

の条例制定権を十分保障するものとはいい難く，地方公共団体が地域住民の意思に基づき，それぞれの地域特性を生かした「まちづくり」を行っていくうえでの大きな障害となっている。このような事態は，現在の機関委任事務のおおよそ6割が自治事務化され，「地方公共団体に関する法令の規定は，地方自治の本旨に適合し，かつ，国と地方公共団体との役割分担の趣旨に沿ったものでなければならない」（地方分権計画）とされても，基本的には変わらないのではないかと思われる。

Ⅳ　おわりに

　ところで，筆者は，法律先占論のように，国の法令によって規律されている領域かどうかとか，国の法令と目的が同じかどうかとか，国の法令の趣旨がどういうものかとかいったことを詮索する必要もなく，他方「法律の範囲内で」という憲法上の制約にも反せずに，地方公共団体が，憲法で保障された条例制定権を最大限行使することができ，「まちづくり」に必要な条例の制定も可能となるような解釈として，特別意義論と称する見解を提唱してきた。国の法令が条例による規律を明文規定をもって排斥している場合とか，国の法令が一定の事項の遵守を最低基準として要求している場合に当該法令による授権なしに遵守義務を免除するなどの例外を定めるなど，国の法令に積極的に抵触する条例でない限り，当該条例による規律が特別の意義と効果をもち，かつその合理性が認められるならば，条例の制定が許される，とする見解である。例えば，地域的な事情から規制がどうしても必要であるが，それを規制する適当な国の法令が存在しないとか，存在するとしても不十分であるといった場合，条例制定の必要性が認められるが，その問題を条例で規制することに合理性と実効性が認められるような場合，条例の制定は可能であると解する。

　したがって，この見解によれば，上述した法律先占論がもつ条例制定権の限界を克服することができ，本稿で問題にしているパチンコ店規制のように，地域の風俗環境を保全するために地域的事情を考慮する必要のある問題に関する条例の制定については，比較的肯定しやすいということができる。もちろん，

筆者は，前述したように，国と地方公共団体との関係を規律する基本的な法律の中に，「地方公共団体の事務に関する国の立法の原則」の1つとして，自治事務に関する国の法令は，いわゆる標準法であることを原則とする旨明記することが最も望ましいと考えているが，そのような規定が存在しない場合，特別意義論は，「まちづくり」条例に関する条例制定権の限界を克服する解釈として役立つのではないか，と考えている次第である。

(1) 判例時報1613号36頁。なお，同控訴審判決である大阪高裁平成10年6月2日判決（判時1668号37頁）もほとんど同じ理由で控訴棄却の判決を下している。
(2) 神戸地判平成5・1・25判例タイムズ817号177頁。なお，本件の控訴審判決である大阪高裁平成6年4月27日判決（判例集未搭載）は，本判決とほとんど同じ理由で控訴棄却の判決を下している。
(3) 「まちづくり」という言葉は，その意味するところはあいまいで，人により広狭様々な意味で用いられている。また，類似の表現としても，「町づくり」，「街づくり」，「都市づくり」，「地域づくり」などあり，「まちづくり」と意識的に区別して用いられる場合もあれば，同義語あるいは同義語とほとんど異なることなく用いられている場合もある，といった具合いである。しかし，今日，「まちづくり」という場合，都市計画の策定や公共・公益施設の建設ないし設置といった，生活基盤や都市基盤の整備のためのハード面の諸活動だけでなく，地域の活性化や快適な生活環境づくりのための経済的・社会的・文化的諸活動といったソフト面も含めた，広い意味で用いられる場合が多いのではないかと思われる。
(4) 風営法（2条1項7号）および建築基準法（別表第2は2）では，「ぱちんこ屋」という文言になっている。前者では，「ぱちんこ屋」の「屋」は，風俗営業としてのぱちんこ「営業」を意味し，後者のそれは，ぱちんこ営業のための「建物」を意味する。本稿では，両者の意味を含めて，「パチンコ店」ということにする。
(5) 平成7年条例35号による改正前の兵庫県条例第2条第1号は，風俗営業が禁止される「第一種地域」について，「都市計画法……第8条第1項第1号に規定する第一種住居専用地域，第二種住居専用地域及び住居地域をいう」としていたが，同改正により，現在は，「都市計画法……第8条第1項第1号に規定する第一種低層住居専用地域，第二種低層住居専用地域，第一種中高層住居専用地域，第二種中高層住居専用地域，第一種住居地域，第二種住居地域及び準住居地域（道路法……第3条に規定する一般国道又は同法第56条の規定により建設大臣の指定する主要な県道若しくは市道の側端から30m以内の第一種住居地域，第二種住居地域及び準住居地域であって，良好な風俗環境を保全するために特に支障がないと認めて公安委員会規則で定めるものを除く。）をいう」とされている。
(6) 判例地方自治128号68頁。
(7) 目的や対象の相違でなく，規制方法の相違に着目して条例の法令適合性を判断するやり方は，通常，法律先占論では行われない。しかし，かつて成田頼明教授は，昭和45年

に改正された大気汚染防止法第4条第1項，水質汚濁防止法第3条第3項で条例による上乗せ規制が許容されたことに関し，「発生規制を末端の排出口から排出される物質の規制としてではなく，生産のプロセス全体から飛散，蒸発，浸透等の形態で排出される物質を規制する方式をとり，さらに，個々の煙突を高くして拡散したり排出水を希しゃくしたりすることによる集積や累積の被害の防止をも加味した包括的な規制基準を条例で定め，この規制基準にしたがって改善命令等の監督処分を行うシステムを独自に条例で定めることはあながち違法とはいいがたいように思われる」(「公害防止に関する法令と条例」自治研究47巻4号 (1971年) 10-11頁) といい，また，「国の法令が個別特定の施設を大気汚染，水質汚濁等の現象に応じて個別法で抑えているのに対して，特定工場をトータルなものとしてとらえ，しかも大気汚染，騒音，振動，悪臭等の個別現象のすべてを総合的に勘案した上で1個の許可の対象とする手法は，国の立法には存在しないところであって，個別法の届出制より厳しいというだけの理由で違法とするにはあたらないであろう」(同13頁)，と述べているのと同じ発想によるものかもしれない。

(8) 刑集29巻8号489頁。

(9) 条例の法令適合性に関する伝統的な見解が法律先占論であり，その原型理論は，法令が明示または黙示に（法令による明確な規制はないが，法令全体の趣旨から考えて）先占している事項については，法令の明示的な委任がなければ条例を制定することができない，というものである。田中二郎「国家法と自治立法（1）」法学協会雑誌80巻4号 (1963年) 456頁。食品衛生法第7条第1項に基づき厚生省告示に定められた基準・規格より高度の基準・規格を条例で定めることは国の法令に違反する（昭和25年2月16日厚生省公衆衛生局長宛内閣法制局第1局長回答），公共用水域の水質の保全に関する法律第5条第1項に基づき指定された水域以外の水域に排出される水に関し，当該水域の水質の保全を図るため，条例で必要な規制を定めること，および工場排水等の規制に関する法律第2条第2項の定める特定施設を設置していない工場または事業場から指定水域に排出される水に関し，当該指定水域の保全を図るため，条例で必要な規制を定めること（指定地域・指定施設外規制。いわゆる裾きり規制）はできるが，水質基準において規制の対象とされていない特定の項目に関し，条例で必要な規制を定めること，水質基準において規制の対象とされていない一定量未満の水に関し，条例で必要な規制を定めること（いわゆる横出し規制），および条例で必要な規制を定めることができる場合において，水質基準より厳しい規制を定めること（いわゆる上乗せ規制）はできない（昭和43年10月26日経済企画庁国民生活局長宛内閣法制局第1部長回答），といった内閣法制局意見は，上記法律先占論の立場に立つものである。

また，久世公堯氏は，どのような場合に法令による先占があり，条例が法令に違反するかについて，行政実例等をもとに詳細な類型的分析を行っているが，その大要は次のとおりである。すなわち，条例が法令と目的を異にする場合は条例の制定は可能であるが，目的が同じで対象だけを異にする場合を2つに分け，法令の趣旨が当該事項およびその隣接の分野中当該事項のみを全国的規制の必要ありとして取り上げ，他は規制の自由を認めたことが明らかであるときは条例の制定は可能であるが，法令の趣旨がその隣接分野をも考えてそのうち一定事項のみを取り上げたことが明らかであるときには条例を制定することができない，と解し，さらに条例が法令と目的および対象を同じくする場合

第5章　風俗環境の保全と地方自治　203

は条例の上乗せ規制はできない，としている。久世「法律と条例」『総合判例研究叢書　憲法4』有斐閣，1966年。
(10)　盛岡地裁平成9年1月24日決定（判時1638号141頁）も，前沢町のモーテル類似施設建築規制条例の法令適合性について，「風営法ないし旅館業法自体において都道府県に対し独自の基準の設定を委ねているのであるから，両法が，全国的一律に同一内容の規制を施す趣旨でないことは明らかであって，市町村の条例において別段の規制をすることを排斥したものとは到底解し得ない」と判示している。
(11)　例えば，原田尚彦『行政法要論』〔全訂第4版〕66頁，学陽書房，1998年。しかし，最高裁は，それぞれの普通地方公共団体が，「その地方の実情に応じて，別段の規制を施すことを容認する」趣旨といっているのであるから，当該法令の規制を当然に最小限の規制と解するのは妥当でない。当該法令の規制を下まわる（緩和する）規制を定めることを容認する趣旨の法令もある，と解すべきである。
(12)　阿部泰隆教授は，「市町村に独自の規制を許すかどうかについては，国法の趣旨が重要な考慮要素であり，この指定は最小限とするという風営法施行令6条の趣旨の解釈が分かれ目である」と指摘するとともに，「パチンコ店の規制の必要性は，地域によってある程度異なるが，都道府県条例は，市町村内の個々の場所の実態に即した規制の仕方をしているものではなく，そのエリア内では，画一的な基準で規制する手法をとっている。そうすると，それは，規制の必要性の一番低い地域にあわせて基準を決めなければならない。……規制は最小限とするという風営法施行令の趣旨はこの点に求められるべきである」とする。阿部・判例地方自治9年索引・解説号（1998年）60・61頁。
(13)　例えば，本文引用の飯盛町旅館建築規制条例事件に関する長崎地裁昭和55年9月19日判決参照。宝塚市判決(8)も同様な論理によっている。なお，宝塚市判決が，その(2)および(7)で，「風営法には，風俗営業の場所的規制に関し，市町村の条例に委任する旨の規定は存しない」とか，「用途地域における建築物の制限については，地方公共団体の条例において同法と異なる規制をなし得るとした規定は存在しない」として，条例の法令適合性を否定している点は，野呂充助教授が指摘するように，「このような根拠が強調されると，条例制定に法律の明示的委任が要求されることになりかねず，穏当でない」。ジュリスト『平成9年度重要判例解説』（1998年）46頁。
(14)　南川諦弘「ラブホテル規制条例と新風営法（2・完）」自治研究62巻6号（1980年）82・87頁参照。
(15)　平成4年法律82号による建築基準法の改正により，第一種低層住居専用地域，第二種低層住居専用地域（改正前の第一種住居専用地域に相当する地域）・第一種中層住居専用地域，第二種住居専用地域（改正前の第二種住居専用地域に相当する地域）のほか，改正前の住居地域の一部にあたる第一種住居地域において「ぱちんこ屋」の建築が禁止されるようになった（同法別表第2が2）。
(16)　例えば，自治実務セミナー20巻10号（1981年）21頁参照。
(17)　その他，建築基準法には，規制の細目をすべて条例に委任する規定（39条，68条），目的と事項を限定して条例による制限の付加を認める規定（40条，43条2項，49条1項，50条，68条の2），事項を限定している条例による緩和を認める規定（41条，49条2項）等種々の規定が存在するが，同法は，上記の諸規定に基づく条例の制定しか認めない趣

(18) 判例時報978号24頁。
(19) 判例時報1083号58頁。
(20) 民集32巻9号1723頁。
(21) このため，多くの地方公共団体では，「まちづくり」を進めるため要綱を制定し，それに基づいて規制的行政指導を行うという，いわゆる要綱行政の手法によっている。この要綱行政といわれる行政運営は，昭和42年5月，兵庫県川西市が「住宅地造成事業に関する指導要綱」を制定し，それに基づいて住宅地造成にかかる規制的行政指導を行ったことを嚆矢とするといわれているが，平成7年12月現在，かかる宅地開発等指導要綱は，全国の1513市区町村において，2111要綱制定されている旨報告されている。それらの要綱では，通常，開発行為を行う前に行政との協議を要求する協議条項，開発行為について付近住民の同意等を要求する同意条項，都市計画法や建築基準法等の上乗せ・横だし規制を定める規制強化条項，開発負担金の納付等を要求する負担条項，要綱の実効性を担保するために上水道の供給拒否等の制裁措置を定める制裁条項等が規定されている。

ところで，かかる要綱行政によって，地域の環境保全や地方財政の負担軽減が図られたという実績は否定できないが，他面，このような行政運営は，法治主義の原則を歪め，地方自治行政の正道を踏み誤らせたといわざるを得ない。加えて，要綱は法律や条例とは異なり，法規ではなく，法的拘束力も法的強制力も認められないため，その実効性に問題がある。例えば，要綱に従わない業者に対する上水道の供給拒否を違法とした東京地裁八王子支部昭和50年12月8日決定（判時803号18頁）や要綱に基づく教育施設負担金の納付を違法な公権力の行使であるとした最高裁平成5年2月18日判決（民集47巻2号574頁）等の裁判例がそれである。なお，要綱行政の嚆矢をなした川西市が，同市の「ぱちんこ屋及びゲームセンターに関する指導要綱」に違反してパチンコ店への建築用途の変更をしようとした業者に対し，建築工事の差止めを求めた仮処分申請が却下された（神戸地伊丹支決平成3・11・11。判例集未登載）ことを契機に，要綱の条例化を図り，平成4年「川西市遊技場及びホテルの建築の規制に関する条例」を制定したことは，要綱行政の限界を象徴するものである。
(22) 平成11年3月29日，地方自治法など475の法律の改正を一括して行う「地方分権一括法案」が第145回国会に提出された。
(23) 地方自治法改正案は，第2条第11項で，「地方公共団体に関する法令の規定は，地方自治の本旨に基づき，かつ，国と地方公共団体との適切な役割分担を踏まえたものでなければならない」と規定するとともに，同条第12項で，「地方公共団体に関する法令の規定は，地方自治の本旨に基づいて，かつ，国と地方公共団体との適切な役割分担を踏まえて，これを解釈し，及び運用するようにしなければならない」，同第13項で，「法律又はこれに基づく政令により地方公共団体が処理することとされる事務が自治事務である場合においては，国は，地方公共団体が地域の特性に応じて当該事務を処理することができるよう特に配慮しなければならない」と規定するが，国の法令との関係での条例制定権を十分保障するものとはいい難いように思われる。
(24) 第1次勧告第1章Ⅰ-2-(3)。

第6章
条例制定権の拡充と主体的行政の展開

I　はじめに

　平成11年7月8日,「地方分権の推進を図るための関係法律の整備等に関する法律」(475本の法律の改正を内容とする),いわゆる地方分権一括法が成立し,同月18日に公布された(施行は原則として平成12年4月1日)。同法は,明治維新,戦後改革に次ぐ「第三の改革」(地方分権推進委員会中間報告)という位置づけの下,明治以来の中央集権型行政システムを地方分権型行政システムに変革するために,「国と地方公共団体を法制面で上下・主従の関係に立たせ」(同中間報告および同2次勧告),中央集権型行政システムの「象徴」(同1次勧告)として,その「中核的部分」を形づくってきた機関委任事務制度(地方公共団体の執行機関,特に知事および市町村長を国の機関とし,これに国の事務を委任して執行させる仕組み)を廃止し,地方公共団体が処理する事務を自治事務と法定受託事務とに再構成する,等を主な内容とする。これにより,地方公共団体の自主性と自立性が高められ,「国と地方公共団体の関係を地方自治の本旨を基本とする対等・協力の新しい関係」(地方分権推進計画)が構築されることを期待されている。
　そこで,本章では,今回の法改正により,地方公共団体の条例制定権がどのように拡充され,地方公共団体の主体的な行政が可能になるかについて,若干の考察を試みることとする。

II　条例制定権に関するこれまでの理論と実際

　まず,従来の通説は,いわゆる「法律先占論」(高木光教授は「法律専占論」と

称すべきとする）と呼ばれる見解で，その原型を成す理論は，「国の法令が明示又は黙示に（法令による明確な規制はないが，法令全体の趣旨から考えて）先占している事項については，法令の明示的な委任がなければ条例を制定することができない」というものである。この見解によると，条例は国の法令（兼子仁教授は，「法令」ではなく「法律」であるとする）と同じ目的で同じ対象について規定することができず，したがって，地方公共団体が公害防止や環境保全等のために条例で国の法令よりも厳しい規制を定める，いわゆる上乗せ・横出し（特に上乗せ）条例は認められないことになる。

しかし，このような法律先占論も，昭和44年に制定された東京都公害防止条例に代表される地方公共団体による上乗せ・横だし条例の制定や，いわゆる法律ナショナル・ミニマム論の出現等により，条例制定権の範囲を拡大する方向で修正されることとなった。すなわち，最高裁（最大判昭50・9・10刑集29巻8号489頁）は，徳島市公安条例事件において，「条例が国の法令に違反するかどうかは，両者の対象事項と規定文言を対比するのみでなく，それぞれの趣旨，目的，内容及び効果を比較し，両者の間に矛盾抵触があるかどうかによってこれを決しなければならない」との立場から，「例えば，……特定事項についてこれを規律する国の法令と条例とが併存する場合で……両者が同一の目的に出たものであっても，国の法令が必ずしもその規定によって全国的に一律に同一内容の規制を施す趣旨ではなくそれぞれの普通地方公共団体において，その地方の事情に応じて，別段の規制を施すことを容認する趣旨と解されるときは，国の法令と条例との間にはなんらの矛盾抵触はなく条例が国の法令に違反する問題は生じない」とする見解（筆者は，この見解を「法令の趣旨解釈論」とネーミングしている）をとった。

しかるに，国の法令の「趣旨」が「全国的に一律に同一内容の規制を施す趣旨」（このような趣旨の法令は「最大限規制立法」と称される）か，それとも「それぞれの普通地方公共団体において，その地方の事情に応じて別段の規制を施すことを容認する趣旨」（このような趣旨の法令は「最小限規制立法」と称される）かは必ずしも明確でないために，「法令の趣旨解釈論」も地方公共団体が「まちづくり」等を行うために必要とする上乗せ・横だし条例の制定を後押するもの

とはならなかった。例えば、長崎県飯盛町旅館建築規制条例事件において、一審（長崎地判昭55・9・19判時978号24頁）は、「旅館業法は、同法と同一目的の下に、市町村が条例をもって同法が定めているより高次の営業規制を行うことを許さない趣旨であると解される」と判示したのに対し、二審（福岡高判昭58・3・7判時1083号58頁）は、「各地方公共団体が条例により旅館業より強度の規制をすることを排斥する趣旨までを含んでいると直ちに解することは困難である」と、異なる趣旨解釈を行っている。同様に、パチンコ店の規制条例に関しても、神戸地裁が、兵庫県伊丹市の条例について風俗営業等の規制および業務の適正化等に関する法律に違反しないと判示した（神戸地判平成5年1月25日判タ817号177頁）が、同県宝塚市の同種の条例については同法に違反すると判示し（神戸地判平9・4・28判時1613号36頁）、趣旨解釈を異にしている。

　上記のような条例制定権の限界の下で、地方公共団体の中には、「まちづくり」等のため、上乗せ・横出し規制条例の制定を行うという例も見られたが、多くの地方公共団体では、宅地開発等指導要綱を制定し、それに基づいて規制的行政指導を行うという、いわゆる要綱行政が行われてきた。このような行政運営は、昭和42年5月、兵庫県川西市が「住宅地造成事業に関する指導要綱」を制定し、それに基づいて住宅地造成にかかる規制的行政指導を行ったことを嚆矢とするといわれているが、平成7年12月現在、宅地開発等指導要綱は、全国の1513市区町村において、2111要綱が制定されている旨報告されている（平成8年2月「宅地開発等指導要綱に関するフォローアップ調査」）。しかしながら、かかる要綱行政によって、地域の環境が保全され、地方財政の負担が軽減される等のメリットがあった反面、要綱行政は法治主義の原則を歪め、地方自治行政の正道を踏み誤らせるというデメリットもあった。それのみならず、要綱は法規ではないので、法的拘束力も法的強制力もなく、その実効性に問題がある。

III　地方分権一括法制定後の条例制定権の範囲

　それでは、地方分権一括法の制定によって条例制定権が拡充することになるか。機関委任事務については条例の制定が認められないが（ただし、個別の法令

の規定により条例事項とされたものもある），今回の法改正により，現行の地方自治法別表3および4に法律単位で列挙されている項目数で561にのぼり，都道府県が行う許認可の8割，市町村が行うそれの3ないし4割を占めるといわれる機関委任事務（事務自体を廃止するもの，および国が直接執行する事務を除く）のおおよそ5割5分（法律数で298）が自治事務化され，しかも，「国が本来はたすべき役割に係るものであって，国においてその適正な処理を特に確保する必要があるものとして」法律またはこれに基づく政令により都道府県，市町村または特別区が処理することとされる「第1号法定受託事務」（機関委任事務のおおよそ4割5分，法律数で247が法定受託事務化された）についても，法律の明示の委任を要せず条例制定の対象となった（なお，地方分権推進委員会1次勧告および地方分権推進計画では，法律またはこれに基づく政令で明示的に委任された場合に限られていた）のであるから，少なくとも形のうえでは条例制定権の範囲は格段に「拡大」したことになる。

　しかし，そのことは，即条例制定権の「拡充」を意味するとはいえない。というのは，地方分権一括法でも自治事務について，事務処理を義務づけたり，また処理の基準ないし要件や効果，処理手続等を法律またはそれに基づく政令で規定できることになっているので，法律と条例の関係が問題となる。この点について，地方分権推進委員会の勧告（1次）は，前述の徳島市公安条例事件に関する最高裁大法廷判決を引用して，「地方公共団体の事務について，法律との関係において条例制定が制約されるかどうかは，個別の法律の明示の規定によるほか，法律の趣旨，目的などにより判断されることとなる」とし，「こうした法律と条例の関係についての考え方は，国と地方の新しい関係の下においても維持されるものである」としている。

　したがって，前述のように，法令の趣旨の不明確さ故に条例の制定が困難で，結果的には条例制定権の範囲が拡がらない，すなわち条例制定権の「拡充」には繋がらないのではないか，と懸念されるからである。そういうことを考えて，筆者は，自治事務に対する国の法令は「標準法」であることを原則とし，事柄の性質上全国的に最低限の保障を必要とする場合にのみ例外的に最低基準法の制定が許される旨を国と地方公共団体との関係を規律する基本的な法律に明記

すべきである，と主張してきた。[7]

　とはいえ，改正自治法では，地方公共団体は「地域における行政を自主的かつ総合的に実施する役割を広く担うものとする」（1条の2第1項）として，国と地方公共団体との役割分担については，「住民に身近な行政はできる限り地方公共団体にゆだねることを基本」とすべき（同2項）旨規定するとともに，この役割分担原則が，第2条第11項で地方公共団体に関する立法について，また同条第12項で地方公共団体に関する法令の解釈・運用について遵守されるべきことを確認しているが，役割分担原則が上記の両項において「地方自治の本旨」と並列的に規定されていることからいって，同原則は憲法規範的効力をもつと解することができる。[8] さらにまた，同条第13項では，自治事務について，「国は，地方公共団体が地域の特性に応じて当該事務を処理することができるよう特に配慮しなければならない」旨規定されている。したがって，自治事務については，国の立法的関与（なお，改正自治法245条の5に規定する是正の要求については，衆参両議院の特別委員会で地方公共団体の自主性および自立性に極力配慮し，限定的・抑制的に発動することを求める附帯決議がなされている）も抑制的でなければならず（新しい立法についてのみならず，既存の法令の見直しが求められる），また，法令の趣旨解釈は条例の法令適合性を原則的に肯定する方向で行われるべきことが憲法規範的に求められており，自治事務については，条例制定権の範囲の「拡大」はその「拡充」をもたらすということができる。[9]

　他方，（第1号）法定受託事務は，国が本来果たすべき役割に係る事務で，国においてその適正な処理を特に確保する必要があることから，各大臣は，地方公共団体が当該法定受託事務を処理するにあたりよるべき「処理基準」を定めることができることになっている（245条の9第1・3項）。この処理基準は，その法形式について特に規定がなく，従来，通達，通知等で行われてきたものがそのまま拘束力をもつため，条例制定の余地はほとんど考え難く，仮に条例を制定したとしても「処理基準」に違反することができないとすると，法定受託事務に関しては条例制定権の「拡充」はおろか，その「拡大」にすらならないということになる。

　しかし，法定受託事務については，地方分権推進委員会の勧告および地方分

権推進計画において、法定受託事務の定義にあった「国民の利便性又は事務処理の効率性の観点から」という文言がなくなり、また、地方分権推進委員会1次勧告では機関委任事務の約8割を自治事務化するとされていたのが、結果的に5割5分となったことから、機関委任事務の中には、例えば、生活保護決定や産廃処分許可のように、「地域における事務」で地域裁量の余地を含むものが少なからず存在する。第245条の9第5項の、「処理基準」は目的達成のために必要最小限度のものでなければならないとの規定も、そのような事情を考慮したものと解せられ、法定受託事務の執行における地方公共団体の「法解釈主張権」が認められるべきである、と考える。

ちなみに、この地方公共団体の法解釈主張権については、国による是正の指示（245条の7）とそれに続く代執行（245条の8）により、あるいは地方公共団体からの国地方係争処理委員会への審査の申出（250条の13）および高等裁判所に違法な国の関与の取消しを求める訴訟（251条の5）において、その是非の判断がなされる仕組みが採用されているところである。

Ⅳ　おわりに

今回の法改正により、地方公共団体の条例制定権が「拡充」され、地方公共団体はこれまでに比べより主体的に行政を行う道が開かれたといえる（役割分担原則に基づく既存の法令の見直し、および自主財源の充実確保等の重大な問題が残っているが）。地方分権の窮極の目的は、住民の福祉の増進を図り、国民がゆとりと豊かさを実感できる社会を実現することにある。地方公共団体は、かかる責任を果たすため、これまで以上に住民の意思を尊重し、創意と工夫を凝らした主体的行政の展開を、強く期待されているといえる。

(1)　田中二郎「国家法と自治立法1」法学協会雑誌80巻4号（1963年）457頁。
(2)　久世公堯氏は、行政実例をもとに法律の先占領域について詳細な類型的分析を行っている。「法律と条例」『総合判例研究叢書　憲法4』有斐閣、1966年参照。
(3)　例えば、原田尚彦教授は、「地方自治行政の核心的部分については、『地方自治の本旨』を保障した憲法の趣旨よりみて国の立法政策の如何によらず、いわば『固有の自治事務

領域」としてその第1次的責任と権限が地方自治体に留保されるべき」であり,「かかる事務領域につき,国が法律を制定して規制措置を定めた場合には,それは,全国一律に適用されるべきナショナル・ミニマムの規定と解すべきであって,自治体がもしそれを不十分と考える場合には,……独自に条例をもって横出しないし上乗せ規制を追加することも,つねに許されるとする解釈が,素直にみちびかれてよい」とする。原田「地方自治の現代的意義と条例の機能」『環境権と裁判』246頁,弘文堂,1977年。

(4) 法律と条例に関する学説・判例等の詳細については,高田敏「条例論」『現代行政法大系8』有斐閣,1984年参照。

(5) まちづくり条例の具体例については,『新条例集覧』ジュリスト増刊1993年,井上繁『まちづくり条例』ぎょうせい,1991年,成田頼明編著『都市づくり条例の諸問題』第一法規出版,1992年,小林重敬編著『地方分権時代のまちづくり条例』学芸出版社,1999年参照。

(6) 例えば,要綱違反業者に対する工事続行禁止の仮処分申を却下した神戸地裁伊丹支部平成3年11月11日決定(判例集未登載),要綱違反を理由に上水道の供給を拒否された業者からの仮処分申請を認容した東京地裁八王子支部昭和50年12月8日決定判例時報803号18頁等。なお,要綱違反を理由に上水道の供給を拒否したことについて,市長に対し10万円の罰金刑を言い渡した(東京地八王子支判昭59・2・24判時1239号77頁,東京高判昭60・8・30判時1166号41頁,最決平元・11・7判時1328号16頁参照)。

(7) 阿部教授は,条例が法令に正面から抵触する場合を除き法律に違反しないものと推定するとか,自治事務に関する国法は全国最低基準を定めるもので,上乗せ規制条例は法律に違反しないと推定するといった規定をおくべきであったとしている。阿部『政策法学と自治体条例』122・123頁,信山社,1999年。

(8) 磯部力教授は,役割分担原則は「地方自治の本旨」に準ずる位置づけを与えられており,第11項の立法原則規定は,憲法規範としての「地方自治の本旨」の規範内容を,念のため法律レベルで確認するための条文であると解しておられる。磯部「国と自治体の新たな役割分担の原則」『地方分権と地方自治』88・89頁,ぎょうせい,1998年。

(9) 阿部教授も,第13項により,条例は原則として国法に違反しないという推定が働くと解すべき,とされる。阿部・注(7)書123頁。

(10) 兼子仁『新地方自治法』204頁,岩波書店,1999年。

(11) 兼子・注(10)書203-207頁。

【判例評釈・解説】

1　飯盛町旅館建築規制条例事件
　　福岡高裁昭和58年3月7日判決

【事　実】長崎県北高来郡飯盛町では，次のような内容の条例が制定・施行されている。

　飯盛町旅館建築の規制に関する条例（昭和53年6月22日　飯盛町条例第19号）
（目的）
第1条　この条例は，飯盛町地域内における旅館業を目的とした建築の規制を行うことにより，住民の善良な風俗を保持し，健全なる環境の向上を図り，もって公共の福祉を増進することを目的とする。
（同意）
第2条　旅館業（旅館業法（昭和23年法律第138号）第2条第2項，第3項及び第4項に規定するものをいう。以下同じ。）を目的とする建築物を建築しようとする者（以下「建築主」という。）は，当該建築及び営業に関する所轄官庁に認可の申請を行う以前（許認可を必要としない行為については，行為の着手前）に町長の同意を得なければならない。
（同意の基準）
第3条　町長は，建築主から前条に規定する同意を求められたときは，その位置が次の各号の一に該当する場合は同意しないものとする。ただし，善良な風俗をそこなうことなく，かつ，生活環境保全上支障がないと認められる場合は，この限りでない。
　(1)　住宅地
　(2)　官公署，病院及びこれに類する建物の附近
　(3)　教育，文化施設の附近
　(4)　児童福祉施設の附近
　(5)　公園，緑地の附近
　(6)　その他町長が不適当と認めた場所
（旅館建築審査会）
第4条　町長は，建築主から第2条に規定する同意を求められたときは，旅館建築審査会（以下「審査会」という。）に諮り，決定するものとする。
第5条　審査会は，委員5人以内で組織し，委員は町長が委嘱又は任命する。
　2　町長が特に必要と認めるときは，臨時委員若干人をおくことができる。

（委任）
第6条　この条例の施行について必要な事項は，町長が別に定める。
附　　則
（施行期日）
1　この条例は，公布の日から施行する。
（条例の準用）
2　この条例施行の際，現に旅館業の用に供している建築物の増改築又は移転及び旅館業の用に供していない建築物の用途を変更して旅館業の用に供する場合においては，この条例を適用する。

　X（原告・被控訴人）は，同町において旅館の建築を計画し，右条例（以下，本件条例という）第2条に基づき，町長Y（被告・控訴人）に対し建築の同意を求めたところ，Yは，建築予定地が教育・文化施設の附近にあり，児童生徒の通学路である等の理由をあげ，同条例第3条により同意を与えなかった。そこで，Xは，以下のごとき理由により，同不同意処分は違法であるとして，その取消しを求める訴訟を提起した。すなわち，①憲法第94条および地方自治法第14条第1項により，法令に違反する条例は無効と解されるところ，本件条例によれば，町長の同意を得なければ旅館業を営むことができないから，町長の同意権は旅館業の営業許可権と異ならないものとなり，さらに設置場所の規制についても，旅館業法に比べ対象施設を拡大したばかりか，その施設の周囲の距離には何ら制限を設けておらず，町長がその設置場所が善良な風俗を害し，生活環境保全上支障があると判断すれば，町内の全区域に旅館を設置することができなくなるおそれがあり，このような規定は旅館業法の定めに違反しており無効である。②同様に，本件条例は，建築主事の確認を受ける以前に町長に旅館の所在地，敷地，構造，設備について規制を行わせることも認めているものであり，建築基準法にも違反している。③本件条例が旅館業法および建築基準法に違反していないとしても，本件条例による設置場所の規制はきわめて広範囲に及び，町長の判断によっては町内の全区域にわたって旅館を設置することができなくなるおそれがあり，かかる規制は，何の合理的理由も必要性もなく，職業選択の自由を著しく侵害するものとして憲法第22条に違反している。④仮に以上が認められないとしても，本件条例第3条第3号に規定する教育・文化施設の附近については，教育・文北施設の周囲およそ100m以内と解すべきところ，建築予定地は，保育園まで直線距離にして約600m，中学校まで同様に約700mの距離に位置しているから，建築予定地が本件条例第3条第3号に該当するということができず，本件不同意処分は本件条例の解釈を誤った違法がある，等というものである。
　第一審判決（長崎地判昭55・9・19[1]）は，Xの主張する右理由の①を認め，本件不同意処分を取り消す旨の判決を下した。すなわち，「旅館業法に右善良の風俗の保持という目的が加えられ，施設の設置場所が学校の周囲おおむね100メートルの区域内にある場合において，許可を与えないことができるとされたのは，昭和32年6月15日法律176号

による改正においてであり、さらに学校の周囲の他に児童福祉施設、社会教育施設などが加えられたのは昭和45年5月18日法律65号による改正においてであり、これらは善良の風俗の保持という目的からモーテル類似の旅館業の規制を行うことにあったと考えられる」「本件条例は、住民の善良な風俗を保持するという目的から、モーテル類似の旅館業の規制を行うことにあったことが認められ、本件条例が旅館業法の前記規定の目的と同一目的の下に、同法の定める規制の他に、旅館業を目的とする建築物を建築しようとする者は、あらかじめ町長の同意を得るように要求している点、町長が同意しない場所として、旅館業法が定めた以外の場所を規定している点、同法が定めている場所についてもおおむね100メートルの区域内という基準を附近という言葉に置き替えている点において、旅館業法より高次の規制を行っているということができる」「ところで、……旅館業法は前記のとおり自ら規制場所につき定めを置いていること、しかも規制場所については、同法が定める敷地の周囲おおむね100メートルの区域内と限定しており、これは、無制限に規制場所を広げることは職業選択の自由を保障した憲法22条との関係で問題があることを考慮したものであると思われること、旅館業法が条例で定めることができるとしているのは、都道府県の条例をもって学校ないし児童福祉施設に類する施設を規制場所に加えること（同法3条3項3号）及び旅館業を営む者の営業施設の構造設備につき基準を定めること（同法施行令1条1項11号、2項10号、3項7号、4項5号）の2点であると限定していることにかんがみると、旅館業法は、同法と同一目的の下に、市町村が条例をもって同法が定めているより高次の営業規制を行うことを許さない趣旨であると解される。そうすると、本件条例2条、3条は旅館業法の規定に違反した無効のものであると解さざるを得ず、本件条例を根拠に不同意処分をした被告の本件不同意処分は違法であり、取消を免れないと言わなければならない」と判示した。

　そこで、Yは、「地域住民の生活環境としての清純な風俗環境の保全は、地域住民の生存権保障にかかわる重大な問題であり、本来的な地方自治事務に属するものであって、風俗営業等取締法や旅館業法による国の事務としての監督行政は、その性質上全国的最低基準に過ぎず、地域の行政需要に応じた上のせ的規則を法律施行条例とは別に行政事務条例として制定する余地と必要性がある。しかし、被控訴人が建設しようとする建物は、モーテルではないが、その使用目的はモーテルと全く変らないもので実質的には風俗営業であるから、平和な田園地帯である飯盛町の中心部にモーテル類似の旅館が建設されると、地域住民の清純な生活環境が破壊されることは明らかである。このような建物に対し公共の福祉の立場から一定の制限を加える条例を制定し、右条例に基づきモーテル類似旅館の規制をなすことは旅館業法に違反するものではない」等の主張を付加して、控訴に及んだ。

【判　旨】控訴棄却
　「条例の法令適合性を判断するには、条例が法令と同趣旨の規制目的のもとに法令より強度の規制を行っている場合でも、両者の対象事項と規定文言のみを対比して直ちに

その間に抵触があるとすることは相当ではなく、それぞれの趣旨、目的、内容及び効果を比較し、法令が当該規定により全国的に一律に同一内容の規制を施す趣旨か、あるいはその地方の実情すなわち当該地方の行政需要に応じた別段の規制を施すことを容認する趣旨であるかを検討したうえ、両者の間に矛盾抵触があるかどうかによってこれを決しなければならない」「そこで旅館業法と本件条例とを対比すると、本件条例が飯盛町内における旅館業につき住民の善良な風俗を保持するための規制を施している限り、両者の規制は併存、競合しているということができる」「ところで、地方公共団体が当該地方の行政需要に応じてその善良な風俗を保持し、あるいは地域的生活環境を保護しようとすることは、本来的な地方自治事務に属すると考えられるので、このような地域特性に対する配慮を重視すれば、旅館業法が旅館業を規制するうえで公衆衛生の見地及び善良の風俗の保持のため定めている規定は、全国一律に施されるべき最低限度の規制を定めたもので、各地方公共団体が条例により旅館業より強度の規制をすることを排斥する趣旨までを含んでいると直ちに解することは困難である」「もっとも、旅館業法が旅館業に対する規制を前記の程度に止めたのは、職業選択の自由、職業活動の自由を保障した憲法22条の規定を考慮したものと解されるから、条例により旅館業法よりも強度の規制を行うには、それに相応する合理性、すなわち、これを行う必要性が存在し、かつ、規制手段が右必要性に比例した相当なものであることがいずれも肯定されなければならず、もし、これが肯定されない場合には、当該条例の規制は、比例の原則に反し、旅館業法の趣旨に背馳するものとして違法、無効になるというべきである」「そこで、更にすすんで前記本件条例の規制内容を検討すると、およそ飯盛町において旅館業を目的とする建築物を建築しようとする者は、あらかじめ町長の同意を得るように要求している点、町長が同意しない場所として、旅館業法が定めた以外の場所を規定している点、同法が定めている場所についてもおおむね100メートルの区域内という基準を附近という言葉に置き替えている点において、本件条例は、いわゆるモーテル類似旅館であれ、その他の旅館であれ、その設置場所が善良な風俗を害し、生活環境保全上支障があると町長が判断すれば、町におかれる旅館建築審査会の諮問を経るとはいえ、その裁量如何により、町内全域に旅館業を目的とする建築物を建築することが不可能となる結果を招来するのであって、その規制の対象が旅館営業であることは明らかであり、またその内容は、旅館業法に比し極めて強度のものを含んでいるということができる。そして、……本件全証拠によっても、旅館業を目的とする建築物の建築について、このような極めて強度の規制を行うべき必要性や、旅館営業についてこのような規制手段をとることについての相当性を裏づけるべき資料を見出すことはできない。右各供述によれば、本件条例は、いわゆるモーテル類似旅館営業の規制を目的とするというのであるが、規制の対象となるモーテル類似旅館営業とは、どのような構造等を有する旅館の営業であるかも明確でなく、本件条例の各条文につき合理的な制限解釈をすることもできないし……、また、一般に旅館業を目的とする建築物の建築につき町長の同意を要件とすることは、職業の自由に対する強力な制限であるから、これと比較してよりゆるやかな制限である

職業活動の内容及び態様に対する規制によっては、前記の規制の目的を十分に達成することができない場合でなければならないが、そのようなよりゆるやかな規制手段についても、その有無、適否が検討された形跡は窺えない」「以上の検討の結果によれば、控訴人が本件不同意処分をするにあたって、その根拠とした本件条例3条の各号は、その規制が比例原則に反し、旅館業法の趣旨に背馳するものとして同法に違反するといわざるを得ない」「してみれば、本件においては、その余の争点につき判断するまでもなく、本件不同意処分は違法であって取消を免れない」

【評　釈】　判旨の結論を支持する。また理由づけについても、おおむね妥当であると考える。

(1)　まず、本判決の特色は、法令との関係における条例制定権の範囲を広く解する立場をとっていることである。すなわち、第一審判決が、厳格な法律先占論の立場から、旅館業法は条例による高次の規制を許さない趣旨であると解釈したのに対し、本判決は、旅館業法は全国一律に施されるべき最低限度の規制を定めたもので、条例による強度の（高次の）規制を排斥する趣旨ではないと判示している。ところで、本判決が旅館業法の趣旨をこのように解釈したのは、「地域特性に対する配慮を重視」したからであり、地域特性に対する配慮を重視した所以は、当該地方の行政需要に応じてその善良な風俗を保持し、あるいは地域的生活環境を保護することは、地方公共団体の「本来的な地方自治事務に属する」と考えたからである。そして、このように、本来的な地方自治事務につき、地域特性を重視して、法令の趣旨を解釈し、条例による高次の規制の可否を論ずるのは、憲法第92条が一定の地域内の行政がその地域の住民の意思に基づいて行われるべきこと（すなわち、いわゆる住民自治）、および一定の地域を基礎とする地域団体が自主的に地方の公共事務を処理すべきこと（すなわち、いわゆる団体自治）を保障し、また憲法第94条も、地方公共団体が法律の委任に基づくことなく、法律と同様に広く条例の形式で法規を定立することを認めているからであるとする。以上が、本判決の論理であって、そこには、地方自治および条例制定権を重視する立場から、法令との関係における条例制定権の範囲を広く認めようとする立場が窺える。

ところで、法律と条例に関する上記のごとき解釈は、近時においては、むしろ一般に支持されるものと思われる。ちなみに、例えば、かつて厳格な法律先占論をとっておられた故田中二郎博士も、「元来、自治事務とされているものは、地域の実情に即した行政の要請されるものが多いのであって、その基準たるべき条例の制定を許さず、したがってまた、地域の実情に即した行政措置を否定するような国の法令は、地域住民を十分納得させるに足るだけの合理的理由がない限り、国の法令そのものが、不当に自治事務に介入し、地方公共団体の自治権を侵害するものであって、その限りにおいて、国の法令自体の効力が問題とされなければならなくなる。こういう見地からすれば、国の法令の先占領域――条例を制定し得ない範囲――は、できるだけ限定的に解釈し、法令が条例との関係で沈黙している場合には、十分合理性の認められる法令の定めに明らかに

牴触するものでない限りにおいて，条例を制定することができるものと解すべきであろう」と述べておられる。

また法律先占論の立場からどのような場合に法令による先占があり，条例が法令に抵触するかについて詳細な類型的分析をされた久世公堯氏も，「憲法や法令に，正面から衝突するとか，直接的に抵触する場合は別として，それ以外の場合には，できる限り，地域性を生かし，その自立性を尊重しうるように，幅広く解釈することが望ましいのである。それが，『地方自治の本旨』に沿った法解釈であり……このような見地から，条例の制定権の範囲をできるだけ拡張するという方向で考えることが必要とされるであろう」と述べ，それぞれ従来の見解を改めておられる。

また，本判決は，条例の法令適合性を判断するには，単に両者の対象事項と規定の文言を対比するのではなく，それぞれの趣旨，目的，内容および効果を比較し，法令が当該規定により全国的に一律に同一内容の規制を施す趣旨か，あるいはその地方の実情すなわち当該地方の行政需要に応じた別段の規制を施すことを容認する趣旨であるかを検討して決しなければならないとする，いわゆる実質的解釈論も，徳島市公安条例事件に関する最高裁大法廷昭和50年9月10日判決において判示されているところのものであり，今日一般的に承認されているところである。

しかし，地方自治や条例制定権を重視する立場に立ち，かつ条例の法令適合性の判断につき実質的解釈を行うとしても，法令の趣旨を解釈することによって条例制定の可否を決する方法には，解釈基準としての不安定さが伴う。旅館業法の趣旨解釈につき，第一審判決と本判決とで，その結論が正反対になっているがごときである。だからといって，固有の自治事務領域における国の法令は，全国一律に適用さるべきナショナル・ミニマムの規定と解すべきであって，自治体がもしそれを不十分と考える場合には，独自に条例をもって横出しないし上乗せ規制を追加することが常に許されると解する，いわゆる法律ナショナル・ミニマム論にも与し得ない。けだし，第1に，モーテル類似ないしラブホテルの旅館業の規制は，「固有の自治事務」とはいえない，第2に，固有の自治事務領域について定める法令はすべてナショナル・ミニマムの規定であるから，法令が明確に条例による上乗せ・横出しの規制を禁じている場合にも，条例はこれを無視してよいとの解釈は，憲法第92条の「法律の範囲内で条例を制定することができる」（傍点筆者）とする規定に反する，第3に，憲法の保障する地方自治は，「地方自治の本旨」に基づいたトータルとしての地方自治制度であって，個々の事務についてまで保障するものではない，と考えるからである。

そこで，筆者は，法令との関係における条例制定権の範囲については次のように解すべきであると考えている。すなわち，法令に積極的に抵触する条例は無効と解さざるを得ないが，条例による規制が特別の意義と効果をもち，かつその合理性が認められる場合には，条例の法令適合性判断における当該法令の趣旨解釈から解放して，その適法性を肯定するべきであると考える。

ところで，本件条例が規制の対象としたとされるモーテル類似施設は，風俗営業等取

締法第4条の6および同条項に基づき地域的制限について定める都道府県条例による規制の対象外であるため，モーテルと構造・設備等の点においても，利用のされ方の点においてもほとんど異ならず，したがってそれが地域の善良な風俗や生活環境に与える害悪の程度においてもほとんど異なるところがないにもかかわらず，一般の旅館と同じ規制しか受けないのである。こういう状況の下で，条例がモーテル類似施設による害悪から，地域の善良の風俗を保持し，または健全な生活環境を保全する目的で，旅館業法より高次の規制を定めることに特別の意義が認められ，規制の方法によってその効果も期待し得なくはない。そして，モーテル類似施設の建築の規制にあたっては，当該地域の事情を考慮しなければならないであろうから，これを条例で規制することに合理性が認められよう。したがって，本条例の有効性は，本条例による規制が職業選択の自由や財産権を保障する憲法第22条・29条に違反しないかどうかの判断にかかっている。本判決も，このような論理構成をとるべきであったと考える。

(2) 本判決の第2の特色は，本件条例は，規制手段が規制の必要性に比例しなければならないという比例の原則に反し，無効であるとしたことである。もっとも，本判決は，本件条例は比例の原則に反するから，旅館業法の趣旨に背馳するものとして違法・無効になると判示しているのであるが，比例原則は，条例の法令適合性の問題ではなく，基本的人権の保障に違反しないかどうかの問題である。本判決には，この点で混同がある。

ところで，本判決が本件条例の比例原則違反として挙げている点は，①規制の対象となるモーテル類似旅館営業とはどのような構造等を有する旅館の営業であるか明確でないこと，②本件条例の各条文につき合理的な制限解釈をすることができないこと，③旅館業を目的とする建築物の建築につき町長の同意を要件とすることは，職業の自由に対する強力な制限であるから，よりゆるやかな制限である職業活動の内容および態様に対する規制によっては，規制目的を十分に達成することができない場合でなければならないところ，そのようなよりゆるやかな規制手段の有無・適否が検討された形跡が窺えないこと，というものである。

まず①の点であるが，Yは第一審以来，本件条例は通常の旅館建築を規制する目的で制定されたものではなく，モーテル類似の旅館建築を規制する目的で制定されたものである旨主張しているが，そのことは，本件条例の規定の文言に何ら現れておらず，仮に，本件条例の立法目的がY主張のとおりであるとしても，本件条例によって規制の対象とされるモーテル類似施設ないしモーテル類似旅館営業とは如何なるものであるかを確定することができない。すなわち，②にいうごとく，本件条例の規制対象を合理的に限定解釈することは不可能と思われる。さらに，規制区域についても，「住宅地」，「附近」，「その他町長が不適当と認めた場所」等の規定は漠然としており不明確である。もちろん，第1条および第3条但書の趣旨，すなわち善良な風俗の保持および生活環境の保全という見地から支障があるかどうかによって限定的に解釈する余地が全くないとはいい得ないとしても，おそらく合理的な限定解釈は著しく困難であると思われる。現に，本件では，保育園から約600m，中学校から約700mの位置について，それが第3条第3号の「附

近」に該当するとした（なお，控訴審では，Yは同条第6号の「その他町長が不適当と認めた場所」に該当するとの主張を追加している）ことが争われているのである。本条例については，規制対象ならびに規制区域を限定しなかった立法技術的な稚拙さが強く指摘されねばならないであろう。

ところで，条例の制定に限らず立法に際しては，常に憲法の保障する基本的人権を不当に侵害しないかが考慮・検討されなければならないが，殊に，地方自治にあっては，行政需要が直接かつ声高に住民の要望という形をとって起こってくる一方で，自治体の中には，このような行政需要を濾過するに十分な立法能力をもたないために，憲法上問題のある条例が簡単に制定されてしまうという傾向がなくはないので，留意しなければならない点である。本判決も指摘しているように，本件条例の制定にあたり，規制目的達成のよりゆるやかな規制手段の有無・適否について検討がなされなかったようである。もっとも，そのような検討がなされたからといって，必ず条例が合憲性を保障されるわけではないし，逆に，検討がなされなかったから，即違憲というものでもない。けだし，条例の合憲性は，当該条例の規定を客観的に解釈することによって判断されるべきものだからである。

さて，職業選択の自由や財産権などの経済的自由権の制限は，いわゆる精神的自由権の制限のように厳格な合憲性のテストを必要としないと一般に解されている（いわゆる「二重の基準」の理論）が，経済的自由権に対する制限であっても，それが社会公共の秩序維持という消極的ないし警察的目的による規制である場合には，いわゆる合憲性の推定ないし明白性の原則が適用されず，当該規制の必要性が存し，かつ規制手段が右必要性に比例していなければならない（すなわち，よりゆるやかな規制によっては規制目的を十分に達成することができないと認められることを要する）というのが，今日の最高裁の考え方である。本件条例は，「住民の善良なる風俗を保持し，健全なる環境の向上を図る」ことを目的として，旅館建築を規制するものであるから，消極的・警察的規制という面を含んでいる。したがって，その合憲性は，この「より制限的でない規制の理論」（いわゆるL・R・A〔less restrictive alternatives〕の基準）によって，判断される必要がある。

ところで，モーテル類似施設は，そのケバケバしいネオンサインや装飾，建築の構造，アベックの出入等が有機的に関連して特殊淫靡な雰囲気を醸し出し，それが地域の善良な風俗を害し，生活環境に悪影響を与えているのであるから，かかる害悪の諸要因の一々を取り上げ，それを規制したとしても，規制目的を十分に達成し難いという事情が認められる。このような理由から，一定の地域を限って，モーテル類似施設の建築なりその営業を許さないとする立地規制が認められてよいであろう。しかし，本条例は，前述したように，規制対象を限定せず，また規制区域も広範かつ漠然としており，解釈によってもそれらを合理的に限定し難いのであるから，違憲・無効であると解さざるを得ない。このような理由から，本判決の判示は妥当である。

(3) 最後に，本件訴訟では争点とならなかったが，本件条例第2条・第3条の町長の

同意・不同意の行政処分性について触れておく。冒頭に紹介しているとおり，本件条例には，所轄官庁の認可を申請する前に町長の建築の同意を得ない行為に対して罰則その他何の強制措置も規定されていない。また，旅館業法第3条に基づく営業許可申請に対し，知事は，本件条例に基づく町長の同意を得ていないことを理由に不許可とすることができないし，同様に，建築基準法第6条に基づく建築確認申請に対し，建築主事はその確認を拒むことができない。かかる点から「町長の不同意は，営業しないように（又は許可申請をしないように）との勧告の性質をもつにすぎない」，すなわち行政指導であると解する論者がいる。

確かに，罰則の定めもなく，またその他何の強制措置も用意されていないのであるから，同規定の実効性が弱いことは否定できない。しかし，行為の法的性質は，罰則等の有無による強制力の強弱によってのみ決せられるべきものではなく，法形式や規定の文言をも考慮して決せられなければならない。然りとすれば，町長の同意・不同意は，条例が，旅館の建築主に対し，旅館営業許可および建築確認申請前に「町長の同意を得なければならない」との法的義務を課し，かつ第3条所定の場合には「同意しないものとする」として，営業の自由や財産権を制限するものであるから，まさに行政処分であると解される。したがって本件条例は，単に「行政指導を条例化」したものではなく，いわゆる行政事務条例であると理解されなければならない。

(4) 以上述べたように，本判決は，本件条例を違法・無効であると判示したわけであるが，それは，本件条例が，規制対象を限定せず，かつ規制区域も広範で漠然としているが故に，比例の原則（L・R・Aの基準）に反すると解したためである。本判決は，第一審判決と異なり，旅館業法との関係における条例制定権の範囲を広く解する立場をとっている。したがって，本判決によれば，最近多くの自治体で制定されている，いわゆるラブホテル規制条例のごとく，規制の対象と区域を限定した条例の有効性はむしろ肯定されるのではないかと考えられる。

(1) 判例時報978号24頁。
(2) 本件に類似した問題につき，これと同様な解釈をするものとして，河合代悟「モーテル規制条例の問題点」地方自治293号（1972年）10頁。
(3) 特に本件に関連するものとして，広岡隆「法律と条例」自治実務セミナー21巻11号（1982年）40頁。同「旅館建築規制条例についての所感」法と政治33巻3号（1982年）55頁。
(4) 田中二郎「国家法と自治立法（1）」法学協会雑誌80号（1964年）4頁。
(5) 田中二郎『新版 行政法 中巻』135頁，弘文堂，1976年。
(6) 久世公堯『総合判例研究叢書　憲法4』有斐閣，1966年。
(7) 久世公堯『地方自治条例論』154頁，日本評論社，1970年。
(8) 刑集29巻8号489頁。
(9) 原田尚彦『環境権と裁判』245・246頁，弘文堂，1977年。
(10) 南川諦弘「いわゆる法律先占論に関する一考察」大阪府立大学経済研究28巻1＝2号

(1983年) は，法令との関係における条例の限界について，従来の学説・判例を再点検し，本文記載のごとき解釈をすることが，一面で，「地方自治の本旨」に基づく地方自治ならびに条例制定権を実効的ならしめるとともに，他面で，法秩序の一元性および国家的利益との整合性を確保する所以である，と結論づけるものである。
(11) 規制の効果を担保するために，例えば，同意を得ないで建築しようとする者に対する中止命令ならびに同命令違反に対する罰則，立入調査ならびに立入調査を拒む者に対する罰則等が考えられる。また，事務の流れとして，この同意を，建築主事が置かれている自治体では，建築確認に，さらに保健所を設置している市にあっては，旅館業法に基づく旅館営業の許可にリンクさせることにより，一層規制効果をあげることができよう。しかるに，本件条例には，罰則その他何の強制措置も規定されていないので，規制の効果は疑わしい。
(12) 例えば，広岡・注(3)論文55頁は，「およそ，風俗保持・環境保全に悪影響のある建築物を規制するについては，地方の特殊事情に適合した地域差のある規制が必要である。その区域が都市計画法上いわゆる無指定地域か，市街化調整区域か，市街化区域ならばその用途地域はどうなっており，すでに法律によりどこまで規制されているか，また，都市計画法上の区域がどのようであるにせよ，現況からみて，『ラブホテル』ないし『モーテル類似施設』がどこに設けられるおそれがあり，その悪影響からまもらなければならない住宅地や施設の状況がどのようであるか，などの諸般の事情は，それぞれの市や町で異なり，規制のしかたは，このような地域的・環境的状況に照応しなければ合理的とはいえないであろう」とする。
(13) 反対　広岡・注(3)論文45頁。
(14) 反対　広岡・注(3)論文58頁。
(15) もちろん，都道府県・政令指定都市・市町村間で，あるいは各自治体間で立法能力に差のあることはいうまでもないが，一般的に自治体の立法能力は国に比べて劣る。そこで，当面，容易に採用し得る方策としては，学識経験者をメンバーとする研究会や委員会を設け，具体的な立法に関し法律上の諸問題を検討する方法等があるが，より本格的には，立法に関する専門機関をリージョナルなレベルで共同設置することが考えられてよいのではないかと思う。
(16) 薬局開設不許可処分取消請求事件に関する最高裁大法廷昭和50年4月30日判決（民集29巻4号572頁）。なお，南川諦弘「条例の限界―いわゆるラブホテル規制条例を例として―」大阪府立大学経済研究27号（1982年）3頁参照。
(17) 広岡・注(3)論文58頁は，「健全な社会通念によって，職業選択の自由と施設環境の保全とのバランスを失しないように合理的な限定解釈・運用が行なわれるならば，このような条例の規定をただちに違法とすることはできないと考える」としておられる。
(18) 碓井光明・自治研究58巻9号（1982年）118頁。もっとも，教授は，取消訴訟の損害回避機能を重視する観点から，本件の町長の不同意が取消訴訟の対象となる行政処分性を肯定される。
(19) このような条例で罰則付きの最初のものは，昭和56年7月10日制定の「東大阪市ラブホテル建築の規制に関する条例」である。

2 阿南市最終処分場事件
徳島地裁平成14年9月13日判決

【事　実】　本件は，廃棄物処理業者である原告（以下，Xという）が，徳島県知事から，阿南市水道水源保護条例（以下，本件条例という）に定める規制対象事業場（以下，規制対象事業場という）と認定されないこと等の条件付きで産業廃棄物処理施設（以下，本件事業場という）として設置許可を受けたところ，その後，被告（水道事業管理者たる阿南市長。以下，Yという）から，本件事業場を規制対象事業場と認定する旨の処分（以下，本件処分という）を受けたため，その取消しを求めた事案である。
　本件の提起に至るまでの経緯は，おおよそ以下のとおりである。
- Xは，平成5年11月18日，徳島県環境準備室長から県が求める事前協議の要件を整えて事前協議書を提出するよう行政指導を受けた。
- Xは，同7年2月9日，知事から事前協議が完了した旨の通知を受けた。
- 阿南市は，同年3月3日，本件条例を制定し，同日施行した。
- 知事は，同8年3月13日，知事に報告された事業計画と実際の事業計画とは内容が全く異なっていたとして，上記完了通知を撤回し，Xに対し事業計画の廃止勧告をした。
- Xは，同年12月18日，知事に対し産業廃棄物処理施設設置許可申請書を提出したが，同月26日，完了通知が撤回されていることなどを理由に返戻された。そこで，Xは，同9年1月30日，厚生大臣に対し審査請求をしたところ，厚生大臣は，同年10月6日，知事に対し，速やかに上記申請に対して処分すべきことを命ずる裁決を行った。
- Xは，同9年10月28日，知事に対し産業廃棄物処理施設設置許可書を提出したが，知事は，廃棄物処理法第15条第2項第1号に規定する技術上の基準に適合していないとして不許可の処分を行った。
- Xは，同10年6月15日，徳島県知事に対し，施設の種類を管理型最終処分場，埋立地面積を8737.3㎡，処理する産業廃棄物の種類を燃え殻，汚泥，建築廃材などとする，産業廃棄物処理施設設置許可申請書を提出した。
- Xは，同11年3月19日，Yに対し，本件条例第7条第1項に基づく対象事業協議書を提出した。
- 知事は，同年3月31日，Xの上記申請に対し，規制対象事業場と認定されないことにより効力を生じるとの条件を付したうえで，本件事業場の設置を許可した。
- Xは，同年5月28日，上記許可のうち条件部分の取消しを求めて，厚生大臣に審査請求を行った。
- 阿南市水道水源保護審議会は，同年10月4日付けで，Yに対し，「本件事業場の建設については，立地場所，施設の構造，水質，維持管理の面から，下流の福井水道水源に好ましくない影響を与える可能性がある。現時点では，本件条例2条4号による水道に係る水質を汚濁するおそれがある」旨を答申した。
- なお，厚生大臣は，同12年7月31日，上記審査請求に対し，規制対象事業場と認定さ

れないことにより効力を生じることを内容とする条件を取り消す旨の裁決を行った。

【判　旨】請求認容
　本件条例による管理型最終処分場の設置に関する規制は、処理施設に起因する人の生命または健康への被害を伴うおそれのある水質の汚濁を防止するため、技術上の不備があると認められる施設の設置自体を禁止するという点においては、廃棄物処理法およびその委任を受けた政省令による規制と目的を同じくするものと解するのが相当である。そこで、廃棄物処理法と本件条例が同一の目的で産業廃棄物処理施設（管理型最終処分場）の規制をしている部分について、廃棄物処理法が本件条例による別段の規制を容認しているものと解されるかどうかであるが、都道府県知事と市町村長が同一事項について二重に審査をする制度を設けることは、申請者に過度に負担をかける結果となり相当でないうえ、廃棄物処理法が一般廃棄物処理業の許可については市町村長に委ねつつ、産業廃棄物処理業の許可ならびに一般廃棄物処理施設および産業廃棄物処理施設の設置等の許可については都道府県知事の権限として、市町村長と都道府県知事の役割分担を明確に規定していることにかんがみても、およそ同法が想定しているものとは考え難い事態であるといわざるを得ない。加えて、地域の実情に応じて規制する必要がある場合には、廃棄物処理法第15条第3項（現行15条の2第4項）により、都道府県知事にその条件を付す権限が与えられていることをも考慮すると、本件条例は、少なくとも産業廃棄物の管理型最終処分場に適用される限りにおいて、同法の容認するところではなく、同法第15条第1項ないし第3項に違反して無効である。よって、本件処分は、法令上の根拠を欠くことに帰着し、違法であるからこれを取り消す。

【評　釈】　本件の争点は、①本件条例は廃棄物処理法（平成9年法律85号による改正前のもの）に違反しないか、②本件事業場は本件条例第2条第4号にいう「水道に係る水質を汚濁し、または汚濁するおそれのある」事業場に該当するか、という点であるが、本判決は、①の点について、「判旨」で紹介したような理由から、本件条例は廃棄物処理法に違反するとして、Xの請求を認容した。したがって、解説も、その点について行う。
　ところで、条例制定権の範囲ないし限界に関する法律と条例の関係について、通説は、本判決も引用している、いわゆる徳島市公安条例事件に関する最高裁大法廷昭和50年9月10日判決（刑集29巻8号489頁）の見解（筆者は、この見解を「法令の趣旨解釈論」とネーミングしている）である。すなわち、特定事項についてこれを規律する国の法令と条例とが併存する場合において、①当該条例が国の法令とは別の目的に基づく規律を意図するものであるときには、当該条例の適用によって国の法令の規定の意図する目的と効果を阻害することがないかどうか、②当該条例が国の法令と同一の目的に基づく規律を意図するものであるときには、国の法令が必ずしも全国一律に同一内容の規制を施す趣旨（このような趣旨の法令は「最大限規制立法」と呼ばれている）ではなく、それ

ぞれの地方公共団体において，その地方の実情に応じて，別段の規制を施すことを容認する趣旨（このような趣旨の法令は「最小限規制立法」と呼ばれている）であると解されるかどうか，を判断しなければならないというものである。

本判決は，本件で問題とされた管理型最終処分場の設置に対する規制の点について，本件条例と廃棄物処理法は同じ目的をもっているとして，上記②の場合にあたると解した。廃棄物処理法第15条第2項第1号（現行15条の2第1項1号）に基づく技術上の基準として，浸水液による公共の水域および地下水の汚染を防止するために廃棄物の保有水および雨水等の進出を防止することができる遮水工などを設けるなどの措置が講じられていること，が規定されていることを理由とするものである。

確かに，法の目的が何であるかは，目的規定のみから判断するのではなく，具体的な規定内容を見て判断する必要がある。そのような意味から，本判決のこの点の判断は妥当であるといえよう。しかし，本件条例はずばり水道水源を保護する目的で制定されており，廃棄物の適正な処理（その他，廃棄物の排出抑制および生活環境の清潔）により生活環境の保全等を目的とする廃棄物処理法とは，本来的な目的が異なる（紀伊長島町水道水源保護条例事件に関する名古屋高裁平成12年2月29日判決〔判例自治205号31頁〕は，同町水道水源条例と廃棄物処理法とはその目的・趣旨を異にする旨判示している）。

ちなみに，宗像市環境保全条例事件に関する福岡地裁平成6年3月18日判決（判タ843号120頁）では，同条例と廃棄物処理法とは目的を異にするとしたうえで，条例による規制によって廃棄物処理法の目的が阻害される，と判示している（同条例は，自然環境の保全の基本となる事項および自然環境に係る事業者と市民の間の紛争を予防するための事項を定め，もって市民の健康で文化的な生活の確保に努めるという目的規定の下に，産業廃棄物処理施設の設置等の届出，指導・勧告およびそれに従わなかった場合の罰則等を規定している）。

それでは，廃棄物処理法を最大限規制立法と趣旨解釈した点はどうであろうか。そもそも法令の趣旨は必ずしも明確なものとはいえないため，解釈する者によって理解が異なるという面がある。それが法令の趣旨解釈論の欠点でもある。例えば，飯盛町旅館建築規制条例事件において，一審（長崎地判昭55・9・19判時978号24頁）は，「旅館業法は，同法と同一目的の下に，市町村が条例をもって同法が定めているより高次の営業規制を行うことを許さない趣旨であると解される」と判示したのに対し，二審（福岡高判昭58・3・7判時1083号58頁）は，「各地方公共団体が条例により旅館業法より強度の規制をすることを排斥する趣旨まで含んでいると直ちに解することは困難である」と異なる趣旨解釈を行っている。また，パチンコ店の規制条例に関しても，神戸地裁が，兵庫県伊丹市の条例について風俗営業等の規制および業務の適正化等に関する法律に違反しないと判示した（神戸地判平5・1・25判タ817号177頁）が，同県宝塚市の同種の条例については同法に違反すると判示し（神戸地判平9・4・28判時1613号36頁），趣旨解釈を異にしている。

しかし，平成11年に地方分権一括法が制定され，それによって改正された地方自治法

は，地方公共団体を，「地域における行政を自主的かつ総合的に実施する役割を広く担う」（1条の2第1項）ものと位置づけるとともに，国と地方公共団体との役割分担については，「住民に身近な行政はできる限り地方公共団体にゆだねることを基本」（同2項）とすべきことを明記した。そして，この国・地方役割分担原則が，第2条第11項で地方公共団体に関する立法について，また，同条第12項で地方公共団体に関する法令の解釈・運用について遵守されるべきことを確認的に規定している。

ところで，この国・地方役割分担原則は，「地方自治の本旨」と並列的に規定されていることからも明らかなように，憲法規範的効力をもつと解される。さらにまた，同条第13項では，自治事務について，「国は，地方公共団体が地域の特性に応じて当該事務を処理することができるよう特に配慮しなければならない」旨規定されている。したがって，自治事務については，国の立法的関与は抑制的でなければならず，また，法令の趣旨解釈は条例の法令適合性を原則的に肯定する方向で行われることが，憲法規範的に要請されていると解される。このような観点からいうと，本判決が，廃棄物処理業や廃棄物処理施設設置の許可について市町村長と知事の役割分担を定めていること，および産業廃棄物処理施設の設置許可に際し条件を付することができる旨規定していることを理由に，少なくとも産業廃棄物の管理型最終処分場に適用される限りにおいて，廃棄物処理法は最大限規制立法である，と趣旨解釈したことには，疑問が残る。ただ，水道水源を保護するために必要な規制区域の設定および規制対象事業場の特定については，できる限り具体的な基準を設けておく必要があるように思われる。

(1) 磯部力「国と自治体の新たな役割分担の原則」『地方分権と地方自治』88・89頁，ぎょうせい，1998年。
(2) なお，阿部泰隆教授は，第13項により，条例は原則として国法に違反しないという推定が働くと解すべきとされる。阿部『政策法学と自治条例』123頁，信山社出版，1999年。

3 県労働委員会等委員月額報酬支出差止請求住民訴訟事件
大津地裁平成21年1月22日判決

【事　実】 本件は，滋賀県の住民（X）が，地方自治法（以下，法という）第242条の2第1項第1号に基づき，滋賀県知事（Y）に対し，労働委員会，収用委員会および選挙管理委員会（以下，本件委員会という）の各委員（以下，本件委員らという）に月額報酬を支給しているのは違法であるとして，その支出の差止めを求めた住民訴訟である。

Xの主張は，本件委員らに対する報酬を定めた滋賀県特別職の職員の給与等に関する条例（以下，本件条例という）第4条第1項および別表2（以下，本件規定という）は，①法第203条の2第2項に違反し無効である，②法第2条第14項および地方財政法第4条に違反し無効である，というものである。

本件条例第4条第1項では，「第1条第5号から第10号までおよび第16号から第18号

までに掲げる特別職の非常勤の職員の受ける報酬の額は，別表2による」と規定されている。

ちなみに，第1条第6号に選挙管理委員会の委員および臨時補充委員，同第10号に労働委員会の委員，同第16号に収用委員会の委員および予備委員が規定されている。

また，別表2には委員の報酬月額が定められており，例えば労働委員会については，会長である委員は226,000円，公益を代表する委員は202,000円，労働者または使用者を代表する委員は191,000円と規定されている。

【判　旨】「普通地方公共団体は，法203条の2第1項所定の非常勤の職員に対しても特別な事情がある場合には，同条2項本文の例外として，同項ただし書に基づき，条例で特別の定めをすることにより，勤務日数によらないで報酬を支給することができるが，本件で問題となっている選挙管理委員会，労働委員会，収用委員会については，それらの委員が法律上明文の規定をもって非常勤とされている以上，上記のような例外的扱いは，その勤務実態が常勤の職員と異ならないといえる場合に限られるというべきである。そして，普通地方公共団体は，法令に違反しない限りにおいて，条例を制定することができるにとどまるから（法14条1項），議会の制定した条例が，上記のような法203条の2第2項の趣旨に反するときには，当該条例は，法令に違反するものとして，その効力を有しないものといわなければならない」

「本件委員らの勤務実態は……到底常勤の職員と異ならないとはいえず，法が，このような勤務実態を有する本件委員らに対し，勤務日数によらないで報酬を支給することを許しているものとは解されない」

「そうすると本件委員らに対し，勤務日数によらないで月額報酬を支給することとした本件規定は，……法203条の2第2項の趣旨に反するものとして，その効力を有しないといわざるを得ないから，本件公金支出は，法204条の2の規定に反し，違法であるというほかない」

「しかるに，……今後も本件規定に基づいて，本件公金支出が行われることが，相当な確実さをもって予測されるところである（から）……本件公金の差止めを求める原告の請求は理由がある」

【解　説】　本件の争点は，①本件規定は法第203条の2第2項に違反し無効か，②本件規定は法第2条第14項および地方財政法第4条に違反し無効か，の2点である。

しかし，本判決は，法第203条の2第2項ただし書による例外的扱いは，「その勤務実態が常勤の職員と異ならないといえる場合に限られる」として，本件規定は同条項に違反し無効であり，本件委員らに本件報酬を支出してはならない，と判示した。したがって，本稿でも，争点①について検討する。

ところで，この問題を考えるうえで，まず確認しておかなければならないのは，日本国憲法（以下，憲法という）第94条は，「地方公共団体は，その財産を管理し，事務を

処理し,及び行政を執行する権能を有し」と規定し,地方公共団体に自治組織権を与えている,ということである。確かに,憲法第92条は「地方公共団体の組織及び運営に関する事項については……法律でこれを定める」と規定しているが,法律でどのようにでも定めることができるわけではない。地方公共団体の組織および運営について定める法律は,「地方自治の本旨」に基づくものでなければならず,憲法第94条は,この「地方自治の本旨」の具体的内容を成すものである。

したがって,「地方自治法や地方公務員法が,大綱的規定として地方公務員の人事行政に関する根本基準を定めることは許されるが,その域をこえて,任用,罷免,懲戒,給与の決定,勤務評定,労働関係等の人事行政の管理・運営事項に不当に関与することを定めることは許されない」,と解さなければならない。平成11年の第1次地方分権改革によって改正された地方自治法が,その第2条第11項において,「地方公共団体に関する法令の規定は,地方自治の本旨に基づき,かつ,国と地方公共団体との適切な役割分担を踏まえたものでなければならない」と規定しているのは,このような考え方を明らかにしたものということができる。

このような意味から,地方公務員の給与等に関する地方自治法および地方公務員法の規定は,地方公務員の給与等についての「枠法」であり,かつ,それらについての「大綱を定めた法」ということになる。したがって,法第203条の2第2項ただし書は,非常勤職員に対する報酬について,勤務日数に応じた支給の例外取扱いを条例に授権(委任)した規定ではなく,非常勤職員に対する報酬はその勤務日数に応じて支給しなければならない,という法による「枠」(制限)をはずした規定と解される。

また,法は,その第2条第12項において,地方自治(地方公共団体の自治権)を尊重する趣旨から,「地方公共団体に関する法令の規定は,地方自治の本旨に基づいて,かつ,国と地方公共団体との適切な役割分担を踏まえて,これを解釈し,及び運用するようにしなければならない」と規定している。したがって,法第203条の2第2項ただし書および本件規定の解釈にあたっては,地方公共団体の自治組織権を尊重するという観点から解釈することが要請されている。

さて,法第203条の2第2項であるが,非常勤職員に対する報酬は,「その勤務日数に応じてこれを支給する」と規定する一方,同項ただし書きで「条例で特別の定めをした場合は,この限りでない」と規定し,無条件で法の「枠」(制限)をはずしている。

上述したように,地方公共団体は憲法によって自治組織権が与えられている(保障されている)こと,法第2条第12項により地方公共団体に関する法令は「地方自治の本旨に基づいて」解釈・運用することが(憲法規範的に)要請されていることからして,どの非常勤職員にどのような方法で報酬を支給するかについては,地方公共団体(条例を制定する地方議会)が主体的に判断することができる,と解するのが,素直であり妥当な解釈であると思われる。

もちろん,規定の文言上は無条件であっても,当該規定の趣旨による制約が存在する。しかし,法第203条第2項ただし書(同条項ただし書は現行の203条の2第2項ただし書

に該当する。すなわち、平成20年法律69号による法改正により、203条には議会の議員に関する規定だけが残されて現行の203条各項のとおり改められ、その他の非常勤職員に関する規定は現行の203条の2各項のとおり改められた）は、昭和31年の法改正の際に衆議院において修正され、ただし書として挿入されたものであるが、それは、主として教育委員会など執行機関の委員を念頭に、地方公共団体の自主的判断によって勤務日数に応じて支給する方法とは別の方法によって支給できるようにするためであった、といわれている（修正案の趣旨説明および自治庁次長答弁。なお、昭和31年7月31日自丁公発第109号横浜市総務局長あて自治庁公務員課長回答も、「職務内容及び勤務態様等を考慮して具体的実情に応じ自主的に判断すべきもの」としている）。また、昭和31年8月18日自乙行発第24号各都道府県知事あて自治庁次長通達も、「本改正は、非常勤職員に対する報酬が、勤務に対する反対給付たる性格を有することにかんがみ、当該報酬の額は具体的な勤務量すなわち勤務日数に応じて支給されるべき旨の原則を明らかにしたものであること。ただし、非常勤職員の勤務の態様は多岐にわたっているので、特別の事情のあるものについては、右原則の例外を定めることができるものである」と述べている（ここでも、「勤務の態様」といい、「勤務実態」といっていないこと、また、「特別の事情のあるもの」といい、「勤務実態が常勤の職員と異ならないといえる場合」とはいっていないこと、に注意する必要がある）。

　本判決も、法第203条の2第2項ただし書の趣旨については、「それぞれの普通地方公共団体の実情として、勤務実態が常勤の職員と異ならず、月額あるいは年額で報酬を支給することが相当とされる職員がいるなど、特別な事情がある場合も想定されることから、そのような場合には、……条例で特別の定めをすることにより、勤務日数によらないで報酬を支給することを可能にしたものと解される」と述べ、「勤務実態が常勤の職員と異ならず、月額あるいは年額で報酬を支給することが相当とされる職員がいる」ことを例外扱いが許される「特別な事情」の例示として挙げている。しかるに、本判決は、同条項ただし書の例外扱いは「勤務実態が常勤の職員と異ならないといえる場合に限られる」と結論づけており、その間に論理的な矛盾ないし飛躍がある。

　ともあれ、非常勤職員の報酬について、「その勤務日数に応じて支給する」との「枠」（制限）をはずした法第203条の2第2項ただし書の趣旨が、「勤務実態が常勤の職員と異ならないといえる場合に限られる」ものであることが明白でない（もし、そういう趣旨で例外扱いを許すのであるならば、その旨明記すればよく、立法技術的にも困難は全くないはずである）以上、地方公共団体の自治組織権の尊重および法第2条第12項の趣旨から、どの非常勤職員にどのような方法で報酬を支給するかについては地方公共団体の主体的判断（地方議会の広い立法裁量）に委ねられている、と解すべきである。したがって、本件規定が法第203条の2第2項に違反し無効、と判示した本件判決は妥当でない。

　ところで、本判決が上述したような論理的矛盾ないし飛躍した解釈を行った理由として、以下のような誤解や理解不足等があったのではないか、と考えられる。

その1は，常勤職員の給与には勤務実績に対する反対給付だけでなく生活給としての面があるのに対し，非常勤職員の報酬には生活給としての意味は全くないとの理解から，前者については月額または年額制での支給，後者については日額制での支給が当然との前提に立っているという点である。

　しかし，給与や報酬に生活給としての性格が含まれるかどうかということと，給与や報酬をどのような方法で支給するかということとは本来，別の問題である。例えば，議会の議員は常勤とはいえないが，一般に月額制で報酬が支払われていることからも，そのことは明らかである。議会の議員については国会議員の歳費との権衡を考慮し，他の非常勤職員と区別して規定されたとされているが，月額支給制を当然とするものでなく，日額，月額，年額のいずれの方法で支給するかは地方公共団体の自主的判断に委ねられている，と解されている(7)。要するに，支給方法は，常勤か非常勤かではなく，職務の性質や内容および責任の度合いによって決められるべき事項である(8)。その点で，本判決は，「勤務実態」と称して，例えば，労働委員会の委員についていえば，総会や公益委員会議への出席回数，専門知識の研鑽のために開催される研究会や労働委員会連絡会議への出席回数，不当労働行為事件やあっせん等の取扱件数を取り上げ，「到底常勤の職員と異ならないとはいえず」として，「勤務日数によらないで報酬を支給することを許しているものとは解されない」と断じているのは妥当でない(9)。

　その2は，本判決が本件委員らの職務の性質ないし内容および責任の重さについて十分理解してない点である。

　まず指摘すべきは，本件委員会はいずれも地方自治法上の「執行機関」であるという点である。現行法はいわゆる執行機関の多元主義を採用し，都道府県では，知事のほかに教育委員会等の執行機関を設けなければならない，としている（180条の5第1項・2項）。そして，執行機関は，「自らの判断と責任において」，その与えられた事務を誠実に管理・執行する義務を負っている（138条の2）。

　そこで，本件委員会および本件委員らの権限ないし職務内容および責任がどのようなものかということであるが，労働委員会を例にとってみると，その権限は，地方自治法，労働組合法，労働関係調整法，地方公営企業等の労働関係に関する法律等に規定されており，以下のとおりである。

　労働委員会の主たる権限である準司法的権限としては，①労働組合の資格審査およびその証明（労組5条1項・11条1項），②不当労働行為事件の審査等（労組27条～27条の21），③労働協約の拡張適用に関する決議（労組18条1項），④公益事業における争議予告違反に対する処罰請求（労調42条・37条・39条），⑤地方公営企業の職員のうち使用者の利益を代表する者の範囲の認定および告示（地公労5条2項）がある。また，調整的権限として，①あっせん（労調10条～16条）・調停（労調17条～28条）・仲裁（労調29条～35条），②個別労働関係紛争のあっせん（個別労働紛争20条）があり，その他として，強制権限（労組22条・30条・31条），労働争議の実情調査（労委規則62条の2），争議行為の届出の受理（労調9条，同施行令2条），公益事業の争議行為の予告の受理

（労調37条，同施行令10条の４），公共職業安定所への通報（職安20条２項）がある。

労働委員会の委員はその委員会の構成員として，原則として上記権限を行使する（なお，労働者または使用者を代表する委員は，準司法的権限の①および⑤の権限を行使することができず，②については不当労働行為事件の審問を行う手続に参与することができるにとどまり，また，調整的権限の①の仲裁を行うことができない）。

また，委員の任命については一定の要件が定められており（労組19条の４・19条の12第６項・19条の12第３・４項），失職・罷免に関する規定もある（労組19条の７・19条の12第６項）。

このように，労働委員会の委員は法令上広範かつ重要な職務権限を行使することになっており，その義務ないし責任も重大である。委員は，労使関係の安定および労使紛争の解決のため，総会等への出席や不当労働行為事件等の取扱い以外に幅広い種々の活動を行うとともに，紛争解決能力を向上させるため日々研鑽に努めており，その職務内容や責任は単なる勤務日数で評価することはとうていできるものではない。その点で，附属機関である審議会委員等の他の非常勤の特別職とは大きく異なるところがある。そのような「特別の事情」が認められるからこそ，平成21年４月１日現在，すべての都道府県において労働委員会の委員の報酬が月額で支給されているのである。

残念ながら，本判決は，法的判断よりも政策的判断を優先させた不当な判決である，と評さざるを得ない。

(1) 憲法は，「地方自治の本旨」の具体的内容として，第94条で地方公共団体に自治立法権とともに自治行政権を付与しており，後者の権能には自治組織権や自治財政権が含まれ，さらに自治組織権の中に人事権等が含まれている，と解する。この点について，成田頼明教授は，憲法第94条は地方公共団体の財政管理権，自治行政権および条例制定権を保障するものであるが，第92条と相まって，憲法は，組織権，人事高権，財政高権等も当然に保障している，と解している。成田「地方自治の保障」『日本国憲法体系　第５巻』296・297頁，有斐閣，1964年。なお，『註解日本国憲法』（1399頁，有斐閣，1953年）も，憲法第94条は，地方自治の本旨に基づく地方公共団体の運営を保障するために，その主な権能を例示的に列挙したもの，と解している。

(2) 柳瀬良幹教授は，「『地方自治の本旨』とは，結局において，地方自治制度の存在理由の意味であり，……地方自治を認める余地が全くない如き事態を生じた場合には，一切の地方公共団体を廃止し，すべての行政を官治行政とすることも，決して憲法の禁ずるところでもなければ，又はそれに抵触するものでもないのであって，……斯様に，第92条は，……極端に言えばそれは全く無内容な規定」であると，同条の憲法保障の意味を否定した。「憲法第８章について」自治研究28巻６号（1952年）12・13頁。これに対し，鵜飼信成教授は，「憲法が，地方自治の本旨に基いて，地方公共団体の組織および運営に関する事項を定めるといっている以上，地方自治を認めない地方自治の本旨というようなContradictio in ajectioを許さない限り，なんらかの形の地方自治は必ず認められなければならない」と反論し（「憲法における地方自治の本旨」都市問題44巻２～４号〔1953

(3) 南川諦弘「『地方自治の本旨』の規範的意味」『現代違憲審査論 覚道豊治先生古稀記念論集』法律文化社，1996年参照。
(4) 成田・注(1)書298頁。
(5) 地方公務員法および地方自治法がとっている勤務条件条例主義（地公24条6項）や給与条例主義（地公25条1項，自治204条3項）も，そのような理由から説明することができる。
(6) 筆者は，法第2条第11項および第12項は憲法規範的効力を有する，と解している。南川諦弘「条例制定権の拡充と主体的行政の展開」自治フォーラム482号（1999年）20頁。
(7) 長野士郎『逐条地方自治法』〔第10次改訂新版〕589頁，学陽書房，1987年，松本英昭『新版 逐条地方自治法〔第3次改訂版〕』641頁，学陽書房，2005年，杉村敏正・室井力編『コンメンタール地方自治法』520頁，勁草書房，1979年。ちなみに，福島県矢祭町では，議会の議員報酬について，平成20年3月31日以降，それまでの月額20万8000円を廃止し，議会に1回出席する毎に3万円の日額制を採用している。
(8) 一部事務組合である医療保健センターの監査委員に係る住民訴訟において，大阪地裁平成18年7月7日判決（判例自治300号117頁）は，監査委員に対する報酬の金額（識見選出委員につき月額1万円，議会選出委員につき月額4000円）を定める「報酬条例は，監査委員の職務の内容，職務上の義務及び地位等にかんがみ，医療保健センターの監査委員の報酬を，その職務及び責任に対する対価として，月額をもって支給する旨定めたものと解されるのであって，その趣旨からすれば，報酬条例の当該規定は，地方自治法203条2項の趣旨に反すると言うことはできない」と判示している（なお，同判決は，大阪高裁平成19年5月30日判決でも維持され，最高裁で確定している）。また，教育委員会等の委員に対する月額報酬の支出差止めおよび勤務日数に応じて支給することに必要な措置勧告を求めた住民監査請求において，京都府監査委員の平成21年5月26日付け監査結果も，「本件委員に対する府の報酬は，委員会等に出席した日に対する労働の対価という性格よりも，その職務内容や身分に伴う責任等に対する対価としての性格を重視しているものである」などとして，請求人の主張を退けている。
(9) 本判決では，例えば労働委員会の委員について，総会は毎月2回開催されていること，公益委員会議は総会と同一の日に開催されるのが通例となっていること，平成10年から19年までの取扱い件数は不当労働行為事件が33件，労働組合の資格審査が86件，あっせん等が100件であること等が認定されている。
(10) ちなみに，平成21年4月1日現在，その他の行政委員会のうち，教育委員会，公安委員会，選挙管理委員会，人事委員会については全都道府県で月額制がとられており，また，収用委員会については北海道，富山県，福井県，山梨県，長野県を除く42都道府県で月額制がとられている。

4　県労働委員会等委員月額報酬支出差止請求住民訴訟控訴事件
大阪高裁平成22年4月27日判決

【事　実】　滋賀県の住民（X）は，地方自治法（以下，原則として法という）第242条に基づく住民監査請求を経たうえ（同請求については請求を棄却する監査結果が公表されている。平成19年11月15日滋賀県公報号外参照），第242条の2第1項第1号に基づき，滋賀県知事（Y）に対し，労働委員会，収用委員会および選挙管理委員会の各委員（以下，本件委員らという）に月額報酬を支給しているのは違法であるとして，その支出の差止めを求める住民訴訟を提起した。

　Xの主張は，本件委員らに対する報酬を定めた「滋賀県特別職の職員の給与等に関する条例」（以下，本件条例という）第4条第1項および別表2（以下，本件規定という）は，①法第203条の2第2項に違反し無効である，②法第2条第14項および地方財政法第4条に違反し無効である，というものであった。

　ちなみに，法第203条の2は，第1項で「普通地方公共団体は，その委員会の委員……その他地方公共団体の非常勤の職員（短時間勤務職員を除く。）に対し，報酬を支給しなければならない」と規定するとともに，その第2項で「前項の職員に対する報酬は，その勤務日数に応じてこれを支給する。ただし，条例で特別の定めをした場合は，この限りでない」と規定している。これを受けて制定された本件条例は，その第4条第1項で「第1条第5号から第10号までおよび第16号から第18号までに掲げる特別職の非常勤の職員の受ける報酬の額は，別表2による」と規定し，特別職として第1条第6号に選挙管理委員会の委員および臨時補充委員，同第10号に労働委員会の委員，同第16号に収用委員会の委員および予備委員を列挙し，また，別表2で当該委員の報酬月額を定め，例えば，労働委員会については，会長である委員は22万6000円，公益を代表する委員は20万2000円，労働者または使用者を代表する委員は19万1000円と規定している。

　第一審判決（大津地判平21・1・22。以下，原判決という）は，「普通地方公共団体は，法203条の2第1項所定の非常勤の職員に対しても，特別な事情がある場合には，同条2項本文の例外として，同項ただし書に基づき，条例で特別の定めをすることにより，勤務日数によらないで報酬を支給することができるが，本件で問題となっている選挙管理委員会，労働委員会，収用委員会の各委員については，それらの委員が法律上明文の規定をもって非常勤とされている以上，上記のような例外的扱いは，その勤務実態が常勤の職員と異ならないといえる場合に限られるというべきである」，「本件委員らの勤務実態は……到底常勤の職員と異ならないとはいえず，法が，このような勤務実態を有する本件委員らに対し，勤務日数によらないで報酬を支給することを許しているものとは解されない」，「そうすると，本件委員らに対し，勤務日数によらないで月額報酬を支給することとした本件規定は，……法203条の2第2項の趣旨に反するものとして，その効力を有しないといわざるを得ないから，本件公金支出は，法204条の2の規定に反し，違法であるというほかない」と判示して，原告の請求を認容した。

そこで、Yは、大要次のような理由を挙げ、控訴に及んだ。すなわち、①非常勤職員の報酬の性格（生活給としての意味をもたず、反対給付としての性格のみを有するものかどうか）とその支払方法とは別個の問題であること、また、原則規定（法203条の2第2項本文）があることと、例外を定める際に制限があるか否か、あるいはどのような場合に例外の設定が可能であるかとは別個の問題である。②昭和31年地方自治法改正の際の国会審議の経過をみると、当時の自治庁が、地方における行政機関たる委員会の委員を含め、非常勤の職員についてはすべて、国の委員会の委員と同様に、勤務日数に基づいて条例で定めることを義務づけたうえで、金額の設定については各自治体の自主的な判断を認めるという趣旨で提案したのに対し、国会において、その枠組みが否定され、日額とするかそれ以外の支給方法とするかをも含めて、各自治体の判断に任せることとして、法第203条の2第2項（改正当時は203条2項）ただし書が加えられ、それが可決されたものである。③条例により「特別の定め」を行うについての判断は、法第203条の2第2項ただし書によって、ひとえに当該地方公共団体（条例を制定する議会）に委ねられていること、また、特別の定めを行うことができるのは「特別な事情」がある場合という立場に立つとしても、当該非常勤職員の職務における様々な性質のうち、どのような点を「特別な事情」と捉え、「特別の定め」を行うこととするかという判断そのものが法律により当該地方公共団体に委ねられており、当該判断について司法がこれに立ち入り、当該判断を無効とすべき性質のものではないこと、仮にそうでないとしても、条例制定権が憲法上の権能として認められていることにかんがみれば、当該判断が、一見して明白に不合理と認められるような場合でない限り、当該条例が違法・無効とされるものではない、などである。

これに対し、本判決は、以下のように判示し、選挙管理委員会委員長を除く本件委員らに対する月額報酬の支出は違法であるとして、控訴を棄却（原判決中、選挙管理委員会委員長に関する請求を認容した部分は取り消したうえで、その部分の請求を棄却）した。

【判　旨】
(1)　法第203条の2第2項の趣旨・意味内容について

「法203条の2第2項……は、同条1項所定の非常勤職員に対する報酬はその勤務日数（勤務量）に応じて支給するとの同条2項本文の原則は堅持しつつ、そのただし書において、各地方公共団体の議会が制定する条例をもって特別な定めをすることができることを認めたものであるところ、本件ただし書に実体的な要件は規定されていないから、原則的には、本件ただし書によって条例で特別の定めをするかどうかは議会の裁量にゆだねられていると解するのが相当である。しかし、昭和31年改正によって本件ただし書を付加した趣旨は、当時繁忙とされていた選挙管理委員会や人事委員会等の執行機関である委員会の委員について、その勤務の実情等特別な事情のある場合においては、特に条例をもって規定することにより、特定の職員について勤務日数によらず月額又は年額

等によって報酬を支給することができるようにしたというものであったと認められるから，……地方公共団体の議会が，本件ただし書の趣旨目的を踏まえて，対象となる非常勤職員の職務内容及び勤務態様等の具体的事情を考慮し，月額報酬制等をとるのを相当とするような特別な事情があるかどうかを判断して，裁量によりこれを決するものということになる」

「どのような場合が『特別な事情がある場合』に該当するのかを考えるに，この点は個別の実情にもよるが，少なくとも次の①から④までのような場合はこれに該当すると考えられる。すなわち，①当該非常勤職員の役所における勤務量が常勤の職員に比肩し得るあるいは準ずる場合，②役所における勤務量が必ずしも多くはない場合でも，役所外の職務執行や，役所の内外での勤務に備えての待機等が多いなど事実上の拘束があって，月額で報酬を支払うのが相当と考えられる場合，③勤務量を認識することが困難で，日額報酬制をとるのが不相当と判断され，月額報酬制をとらざるを得ない場合，④その他勤務や地方の実情に照らし，この原則によらずに月額報酬制を必要とする特別な事情がある場合（……職責が極めて重大で，そのこと又はその他の事情により任期中の委員の生活に対し大きな制約が生じる場合は，この④の場合に該当すると解される。）などが考えられる」

(2) 本件条例中の本件規定の適法違法の判断基準について

「全国のほとんどの地方公共団体が各種委員について月額報酬制を半世紀以上継続して採用してきており，その点にはそれなりの経緯と理由があったと考えられる。

しかし，当時から既に半世紀以上を経た今日では，多くの地方公共団体において財政的困難に直面し，首長等が法や条例で規定されている給与を一部カットする非常措置をとったり，職員の給与に減額措置をとるような状況に立ち至っていることは周知の事実である。また，一般にも，より適正，公正，透明で，説明可能な行政運営が強く求められる社会状況になっており，このような状況の下では，……法2条14項及び地方財政法4条などをもより強く意識する必要がある。

そこで，現時点においては，非常勤の本件委員らについて月額報酬制を採用している本件規定に係る議会の判断が裁量の範囲を逸脱して違法でないかどうかは，このような社会情勢の大きな変化を前提としつつ，当該職務の内容・性質や勤務態様，地方の実情等に照らし，法203条の2第2項本文の日額報酬制の原則によらずに月額報酬制をとるのを相当とするような特別な事情があるかどうかを検討し，もって本件規定が同条項本文の原則に矛盾抵触して著しく妥当性を欠く状態になっているかどうか，そしてそのような状態が相当期間内に是正されていないといえるかどうかによってこれを決すべきものと考える。そして，それらが肯定される場合には，本件規定は，裁量の範囲を逸脱したものとして，法203条の2第2項に違反し違法，無効というべきである」

(3) 本件委員らの勤務の実情について（以下では，労働委員会委員および選挙管理委員会委員長についてのみ取り上げる）

「会長を除く委員の勤務実日数の6か年における1か月の平均勤務実日数は2.17日で

あって，おおむね1か月に2日程度，数か月に1度は1か月に3日程度の勤務日数である。会長のそれは1か月2.88日で，1か月に3日弱の勤務日数ということになる。

勤務1日当たりの報酬額を計算してみると，公益委員は9万3087円，労働者委員・経営者委員は8万8018円，会長は7万8472円になる。非常勤の委員に対する国の報酬額の通常の限度額は3万5300円であるから，労働委員会の各委員の1日当たりの報酬額は，上記の順に国の報酬限度額の2.63倍，2.49倍，2.22倍に当たる。

常勤の職員の1か月の勤務日数を19日として……，これに対する会長，委員の勤務日数の割合を計算すると，15.1％，11.4％になる。また，国における非常勤職員の勤務日数の程度は常勤職員の4分の3（75％）以下（14.25日以下）とされており，これとの比較でみても，労働委員会の会長，委員の勤務実日数は非常に少ないといえる」

「以上によれば，労働委員会の会長，委員の勤務実日数を前提にすると，会長及び委員に対する現在の報酬はもはや当該委員の勤務量に対応した反対給付と評価することはできず，法203条の2第2項本文の日額報酬制の原則に矛盾抵触して著しく妥当性を欠く状態になっており，そのような状態が少なくとも平成15年度以降継続し，既に是正のために必要な相当期間が経過していると認めるのが相当である。したがって，労働委員会の会長及び委員の報酬に関する本件条例中の本件規定は，現時点では法203条の2第2項ただし書で許された裁量の範囲を逸脱して違法であり，無効というべきである」

「選挙管理委員会の委員長については，……1か月におおむね5日弱の勤務日数であった。そして1日当たりの金額は，国の報酬限度額を上回るものの，1.36倍程度となっている。また，常勤の職員の勤務日数を19日とした場合に，同委員長の勤務日数の常勤職員のそれに対する割合は24.7％（約4分の1）である。〔中略〕

現今の社会状況に照らすと，このような勤務の実情にある選挙管理委員会の委員（委員長）に対し月額で報酬を支払うのは著しく妥当性を欠き到底了解できないとの考え方も多いのではないかと考えられる。しかし，同委員会の委員長の勤務は1か月に1週間程度であってそれなりの負担であり，計算による1日当たりの金額も著しく不合理なものでもないとの判断もあり得るといえる。そこで，当不当ではなく，裁量の範囲を逸脱して違法かどうかという観点からは，同委員長について現在の月額報酬制をとる本件条例中の本件規定が，法203条の2第2項本文の日額報酬制の原則と矛盾抵触して著しく妥当性を欠く状態になっているとは直ちに断じ難いというべきである。したがって，本件規定が議会に認められた裁量の範囲を逸脱して違法であると直ちに認定することはできないと解するのが相当である」

(4) 被控訴人の公金支出差止請求の当否について

「そうすると，選挙管理委員会委員長を除く本件委員らに対し，法203条の2第2項との関係で違法無効な本件条例中の本件規定に基づき月額で報酬を支払うのは違法ということになる」

【解 説】

(1) 原判決との相違点

本判決が原判決と異なる主な点の第 1 は，法第203条の 2 第 2 項（改正当時は203条 2 項）ただし書（以下，本件ただし書という）の趣旨ないし意味内容について，「本件ただし書に実体的な要件は規定されていないから，原則的には，本件ただし書によって条例で特別の定めをするかどうかは議会の裁量にゆだねられていると解するのが相当である」とするとともに，「対象となる非常勤職員の職務内容及び勤務態様等の具体的事情を考慮し，月額報酬制等をとるのを相当とするような特別な事情があるかどうかを判断して，裁量によりこれを決するものということになる」と判示していることである。

第 2 は，どのような場合に「特別な事情がある場合」に該当するかについて，「個別の実情にもよるが」と断りつつ，「少なくとも」として，上記【判旨】(1)に記述しているような 4 つの場合を挙げていることである。

第 3 は，財政的困難に直面し，適正・公正・透明で説明可能な行政運営が強く求められる今日の社会状況の下では，法第 2 条第14項および地方財政法第 4 条などをもより強く意識する必要があり，非常勤の本件委員らについて月額報酬制を採用している本件規定に係る議会の判断が裁量の範囲を逸脱して違法でないかどうかは，このような社会情勢の大きな変化を前提としつつ，当該職務の内容・性質や勤務態様，地方の実情等に照らし，法第203条の 2 第 2 項本文の日額報酬制の原則によらずに月額報酬制をとるのを相当とするような特別な事情があるかどうかを検討し，もって本件規定が同条項本文の原則に矛盾抵触して著しく妥当性を欠く状態になっているかどうか，そしてそのような状態が相当期間内に是正されていないといえるかどうかによって決すべき，としていることである。

第 4 は，本件委員らの勤務の実情を，非常勤の委員に対する国の報酬限度額や国における非常勤職員の勤務日数の程度と比較し，選挙管理委員会委員長を除く本件委員らの勤務日数を前提とすると，会長および委員に対する現在の報酬はもはや当該委員の勤務量に対応した反対給付と評価することはできず，法第203条の 2 第 2 項本文の日額報酬制の原則に矛盾抵触して著しく妥当性を欠く状態になっており，そのような状態が少なくとも平成15年度以降継続し，すでに是正のために必要な相当期間が経過していると認めるのが相当であるとして，本件規定は，現時点では本件ただし書で許された裁量の範囲を逸脱して違法であり，無効というべきである，と結論づけていることである。

(2) 本判決の当否——上記相違点を中心に——

そこでまず，上記 4 点について，その当否を検討する。

第 1 の点であるが，条例で特別の定めができる場合，すなわち「特別な事情がある場合」を，「勤務実態が常勤の職員と異ならないといえる場合」ときわめて限定的に解した原判決に比べ，本判決はそれを広く認めており，評価できる。もっとも，本判決が，「本件ただし書には実体的要件が規定されていないから，本件ただし書によって条例で特別の定めをするために特別な事情が必要であるというような実体的要件が存在すると

解釈することには困難が伴う。そして，この点からすると，本件ただし書によって条例で特別な定めをするかどうか，するとしてどのような定めをするかは，議会の裁量にゆだねられている面があることも当然と思われる」，「（立法の経過に照らしても，そのようにいうことができる）」と述べる一方で，「本件ただし書の趣旨目的を踏まえて，対象となる非常勤職員の職務内容及び勤務態様等の具体的事情を考慮し，月額報酬制等をとることを相当とするような特別な事情があるかどうかを判断して，裁量によりこれを決するものということになる」と述べており，その間の矛盾は「法文における原則（本文）と例外（ただし書）という基本的な約束事項」等の理由を挙げるだけでは解消されない。

ところで，本件ただし書の趣旨ないし意味内容如何が本件における最大の争点であるが，それを解釈するうえで，昭和31年の地方自治法改正の際の国会審議の経過を検証し，立法者意思を明らかにしておくことが重要である。この点について，控訴人は，控訴理由書において，詳細な立法経過の分析・検討を行い，当時の自治庁が，地方における執行機関たる委員会の委員を含め，非常勤の職員についてはすべて，国の委員会の委員と同様に勤務日数に基づいて条例で定めることを義務づけたうえで，その金額の設定については各地方公共団体の自主的な判断を認めるという趣旨のもとに提案したのに対し，国会において，その枠組みが否定され，執行機関たる委員会の委員を念頭に，日額とするかそれ以外の支給方法とするかをも含めて，各地方公共団体の判断に任せることになった，と述べているが(1)，その主張に説得力が認められる。

第2の点であるが，本判決が「特別な事情がある場合」として挙げている4つのうち，①から③は勤務量を問題としており，「勤務実態が常勤の職員と異ならないといえる場合」とした原判決を敷衍したものであるともいえる。また，④も，そこで例示されている「職責が極めて重大で……任期中の委員の生活に大きな制約が生じる場合」というのは「精神的な面での勤務量」を問題としており，原判決のいう「勤務実態が常勤の職員と異ならない場合」の射程に入るように読めなくもない。もっとも，本判決は，「個別の実情にもよるが」と断っていること，また，「少なくとも」①から④の場合は「特別な事情がある場合」に該当するというものであって，①から④に限定されるわけではないことから，原判決とは異なる。ただ，もし「特別な事情」の存否およびその存在を前提とする報酬の支給方法の選択は地方公共団体の裁量に委ねられ，それぞれの地方公共団体が主体的に判断できるというのであれば，このような例示は司法審査との関係ではほとんど意味がなく(2)，せいぜい地方公共団体が本件ただし書に基づき特別な定めをするかしないかを判断する際の参考にとどまる。とすれば，わざわざ「特別な事情がある場合」を例示することの意図が疑われることになる。また，実体的要件を全く定めていない本件ただし書の規定から，そもそも上記のような意味内容を読みとることが可能か，原判決に対すると同様，疑問なしとしない。

第3の点は本判決の大きな特徴ということができるが，同時にそれは本判決の大きな問題点でもある。すなわち，本判決は，財政的困難に直面し，適正・公正・透明で説明

可能な行政運営が強く求められる今日の社会状況を前提として、非常勤職員の当該職務の内容・性質や勤務態様、地方の実情等に照らし、日額報酬制の原則によらずに月額報酬制をとることを相当とするような特別な事情があるかどうかを検討しなければならないと説示しているが、それは正しく、それぞれの地方公共団体つまりは条例を制定する地方議会の政策判断に関わる事項であり立法裁量事項ではないかとの疑問が生ずるからである。滋賀県知事が、本判決を不服として上告した理由の1つに、「高裁判決は、地方自治体の財政状況や行政の透明性を求める社会状況を法解釈の要素とされておられますが、こうした要素は、本来、それぞれの地方自治体がおこなうべき政策判断に関する事項でありまして、これを適法・違法の基準とすることは、問題があると考えております」（平成22年5月11日　滋賀県知事定例記者会見　滋賀県HP）と述べているが、至極もっともである。筆者も、原判決の解説をした際、同判決は「法的判断よりも政策的判断を優先させた不当な判決である」と述べたが、本判決はより明確に政策判断によって本件規定を違法・無効と判示している点で、原判決以上に不当な判決であると断ぜざるを得ない。近年の司法改革が目指す法化社会において司法が果たすべき役割の重要性は認めるとしても、政治的・政策的事項について司法は謙抑的でなければならず、その点で、本判決は司法の役割を大きく踏み越える不当な判決といわざるを得ない。

　第4の点であるが、本判決は、上記したように、本件ただし書の趣旨ないし意味内容について縷々説示してはいるが、つまるところ本件規定が法第203条の2第2項に違反し無効かどうかの判断の根拠としたのは、国における非常勤職員の報酬限度額や勤務日数の程度との比較であり、その比較の結果、本件委員らの報酬が国の委員会の委員らのそれより高すぎるという理由で本件規定を違法・無効と結論づけるものである。しかし、そのような国中心の発想は、地方分権（地域主権）の尊重という今日の流れに逆行するもので問題がある。この点、滋賀県知事も、前出の上告理由について述べた中で、高裁判決が、「条例制定に関しまして、地方自治法の首長および議会が判断すべき範囲を非常に狭く解釈されておられます。結果的に、選挙管理委員会委員長以外の行政委員会委員に対する月額報酬を違法とされたことについて、大いに疑義があると考えております。私としては、今回のこのような判断は、地域主権の時代という流れに逆行していると感じております」と述べているところである。また、平成15年度から同20年度の1か月あたりの平均勤務日数が4.70日の選挙管理委員会委員長に対する月額報酬の支給は違法とまではいえないが、その平均勤務日数が2.88日である労働委員会会長に対する月額報酬の支給は違法・無効であるとする判断に合理性があるとは思われない。

(3)　「地方自治の本旨」と条例制定権の範囲

　ところで、本件規定が法第203条の2第2項に違反するか否かを判断するにあたり、本判決も、原判決と同様、地方自治の本旨に基づく地方自治制度の憲法的保障について全く考慮していない点で問題がある。

　地方自治の本旨に基づく地方自治制度の憲法的保障の視点から本件規定の適法・有効性を検討するうえで、確認しておかなければならない第1は、本件ただし書は地方自治

法による条例への委任規定ではないということであり，第2は，条例の解釈にあたっては地方自治の本旨に基づいて行わなければならないということである。

まず，前者の点であるが，日本国憲法（以下，憲法という）第92条は，「地方公共団体の組織及び運営に関する事項は，地方自治の本旨に基いて，法律でこれを定める」と規定するとともに，「地方自治の本旨」に基づく地方自治制度の具体的内容をなすものとして，憲法第94条において，「地方公共団体は，その財産を管理し，事務を処理し，及び行政を執行する権能を有し，法律の範囲内で条例を制定することができる」と規定し，地方公共団体に自治立法権等とともに自治組織権を保障している。したがって，地方公共団体の組織について定める地方自治法や地方公務員法は「地方自治の本旨」に基づくものでなければならず，それらの法律では，「大綱的規定として地方公務員の人事行政に関する根本基準を定めることは許されるが，その域をこえて，任用，罷免，懲戒，給与の決定，勤務評定，労働関係等の人事行政の管理・運営事項に不当に関与することを定めることは許されない」。このような意味から，地方公務員の給与等について定める地方自治法や地方公務員法の規定は，地方公務員の給与等についての「枠法（枠組み法）」であり，かつ，それらについての「大綱を定めた法（大綱法）」である。

したがって，本件ただし書は，非常勤職員に対する報酬について，勤務日数に応じた支給の例外取扱いを条例に授権（委任）した規定ではなく，非常勤職員に対する報酬はその勤務日数に応じて支給しなければならないという法（法203条の2第2項本文）による「枠」（制限）をはずした規定ということになる。しかも，本件ただし書はその枠を無条件ではずしているのである。したがって，同規定の下で，どのような非常勤職員に対して，どのような支給方法で，どれくらいの報酬を支給するかは，憲法により地方自治組織権を保障されている（与えられている）地方公共団体すなわち地方議会が主体的に判断できることであって，その判断結果の政策的当否は別として（それは，住民自治により住民が判断すべき問題である），原則的には司法によって適法・違法が判断されるべき事項ではない。そのような意味で，控訴人が，「当該判断が一見して明白に不合理と認められるような場合でない限り，当該条例が違法・無効とされるものではない」とする主張は妥当である。

次に，後者の点であるが，現行憲法は，日本国（国家）の統治権を国（中央政府）だけが保有し国によって行使する中央集権主義ではなく，統治権のうちの立法権と行政権を国と地方公共団体（地方政府）が分け合って保有し行使するという地方分権主義をとっている。また，その地方公共団体の統治権すなわち地方自治権は，国から伝来した（与えられた）ものではなく，現行憲法によって与えられた権能である。そのような意味から，本来的には（憲法上は）国と地方公共団体は独立・対等で，かつ国民の福祉の実現のため協力し合う関係にある。しかるに，地方自治法はじめ地方自治に関する法制度およびその運用面において国と地方公共団体は上下・主従の関係に置かれていたため，平成11年，いわゆる地方分権一括法が制定され，「国と地方公共団体を法制面で上下・主従の関係に立たせ」（地方分権推進委員会中間報告および2次勧告），中央集権型行政

システムの「象徴」(同1次勧告) としてその中核的部分を形づくってきた機関委任事務制度を廃止するなどにより,「国と地方公共団体の関係を地方自治の本旨を基本とする対等・協力の新しい関係」に再構築し,地方公共団体の自主性・自立性を高めるための地方分権改革が行われた。そして,同改革によって改正された地方自治法の第2条第12項では,確認的意味で,「地方公共団体に関する法令の規定は,地方自治の本旨に基づいて,かつ,国と地方公共団体との適切な役割分担を踏まえて,これを解釈し,及び運用するようにしなければならない」と規定されている。

　ところで,国の法令との関係における条例制定権の限界については,徳島市公安条例事件に関する最高裁大法廷昭和50年9月10日判決 (刑集29巻8号489頁) が,「条例が国の法令に違反するかどうかは,両者の対象事項と規定文言を対比するのみでなく,それぞれの趣旨,目的,内容及び効果を比較し,両者の間に矛盾抵触があるかどうかによってこれを決しなければならない」との立場から,「例えば,……特定事項についてこれを規律する国の法令と条例とが併存する場合で……両者が同一の目的に出たものであっても,国の法令が必ずしもその規定によって全国的に一律に同一内容の規制を施す趣旨ではなく,それぞれの普通地方公共団体において,その地方の実情に応じて,別段の規制を施すことを容認する趣旨であると解されるときは,国の法令と条例との間にはなんらの矛盾抵触はなく,条例が国の法令に違反する問題は生じえない」とする見解を示しており,今日の通説を形成している。上記の法第2条第12項は,同条第13項の地域特性配慮規定とともに,主として行政作用法の領域で,国の法令と条例の抵触 (条例制定権の限界) が問題となる際に,国の法令の趣旨を「それぞれの普通地方公共団体において,その地方の実情に応じて別段の規制を施すことを容認する趣旨」(いわゆる最小限規制立法) と解釈することが憲法規範的に要請される (具体的には,当該条例が国の法令に抵触し違法・無効であると主張する側において,当該国の法令がその規定によって全国的に一律に同一内容の規制を施す趣旨であること,すなわちいわゆる最大限規制立法であることを立証する責任がある) などの解釈の根拠として機能することになる。しかし,同規定は行政組織法の分野においても妥当する規範であることはもちろん,行政作用法の領域よりも広く条例制定権の範囲を認めるものである。したがって,法第203条の2第2項と本件規定との関係についても,「地方自治の本旨」に基づいて,すなわち地方公共団体の自治組織権を尊重する方向で解釈する必要がある。

　以上の2点を踏まえるならば,本件規定の適法・有効性を肯定できることは明らかといえよう。

　なお,本判決と同日,兵庫県行政委員会の委員報酬に関する違法支出損害賠償等請求事件の神戸地裁判決があった。同判決は,勤務実態が常勤の職員と異ならない場合のみ月額または年額報酬を支給できる旨を定めたと解するのは狭きに過ぎること,本件委員らは執行機関の委員として法令上広範かつ重要な職務権限を行使するとともに,所管する行政運営について直接責任を負う立場にあるなどとして,兵庫県議会が,月額報酬を支給することを相当と判断し,条例を制定したことが立法裁量の範囲を逸脱または濫用

したものであるということができない，と判示している。

(1) 同旨・安藤高行「労働委員会の委員の報酬について」月刊労委労協639号（2009年）21-22頁，池田辰夫「民事司法と民主主義」阪大法学59巻3・4号（2009年）106-120頁参照。
(2) ちなみに，行政裁量論では政治的・政策的裁量行為については，行政庁の判断が全く事実の基礎を欠き，または社会通念上著しく妥当性を欠くことが明らかでない限り，当該行為を違法と判断しないという，いわゆる裁量濫用統制型審査方式がとられている。例えば，在留期間更新不許可処分取消請求事件に関する最高裁大法廷昭和53年10月4日判決民集32巻7号1223頁参照。
(3) 南川諦弘「県労働委員会等委員月額報酬支出差止請求住民訴訟事件」判例地方自治317号（2009年）104頁。
(4) 池田・注(1)論文109頁参照。
(5) 成田頼明「地方自治の保障」『日本国憲法体系　第5巻』298頁，有斐閣，1964年。
(6) 地方公務員法および地方自治法がとっている勤務条件条例主義（地公24条6項）や給与条例主義（地公25条1項，自治204条3項）も，そのような理由から説明することができる。
(7) 地方公共団体の自治権の根拠について，伝来説，制度的保障説，固有権説，新固有権説，憲法伝来説など諸説があるが，筆者は，憲法が「地方自治の本旨」という一定内容の地方自治制度を保障していると解する点では制度的保障説であるとともに，地方公共団体の自治権の由来ないし根拠は憲法であるという点では憲法伝来説をとっている。南川諦弘「『地方自治の本旨』の規範的意味」『現代違憲審査論　覚道豊治先生古稀記念論集』387・388・405頁，法律文化社，1995年。
(8) 筆者は，法第2条第11項および第12項は憲法規範的効力を有すると解している。南川諦弘「条例制定権の拡充と主体的行政の展開」自治フォーラム482号（1999年）20頁。

第Ⅲ部

行政指導・要綱行政とその限界

第1章
行政指導と法治主義

I はじめに

　最高裁は，昭和60年7月16日，マンションの建築をめぐる業者と付近住民との間の紛争に関して，紛争調整担当職員による調整的行政指導が行われている間，建築確認を留保したことについて，その違法性を認め，業者からの国家賠償請求を認容する判決を初めて下した[1]（判タ568号42頁，判時1168号45頁。以下，最高裁判決という）。同判決の行政，業界，住民運動等に与える影響は大変大きいものと思われる。

　従来，行政も住民も何かといえば行政指導に期待するといった傾向があり，法軽視，住民の甘えといった好ましからざる風潮がなくもないような状況であった[2]。上記最高裁判決は，実務界だけでなく，学界においても，もう一度，行政指導を法治主義との関係から見直す必要があることを気づかせたものというべきである。

　そこで，以下，筆者なりに日頃考えているところを述べ，大方の御教示を仰ぎたいと思っている次第である。

II 規制的行政指導と法的根拠

　行政指導とは何か，それ自体問題であるが，行政作用の中で，一般に，助言・指導・要望・勧告・勧奨・協力要請・警告などと呼ばれる行為がそれであって，行政指導とは，「行政機関が，相手方の同調を求めて働きかけ，それによって，行政機関の意図するところを実現しようとする作用で……法的な強

制力をもたず，また，何らの法的効果を伴わない事実的作用」である。

ところで，このように定義される行為も，その性質・機能は種々異なり，行政指導に法的根拠が必要かという観点からは，次のように分類するのが適当と思われる。すなわち，助成的行政指導（例えば，営農指導，中小企業に対する経営指導，保健指導）と規制的行政指導に分け，後者を，さらに予防的指導（例えば，窓口指導のように行為が法に適合するよう事前指導を行う場合），是正的指導（建築基準法に違反する建築物について改善命令を出さないで改善勧告をする場合），調整的指導（例えば，建築紛争を解決するための協議の斡旋），および統制的指導（例えば，いわゆる開発指導要綱に基づく開発指導）に分けることである。

このうち，助成的行政指導は，何らの規制的目的および効果を伴うものでないから，法治主義の見地からは特に問題にならないし，予防的指導は，義務の自発的履行の機会を与えるためになされるもので，相手方の任意性が制約されないから，法的根拠を要しないと解される。また，是正的指導も，違反状態に対処する法的措置（是正命令・罰則）が存在するから，法治主義の要請を満たしていると考えてよい。

問題は，調整的指導と統制的指導である。特に統制的指導は，独立に，何らかの規制目的達成の手段として用いられるために法治主義の観点から問題となる。

この点について，行政指導の任意性（非権力性・非強制性）を理由に，法の根拠を要しないとする見解があるほか，「行政指導は法律の不備を補って行政庁が新しい行政需要に機敏に対応し，行政責任を全うするために行われるものである。そこに行政指導のメリットがあった。このことを考えると，行政指導にいちいち法律の根拠を要求することは，かえってそのメリットを失わせ，角を矯めて牛を殺す結果になりはしないか。また，かりに行政指導に根拠となる規定をおくとしても，それはおそらく抽象的概括的な内容の規定とならざるをえないから，あまり意味があるとは思われない」とする見解がある。

しかし，前者の見解については，行政指導とは，行政機関が相手方の同調を求めて働きかけるものであって法的強制力をもつものではない，とはいうものの，統制的指導のように，行政機関が一定の規制目的をもち，その実現のため

に相手方の権利や利益を制限するという,つまり,相手方にとっては不利益となる事柄を内容とする行政指導においては,行政機関が,当該行政指導の規制目的の実現をまったく相手方の任意に委ねるとは通常考えられないのであって,したがって,未だ「真の民主主義理念の浸透と,その成熟を認める」ことのできない状況の下で,行政指導の相手方の主体的意思(任意性)がどれだけ期待できるか疑問なしとしない(7)。しかも,後述のように,通常,行政指導の実効性を担保するために種々の実効的措置等がとられることからいって,行政指導の任意性のみを根拠に,行政指導に法的根拠を要しないと解するのは無理と思われる。

次に,法律の不備を補い,新しい行政需要に応える行政指導の必要性・有用性を,法治主義(法律の留保の原則)に優先させる後者の見解の第1の点であるが,この点については,条例による財産権規制の可否(憲法29条2項,地方自治法2条3項18号の解釈),および条例は国の法令に違反してはならない(憲法94条,地方自治法14条1項)といった条例制定権の限界をどのように理解するか,によって評価を異にするであろう。

この点,国の法令が明示または黙示に(法令による明確な規制がないが,法令全体の趣旨から考えて)先占している事項については,法令の明示的な委任がなければ条例を制定することができないとする,いわゆる法律先占論に立てば(8),自治体が法律の不備を補って新しい行政需要に機敏に対応し,行政責任を全うするために必要な条例を制定することは非常にむずかしい。また条例が国の法令に違反するかどうかは,両者の対象事項と規定文言を対比するのみではなく,それぞれの趣旨,目的,内容および効果を比較し,両者の間に矛盾抵触があるかどうかによってこれを決しなければならないとの実質的解釈の立場から,両者が同一の目的に出たものであっても,国の法令が必ずしもその規定によって全国的に一律に同一内容の規制を施す趣旨ではなく,それぞれの普通地方公共団体において,その地方の実情に応じて,別段の規制を施すことを容認する趣旨であると解されるときは,国の法令と条例との間には何らの矛盾抵触はなく,条例が国の法令に違反する問題は生じ得ないとする法令の趣旨解釈論に立っても(9),当該法令の趣旨が条例による別段の規制を施すことを容認するものかどう

か必ずしも明らかではないために，結局，自治体としては，この見解によっても条例の制定に躊躇せざるを得ないところがある。

しかし，私見のように，法律の授権に基づくことなく，条例で財産権を規制できると解し，また国の法令が明示的に条例制定を禁じていない限り，条例による規制が特別の意味と効果をもち，かつ，その合理性が認められるならば，すなわち，条例制定の必要性・合理性・実効性が認められる場合には，条例の制定を可能と解する立場からすれば，新たな行政需要に対応する法律の不備は，法治主義を後退させる理由にはならない。けだし，上記のような場合，自治体としては，必要な条例を制定し，それに基づいて，規制（権力的行政）なり，行政指導（非権力的行政）を行うべきだからである。

また，行政指導に抽象的概括的な内容の根拠規定をおいても無意味だとする第2の点であるが，確かに，例えば，「……について，勧告することができる」と規定するだけでは，そのとおりである。しかし，行政指導について法で規定することは，このようなものとは限らない。

むしろ，条例という一般的（住民全体の）合意形式を用いることにより，法治主義の要請に応えつつ，妥当な合意を形成し，またそのような合意形成のルールやシステムを条例化することの重要性をもっと認識する必要がある。もちろん，条例という法形式からの制約として，詳細を規定し得ない面があるが，その点は，条例→規則→運用基準の組合わせによりカバーできるものと考える。

それでは，調整の指導はどうであろうか。今日，自治体では，マンション等の建築をめぐって，建築主（業者）と近隣住民との間の紛争がある場合，建築主事等による斡旋等の，いわゆる調整的行政指導が行われることが多いが，判例は，一般に，このような行政指導を是認している。その理由について，例えば，東京地裁昭和52年9月21日判決（東京都中野区建築確認留保国家賠償請求事件・判時886号15頁）は，「日照，通風等の阻害を理由とする建築紛争を当事者による自主的な解決あるいは事後における純法律的な司法判断のみに委ねることなく，関係地方公共団体が事前にその紛争解決を目指して双方の利害の調整を行ない，条理に則した妥当な解決を図ることは，行政目的一般からもまた建築行政という分野に限ってみても，当該地方公共団体に課せられた重大な任務で

あって，このような地方公共団体の調整及び紛争解決機能は，法（筆者注—建築基準法）の……趣旨目的に明らかに沿うものといえるのである。しかも，近時においては，直接には建築確認の対象とならない日照，通風，電波障害等をめぐって各地で建築紛争が多発していることは周知の事実であり，これに伴い，近隣住民の意思を考慮することなく建築行政を行うことは今日ではもはや不可能であり，建築確認制度のみでは処理できないこれらの問題を，事案に即して妥当に解決することが建築行政上関係地方公共団体に強く求められ，かつ極めて重要な機能を果している」ことを挙げている。

確かに，今日の建築行政は，快適な住環境の維持および増進を目的とした積極的な性質の行政であって，いわゆる警察行政の概念で捉えることのできない行政であるということができる。しかも，現行の建築法令が，快適な住環境の維持・増進という目的の実現に十分対応し得ていない状況の下では，建築行政の運用も，建築確認制度を中心とした建築基準法等の法令の機械的執行にとどまることは，もはや許されないものとなっている。したがって，上記の判例のように，建築主と近隣住民との間で建築紛争が存在する場合，行政機関が，当該建築紛争を解決するため，いわゆる調整的行政指導を行うことは別段法的根拠がなくとも許される，と解してよいであろう。

しかし，このような調整的行政指導が許されるためには，当該行政指導の内容が，例えば，日照阻害，通風，騒音，電波障害等をめぐる紛争のごとく，調整になじむものでなければならない。この意味で，例えば，消防法第11条第1項（昭和50年法律84号による改正前）の危険物取扱所設置・変更の許可に関して，隣接住民との紛争を回避ないし解決するため，同許可申請に際して，事前に当該隣接住民の同意書を提出させるという調整的行政指導は許されないであろう（したがって，上記同意書の提出がないことだけを理由に，許可処分を留保することは違法と解される）。けだし，上記のごとき危険物取扱所設置・変更許可処分は，当該危険物取扱所の位置，構造および設置が，危険物の規制に関する政令で定める「技術上の基準」に適合しているか否かによって客観的に判断すべき性質のものであって，隣接住民が同意したから当該施設が安全であるとか，逆に反対したから安全でないとかいう性質のものではないからである。

同じような意味で、例えば、歴史的景観等の景観をめぐる紛争も調整的行政指導の対象とすることができないと考える。何故なら、当該景観がもっている価値が、紛争当事者の個人的利益として、当該紛争当事者の意思によって処分し得る性質のものでないからである。景観が問題となっている場合でも、特定人の眺望権の侵害という形で争われている場合には、そのような眺望権は、紛争当事者によって処分し得るものであるから、行政機関が、いわゆる調整的行政指導によって、その紛争の解決を図ることが許されよう。しかし、歴史的景観のような景観の保全は、建築主と反対住民等との間で処理できる性質の問題とはいえない。確かに、歴史的景観は、当該地区の住民の快適な生活環境（アミニティ）の重要な要素であり、その意味で、当該地区住民にとって大きな利益である[16]。しかし、同時にそれは、もっと広い市民全体の、あるいは国民全体の利益でもある。したがって、このような歴史的景観の保全の問題は、もっと一般的な合意の形式、すなわち、法律や条例によって決せられなければならず、紛争当事者の利害の調整を本質とするいわゆる調整的行政指導になじまないからである。したがって、前述の判例を引用し、それによって行政指導が許されるとの結論を導くことはできない。

Ⅲ　規制的行政指導の実効性を担保する措置とその限界
　　——判例を素材として

　先に行政指導の相手方の主体的意思の有無に関連して少し述べたように、規制的行政指導については、一般に、それに実効性をもたせるため、例えば、建築確認を留保するとか、上水道・下水道・電気・ガス等の供給や使用を拒否するとか、さらには、建築基準法第42条第1項第5号に基づく道路位置指定の留保といった種々の措置がとられる。
　しかし、建築確認は、申請にかかる建築計画が建築基準法等の法令に適合しているか否かを審査し、適合していると判断した以上確認するか否かについて裁量の余地のない、講学上いわゆる確認的行為に属し、かつ、建築基準法は、「申請書の記載によってはこれらの規定に適合するかどうかを決定することが

できない正当な理由」がある場合を除いて申請を受理した日から21日（申請内容によっては7日）以内に確認をしなければならない旨規定している（6条3項・4項）。また，例えば，水道法は，「正当の理由」がなければ給水契約の申込を拒否し得ないと規定している（15条1項。なお，同条2項・3項。同様に，下水道・電気・ガスの使用ないし供給の拒否については，下水道法14条・電気事業法18条1項・ガス事業法16条1項参照）。さらに，道路位置の指定に裁量の余地があるのかも問題である。

したがって，行政指導の実効性を担保するため，上記のような実効的措置をとることができるのか，仮にとることができるとして，それはどのような場合で，またその限界はどうかが問題となる。以下，これらの点について，判例を素材にしながら検討する。

1 建築確認の留保

(1) 判例は，一般に，建築主と近隣住民との間の建築紛争を解決するための斡旋等，いわゆる調整的行政指導に関して，その行政指導が行われている間，建築確認を留保することを是認している。

例えば，前掲の東京地裁昭和52年9月21日判決（東京都中野区建築確認留保国家賠償請求事件）は，建築確認は，建築主事が申請にかかる建築計画が関係法令に適合する旨を公の権威をもって確認し宣言する行政処分であり，当該法令が関係法令に適合すると判断した以上，建築主事は確認するか否かについて裁量を有しないとし，いわゆる確認行為説をとる。しかし，このことは確認あるいは不適合の処分それ自体に関することであり，建築主事が確認申請に対してある期間その応答を留保することは別であるとする。そして，建築基準法第6条第3項・4項の応答期限について，それが建築自由の原則に対する法的規制としての建築確認制度について明文で規定されている以上，これを行政庁に対する単なる訓示規定と解することができないとし，義務規定説をとったうえで，[17] しかし，同条第4項にいわゆる中断通知を規定していることからも窺えるように，上記の応答期限も，あらゆる場合に例外を許さない絶対的な期限規定とまで解することができないというべきであって，建築主事が法定の期限内に応答

をなさないことについて、社会通念上合理的に正当と認められるような事情が存する場合においては、その事情が存続している間応答を留保することは許されるとし、前述した今日の建築行政における自治体の調整および紛争解決機能の必要性・重要性から、「当該建築計画をめぐって建築主と近隣住民の間にいわゆる建築紛争を生じ、これを解決するための関係地方公共団体（あるいは行政庁）の行政指導が行なわれている場合であって、その行政指導が相当と認められる方法により、かつ真摯に行なわれているものであり、しかもこれにより円満な解決が期待できる限りにおいて」、形式的に確認することが可能であっても応答を留保する場合もこれにあたるものと解するのが相当である、と判示している。

　この点、冒頭に紹介した最高裁判決も、その基本的構造は同じである。すなわち、応答期限について義務規定説をとり、また建築確認について確認行為説をとったうえ、しかし、建築主事の義務はいかなる場合にも例外を許さない絶対的な義務であるとまでは解することができないとし、「建築主が確認処分の留保につき任意に同意している場合（筆者注—この点については、建築主が建築紛争解決のための関係自治体による行政指導に任意に応じているからといって、常に当然に確認処分の留保に任意に同意するものとみるのは相当でないとしている）のほか、右の同意のあることが明確であるとはいえない場合であっても、諸般の事情から直ちに確認処分をしないで応答を留保することが法の趣旨目的に照らし社会通念上合理的と認められるとき」は、その応答を留保することをもって、確認処分を違法に遅滞するものということはできないとする。そして、地方自治法第2条第3項第1号・2号に例示されているような自治体の任務、および建築基準法の目的（1条）に照らし、関係地方公共団体において、当該建築確認申請に係る建築物が建築計画どおりに建築されると付近住民に対し少なからぬ日照阻害、風害等の被害を及ぼし、良好な居住環境あるいは市街環境を損なうことになるものと考えて、当該地域の生活環境の維持・向上を図るために、建築主に対し、当該建築物の建築計画につき一定の譲歩・協力を求める行政指導を行い、建築主が任意にこれに応じているものと認められる場合においては、社会通念上合理的と認められる期間建築主事が申請に係る建築計画に対する確認

処分を留保し，行政指導の結果に期待することがあったとしても，これをもって直ちに違法な措置であるとまではいえない，と判示している。

判例は，おおよそ上記のような理由から，一定の場合に（一定の要件の下で），建築確認（の応答）の留保を承認しているのであるが，筆者は，これに次の要件を加える必要があると考えている。すなわち，一般的に行政指導と当該行政指導の実効性を担保するためにとり得る措置との間に，当該実効的措置をとらなければ当該行政指導が成り立たないとか，無意味になるという関係が存在しなければならないということである。ところで，建築紛争解決のための行政指導に関して，一定の限度で建築確認（の応答）の留保が許されるのは，建築確認をおろしたのでは，その後の紛争解決のための行政指導が通常不可能ないし無意味になってしまうからである。この意味で前述の東京地裁昭和52年9月21日判決が，「現実には一旦建築確認がなされれば，建築主が建築工事に着手する法的障害はなくなるのであるから，建築確認は対立当事者の一方である建築主に事実上加担する結果となることは見易い道理であり，当事者の十分な話合いや互譲によって紛争を妥当に解決しようとする以後の行政指導もその実をあげえず，紛争を深刻化させ，その解決を長びかせあるいは困難にさせることは当然予想されるところである」，また「確認申請にかかる建築計画について建築紛争が発生し，これに対して行政指導が行なわれることにより円満な解決が期待できるときは，通常は当該建築計画は設計変更されることが当然予想されるのであるので，建築確認制度の前記趣旨からいえば，確認を受けるべき建築計画は現実に建築がなされるもの，すなわち行政指導に基づく設計変更後の建築計画であるということになる」と判示している点は重要と思われる。

(2) 次に問題となるのは，建築確認留保の限界である。この点について判例に明確な変化がみられる。そこで，以下では，判例の流れをトレースし，前述の最高裁判決の位置づけを明らかにするとともに，建築確認留保の限界について検討する。

当初，判例は，行政指導を最大限に尊重し，建築確認の留保を適法と判断して，原告の請求を退けていた。前述の[1]東京地裁昭和52年9月21日判決は，右のような判例を代表するものである。

事件の概要は次のとおりである。すなわち，鉄筋コンクリート造地下1階地上6階の分譲マンションの建築計画に対し，日照阻害を理由に付近住民が反対，建築主事の斡旋の下に，当事者間の協議が約4カ月にわたり6回行われたが，妥結に至らず，業者が第6回目の協議から約1カ月後，不作為の違法確認訴訟を提起，その後2カ月足らずして，建築予定地が，一部第一種高度地区に，他が第二種高度地区に指定され，当初計画の建築が法的に不能となったため，訴えを国家賠償請求に変更したというものである。同判決は，前述した理由と要件から，本件において建築確認応答を留保したことは違法でないと判示して，原告の請求を棄却した。「双方の合意が成立する目前にあり，以後の話合いによって合意が成立し紛争が円満に解決する可能注は非常に大きなものとして十分期待できる状態にあった」と事実認定している点が注目される。

同旨の判例として，[2]東京地裁昭和52年12月19日判決（判タ363号282頁，判時894号82頁）および[3]東京地裁昭和53年7月31日判決（判タ371号103頁，判時928号79頁）がある。

前者の判決は，マンションの建築に対し，付近住民が反対，建築主事の行政指導による建築主と付近住民の協議が進行中であることを理由に，約8カ月間建築確認を留保，その間に建築予定地が第二種高度地区に指定され，建築設計の変更を余儀なくされたことによる損害等の賠償を請求したという事案に関して，「双方の合意が成立しないことが明らかとなったときには速やかに確認処分を行う限り（従って一律に附近住民の同意を確認処分の条件とすることは許されない……）」，違法な不作為と断じ難いと判示して，原告の請求を棄却している。

また，後者の判決は，やはりマンションの建築に対し付近住民が反対，紛争調整担当職員による建築紛争解決のための行政指導が行われ，約5カ月間建築確認を留保，その間，業者が建築審査会に対し審査請求を提起，工事遅延に伴う請負代金の増加額および建築資金の金利負担に対する損害の賠償を請求した，という事案について，[2]判決と同様，「双方の合意が成立しないことが明らかになった時は速やかに確認処分を行う限り」において，建築確認を留保することは違法でないと判示して，原告の請求を棄却している。

ところが，近時，行政指導が限界を超えるとして，建築確認の留保の違法性

を認め，原告の請求を認容する判決が多くみられる。

　この種の判例の最初のものとして，[3]判決事件の控訴審判決である[4]東京高裁昭和54年12月24日判決（判時955号73頁）が挙げられる。

　同判決は，建築紛争を解決するための行政指導が行われている場合であって，「その行政指導について当該建築主において任意に協力，服従していると認められる限りにおいて」，建築確認を留保することが，建築基準法第6条第4項に準ずる正当な理由があるものとして違法とならないと解されるけれども，「右審査請求をなすことにより被控訴人側の行政指導に服さないとの控訴人の意思が明らかにされたと認められる以上，それ以降の……確認の留保は正当な理由がなく違法なものといわなければならない」と判示し，控訴人（原告）の請求を認容した。

　そして，こうした判例の新しい傾向は，昭和57年頃より，さらに明確になっていく。例えば，[5]東京地裁昭和57年11月12日判決（判タ495号140頁，判時1074号80頁）は，マンションの建築に対し，付近住民が反対，建築紛争解決のための行政指導が行われていることを理由に，7カ月間あまり建築確認を留保，その間，業者は知事に対し，速やかな確認を求める上申書を提出，遅延による借受金の金利相当損害金等の賠償を請求した，という事案について，建築確認の留保も，行政指導を理由とする措置にとどまる以上，当事者の意に反してその受忍を強いることは原則として許されない筋合であるから，行政指導に応じて協議が行われている場合であっても，「建築主が確認の通知を留保されたままでの行政指導にはもはや服しがたい旨の意思を真摯かつ明確に表明し，確認の通知を行うべきことを求めたとき」は，「他に首肯できる合理的理由（例えば，確認の通知をすることにより建築主と近隣住民との間で実力による衝突が起こる危険を招来する等の理由）なくして」，なお行政指導が行われているとの理由のみで確認の通知を留保することが許されなくなる，と判示して，原告の請求を認容している。

　また，[6]京都地裁昭和59年1月19日判決（判タ520号244頁，判時1116号56頁）は，モーテル類似施設の建設に対し，町当局および地元住民が反対，地元町長による当該施設の建設計画の中止または場所の変更，あるいは地元住民の同意

を内容とする行政指導が行われていることを理由に，府の建築主事が建築確認を留保，業者は，建築主事に対し，内容証明郵便で，早急に確認申請の許否を決するよう催告，さらに確認申請から約3カ月後，府建築審査会に審査請求したが，それが棄却されたため，不作為の違法確認訴訟を提起した，という事案に関して，行政指導は，あくまでも相手方の任意の履行にまつことを本質とするものであるから，「相手方が，行政庁の行政指導に応ずる意思のないことを明確にして本来の処分を求めているとき」には，それ以上行政指導を続けることは許されない，と判示し，不作為の違法を確認している。

そして，こうした判例の新しい流れを決定づけたのが，［3］判決・［4］判決事件の上告審判決である冒頭に掲げた最高裁判決で，同判決は，建築確認留保の限界について，「確認処分の留保は，建築主の任意の協力・服従のもとに行政指導が行われていることに基づく事実上の措置にとどまるものであるから，建築主において自己の申請に対する確認処分を留保されたままでの行政指導には応じられないとの意思を表明している場合には，かかる建築主の明示の意思に反しその受忍を強いることは許されない筋合のものであるといわなければならず，建築主が右のような行政指導に不協力・不服従の意思を表明している場合には，当該建築主が受ける不利益と右行政指導の目的とする公益上の必要性とを比較衡量して，右行政指導に対する建築主の不協力が社会通念上正義の観念に反するものといえるような特段の事情が存在しない限り，行政指導が行われているとの理由だけで確認処分を留保することは，違法であると解するのが相当である」，「いったん行政指導に応じて建築主と付近住民との間に話合いによる紛争解決をめざして協議が始められた場合でも，右協議の進行状況及び四囲の客観的状況により，建築主において建築主事に対し，確認処分を留保されたままでの行政指導にはもはや協力できないとの意思を真摯かつ明確に表明し，当該確認申請に対し直ちに応答すべきことを求めているものと認められるときには，他に前記特段の事情が存在するものと認められない限り，当該行政指導を理由に建築主に対し確認処分の留保の措置を受忍せしめることの許されないことは前述のとおりであるから，それ以後の右行政指導を理由とする確認処分の留保は，違法となるものといわなければならない」とし，建築審査会への審

査請求の申立ては真摯かつ明確な意思の表明と認めるのが相当であると判示して，原審判決（[4]判決）を支持した。

以上，判例を概観したが，近時の判例は，単に建築確認の留保を違法とし，原告の請求を認容する判例が多くなったというだけでなく，同一ないし類似の事実関係の事案について，従前の判例と異なって違法性を認めており，行政指導の限界にストレスをおいたものとなっている。

ところで，行政指導に限界があるということは当然として，問題はその限界を，何を基準に，どこに設定するかということである。

まず，基準のとり方であるが，上記の諸判例の考え方は，それを大きく2つに分けることができる。すなわち，1つは，行政指導の相手方（建築主）の（不服従の）意思に求めるもの（[4]，[5]，[6]・最高裁判決）であり，他は，行政指導による紛争の客観的解決可能性（[1]，[2]，[3]判決）である。後者については，[1]判決と[2]判決・[3]判決とでは，基準を異にしているようにみえるが，両者は同じ基準をとっていると解してよいであろう。けだし，[1]判決の挙げている基準のうち，行政指導の適法性の「限界」の基準として重要と思われるものは，「円満な解決が期待できる限り」という基準であり，これは，[2]判決・[3]判決の「双方の合意が成立しないことが明らかとなったとき」という基準と同じことだからである。

それでは，上記の2つの考え方のどちらが妥当であろうか。「建築紛争を解決するため」に行政指導が許されるということからいえば，紛争の客観的解決可能性が妥当であろうし，行政指導が「相手方の同調（同意）を求めて働きかける」ものである（任意性を本質とする）ことからいえば，相手方の不服従の意思に限界の基準を求める考え方が妥当ということになろう。しかし，どちらの考え方も欠点をもっている。すなわち，前者については，紛争の「客観的」解決可能性といっても，行政機関としては，規制目的を達成したいと考えて行政指導を行うわけであるから，「主観的」にいつまでも紛争の解決が可能と考えがちであろうから，この基準は限界を超える違法な行政指導に対する歯止めとならないおそれがある。このことは，[1]判決および[3]判決が，建築主から，不作為の違法確認訴訟や建築審査会に対する審査請求が提起されているにもか

かわらず，紛争解決の客観的可能性を肯定したことにも窺える。相手方の不服従の意思を基準とするときは，どの程度の不服従の意思をいうのか，という点が問題となる。[4]判決は「明らか」といい，[5]判決・最高裁判決は「真摯かつ明確に」といい，[6]判決は「明確に」といい，いずれも，相手方が単に行政指導に応じないといった程度のものでないことを示しているが，なお定かでない。もっとも，[4]判決は，建築主から審査請求が起こされている事実，[5]判決は，知事に対する上申書が出されている事実，[6]判決は，早急な確認の許可を求める内容証明郵便と建築審査会に対する審査請求の事実，最高裁判決は，建築審査会に対する審査請求の申立ての事実をもって，それぞれ相手方の不服従の意思の存在を認定している。

　以上を総合的に評価すると，行政指導の本質，および基準の明瞭性という点から，意思を基準とする解釈がどちらかといえば妥当と思われる。とはいえ，最高裁判決が，前述のごとく，その「真摯かつ明確」な意思なるものについて，「協議の進行状況及び四囲の客観的状況により」とし，また，「特段の事情」の存在について，「当該建築主が受ける不利益と右行政指導の目的とする公益上の必要性とを比較衡量」すると判示しているように，いちがいにどちらともいえない面もある。

2　上水道等の供給拒否

　行政指導に従わない者に対し，上・下水道の供給を拒否できるか，という問題に関する判例として，武蔵野市マンション建設指導要綱事件がある。

　事件の概要は，次のとおりである。すなわち，東京都武蔵野市では，環境保全，日照保護その他無秩序な宅地造成を規制するため，建設事業者に対して一定の条件の履践を要求し，これに違反した者に対しては上水道の供給を拒否する等の措置をとることを定めた「武蔵野市宅地開発等に関する指導要綱」を制定・実施していたが，マンション業者が，同要綱中の，建築物による日照の影響については付近住民の同意を得ること，および一定の開発負担金を寄付すること，という条件に従わないとして，市は，当該業者に対してその建設中のマンションに，上・下水道の供給・使用を拒否した，というものである。

同事件に関し，業者から提起された上・下水道の供給・使用承認の仮処分申請について，東京地裁八王子支部昭和50年12月8日決定（判タ333号185頁，判時803号18頁）は，「指導要綱は条例や規則のように正規の法規ではなく，また法律上の根拠に基づいて制定されたものでもないから，関係業者等に対し指導方針を明示したものにすぎず，行政上の法律関係において直接的な強制力をもつものではないと解するのが相当であり，したがって指導要綱に定められた……規定に従って給水契約を拒むことが直ちに……『正当の理由』に該当するということはできず」，給水契約を拒むに至った原因事実につき具体的に正当の理由に該当するか否かを判断すべきであるとし，本件のように，適法な建築確認の下に建築工事が着工され95％程度完成している場合には，要綱が保護しようとしている日照権はすでに建物の存在自体によって侵害されているのであるから，他に本件建物が直ちに取毀されるべき法律関係の存在等特段の事由がない限り，近隣住民の同意を得なかったことが直ちに本件建物についての給水契約の申込みを拒む正当の理由に該当すると認めることはできない。また，たとえ健全なる環境保全のため学校用地等が必要であったとしても地方公共団体が無償で寄付を受けるがごときは，完全な自由意思の発動を防げない限度でこれを勧奨することは格別，これを強制することは許されないから，開発負担金を支払わないことは直ちに正当の理由に該当するとはとうてい考えられない，として，本件申請を認容している。

ところで，上記決定では，開発負担金を寄付させるために上水道の供給を拒否することができない，という考えを明確に述べているが，近隣住民の日照権を保護するために，上水道の供給を拒否し得るかについては，必ずしも明確でない。しかし，同決定が，「事業主が指導要綱に違反して建築を強行した場合……それらの違反行為の性質，内容，態様や違反行為をなすに至った経緯その他諸般の事情を併せ考えれば，給水契約の申込みをなし承諾を強要することが権利の濫用となる場合もあり，かかる場合にはもちろんその承諾を拒むことは右正当の理由に該当すると認めるのが相当」と判示していることとも併せ考えると，本決定は，日照その他環境保全のための要綱ないし行政指導に従わない場合に，上水道の供給を拒否することも可能との立場をとるものといえよう。

しかし，はたして，このような解釈は妥当であろうか。水道法第15条第1項の「正当の理由」は，同法の目的と関連づけて解釈すべきであって，然りとすれば，「正当の理由」とは，例えば，新規給水契約の履行が企業努力によっても給水能力を上回る場合，配水管未到着の地域の場合，水道敷設経費が料金収入に対し過大である場合等，経営的・技術的な面から給水が困難な場合に限られると解すべきである。[18]

この点，市長が，水道法第53条第3号違反で問擬された刑事事件に関する東京地裁八王子支部昭和59年2月24日判決（判時1114号10頁）が，「15条1項の法意は，水道事業者が給水契約の申込みを受けたときは，原則としてこれに応じなければならないものとしつつ，水道事業者に給水義務を課することが，水道事業の……目的にそぐわない結果をもたらすような特段の事情が認められる場合に，例外的に水道事業者が給水契約の申込みを拒むことを許す趣旨であり，……本件についてこれをみると……被告人が本件給水拒否に及んだのは，山基建設が，ヤマキマンションを建設するに際し，指導要綱による日照被害を被る住民の同意，市に対する教育施設負担金の寄附の各手続を遵守しなかったことによるのであって，水道事業の……目的とは異なる他の行政目的によることは明らかである」と判示し，日照保護のために上水道の供給を拒否することは，水道法第15条第1項の「正当の理由」に含まれないと解する。そして，「行政指導といえども，一定の行政目的の実現を図ろうとして相手方の協力を求めて働きかけるものである以上，その実効性を高めるためになんらかの対応手段を用いること自体を否定しえないとしても，協力しない相手方に対し，例えば当該行政機関の権限ないし地位をその本来の趣旨に反して利用して不当な影響を与えるなどの手段を用いることによって，法律の定めがないのに国民に義務を課し，又は国民の権利を制限するのと同様の事実上の強制力を及ぼすことは，行政指導の範囲を超えるものであって適法とはいえない。……本件についてこれをみるに，……地方公共団体の長がその水道事業管理者としての地位を本来の趣旨に反して利用するものと認めざるをえない以上，上水道の利用が可能か否かはマンションの建設及び使用に重大な影響を及ぼすのであって，右指導に従わない場合の対応手段として，水道法上の給水契約の締結を拒絶することが，

事実上極めて強い強制的効果を持つことは明白であり，したがって，被告人の所為は，行政指導として許される範囲を超えており適法でない」として，罰金10万円の有罪判決を言い渡した。市の環境行政として，市議会の全員協議会の承認を経て策定された開発指導要綱に基づいてなされた行為に関して，市長が刑事責任を問われたことについては，やや気の毒な感があるが，日照その他環境保全を目的とした要綱・行政指導に従わないことを理由に，上水道の供給を拒否することができない（違法である）とする解釈は妥当である。

　このように，水道法第15条第1項は同法の目的と関連づけて厳格に解釈される結果，本件開発指導と連結することができないが，本件はまた本節第1項（1）で述べた，実効的措置が採られなければ当該行政指導が成り立たないか無意味となるような場合にあたらない事例でもある。

3　道路位置指定の留保

　行政指導の実効性を担保するための道路位置指定の留保の違法性が争われた事例として，練馬区ミニ開発道路位置指定留保事件がある。

　事件の概要は，次のとおりである。すなわち，練馬区では，昭和47年頃からミニ開発（区画100㎡未満の宅地開発）が急増し，このようなミニ開発は，都市計画上および防災上好ましくないだけでなく，それが大きな社会問題ともなったため，ミニ開発にあたる道路位置指定申請があった場合は，指導課が，1区画あたりの敷地面積を区で定めた基準以上（敷地が建築基準法の建ぺい率6割の地区であれば85㎡以上，5割の地区であれば90㎡以上）に確保するよう勧告・指導することにした。これに対し，本件の原告は，1区画，平均40㎡にも満たない建売住宅7棟を建築する宅地開発計画を立て，建築基準法第42条第1項第5号に基づく道路位置指定申請をしたところ，右の指導を受け，この間46日を費やし，指定処分まで96日を要した。そこで，同遅延によって被った損害の賠償を請求したものである。

　東京地裁昭和54年10月8日判決（判タ413号139頁，判時952号18頁）は，「地方公共団体……が，ミニ開発という新たな社会問題に対し，住民の要望に応え，快適な住環境の保全，維持及び増進をはかるべく，本件申請のような極度に狭

小過密な開発行為に対して，強制力を伴わない行政指導を行うこと自体は，なんら建築基準法に違反するものではなく，むしろ法秩序全体に照らし，適法かつ妥当なものと考えるべきである」と，ミニ開発規制のための行政指導を是認したうえ，「建築基準法上の特定行政庁が2箇月に満たない程度の期間，処分（筆者注—道路位置指定処分）を留保し，本件のような極端なミニ開発に対して改善を勧告し，協力を求め，そのために原告に対して啓発活動を行うことは，一般的に言って，原告において受忍すべき限度内の行政指導であり，なんら違法な行為ではなく，かえって，前述のような行政に対する国民の負託を考えれば，むしろ法の趣旨，目的により一層適った行政活動ということができる」として，原告の請求を棄却している。

　本判決がいうように，ミニ開発規制のための行政指導が是認されるとした場合，問題は，ミニ開発規制の行政指導の実効性を担保するため，道路位置指定の留保をなし得るか，である。この点については，先に，行政指導の実効性を担保するために，一定の処分を留保するという実効的措置をとることが許されるのは，当該行政指導と留保される処分との間に，当該処分を留保しなければ，行政指導が成り立たないか，あるいは無意味となる関係が存在する必要があると述べたが，本事案の行政指導と道路位置指定の留保の間には，このような関係が存在すると解してよいであろう。すなわち，「道路位置指定は宅地開発のためになされるものであり，本件においては，まさにミニ開発の手段にほかならない。しかも，一旦，道路位置指定処分がなされると，その後に敷地の区画割りを変更することは事実上，不可能に近く，また，これについて申請者の協力もほとんど期待できない」からである。

　もっとも，この事案で問題となっているミニ開発の規制を目的とする行政指導は，いわゆる調整的行政指導ではない。私見によれば，このような規制的行政指導には法的根拠が必要である。したがって，自治体が，かかるミニ開発規制を行おうとするならば，必要な条例（例えば，ミニ開発規制条例）を制定し，それに基づいて権力的規制なり，非権力的規制（統制的行政指導）なりをすべきであるということになる。

Ⅳ おわりに

　以上，行政指導と法治主義の関係について，行政指導に法的根拠を要するか，規制的行政指導の実効性を担保するために，どのような措置を，どのような場合（要件）に，どこまで（限界）とることができるか，といった点について検討した。要点を列挙すると，

　① 助成的行政指導および規制的行政指導のうちの予防的指導，是正的指導，調整的指導については，法的根拠は必要でないが，統制的指導については必要と解する。したがって，いわゆる要綱行政（「地方公共団体が要綱によって行なう規制的行政指導を指す」[19]）の多くは違法ということになる。もちろん，このような議論は，条例制定権の限界論と表裏一体の関係にある。したがって，通説的見解（法律先占論ないし法令の趣旨解釈論）に立てば，右のような解釈は受けいれ難いと批判されるかもしれない。この点については，筆者自身は，前述したような解釈（特別意義論）を用意しているのであるが，罰則を伴った規制的条例は別としても，一般的合意形式としての条例の重要性を再認識し，要綱によるのではなく，条例化し，条例→規則→運用基準を活用することを強く望むものである。

　② 調整的行政指導については，法的根拠を要しないが，調整的行政指導が認められるためには，指導の対象が調整に適した事項でなければならない。

　③ 調整的行政指導の実効性を担保するためにとり得る措置は，そのような措置をとらなければ当該行政指導が成り立たないか無意味となるようなものでなければならない（立法による連結は，これとは別）。

　④ 実効的措置の限界については，主観説を基本としつつ，客観的状況を加味して判断していかざるを得ない。

　⑤ 最後に，行政の実態論・現実論をいう前に，法治主義の確立を求めたい。

(1) 阿部泰隆「行政指導の担保手段としての建築確認の留保――最判昭和60・7・16」ジュリスト845号（1985年）84頁，鈴木庸夫「行政指導のための建築確認留保とその限界」法学教室62号（1985年）100頁。

(2) 行政指導のマイナス面については，山内一夫『行政指導』185頁以下，弘文堂，1977年，同『行政指導の理論と実際』111-138頁，ぎょうせい，1984年に詳しい。
(3) 今村成和『行政法入門〔新版〕』12頁，有斐閣，1975年。
(4) これに対し，高田敏教授は，「法律が行政処分の手続・形式をも定めるとき（たとえば建築基準法9条）に，当該処分で命ぜられるべき措置（たとえば違反建築物の除却）を勧告する場合である。この場合，法で定められた処分の手続（たとえば通知書の交付，聴聞）等を回避してしかも同じ効果をあげるために行政指導を用いることは許されない，というべきであろう」と述べておられる。高田「行政指導と『法律による行政』の原理」法学教室5号（1974年）88頁。
(5) 例えば，金沢良雄「独禁法と行政庁の勧告」公正取引136号（1962年）11頁。
(6) 原田尚彦『行政法要論』157頁，学陽書房，1976年。
(7) 村上義弘「行政指導と法律の根拠」大阪府大経済研究16巻2号（1971年）42-43頁。
(8) 田中二郎「国家法と自治立法（1）」法学協会雑誌80巻4号（1963年）457-458頁。
(9) 徳島市公安条例事件（最大判昭50・9・10〔刑集29巻8号489頁，判タ327号143頁〕）。
(10) 例えば，注(9)最高裁大法廷判決と高知市普通河川管理条例事件に関する最高裁昭和53年12月21日判決（民集32巻9号1723頁，判タ380号78頁）を，また，飯盛町旅館建築規制条例事件に関する長崎地裁昭和55年9月19日判決（判時978号24頁）と同事件の控訴審・福岡高裁昭和58年3月7日判決（判タ498号192頁，判時1083号58頁）を対比すると，このことがよくわかる。
(11) 以上の諸点については，南川諦弘『条例制定権に関する研究』大阪府大経済研究叢書第60冊（1984年）52・53・57・98-102頁。
(12) 例えば，原田尚彦教授は，行政指導の適正化の保障として，事前的行政手続の整備および日本型オンブズマンを提唱されている。「地方自治体の指導行政—建築紛争を素材として—」ジュリスト713号（1980年）96・97頁。
(13) 例えば，田中二郎博士は，「公共の福祉を維持増進するために，人民の活動を権力的に規律し，人民に対し，これに応ずべき公の義務を課する作用」（「規制」）に関する法を，「規制法」という新しい概念で捉え，建築基準法は，現在では，単なる建築物の警察的取締の域を超え，一種の規制法としての面を有する，とされている。田中『新版 行政法（下Ⅱ）』297・325頁，弘文堂，1975年。
(14) 建築行政にあっては，今日，いわゆる警察民事不介入の原則は妥当し難くなっている。
(15) 神戸地裁昭和50年9月12日判決（判時915号43頁），大阪高裁昭和52年10月28日判決（判時915号40頁），最高裁昭和57年7月15日判決（判タ479号64頁，判時1055号33頁）参照。
(16) 筆者は，歴史的風致・景観は，居住環境の精神的・文化的側面（快適性）の重要な要素であって，当該地域の居住環境の質を高めるという価値を有するとともに，このような価値を有する歴史的風致・景観は，「面」としての文化財であると考えている。南川諦弘「居住環境の保全と文化財—歴史的環境の保護のあり方—」自治研究55巻8号（1979年）36頁。
(17) 東京地裁昭和52年12月19日判決（判タ362号282頁，判時894号82頁）は，訓示規定説を採っている。
(18) 多数説。豊中市給水拒否事件の大阪高裁昭和53年9月26日判決（判タ374号109頁，判

時915号33頁）は，この見解をとっている。
(19)　山内・注(2)『行政指導』77頁。

第2章
「要綱行政」考

I　はじめに

　本稿は、「要綱行政」考と題し、「要綱行政」に関する法的問題をあれこれ考えようとするものである。そこで、本論に入る前に、「要綱行政」とはどういうものか、そしてそのどういうところに法的問題があるのか、について簡単に説明しておこう。

　いわゆる「要綱行政」と呼ばれる行政運営とは、行政機関が、宅地開発等指導要綱に基づき、宅地開発等に対して行う行政指導のことをいう。このような行政運営が開発行政ないし建築行政の分野で一般的に行われるきっかけをなしたのは、兵庫県川西市が昭和42年に制定した「住宅地造成事業に関する指導要綱」であった。同要綱を嚆矢として、その後、同種の要綱が全国の多くの自治体において制定され、昭和60年の建設省・自治省合同による調査によれば、宅地開発等指導要綱は1174市町村（対全国比35.8％）において1330要綱制定されている。そして、これらの要綱では、後述するように、例えば、都市計画法や建築基準法が定める以上の公共・公益施設の整備やいわゆる開発負担金等が定められており、自治体は、そのような要綱に基づいて宅地開発等に対し行政指導を行うことにより、当該地域の生活環境の向上等を図っている。

　ところで、「要綱」は法律や条例とは異なり、法規として人民に対し直接法的拘束力を有するものではなく、それは、行政組織の内部において法的効力を有するにすぎない行政規則（訓令）である。すなわち宅地開発等指導要綱は、行政機関が開発指導を行う際の指導方針を定めた行政機関の内部的準則にすぎない。また行政指導も、「行政機関が、相手方の同調を求めて働きかけ、それ

によって，行政機関の意図するところを実現しようとする作用」であって，「法的な強制力をもたず，また，何らの法的効果を伴わない事実的作用」である[(2)]。したがって，宅地開発等指導要綱に基づく行政指導（開発指導）は，それ自体，宅地開発等を行おうとする者（開発行為者）を何ら法的に拘束するものではなく，開発行為者としては，宅地開発等指導要綱に従うことを強制されているわけではない。

　しかるに，上述のように，全国の3分の1を超える自治体において宅地開発等指導要綱が制定され，しかもこれら市町村では，そのような要綱に基づく行政指導によって，生活環境の向上に貢献し（60.6％），あるいは無秩序な市街化の防止ができた（59.5％），と積極的に評価しているのである。このことは，つまり開発行為者がそのような要綱に従ってきた，ということでもある。そこで浮かぶ素朴な疑問は，いったいどういうわけで法的拘束力も強制力もない宅地開発等指導要綱が守られ，いわゆる要綱行政が実効性をもっているのか，という点である。日本人は公共心・公徳心が強いからであろうか。それとも，日本の社会はアメリカなどの社会と違って，非法規的な規範が社会規範としてより重視されるからであろうか。はたまた，行政機関は多くの許可・認可権限をもっているため，行政指導に従わないと「江戸の仇を長崎で討たれ」仕事がやりにくくなる，と開発行為者が思うからであろうか。それとも，宅地開発等指導要綱の履行に伴うコスト増は販売価格や賃貸価格に容易に転嫁できる，という単純な理由からであろうか。これらの点については，社会学，行政学等による研究に待つとして，本稿では，そもそも要綱に基づいて（つまり法律や条例といった法規に基づかないで），開発行為等を規制したり開発負担金の支払い等を求めたりすることが許されるのか，また，もし開発行為者がそのような要綱に基づく行政指導に従わなかった場合いったいどうなるのか，特に宅地開発等指導要綱の中には，要綱に従わない者に対し上水道の利用を拒否するといった制裁措置を定めているものがあるが，そのような制裁措置がとられた場合どうなるのか，といった法的問題について，最近の裁判例を紹介しながら，若干の私見を述べてみたい。

Ⅱ　宅地開発等指導要綱の概要

　前段でも少し触れたが，後の議論の参考のため，宅地開発等指導要綱の内容等について，前述の建設省・自治省合同調査結果をもとに，もう少し詳しく紹介しておくことにする。
　宅地開発等指導要綱は，昭和30年代後半以降の高度経済成長政策の下での急速な開発による生活環境の悪化，および都市基盤の整備等のための財政圧迫という背景の下で，良好な生活環境の整備（95.0％），乱開発の防止（83.3％），ミニ開発の防止（34.7％），財政負担の軽減（33.3％）等を目的として制定されている。
　その対象となる事業は，宅地開発（81.8％），小規模宅地開発（42.3％），住宅建設（40.2％），中高層建築物（39.8％）等である。対象面積の点では，宅地開発，中高層建築物とも，最小面積1000～3000㎡が最も多く（それぞれ60.0％，48.5％。もっとも，三大都市圏では最小面積500～1000㎡を対象とするものが比較的多くなっている），戸数の点では，宅地開発については2～5戸，中高層建築物については5～10戸未満が最も多くなっている（それぞれ32.5％，33.5％）。
　開発行為の規制の方法としては，1つは，開発に際して，周辺住民の同意を要件としたり（宅地開発一般では35.9％，中高層建築物では22.2％），周辺住民との協議（同じくそれぞれ16.4％，15.7％）や，周辺住民に対する説明会の開催（同じくそれぞれ9.0％，16.2％）を要件とするものである。三大都市圏における宅地開発等指導要綱では，中高層建築物の開発（建築）について，日照の確保，電波障害防止，騒音防止，風害防止，眺望確保等の観点から，このような要件が定められている例が多い。その2は，宅地開発一般について公共・公益施設に関する一定の技術的基準を定め，その整備を開発行為者に義務づけるものである。50％以上の宅地開発等指導要綱において定められている公共・公益施設としては，消防水利施設，道路舗装，道路の排水施設，公園緑地，道路の角切，小中学校敷地面積，公園緑地内施設，主要道路巾員，敷地面積の最小規模，幼稚園面積，駐車場，区画道路巾員，植栽（公園内），ごみ処理，終末処理（公共下水

道に接続しない場合），道路の継断勾配，接道義務，公園面積がある。ところで，これらの公共・公益施設は，都市計画法第33条（特に同条1項2・3・4号）の開発許可基準として整備が必要とされる施設でなかったり，都市計画法によって必要とされる施設であっても，同条第2項に基づく同法施行令第25条ないし第28条の3および同施行令第29条に基づく同法施行規則第20条ないし第27条で定めている技術的基準を上回るものである。すなわち，宅地開発等指導要綱が定めている公共・公益施設およびその基準は，都市計画法のいわゆる横だし・上乗せ規制となっている。しかも，宅地開発等指導要綱の中には，これらの公共・公益施設ないしその用地を無償で自治体に提供することを定めているものがあり，特に三大都市圏における都市計画以外の道路および公園については，50％以上の宅地開発等指導要綱がそれを定めている。また，中高層建築物の開発については，計画人口，住戸規模，住宅容積率，建物階数，住宅建築制限，用途制限，ワンルームマンション制限等について基準が定められている（三大都市圏における宅地開発等指導要綱では，住戸規模，住宅建築制限，ワンルームマンション制限を定めている要綱が多い）。これらの制限も，建築基準法等建築法令の横だし・上乗せ規制である。

　自治体の財政負担を軽減するための措置としては，前述の公共・公益施設ないしその用地の自治体への無償提供がその1つであるが，さらに多くの宅地開発等指導要綱では，開発面積，計画戸数等に応じた一定の開発負担金（定額を定めるものもある）の支払いについて定められている。特に三大都市圏では，宅地開発一般，中高層建築物ともに，宅地開発等指導要綱の半数以上がそれを定めている。もっとも，「宅地開発指導要綱等の運用について」（昭和57年10月27日，建設省計画局長・自治大臣官房長），「宅地開発指導要綱等による行政運営について」（昭和58年11月10日，自治大臣官房長），「宅地開発等指導要綱による行政指導の積極的な見直しについて」（昭和58年12月3日，建設省計画局民間宅地指導室長，建設省住宅局市街地建築課長）等の通達によって，開発負担金の額等の見直しや開発負担金の使途および収支の明確化等，開発負担金の取扱いの適正化が要請されたこともあって，かなりの数の宅地開発等指導要綱の改定が行われており，特に三大都市圏では，特定目的の基金設定市町村の数が増えている（昭和56年

109団体26.6％→同60年173団体40.7％）。

　さらに，第1節でも触れたが，上記のような開発行為の規制や開発負担金支払い等の実効を確保するため，要綱に従わない者に対し，上水道の供給拒否（12.6％），同意協議の拒否（10.8％。同意協議が拒否されると建築確認申請等の受理等の手続をとってもらえない。通常，協議が整うと，行政当局と開発行為者との間で覚書等一定の協定の締結が行われる），下水道の使用禁止（4.4％），都市ガスの供給拒否（1.5％），その他（19.1％。このなかには，例えば糞尿・ゴミの収集拒否等が含まれる）といった制裁措置が定められている。

　なお，宅地開発等指導要綱の64.9％は，議会の全員協議会による承認ないし事実上の了承を得て制定され，またその23.0％は，開発事業者の意見聴取・説明を行ったうえで，制定されている。

III　裁判例の検討（その1）
——宅地開発等指導要綱の実効性確保のための制裁措置に関して

　宅地開発等指導要綱をめぐる裁判例としては，これまで，要綱の実効性確保のための制裁措置を争ったものと，開発負担金の支払いについて争ったものとがあるが，両者の間には，争点ならびに争点の性質に異なるところがあるので，両者を分けて検討する。

　まず，前者に関する裁判例では，有名な武蔵野市宅地開発等指導要綱仮処分申請事件に関する①東京地裁八王子支部昭和50年12月8日決定（判時803号18頁）がある。

　事件の概要は，次のとおりである。すなわち，東京都武蔵野市では，「無秩序な宅地開発を防止し，中高層建築物による地域住民への被害を排除するとともに，これらの事業によって必要となる公共，公益施設の整備促進をはかる」目的で，「武蔵野市宅地開発等に関する指導要綱」を制定し，同要綱において，高さ10m以上の中高層建築物の建設事業主に対し一定の条件の履践を要求するとともに，それに従わない者に対しては，「市は上下水道等必要な協力を行わないことがある」との制裁措置を定めていた。本件のマンション業者が，

「日照の影響について，……付近住民の同意をえなければならない」との条件，および「建設計画が15戸以上の場合は，事業主は建設計画戸数（14戸を控除した戸数，以下同じ）1900戸につき小学校1校，建設計画戸数2400戸につき中学校1校を基本として，市が定める基準により学校用地を市に無償で提供し，又は用地取得費を負担するとともに，これら施設の建設に要する費用を負担するものとする」との条件に従わなかったために，市は，当該業者に対し，その建設中のマンションについて上・下水道の供給・使用を拒否した。そこで，当該業者から，上水道の供給と下水道の使用承認を求める仮処分申請が提起された。

裁判所は，下水道の使用承認に関する仮処分申請については，公共下水道の使用関係は「公共用営造物の一般使用の関係であり，その法的性格は公法関係で事業主である地方公共団体が公共下水道の使用を制限する行為はいわゆる公権力の行使に該当する」として，行政事件訴訟法第44条（同条は，公権力の行使にあたる行為について，民事訴訟法の仮処分を排除している）により，却下（つまり門前払い）したが，上水道の供給に関する仮処分申請については，以下のような理由から，それを認容した。すなわち，「指導要綱は条例や規則のように正規の法規ではなく，また法律上の根拠に基づいて制定されたものでもないから，関係業者等に対し指導方針を明示したものにすぎず，行政上の法律関係において直接的な強制力をもつものではないと解するのが相当であり，したがって指導要綱に定められた……規定に従って給水契約を拒むことが直ちに……『正当の理由』に該当するということはできず，給水契約を拒むに至った原因事実につき具体的に正当の理由に該当するか否かを判断すべきである」とし，本件のように，適法な建築確認のもとに建築工事が95％程度完成している場合には，要綱が保護しようとしている日照権はすでに建物の存在自体によって侵害されているのであるから，他に本件建物が直ちに取毀されるべき法律関係の存在等特段の事由のない限り，近隣住民の同意を得なかったことが直ちに本件建物についての給水契約の申込みを拒む正当の理由に該当すると認めることはできない。また，たとえ健全なる環境保全のため学校用地等が必要であったとしても，地方公共団体が無償で寄付を受けるがごときは，完全な自由意思の発動を妨げない限度でこれを勧奨することは格別，これを強制することは許されないから，

開発負担金を支払わないことが直ちに正当の理由に該当するとはとうてい考えられない、と判示して、本件申請を認容した。

ところで、本決定が上水道の供給について申請を認容したこと自体は正当である。しかし、同決定には次のような疑問がある。その第1は、上記のかぎ括弧の記述にかかる疑問である。すなわち本決定が、要綱は法規ではないから、要綱に従わないことを理由とする上水道の供給は水道法第15条第1項の「正当の理由」に該当しない、とする。しかし、たとえ本件のような建築制限を法律ないし条例で定めている場合であっても、その違反に対し上水道の供給を拒否することは「正当の理由」に該当するわけではない。けだし、水道法第15条第1項の「正当の理由」は、「清浄にして豊富低廉な水の供給を図り、もって公衆衛生の向上と生活環境の改善とに寄与する」（1条）という同法の目的と関連づけて解釈すべきであり、(3)したがって「正当の理由」とは、新規給水契約の履行が企業努力によっても給水能力を上回る場合、配水管未到着の場合、水道敷設経費が料金収入に対し過大である場合等、経営的・技術的な面から給水が困難な場合に限られる、と解すべきだからである。(4)ところで、この問題は、広義における行政権限の連結ないし融合の問題でもある（すなわち本件では、水道事業の運営と宅地開発等指導要綱の運用の連結・融合が問題となる）。しかし、行政権限の連結ないし融合とは、A法がaという目的を達成するために採用しているa'という手段を、B法のbという別の目的を達成するために用いるもので、aとbが全く異なる目的の場合はもちろん、たとえ両者に関連性がある場合（本件の場合、日照保護と公衆衛生の向上ないし生活環境の改善、という関連性が両者の間に認められる）であっても、法解釈によって、a'手段をb目的のために用いることは許されるべきでない。そうでなければ、法治主義が否定されることになるからである（したがって、法律で、(5)本件のような建築制限の違反に対して上水道の供給を拒否できる旨規定する場合には、水道法本来の目的から導かれる拒否理由が存在しない場合でも上水道の供給を拒否することができる、と解すべきである）。

疑問の第2は、本決定が、「事業主が指導要綱に違反して建築を強行した場合……それらの違反行為の性質、内容、態様や違反行為をなすに至った経緯その他諸般の事情を併せ考えれば、給水契約の申込みをなし承諾を強要すること

が権利の濫用となる場合もあり，かかる場合にはもちろんその承諾を拒むことは右正当の理由に該当すると認めるのが相当」と判示している点である。本決定が，「権利の濫用となる場合」として，具体的にどのような場合を想定しているのかよくわからないが，水道事業者が給水を拒否できるのは，水道法第15条第1項にいう「正当の理由」に該当する場合だけであり，そして，それは上述したような意味に解釈しなければならないわけであるから，もしそのような理由が存在しない限り，水道事業者としては給水契約の申込みを承諾し上水道を供給しなければならないのであって，指導要綱に違反する行為の性質等諸般の事情から，供給契約の申込みが「権利の濫用」にあたるとして，その承諾を拒否することができる，と解する余地はないはずである。

なお，当時の市長が水道法第53条第3号違反で起訴された刑事事件で，②東京地裁八王子支部昭和59年2月24日判決（判時1114号10頁）は，「法律の定めがないのに国民に義務を課し，又は国民の権利を制限するのと同様の事実上の強制力を及ぼすことは，行政指導の範囲を超えるものであって適法とはいえない」とし，「上水道の利用が可能か否かはマンションの建築及び使用に重大な影響を及ぼすのであって……対抗手段として，水道法上の給水契約の締結を拒絶することが事実上極めて強い強制的効果を持つことは明白であり，したがって，被告人の所為は，行政指導として許される範囲を超えており適法でない」と判示して，罰金10万円の有罪判決を言い渡している。

また同事件の控訴審判決（③東京高判昭60・8・30〔判時1166号41頁〕）は，「行政指導を行うについて，水道事業者でもある地方自治体が宅地開発事業者からする給水申込に対する応答を裁量により暫時留保しつつ，宅地開発に関する所要の説得，勧告等の挙に出ることは……必ずしも許されないことではない」とし，しかしそれには次のような制約があるとして，「その1つは……本来許諾の意思表示は，それが実効性をもつ時までになされなければ拒否と同じ結果とならざるを得ないから，留保は相手方の同意がない以上，（法定期限の有無とは別に）遅くともその時までにかぎられる」ということ，「いま1つは……行政指導の本来的性質が相手方の『任意性』を前提とするものである以上，相手方が当該行政指導に……従わない確固たる態度を示し，その翻意ということも考

えられず，任意の行政指導の方法による解決がおよそ期待できないとみられる場合には，その状況裡において，なお処分の留保を続けることはもはや違法となる」という，時間的制約と行政指導の性質的制約の2つを挙げ，本件における給水契約の申込みの受理の拒否については，留保の時間的制約の限度に達し，かつまた行政指導の性質的制約を超えており，被告人の所為は給水契約の締結の拒否にあたる，と判示して，被告人からの控訴を棄却している（なお，同事件の上告審における④最高裁平成元年11月7日決定〔判時1328号16頁〕も原判決の結論を支持し，上告を棄却している）。

　さて，宅地開発等指導要綱の実効性を確保するための制裁措置の適法性が訴訟で争われたものとしては，給水拒否に関する上記の裁判例だけであるが，それらの裁判例について注目すべき点は，要綱に従わなかった者に対する給水拒否という制裁措置の発動が違法である，と判断されたことである。特に刑事事件で，当時の市長が有罪判決の言い渡しを受けたという点は重大で，それは，いわゆる要綱行政そのものに対する大きな警鐘であった。しかるに，今なお要綱行政が開発・建築行政における主要な行政運営として行われ，しかも宅地開発等指導要綱に上水道の供給拒否という制裁措置が定められているということは，常識的には真に不可解であるが，それには次のような点に原因の一端があったのではないかと思われる。すなわち，第1に，上記裁判例（ただし，④決定はつい最近下されたものであるので，ここでは，同決定の影響を云々することができない）は仮処分決定や下級審判決であったこと，特に①決定については，被申請人（市）から仮処分異議申立てがなされ，同訴訟において，被申請人は申請人に対し上水道の供給と下水道の使用を承認するかわりに，申請人は付近住民に対しては350万円の解決金を，また被申請人に対しては要綱に基づく教育施設負担金相当額を任意の寄付金として支払う，という市側にきわめて有利な裁判上の和解が成立したこと，第2に，上記裁判例はいずれもいわゆる要綱行政自体を否定していないこと，特に①決定では，給水契約の申込みが権利の濫用にあたる場合は給水契約の締結を拒否することができるとし，また③判決では，「実体上または手続上，一定の合理的事由の存する場合には右申込の受理ないし承諾の意思表示を一時的に留保すること……は許される」と判示してい

る（なお同判決は、原審の②判決が要綱行政にきわめて懐疑的であったのに対し、その必要性・有用性を肯定している）こと、を挙げることができる。

しかし、水道法第15条第1項の「正当の理由」は、上述したような意味に解釈しなければならないのであって、宅地開発等指導要綱・開発指導に従わないからといって上水道の供給を拒否することは、同条項に違反し許されない。したがって、そもそも要綱に制裁措置として給水拒否を定めていること自体問題なのである。しかし問題はそれに尽きるわけでない。けだし、宅地開発等指導要綱の実効性確保のための制裁措置としては、第2節で紹介したように他に種々のものがあるからである。そして、下水道の使用禁止にしろ、建築確認申請の不受理等行政権限の留保にしろ、糞尿・ゴミの収集拒否にしろ、いずれも開発行為者にとっては要綱を順守せざるを得ない大きなサンクションである。したがって、上水道の供給拒否という制裁措置を含め、このような事実上強い強制力を伴う行政指導が、法律や条例に基づくことなく行われる要綱行政自体の適法性が問われなければならない、と考える。そして、その際、同時に要綱行政に代わる行政運営のあり方如何について検討する必要がある、と考える。

Ⅳ 裁判例の検討（その2）
―― いわゆる開発負担金の納付に関して

前節では、宅地開発等指導要綱の実効性を確保するための制裁措置が実際に発動された場合、そのような措置が法的に許されるか、という点について、上水道の供給拒否に関する裁判例を取り上げ、若干の検討を行った。

そこで、本節では、宅地開発等指導要綱で定めているもう1つの柱である、いわゆる開発負担金（開発協力金とか、教育施設負担金等と称せられている）の納付をめぐる裁判例を取り上げ、若干の検討を行うことにする。

1 武蔵野市事件（一審）

まず、この種の裁判例の最初のものは、⑤東京地裁八王子支部昭和58年2月9日判決（判時1078号95頁）である。

事件の概要は，次のとおりである。すなわち，原告は，3階建賃貸共同住宅2棟（42戸）の建築を計画し，前節で紹介した「武蔵野市宅地開発等に関する指導要綱」に基づき，教育施設負担金1523万2000円を納付した。ところで，原告は，上記指導要綱に基づき，すでに約444㎡を公園用地として同市に無償貸与し，内約39㎡を道路用地として同市に贈与し，さらに公園の遊具施設を寄付し，防火水槽の設置費も負担することになっていたうえ，なお高額の上記負担金まで寄付しなければならないことに強い不満をもち，建築設計請負業者に同負担金の免除・減額・分納・延納等を市と交渉させる等した。しかし，いずれも拒否されたため，上記負担金の寄付を申し入れ，所定の事業計画承認手続を経ないと，上・下水道の供給が受けられなくなり建物も建てられなくなるとの判断から，やむなく同負担金を納付した。ところが，その後，上記指導要綱の教育施設負担金に関する条項が削除されることを知るにおよび，原告は，そのことに強い不公平感をもつに至った。そこで，上記負担金の納付（贈与契約）は，強迫によるものであるとして，民法第96条第1項に基づき，その意思表示を取り消し，納付した負担金の返還を求める訴訟を提起した，というものである。本件訴訟では，原告が本件負担金を納付した当時，前節で紹介した①決定事件に関する報道が新聞等で行われていたことから，原告が，上・下水道の利用・使用の拒否という制裁措置の発動に畏怖していたか否かが，審理のポイントとされた。

　裁判所は，「本件において教育施設負担金を負担することは建設工事の前提であり，負担を拒否すれば工事を断念する以外にないというのが種々交渉の末原告の到達した認識であり，そこに畏怖の入り込む余地はなく，被告において，原告が本件指導要綱に基づく給水等制限措置に畏怖しているのに乗じて本件教育施設負担金の寄付を強制したという認識をもっていたとは到底うかがえない」と判示して，原告の請求を棄却した。

　ところで，「強迫」による意思表示の取消が認められるためには，(i)相手方に畏怖を生じさせ，その畏怖によって意思表示させようとする意思で，(ii)違法に，(iii)害悪を示して畏怖を生じさせる行為をし，(iv)それによって相手方が畏怖し，(v)その畏怖によって意思表示をした，ことが必要である。本判決は，被告

側に原告を畏怖させる故意もなければ，原告が畏怖されたこともない，とした
わけである。しかし，本判決自身，原告が本件負担金を納付（寄付）するに
至った動機について，「本件において教育施設負担金を負担することは建設工
事の前提であり，負担を拒否すれば工事を断念する以外にない」との認識に基
づくものである，と認定しているのである。もしそうであるとするならば，
上・下水道の利用・使用拒否という制裁措置（害悪）を示す（あるいは示さなく
とも，原告において制裁措置を受けると思っている場合に，それに乗ずる）ことによっ
て，本来納付義務のない負担金を寄付させた点に，「畏怖の入り込む余地」が
認められなくはないように思われる。そして，もしそれが肯定される場合，本
件訴訟の争点は，上記要件(ii)の違法性に移ることになる。

2　高槻市事件

さて，次に紹介する⑥大阪地裁昭和61年9月26日判決（判時1240号92頁）は，
指導要綱に基づく開発負担金の納付の違法性が中心に争われた裁判例である。

事件の概要は，次のとおりである。原告は，1864.78㎡の宅地に地上3階地
下1階の共同住宅の建築を計画し，「高槻市宅地等開発に関する指導要綱」に
基づき事前協議を経て，公共・公益施設用地の提供に代わる開発協力金1885万
1260円を支払う旨の覚書を締結するとともに，内金942万5630円を支払った。
しかし，本件指導要綱は画一的に適用されており，原告には約定の締結の諾否
の自由も内容決定の自由もなく，ただ合意の形式がとられているだけであって，
実質は指導要綱が規範的に適用されているに過ぎないから契約として不成立で
ある，また仮に本件約定が成立したとしても，民法第90条，地方自治法第2条
第16項により無効であるとして，本件指導要綱の開発協力金負担義務に関する
規定は，(i)行政指導が内容的に国民の権利を規制し，手段としても相手方に任
意性が認められない場合には作用法的にも法律上の根拠が必要であるが，同規
定は，何ら法律上の根拠に基づかず，法律上の委任に基づかないものであって，
憲法第29条に違反する，(ii)宅地開発税を定めた地方税法第703条の3の脱法行
為であり，憲法第81条の租税法律主義に違反する，(iii)割当的・強制的寄付金の
徴収を禁じた地方財政法第4条の5に違反する，と主張して，未払い協力金の

支払い債務の不存在および既払い協力金の返還を求める訴訟を提起した。

 ところで，被告市の開発協力金制度は，昭和46年の上記指導要綱の改定によって導入されたもので，その第8条で，宅地開発を行う事業者は，市長が必要と認める公共・公益施設（公園，小学校，中学校，幼稚園，保育所等）用地の一部として，宅地面積の5％以上相当分を別途基準により提供しなければならない旨規定し，それを受けて同指導要綱施行基準第14項において，その基準を定めるとともに，公益施設用地を提供する場合以外はそれに代わる協力金として，提供面積に地価を乗じた金額を，指導要綱に基づく覚書作成時にその半額以上を，都市計画法第36条に基づく完了検査済証受領時（ただし同法37条に基づく申請をするときには，その申請時）に残額を，それぞれ市に納付しなければならない旨定められていた。

 裁判所は，被告が開発協力金支払いを要請し，それに対して原告は開発協力金の支払い義務を負担する旨の本件覚書を被告に交付したものであり，かつ被告職員において原告に開発協力金の趣旨内容を説明した以外に，特に本件約定の締結を強要したような事情はなく，原告も納付時期の猶予を要請した外，本件約定の締結に何らの異議を唱えなかったのであるから，原告は，その自由な意思で本件約定を締結した，との認定に基づき，本件約定は私法上贈与契約として有効に成立したということができる，と判示するとともに，本件約定が無効であるとの上記主張(i)の理由については，私法上の贈与契約の基礎となった行政指導が，法治主義を潜脱するものである等特段の事情が認められる場合でない限り，法律上の根拠がないということから直ちにこれを無効ということはできない，と判示して，その主張を退けた。また，(ii)については，地方税法第703条の3の規定する宅地開発税は，行政庁が公権力の行使として賦課する金銭支払い義務であり，本件指導要綱に基づく開発協力金は被告と開発行為者との私法上の贈与契約による金銭支払い義務であるから，地方税法第703条の3ないし憲法第84条に違反しないとした。さらに，(iii)については，被告職員が原告に本件約定の締結を強制した事実は認められず，被告が本件約定の履行を求めているのは私法上の贈与契約の効果に基づくものというべきであるから，本件約定の締結は，地方財政法第4条の5の寄付金を割り当てて強制的に徴収す

る行為ないしこれに相当する行為にあたらない，と判示した。

ところで，地方公共団体が契約を結ぶことについては，給付行政の領域では特に法律上の根拠を必要としないが，規制行政の領域で地方公共団体が契約を行うことについては，議論がある。例えば，公害防止協定に関する議論では，公害規制は，単に抽象的公益のために個人の自由を制限する保安警察の領域の問題ではなく，地域住民の生存権と企業の経済的自由との調整を図るという側面をもつものであるから，行政と事業者，さらには地域住民との二者ないし三者間の契約によってその調整基準を定めることができる。したがって，契約としての効力を認め得るような形で具体的な権利義務関係を明確に定めている条項については，契約的効力を肯定すべき，とする見解(9)（契約説）(10)が近時有力になっている。しかし，規制行政における契約形式の使用は行政権の不当な行使をもたらし，法治主義を自己崩壊に導く危険があるとして，その契約的効力を否定する見解（紳士協定説(11)，行政指導説(12)）もなお有力である。本判決は，本件約定は私法上の贈与契約として成立しており，また，その基礎となった行政指導に法律上の根拠がないということから直ちにこれを無効ということができない，として上記契約説をとるとともに，「当該行政指導の目的，必要性，方法の相当性，相手方の負担の程度，相手方に対する働きかけの態様，程度等を総合考慮し，それが法治主義を潜脱するものである等特段の事情が認められる場合」，当該契約が無効になると，その限界について判示している点が注目される。

ところで，高槻市では，昭和37年の人口を1とした場合の同52年の指数は3.42（34万7943人）というように，急激に人口が増え，それに伴って，教育施設整備事業費，街路等都市基盤整備事業費も急激に増え（ピーク時の昭和50年の同事業費は合計118億7600万円），同市において，いわゆる要綱行政を行う必要性があったことは十分認められる。また同市の指導要綱では，その実効性を確保するための制裁措置が規定されておらず，本判決の認定事実からみても，本件の場合のみならず，これまでの運用においても，制裁措置を発動してまで指導要綱ないしそれに基づく行政指導に絶対従わせようというものでなかったことが窺える。その点からいえば，本判決が判示したように，行政指導による本件贈与契約の締結は違法ではなく，したがって同契約は有効である，と解する余地

がないわけでもない。しかし、仮に指導要綱に従わない者が出てきた場合、はたして市は要綱に従わないことを容認するだろうか。容認するというのであれば、まさに契約締結の自由が保障されているといえるから、開発協力金の納付という贈与契約の締結を求める行政指導は許容され、またその契約の効力を承認することができよう。しかし、その場合、指導要綱に従って開発協力金を納付する者と納付しない者とが生じるが、そうなっても何の不都合もないのだろうか。ならば、そもそも要綱行政とは何のために行われるものかが問い直されなければならないであろう。

ところで、相手方に任意性が保障されている場合、はたして開発行為者の何割が行政指導に従うであろうか。指導要綱のうちでも、公共・公益施設の整備については、当該開発行為にその利益が還元されるものであるから、比較的それに従うことは期待できるであろう。現にこの点については、これまで訴訟になったことがないのは、それを証明しているといえなくはない。しかし、開発協力金は、高槻市のように、基金（地方自治法241条）が設けられている場合でも、当該開発行為にそれが還元されるものではないから、開発行為者が任意に指導要綱に従うことを期待することはむずかしい。そこで、確実に指導要綱を守らせるためには、要綱に従わない者に対しては、武蔵野市のように上・下水道の利用・使用を拒否するとか、許認可権限の留保などの制裁措置を発動するとか（実際に発動しなくとも、相手方に制裁措置が発動されるかもしれないとの心理的圧力を与える）することによって、事実上の強制をせざるを得ない。要綱行政とは、まさにこのような行政運営なのである。とすれば、過去にそういう例がなかったとか、特に制裁措置を発動する旨通告しなかったとしても、このような仕組みの下での行政指導による契約の締結は、そもそも上述の「方法の相当性」を欠き、「法治主義を潜脱する」ものとして、違法であると解するのが、むしろ素直な解釈ではなかろうか。

3 堺市事件

この点、裁判所により開発負担金の納付の違法性が認められた最初の裁判例が⑦大阪地裁堺支部昭和62年2月25日判決（判時1239号77頁）である。

事実の概要は，次のとおりである。原告は，倉庫を取り壊し，同地上に共同購入センターを建築する計画を立て，「堺市宅地開発等指導要綱」に基づき事前協議を行い，その最終段階で開発協力金213万円の納付を通告された。しかし，それについては納得し難いとして担当職員に説明を求め，あるいは建築確認申請の受理と切り離すよう求める等種々折衝したが拒絶されたため，早期に着工する必要から，後で返還請求する旨明言して，とりあえず同協力金を納付するとともに，その後，被告市に対し，開発協力金を納付しないと建築確認申請手続を進めないとする行政指導は，本来開発者の任意の意思による寄付にすぎない開発協力金の納付を原告に強制するもので，地方財政法第4条の5に違反するとして，国家賠償法第1条第1項に基づき，上記213万円等の損害賠償を求める訴訟を提起した（なお，原告は，予備的に，寄付の意思が全くなかったこと，仮にあったとしても，それは強制的負担であると誤信し，かつ誤信を表示して納付したものであるから，意思表示の要素ないし動機に錯誤があるとして，不当利得の返還請求をしている）。

ところで，上記指導要綱の定める事前協議手続は，次のとおりである。まず，開発者は，市長に対し事前協議の申し入れをし，「今般下記の（建築物　工作物）を（建築　築造）するにあたり関係法令及び堺市宅地開発等指導要綱を遵守し，事前公告するとともに，近隣関係における紛争防止に努めます。なお紛争が生じたときは，自己の責任において誠意をもって解決することを誓います」という内容の誓約書を提出し，その後，関係所管部課と協議し（本件では，原告は13の部課と事前協議している），それが終わると，最後に開発調整課と協議し，その段階で，開発協力金の告知を受け，それを全額納付すると，市との間で覚書が締結され，これによって初めて建築確認申請等が受理されることになっていた。

また，同指導要綱では，「開発者は，この要綱並びにこれに基づく覚書及び協議により定められた事項を誠実に遵守するものとし，これらに従わない場合，又はこれらに違反した場合は，行政上必要な措置を講ずるものとする」という，同要綱および上記事前協議制の実効性を確保するための規定が定められている。

裁判所は，「被告としては……本件指導要綱制定の目的を達成するために，

現行法規制の不備と地域住民の現実的要請とのギャップを補完するため適切な行政指導を実施することは望ましいことである。したがって，被告が，各種法令に基づく許認可申請の受理に先立って，開発者に対して一定の行政指導をしたとしても，いちがいにそれが違法であるということはできないが，それは右許認可権の根拠となる法令が被告に右権限をあたえている趣旨・目的等に照らして社会通念上相当とみとめられる限度にとどめられるべきであり，そもそも，行政指導の手段又は結果が地方公共団体である被告に対し行為の禁止を命じている法令の明文の規定に反する場合には，それ自体ゆるされないものといわざるを得ない」と判示し，本件については，開発行為によって被告が被る負担を個別的・具体的に考慮することなく，一定の基準により機械的に算出され，しかも納付された開発協力金は，当該開発行為に関連なく支出されていること，本件開発協力金の額は高額なものであったこと，担当職員は開発協力金が寄付であることの説明を一切せず，建築確認申請が受理されるためには開発協力金を納付して覚書を締結することが必要である旨の行政指導を明示的に行い，原告側が開発協力金の納付と建築確認申請の受理とを分離して扱うよう求めたにもかかわらず，これを撤回・変更する意思は毛頭なく，頑固な態度で開発協力金の納付を説得し続けたこと，そのため建築確認が遅れることによって被る多大な損害を考慮して後日返還請求をする旨申し述べたうえ，やむなく開発協力金を納付したものであることが認められる，等と認定して，「本件行政指導は，建築基準法6条2項が建築確認申請書を受理することができない場合として定める事由もないのに，同法が建築主事に義務づけている建築確認申請書の受理を保留し，ひいては建築確認の審査を引き延ばすという不当な手段を背景にして，割り当て的寄附を強制的に徴収するのに相当する行為に当たり，これを禁止する前記地方財政法4条の5に違反する違法なものといわざるをえない」と判示した。

　ところで，本判決の認定事実のとおり，開発協力金を納付しない限り建築確認申請等を受理しないというのであれば，そのような行政指導は，本判決が判示したように，地方財政法第4条の5に違反するだけでなく，さらに，前述の高槻市事件で原告が主張したように地方税法第703条の3の脱法行為にあたり，

憲法第84条の租税法律主義や同第29条の財産権の保障に違反する。しかし，指導要綱に基づく開発協力金の納付には一般的に強制的契機が認められるのではないかと思われ，したがって，本判決の判断は，特殊なケースについてのそれではなく，いわゆる要綱行政として行われる開発協力金の納付に原則的に妥当するものではないかと考える。そのような意味から，本判決の他の事件に及ぼす影響が注目された。しかるに，その後下された判決は，意外にもすべてが請求を退けるものであった。そこで，それらの判決がどのような理由で請求を退けたものであるか，以下見ておくことにする。

4　武蔵野市事件（控訴審）

本件⑧東京高裁昭和63年3月29日判決（判時1268号39頁）は，すでに紹介・検討した⑤判決の控訴審判決で，本件訴訟では，控訴人（原告）は，新たに国家賠償請求を追加し，かつ，上述の高槻市事件や堺市事件において原告らが主張したような憲法論・違法論を展開した（なお，地方財政法27条の4および同施行令16条の3違反を理由の1つに挙げている点が目新しい）。

裁判所は，「本件指導要綱……は，建築基準法，都市計画法等の領域にとどまらず，道路，上下水道，消防，ごみ処理，更には教育施設までも含んだ，土地開発に際し通常生じ，市民の権利義務と直接関わりのある諸問題を，広範囲に指導の対象としたもので，教育施設負担金を始め諸費用の負担についてまで規定しており，しかも，右負担金等は，……一定の割合により算出されたり，市の指示に従う形式を採っているのであって，右要綱の文言のみからは，右負担金等が，事業者の自発的な，任意の意思による寄付金の趣旨で規定されていると認めるのはかなり困難であるといわざるを得ない」と本件指導要綱の問題性を指摘した。しかし，控訴人が本件負担金を納付した当時，①決定事件がマスコミによって種々報道されていた点について，控訴人に「影響を与えたであろう」としながらも，結論としては，「いまだ，……本件建物建築についての具体的な行政指導が，その限界を越えた違法なものであると認めることはできない」と判示した。

ところで，本判決が指導要綱の問題性を多少とも意識している点では，上記

⑦判決の影響が認められなくはないとしても，全体としては，⑤決定および⑥判決と同じ理解にとどまるものである，ということができよう。

5 伊丹市事件

上記⑧判決と同様，開発指導およびそれに基づく開発協力金の徴収の問題性を指摘しながら，結局，それらの違法性を否定した裁判例として，⑨神戸地裁昭和63年11月18日判決（判時1313号145頁）がある。

事件の概要は，次のとおりである。原告は，6階建の建物の建築を計画し，「伊丹市中高層建築物の建築に関する指導要綱」（以下，建築指導要綱という）に基づく事前協議を経たうえ，「伊丹市住宅開発等指導要綱」（以下，開発指導要綱という）に基づき，公共下水道整備協力金および公園等整備協力金計1010万1304円を納付した。しかし，地方公共団体が賦課する開発負担金は，憲法第81条，地方自治法第224条・第228条・第2条第3項第18号，都市計画法第75条，道路法第61条，河川法第70条等の趣旨に照らし，市町村の条例によって定めるべきものであり，少なくとも地方自治法第228条第1項，都市計画法第75条，道路法第61条，地方財政法第4条の5の諸規定に違反する，として，被告市に対し，国家賠償請求をするとともに，予備的に，上記協力金を強制的な開発負担金と誤信し，かつそれを表示して納付したもので，意思表示の要素に錯誤があったとして，不当利得の返還請求の訴訟を提起した。

これに対し，裁判所は，「本件協力金が，開発事業者の全く自発的な任意の意思による寄付の趣旨で規定されているものとは到底いいがたい。しかも，開発事業者にとって本件協力金の納付が軽からざる負担であることは……明らかであり，かつまた……資金的に余裕のない場合は分割して本件協力金を納付する運用も認められていること，近年において指導要綱に基づく協力金等の寄付金制度の自粛及び見直しの傾向にあることの事実に徴すると，本件指導要綱及びこれに基づく本件協力金の納付を求める行政には，問題がないとはいえない」と，上記⑧判決よりやや強い表現で指導要綱および協力金制度の問題性を指摘したが，結局，原告の主張する憲法論・違法論にもほとんど答えることなく，「法令等に直接の根拠がなくても……その必要がある場合には開発事業者

の任意の協力を前提とするものである限り……違法とすべき理由はない」として請求を棄却した（なお，錯誤の主張については，原告は，本件指導要綱の目的や本件協力金の意義を十分理解し，本件建築物の建築を円滑にするために一応納得して，本件協力金を納付したものと認めるのが相当である，として退けている）。

ところで，本件の協力金は，公共下水道整備協力金あるいは公園等整備協力金というように，その使用目的をより具体的に表現したものであることから，いわゆる受益者負担金（例えば，都市計画法75条）的な性格をもつかのように思われるため，原告においても，上述のような違法論を主張したものと思われる。しかるに，この点について，本判決は，「新規の開発事業者又はその利用者が専ら受益する施設の整備については，『開発者負担の原則』により開発者に相応の負担を求めることは負担及び受益の実質的公平を計るためやむを得ない措置と認められる」と判示して，原告の主張を退けた。しかし，この解釈には，2つの点で誤りがある。第1は，本件協力金は，一般会計に組み込まれ，納付した開発事業者ないし利用者にその利益は直接的に還元されるものでないから，いわゆる受益者負担金ではなく，したがって，それに関する公平論は妥当しない，という点である。第2は，仮に本件協力金についてこの公平論が妥当するとしても，要綱を根拠に（法律や条例に基づかないで）協力金を徴収することの違法性が問題となる，という点である。原告の主張は，まさにそれらの点にあったのである。

以上，宅地開発等指導要綱に基づく開発負担金の納付をめぐる裁判例を紹介・検討したが，第3節で紹介・検討した裁判例を含めた総括と，宅地開発等指導要綱の条例化の問題については，次節で取り扱うことにする。

V　裁判例の総括——要綱行政と法治主義

前々節および前節において，宅地開発等指導要綱に従わない者に対する上水道の供給拒否に関する裁判例，ならびに宅地開発等指導要綱に基づく開発負担金の納付に関する裁判例を見てきたが，それらの裁判例から，以下のような，要綱行政に対する裁判所の考え方を知ることができた。すなわち，要綱に従わ

ない者に対し上水道の供給を拒否すれば、原則として違法となり、また、要綱に基づく行政指導によって開発負担金の納付を求めることが強制あるいは脅迫にわたる場合には、違法と解され、その納付にかかる契約が無効ないし取り消し得るものとなることがある。しかし、いわゆる要綱行政それ自体は否定されず、また、どのような場合に強制・脅迫したことになるかについては、現実に制裁措置を発動しない限り、たとえ宅地開発等指導要綱中に要綱に従わない者に対する制裁措置が規定されている場合でも、原則として強制・脅迫によるものと解しない、ということである（その点で、⑦判決は特異な判決として位置づけられる。もっとも、この事件も、高裁段階で和解し、市側が違法性を認めて陳謝するとともに、納付された開発協力金を返還し、それに対し、原告側は改めて開発協力金を寄付することになったようである）。

しかし、現実に制裁措置が発動されなくとも、要綱中にそのことが規定されているだけで、制裁措置が発動されるのではないかとのおそれから、当該要綱が事実上の拘束力を通常もつといえるであろうし、仮に制裁措置が規定されていなくとも、相手方としては、行政側のもつ種々の許認可権限が留保されたり、行政サービスの提供を受けられなくなるのではないか、といった心理的圧力を受けるものである。また、いわゆる事前協議制は、開発許可や建築確認等をいわば人質にとって要綱に従わせようとするものであって、要綱に事実上の拘束性をもたせる制度であるということができる。したがって、そのような仕組みの下での公共・公益施設の整備や開発負担金の納付を、相手方の任意の意思（あるいは違法・無効と解さなければならないほどの強制的契機がないという意味での任意性）によるものとして、適法・有効と解することは、法治主義や近代行政法の基本原理である「法律による行政の原理」に照らし問題である、と考える。

ところで、近時、実質的法治国家論（ないし実質的法治主義）の名の下に、国家権力（したがって行政権）の行使は、法律（地方自治行政については、法律または条例）によらなければならない、という法治主義の形式面を軽視ないし無視する傾向がみられるが、要綱行政を承認する学説・判例も、このような近時のいわゆる実質的法治国家論に与するものである、ということができる。しかし、そのような傾向は、あるべき法治国家思想からみて妥当でない。何故なら、法

治国家(Rechtsstaat)の概念は、19世紀前半、ドイツにおいて、自由主義的・消極的国家目的を表現する概念として確立したが、その後19世紀中頃、シュタール(Stahl)によって、それが国家目的実現の手段を表現する概念への転換が行われ、さらにドイツ帝国成立後、それが通説化するとともに、いわゆる手段の自己目的化が行われた。実質的法治国家論は、そのような手段の自己目的化を排する主張であって(なお、実質的法治国家論には、自由国家から福祉国家への国家理念の転換によって、社会的法治国家〔Sozialrechtsstaat〕の意味もある)、手段を軽視ないし無視するものではない。[14]

　その点で、近時のいわゆる実質的法治国家論には誤解があるように思われる。したがって、乱開発から地域の生活環境を保全し、あるいは生活基盤や都市基盤を整備するといった、いかに正当な目的であろうと、法規たる性質をもたない要綱によって(すなわち法律や条例によらないで)、しかも相手方の任意の意思によるとの擬制のもとに、法的に義務のないことを要求することは、法治主義ないし「法律による行政の原理」に反し、違法と解すべきものである。要綱行政の必要性・有用性は、法治主義を後退させる理由となるものではない。地方自治の健全な発展という見地から、地方公共団体および地方公共団体職員には是非ともロイヤル・ロードを歩んでもらいたい。また、①～④判決および⑦判決のような、地方公共団体あるいは行政の最高責任者である長が訴訟で敗訴するといった裁判例が出ると、開発行為者が今までのように素直に要綱に従ってくれるとは限らなくなる。その結果、要綱行政の限界が問題になる可能性が一層強まり、それだけ行政の対応もむずかしさを増すことが予想される。そのような意味からも、宅地開発等指導要綱の条例化を検討することが必要である、と考える。

VI　宅地開発等指導要綱の条例化の検討(その1)
　　　──公共・公益施設の整備義務および建築規制を中心として

　前述したように、宅地開発等指導要綱には、公共・公益施設の整備義務、建築物の構造・設備の規制、開発負担金の納付等に関する定めがなされているが、

まず，そのうちの公共・公益施設の整備義務および建築物の構造・設備に関する規制の条例化について検討する。

憲法第29条は財産権を保障しているから，宅地開発にあたって公共・公益施設の整備を義務づけたり，建築物の建築にあたってその構造や設備について制限を設けることが同条に違反しないかが，まず問題となる。しかし，財産権は，職業選択の自由（憲法22条1項）とともに，福祉国家の理念を実現するための社会経済政策的制約に服し（このことは，憲法22条1項および29条2項が，同法12条ならびに13条とは別に，それらの権利が「公共の福祉」による制約に服する旨規定していることから窺える），財産権に対する制限立法の合憲性については，当該立法に合理的な基礎（rational basis）があれば足りる，と一般に解されている（「二重の基準の理論」）。[15]したがって，通常宅地開発等指導要綱で定められているような内容の財産権の制限は，憲法の財産権の保障を侵害するものではない，と考えられる。

これに対し，条例で財産権に対する制限を規定することができるか，という問題については種々議論がある。そこで，以下，項を改めて検討しておくことにする。

1 条例による財産権規制の可否について

この点については，以下のような憲法上および地方自治法上の2つの問題がある。

第1は，憲法第29条第2項が，「財産権の内容は，公共の福祉に適合するやうに，法律でこれを定める」と規定しているために，法律の授権がなければ条例で財産権を規制することができないのではないか，という問題である。この点については，すでに最高裁が，[16]奈良県ため池保全条例事件において「ため池の破損，決かいの原因となるため池の堤とうの使用行為は，憲法でも，民法でも適法な財産権の行使として保障されていないものであって，憲法，民法の保障する財産権の行使の埒外にあるものというべく，従って，これらの行為を条例をもって禁止，処罰しても憲法および法律に抵触またはこれを逸脱するものとはいえない」と判示し，条例で財産権を規制することができる，との解釈を

打ち出している。

　しかし，同判決は，財産権の行使が権利の濫用にわたる場合，ないしは財産権の警察的制限の場合に，条例でも財産権を規制できる，としたものである。したがって，宅地開発等指導要綱のように，地方公共の安全確保ないし地方公共の秩序維持といった消極的な目的ではなく，乱開発を防止し，アミニティを保全・創造するという積極的な目的をもった規制を条例化しようとする場合，上記判決の解釈では，条例で財産権を規制できる，ということにはならない。思うに，そもそも憲法第29条第2項は，福祉国家における財産権の社会的制約について規定したところに意味があるのであって，「法律でこれを定める」との文言は，法治主義の見地からの当然の事理を述べているに過ぎない。すなわち，同条項は，「公共の福祉に適合するやうに」という部分にストレスを置いて読むべきである。基本的人権の価値序列において「優越的地位」(preferred position) を与えられている表現の自由（憲法21条）が条例で規制できる（例えば，公安条例）こととの権衡からいっても，条例で財産権を規制できて当然である。のみならず，現行憲法の下で，地方公共団体は，国とともに一の統治団体として，福祉国家の理念を実現する責務を負っているのであるから，それぞれの地域における生活環境の保全や生活基盤・都市基盤の整備のために財産権を規制できなければならない。したがって，条例による財産権の規制は，それが警察制限かそれとも公用制限か，あるいは財産権の「内容」に対する制限かそれともその「行使」に対する制限か，等にかかわらず可能と解すべきである。

　第2は，地方自治法第2条第3項第18・19号との関係である。例えば，同第18号は，「法律の定めるところにより，建築物の構造，設備，敷地及び周密度，空地地区，住居，商業，工業その他住民の業態に基く地域等に関し制限を設けること」と規定しているため，建築制限等の事項は法律に先占されており，したがって，条例でそれらを規制するには法律の授権がいるのではないか，という問題である。行政実務界では，法律の授権を要する，との解釈が支配的なようである。しかし，同規定は，同条項各号の規定と同様，同条第2項に規定する地方公共団体の事務を例示したものであり，また「法律の定めるところにより」とは，そこに示されたような規制については，建築基準法や都市計画法等

で規定されていることが多いが、そういった法律の規定がある場合にそれに従って建築制限等の規制を行うことも、地方公共団体の責務の1つであることを示したものであって、それらの事務を法律によって先占しようとする趣旨の規定ではない。[18]

以上から、宅地開発等指導要綱を条例化するうえで、憲法第29条第2項および地方自治法第2条第3項第18・19号が障害になることはない、と考える。

2 条例の法令適合性について

次に問題となるのは、憲法第94条が、「地方公共団体は、法律の範囲内で条例を制定することができる」と規定し、また、地方自治法第14条第1項が、「地方公共団体は、法令に違反しない限りにおいて……条例を制定することができる」と規定していることから、宅地開発等指導要綱が定めているような公共・公益施設の整備ないし建築規制は、都市計画法や建築基準法の上乗せ・横だし規制として、同法に違反するのではないか、という点である。ところで、条例の法令適合性については、特に昭和44年の東京都公害防止条例の制定を契機に種々議論されてきたところであり、かつまた、要綱行政が行われることになった最も大きな理由が、法令適合性との関係で条例の制定ができない、というところにあったので、この点については、判例・学説の理論状況を概観し、少し詳しく検討を行うことにする。

(1) 条例の法令適合性に関する諸見解とその検討

まず、条例の法令適合性に関する伝統的な見解は法律先占論で、その原型理論は、法令が明示または黙示に（法令による明確な規制がないが、法令全体の趣旨から考えて）先占している事項については、法令の明示的な委任がなければ条例を制定することができない、というものである。[19]問題は、具体的にどのような場合に、法令による先占があり条例が法令に違反するか、であるが、その点について、行政実例等をもとに類型的分析を行った代表的な見解は、次のとおりである。[20]すなわち、条例が法令と目的を異にする場合は条例の制定は可能である。しかし、目的が同じで対象だけを異にする場合は、法令の趣旨が当該事

項およびその隣接の分野中当該事項のみを全国的規制の必要ありとして取り上げ，他は規制の自由を認めたことが明らかであるときは条例の制定は可能であるが，法令の趣旨がその隣接分野をも考えてそのうち一定事項のみを取り上げたことが明らかであるときには条例を制定することができない。また条例が法令と目的および対象を同じくする場合は条例の上乗せ規制はできない，としている。

ところで，この見解は，法令の先占領域をあまりにも広く認めるものであったため，昭和30年代の中頃になると，上記のような法律先占論を修正する見解が唱えられるようになる。例えば，明白性の理論がその代表的な見解で，「法令の先占領域の観念をあまり広く解して自治立法権の範囲を縮小する解釈にはにわかに賛成しがたい。先占領域の観念を認めるとしても，その範囲は，当該法令が条例による規制を明らかに認めていないと解される場合に限られるべきである」と主張した。しかし，問題は，どのような場合に，「当該法令が条例による規制を明らかに認めていない」と解するかであるが，この見解でも，法令が一定の基準を設けて規制している場合に，法令と同一の目的で同一事項につき法令よりも高次の基準を付加する条例，および法令が一定の規制をしている事項について，法令と同一の目的で法令の規制より強い態様の規制をする条例の制定は許されない，と解する。したがって，この見解は，実際には上記法律先占論の原型理論とほとんど異なるところがなく，そのため，この見解によっても，例えば，昭和44年に制定された東京都公害防止条例は，大気汚染防止法や水質汚濁防止法等に違反し無効，と解されることになる等の不都合があった。

そこで，昭和40年代中頃から，法律先占論とは異なる立場から，条例の法令適合性を考える法律ナショナル・ミニマム論が唱えられるようになった。この見解は，当初，公害規制に関して，「国の法令による規制は，……全国的・全国民的見地からする規制の最低基準を示すもの」という解釈であったが，その後一般化され，「地方自治行政の核心的部分については，『地方自治の本旨』を保障した憲法の趣旨よりみて国の立法政策のいかんによらず，いわば『固有の自治事務領域』としてその第一次的責任と権限が地方自治体に留保されるべ

き」であり,「かかる事務領域につき,国が法律を制定して規制措置を定めた場合には,それは全国一律に適用さるべきナショナル・ミニマムの規定と解すべきであって,自治体がもしそれを不十分と考える場合には,……独自に条例をもって横出しないし上乗せ規制を追加することも,つねに許される」という見解が唱えられるようになった。ところで,この見解は,「固有の自治事務領域」という,法律によっても奪われない地方公共団体の事務領域の存在を承認するものであるが,現行憲法が,はたしてそのような一定範囲の行政事務を処理する優先的権能を地方公共団体に保障していると解することについて,にわかに肯定し難いうえ,具体的にどのような事務が「固有の自治事務領域」に属するかを,その理由とともに明らかにしなければならないという課題が残された。そのため,この見解も,法律先占論にとって代わることができなかった。

しかし,法律ナショナル・ミニマム論の提唱は,法律先占論にも大きな影響を与えるところとなり,最高裁は,徳島市公安条例事件において,「特定事項についてこれを規律する国の法令と条例とが併存する場合で……両者が同一の目的に出たものであっても,国の法令が必ずしもその規定によって全国的に一律に同一内容の規制を施す趣旨ではなく,それぞれの普通地方公共団体において,その地方の実情に応じて,別段の規制を施すことを容認する趣旨であると解されるときは,国の法令と条例との間にはなんらの矛盾抵触はなく,条例が国の法令に違反する問題は生じえない」と判示し,それまでの法律先占論では条例の法令適合性が否定される場合,すなわち条例が法令と同一の目的で同一の対象について規定する場合でも,当該法令の趣旨を解釈することによって,条例の法令適合性を肯定することができる場合があるとの,いわば法令の趣旨解釈論とでも称すべき見解を打ち出した。今日,この見解が通説的見解と思われる。

以上,時系列的に条例の法令適合性に関する諸見解を概観したが,ここで若干の私見を述べておきたい。まず,法律ナショナル・ミニマム論であるが,この見解は,「事項的保護システム」,すなわち,法律によっても奪うことのできない一定範囲の事務領域を憲法が保障している,という解釈を前提としている。しかし,この見解が支持を得るためには,憲法第92条の趣旨,特に,地方公共

団体の組織および運営に関する事項は,「地方自治の本旨に基いて」,法律で定める,とした趣旨を明らかにしなければならない。具体的には,GHQ が我が国に持ち込もうとした地方自治はどのようなものであったか,そしてそれがどの程度現行憲法にとり入れられたか。いわゆる固有の地方自治権（inherent right to local self-government）に立った地方自治を導入しようと考えていたか,ホーム・ルール（home rule）とディロンズ・ルール（Dillon's rule）のいずれの地方自治の観念に立つ地方自治の導入を考えていたか。また,ホーム・ルール・シティ（home rule city）では,地方的事務（purely municipal affairs）について,憲章（charter）の規定が州の法律に優先すると解されているが,そこでいわれている地方的事務とはどのようなもか,いわゆるポリス・パワー（police power）まで含まれるか,等について,現行憲法制定の経過とアメリカ合衆国における地方自治,特にホーム・ルール・シティにおける地方自治についての議論を十分検討する必要がある。[26]

　上記の法律ナショナル・ミニマム論は,この点についての論証を全く欠いており,説得力のある見解とはいえない。したがって,上記諸点について十分な検証がなされていない現状では,とりあえずは「内容的保護システム」の観点から,憲法が地方公共団体に与えた自治立法権の保障のあり方を考えていかざるを得ない。

　ところで,このような観点からすると,法律先占論の原型理論ならびにそれに関連する類型的分析は,無条件的に国家法の優位性を承認し,あまりにも法令の先占領域を広く認めるものであって,憲法が地方公共団体に自治立法権を与えた趣旨を没却し,妥当でない（結果的に法律先占論の原型理論と異ならない,明白性の理論についても,基本的に同様な批判があてはまる）。

　次に,法令の趣旨解釈論であるが,同見解は,従来の法律先占論より条例制定権の範囲を広く認めている点で優れている。しかし,法令の趣旨が必ずしも明確でないため,当該法令が条例による別段の規制を容認する趣旨かどうかについて,解釈する者によって結論を異にしやすいという難点をもっている。事実,例えば,長崎県飯盛町旅館建築規制条例事件で,地裁判決は,「旅館業法は同法と同一の目的の下に,市町村が条例をもって同法が定めているより高次[27]

の営業規制を行うことを許さない趣旨である」としたのに対し，高裁判決は，「旅館業法が旅館業を規制するうえで公衆衛生の見地及び善良の風俗の保持のため定めている規定は，全国一律に施されるべき最高限度の規制を定めたもので，各地方公共団体が条例により旅館業法より強度の規制をすることを排斥する趣旨までを含んでいると直ちに解することは困難である」と逆の趣旨解釈をしている。しかも，例えば，高知市普通河川管理条例事件において，最高裁は，「普通河川であっても……いつでも適用河川又は準用河川として指定することにより同法の適用又は準用の対象とする途が開かれていることにかんがみると，河川法は，普通河川については，適用河川又は準用河川に対する管理以上に強力な河川管理は施さない趣旨である」と横だし上乗せ条例に厳しい趣旨解釈している。これらの例からすると，例えば，自然公園法第42条や自然環境保全法第46条のように，法令自体が規制の限度を定めている場合に（上記規定は，「〔当該法律〕の規定による規制の範囲内において」，条例で必要な規制を定めることができる，と規定している），その限度を超える条例による規制は許さない趣旨であると解することはもちろん，大気汚染防止法第4条第1項や水質汚濁防止法第3条第3項のように，特に限度を明示することなく一定の事項に関する上乗せ規制を条例に許している場合に，それ以外の事項の条例による上乗せ規制を許さない趣旨であると解釈される可能性が高く，さらには，法令が一定の事項に関する立法を条例に授権している場合には，それ以外の事項について上乗せ・横だしの規制を条例で定めることができないと解釈される可能性がある。もしそのように解釈されるならば，この見解も条例制定権の範囲を必ずしも拡げるものではないということになる。

　ところで，筆者は，地方自治という限り，地方公共団体（ないし住民）が，自らの事務（地方的事務）を，自前の法（自治立法）とお金（自主財源）で処理するものでなければならない，と考えている。したがって，「内容的保護システム」の下で，憲法が地方公共団体に付与した自治立法権の趣旨を生かすためには，法令の趣旨解釈からの解放が必要であると考え，次のような解釈（特別意義論と称している）を提唱している。

　すなわち，条例が法令に積極的に抵触（その場合は，条例は無効となる）しな

い限り，条例による規制が特別の意義と効果をもち，かつその合理性が認められる場合，法令と目的や対象が異なるかどうかとか，法令の趣旨がどうかとかを特に詮索することなく，条例の法令適合性を肯定してよい，というものである。条例が法令に積極的に抵触する場合とは，例えば，法令が条例による規律を明文規定をもって排斥している事項について，条例で規定する場合とか（もっとも，現行法ではそのような例が思いあたらない），地方自治法第14条第5項の，「条例中に，条例に違反した者に対し，2年以下の懲役若しくは禁錮，10万円以下の罰金，拘留，科料又は没収の刑を科する旨の規定を設けることができる」との規定に反して，条例で2年を超える懲役刑を規定したり，前述の自然公園法第42条や自然環境保全法第46条の，「（当該法律）の規定による規制の範囲内」を超えた規制を条例で規定したりする場合とか，「建築物の敷地，構造，設備及び用途に関する最低基準」を定めている建築基準法の最低基準を緩和する規定を条例で定める場合（ただし，建築基準法の授権がある場合は別である。例えば，同法41条）等である。また，条例による規制が特別の意義を認められる場合としては，例えば，地域的な事情が特に考慮されなければならない場合とか（例えば，公害防止），どちらかといえば法令による規制が望ましいが，法令による規制を待てない緊急性がある場合（例えば，昭和20年代後半頃の金属屑取締まり），緊急性があるとまではいえなくとも，法令による必要かつ十分な規制が行われるまで，とりあえず条例による規制によって補完しなければならない場合（例えば，消費者保護）等が挙げられる。

（2）宅地開発等指導要綱の条例化の可否

そこで，次に，上述した条例の法令適合性に関する学説・判例を踏まえ，宅地開発等指導要綱の条例化の可否について検討してみよう。

都市計画法や建築基準法は，条例による規律や上乗せ規制を禁止する旨規定しているわけではないから，法令との積極的抵触は起こらない。他方，乱開発を防止し，良好な生活環境を保全・創造するためには，現行の都市計画法・建築基準法等の規制では不十分であることにかんがみると，独自に条例を制定して，宅地開発において公共・公益施設の整備を義務づけ，あるいは建築物の構

造・設備に制限を設ける特別の意義が認められるから，私見によれば，そのような条例の制定は可能である。

しかし，現在の通説的見解である法令の趣旨解釈論によるときは，上記のような条例の制定が可能かは，きわめて微妙である。何故ならば，都市計画法や建築基準法の趣旨が条例による別段の規制を容認しているかどうか明確でないからである。建築基準法については，同法は建築物の敷地等に関する「最低基準を定める」ものであるから，それ以上の規制を条例等で規定することは当然許されている，と解する見解もあるようであるが，それは説得力に乏しい。何故なら，同法は，法的に規制できる最高限度を定めたものと解釈することもできるからである。

ところで，法令の趣旨解釈論は，法律先占論の修正理論の1つであるから，国家法優位の考え方が強い。前述の高知市普通河川管理条例事件についての最高裁判決は，その典型例である。したがって，法令が一定の事項に関する立法を条例に授権している場合，それ以外の事項については条例による上乗せ規制を許さない趣旨である，と解される可能性が強い。もしこのような趣旨解釈がなされると，都市計画法も建築基準法も一定の事項について条例による規制を授権しているので（例えば，都市計画法58条1項・75条2項，建築基準法40条・41条・68条等），上記のような条例は，都市計画法，建築基準法等に違反し，制定できないという結論になる。もっとも，前述の長崎県飯盛町旅館建築規制条例事件の控訴審判決のような趣旨解釈の余地もあるので，法令の趣旨解釈論によっても上記条例の制定が全く不可能というわけでもない。

以上が，宅地開発等指導要綱のうち，公共・公益施設の整備義務および建築規制を条例化する場合に法的に問題となる点についての検討結果である。

Ⅶ 宅地開発等指導要綱の条例化の検討（その2）
―――開発負担金を中心として

前節では，宅地開発等指導要綱のうち，公共・公益施設の整備義務および建築規制を中心に，それらの条例化の可否について検討した。そこで，次に宅地

開発等指導要綱で定めているもう１つの柱である開発負担金の納付について，その条例化の可否を検討する。

1　開発負担金の法的性質――税金か受益者負担金か

昭和60年の建設省・自治省合同調査では，総要綱数1330のうち，宅地開発一般については576要綱（約43％），中高層建築物については406要綱（約30％）が，開発負担金について定めている（特に三大都市圏では，宅地開発一般，中高層建築物とも半数以上の要綱が開発負担金の納付について定めている）。

ところで，その算出基準については種々異なり，計画戸数を基準にするもの（宅地開発一般316要綱，中高層建築物268要綱），開発面積を基準にするもの（宅地開発一般277要綱，中高層建築物109要綱），定額のもの（宅地開発一般57要綱，中高層建築物34要綱），計画人口を基準にするもの（宅地開発一般37要綱，中高層建築物28要綱）等がある。例えば，第５節で取り上げた堺市宅地開発等指導要綱では，住宅および住宅に類するものについては２戸以上，それ以外の建築物については建築延面積600㎡以上を対象として，前者については，新築（増築）は１戸につき50万円，単身者住宅等は１戸（室）につき20万円，建替えは１戸につき17万円，後者については１㎡につき1000円を基礎として，それに，小・中学校の過密過大度，宅地区画規模または住宅密度，区域（市街化区域か市街化調整区域か），公共設備の整備状況等による一定の係数を掛けて開発協力金を算出することになっていた。

ところで，すでに述べたように，要綱は法規ではないから，宅地開発等指導要綱に基づいて上記のような開発負担金の納付を強制することはできない。したがって，それは，あくまでも開発行為者の寄付金であるとの前提がとられているのであるが，そのことについて解釈上の問題があることは第５節で検討したところである。しかし，ここでは，その議論を一応横において，そのような開発負担金を強制的に納付させるとした場合，それは税金にあたるのか，それとも受益者負担金なのか，についてまず考えておかなければならない。

さて，「税金」は，国または地方公共団体が，その団体の全般の経費に充てる資金調達を目的として（普通税の場合），または特定の政策の実現を主たる目

的としかつ特定の経費に充てる資金調達を従たる目的として（目的税の場合)，特別の給付に対する対価としてではなく，法律の定める課税要件に該当するすべての者に対し，一般的標準により賦課する金銭給付義務である。これに対し，「受益者負担金」は，国または地方公共団体が，特定の公益事業の経費の一部に充てる資金調達の目的で，その公益事業の実施により特定のものが特別の利益を受けることを理由に，当該受益者に対し，その特別の利益を基準とし，かつそれを限度とし，賦課する金銭給付義務である。上記開発負担金は，都市基盤の整備と整備事業のための資金調達という特定の政策の実現とその経費に充てる資金調達を目的とするものではあるが，「特定の」整備事業により特定の者が特別の利益を受けていることを理由に「その受益を基準に」課せられるものでない点で，受益者負担金ということができず，それは，都市計画税や宅地開発税と同様，目的税であるとみるべきである。

2　条例による課税の可否
（1）租税法律主義との関係

いわゆる開発負担金の法的性質が税金（目的税）であるとすると，まず憲法第84条の租税法律主義との関係が問題となる。けだし，同条は，新たに租税を課し，または現行の租税を変更するには，「法律又は法律の定める条件によることを必要とする」と規定しているからである。

ところで，同条の解釈をめぐって，基本的に異なる2つの見解が存する。その1は，地方公共団体の課税権は，国の課税権の一部を分与されたものであるから，地方税についても当然法律で定めなければならず，もし法律でなく条例で定めるとすれば，法律の授権が必要となる。現行の地方税法が，地方税の税目，課税客体，課税標準，税率その他賦課徴収について定めをするには条例によらなければならない（3条）とし，一定の裁量を認めている（一部の目的税の課税，法定外普通税の新設変更，地方税法が一定税率を定めている税目以外の税目についての税率の決定，督促手数料の徴収等について）のは，地方公共団体の自治を尊重したものであり，かつそのような条例への授権は，憲法の容認するところである（憲法84条の「法律の定める条件による」との規定は，それを容認する趣旨である），

第2章 「要綱行政」考　299

という見解である。他の見解は，地方公共団体には，自治権としての課税権があるから，地方税に関しては条例主義が妥当し，憲法第84条の「法律」には条例が含まれる，とする。

　上記見解の対立は，要するに憲法は地方公共団体に課税権を付与ないし承認しているかどうかについての解釈の相違から生じている。ところで，憲法は，この点について明確でない。すなわち，第92条は，地方公共団体の組織および運営に関する事項について，「地方自治の本旨」に基づいて法律で定めることを規定し，また第94条は，地方公共団体が，「その財産を管理し，事務を処理し，及び行政を執行する機能を有」する旨規定するにとどまっている。しかし，憲法改正草案を作成するため GHQ の民生局に設けられた「地方行政に関する小委員会」(Local Government Committee) の案では，「都道府県，市，町および村の政府は，それぞれの地域内で合法的に統治作用を行いうるようにするため，地方の諸条件に応ずるため，次の権限を有する。税を課し，これを徴収する権限……」と規定されていた。

　思うに，地方公共団体が統治団体として，その地域において自治的に政治・行政を行うためには，そのために必要な財源を調達する権能，すなわち課税権が不可欠である。この点で，特定産業の産業用電気の消費に対する電気税を非課税扱いとする地方税法第489条第1・2項により，同非課税措置がなかった場合に徴収しうべかりし額の損害を被ったとして，大牟田市が国を相手どって起こした国家賠償請求訴訟で，福岡地裁昭和55年6月5日判決（判時966号3頁）が，「地方公共団体がその住民に対し，国から一応独立の統治権を有するものである以上，事務の遂行を実効あらしめるためには，その財政運営についてのいわゆる自主財政権ひいては財源確保の手段としての課税権もこれを憲法は認めているものというべきである。憲法はその94条で地方公共団体の自治権を具体化して定めているが，そこにいう『行政の執行』には租税の賦課，徴収も含むものと解される」と判示したのは妥当である。したがって，基本的には，上記2つの見解のうち，後者の見解が妥当である。

　しかし，だからといって，地方公共団体は全く自由に条例を制定して地方税を課することができる，と解すべきではない。すなわち，国は国で自由に法律

で国税について定め，地方公共団体は地方公共団体で自由に条例で地方税について定めることができると解すべきではない。けだし，国税といい，地方税といっても，同じく国民の納める税である。納税者としての担税力に当然限度があり，税源にも自ずから限界があるわけであるから，いわば限られた税源を国と地方公共団体（都道府県と市町村）の間でどのように配分するかを決めなければならない。また，地方公共団体間の財政面での格差是正のための調整も必要である。とすれば，それはやはり法律で定めざるを得ないということになる（地方自治法223条，地方税法2条は，この趣旨の規定である）。したがって，地方税法は本来，国，都道府県，市町村の間での税の配分に関する大綱を定めるという役割をもつべきものである。

　もちろん法律でその配分をどのように定めてもよいわけではない。そして，この点は，上記地裁判決のいうように，「地方公共団体の課税権を全く否定し又はこれに準ずる内容の法律は違憲無効たるを免れない」といった程度の緩い規範のものと解すべきでない。厳格な基準を設定することができないとしても，基本的には，それは，事務配分に応じた税源の配分でなければならない。もっとも現在の事務配分は，事務の性質に必ずしも対応した配分になっておらず，きわめて多くの事務を国の事務としつつ，それらを都道府県知事や市長村長等の地方公共団体の機関に委任するという，いわゆる機関委任事務方式がとられているから，むしろ国の事務か地方公共団体の事務かによらず，現に国の機関が行っている事務か，それとも地方公共団体や地方公共団体の機関が行っている事務かによって，それに応じた税源の配分を行うべきである。

　そのような考え方がとられるとすれば，国・地方別の最終財政支出は，国が4割弱（昭和63年度決算では39.0％），地方公共団体が6割強（同61.0％）であることから，税源（地方公共団体間の財政面での格差を調整するため，国に配分されるべき一定の財源を除いて）もおおむねそのような割合で配分されるべきである。そして，地方公共団体のこの自主課税権を手続的な面からも保障するために，この税源の配分を定める法律の制定過程に地方公共団体の参加を保障する何らかの手続が必要である，と考える。そのような点からすると，現行税制の下で，税源配分が，上記国と地方の最終財政支出割合とちょうど反対に，国税6割強

(昭和63年度決算では63.4％)，地方税4割弱（同36.6％）となっており，また地方公共団体の財源に占める地方税の割合が，都道府県の平均で4割弱（昭和63年度決算では41.8％)，市町村の平均で4割強（同42.3％）にとどまっているのは，憲法規範的な面で問題があるといわざるを得ないように思われる。

（2）地方税法との関係

　税源配分についての憲法規範的問題はさておくとして，現行税制の下で，地方公共団体は，宅地開発等指導要綱で定めているような開発負担金を地方税として条例で規定することができるだろうか。

　地方税法の規定をみると，第5条で，まず市町村税を普通税と目的税の2つとするとし（1項)，市町村が課すべき税として，普通税としては，市町村民税ほか5つの税目を，また目的税としては，入湯税（鉱泉浴場所在の市町村に限る）と事業所税（指定都市等に限る）を規定している（2・4・5項)。そして，普通税については，2項列挙の税目以外に市町村が普通税を課すことができる旨規定する（3項）のに対し，目的税については，上記入湯税と事業所税以外に，都市計画税，水利地益税，共同施設税，宅地開発税および国民健康保険税を課することができると規定するにとどまっている（6項)。

　このような地方税法の規定からすると，同法は，目的税については，市町村が独自に新たな税目をおこすことを容認しない趣旨であると解される。したがって，前段で紹介・検討した現在の通説といってよいと思われる「法令の趣旨解釈論」からすれば，宅地開発等指導要綱で定めている開発負担金を1つの目的税として条例で定めることはできない，ということになる。

　それでは，筆者の唱える「特別意義論」によればどうなるか。市町村は，急激な宅地開発等によって，その財政が圧迫され，そのため都市施設整備事業の一部を開発行為者に負担を求めざるを得ない事情が存在することは認められる。また，昭和44年に創設された宅地開発税（地方税法703条の3）は，都市計画法第7条第1項に規定する市街化区域，またはそれが定められるまでの間は旧住宅地造成事業規制区域のうち公共施設の整備が必要とされる地域として市町村の条例で定められた区域に課税区域が限定され，その使途についても，路面の

幅員12m未満の道路，公共下水道以外の排水路，敷地面積0.5h未満の公園・緑地・広場に限定され（同施行令56条の85），さらに住宅都市整備公団等課税免除の対象が広く（同施行令56条の87），公共施設整備計画を作成して自治大臣に届け出なければならない（同施行規則24条の31）等（なお，税率については条例で定めることになっているが，この点についても，通達により，当分の間1㎡あたり500円を超えないようにすることが適当である，とされている）のため，上記の市町村の財政需要にとうてい応じ難い（したがって，ほとんど利用されていない）という事情も認められる。したがって，市町村が開発負担金を目的税として開発行為者に課する必要性が認められるから，条例制定の特別の意義が肯定できる。

　しかし，上述したように，国税と地方税（さらに都道府県税と市町村税）の配分，地方公共団体間の財政格差の調整，国民の租税負担の全国的均一化等の見地から，租税体系の枠組みは法律で定めざるを得ないのであるから，地方税法が，上記のように，目的税については法定された以外の税目をおこすことを許す規定をおいていない以上，地方税法としては，それを否定していると解さざるを得ず，その意味で，条例制定の合理性を認めることがむずかしい。したがって，私見によっても，そのような条例の制定は不可能である。

　しかし，開発負担金を，目的税としてでなく受益者負担金に再構成して課するというならば，それを条例で定めることは可能と考える。確かに，憲法第84条にいう「租税」とは，国または地方公共団体が，その経費にあてる目的で，特別の給付に対する反対給付としてではなく，強制的に徴収する金銭を意味する（財政法3条参照）。したがって，それには，いわゆる何々税というものだけでなく，都市計画法第75条，道路法第61条，河川法第70条に定める受益者負担金も含まれる。しかし，いわゆる受益者負担金が，憲法第84条の「租税」に含まれ，したがって法律で定められなければならないというのは，それが強制的に徴収される金銭であるためである。この点，いわゆる税金は，強制的に徴収される金銭であるというだけでなく，税源の国と地方への配分割合を定める必要等から法律で定められなければならないのに対し，受益者負担金は特定の事業により特に利益を受ける者に公平負担の見地から課せられるもの（水利地益税，共同施設税，宅地開発税は受益者負担金に非常に近いが，それらが，受益者の範囲

がかなり広範囲にわたり，受益の程度が個別的に評価し難い場合に課せられるものである点で異なり，強いていえば，それは目的税と使用料の中間に位置する，ということができる）で，税金のような上記した特別の配慮を必要としない。したがって，受益者負担金については，前者の理由，すなわち法治主義の要請を満たせば足るわけであるから，法律でなくとも条例で規定してさえおればよいわけである。つまり，受益者負担金については，税金のように，必ずしも法律で定めなければならないものではない。

ところで，受益者負担金については，現行法はいずれも条例による規定を排斥していないから，受益者負担金を課する条例の制定に特別の意義が認められれば，そのような条例の制定は可能と解される。地方自治法第224条は，地方公共団体が，「数人又は普通地方公共団体の一部に対し利益のある事件に関し，その必要な費用に充てるため，当該事件により特に利益を受ける者が，その受益の限度において，分担金を徴収することができる」と規定しているので，これを利用する方法をまず考えるべきであるが，なお，それによることがむずかしい場合もあるであろうし，またそれをより具体化した受益者負担金を別に定める特別の意義が認められるであろうから，それを条例で定めることはできると解してよいように思われる。

Ⅷ　おわりに

以上，「要綱行政」を法治主義との観点から論じてきたが，本章を閉じるにあたり，次のことを申し述べておきたい。

過日，第4回自治体学会（1990年）が大阪で開催されたが，その分科会でパネリストを務めたある大学の教授は，「自治体は違憲・違法でもなんでもやってよい。みんなで渡れば怖くない」と発言された。しかし，いくら多数の自治体が行うことだからといって，違憲・違法なことが許されるはずがない。教授自身そのことは当然承知されているであろうから，それは，おそらく大会に参加していた多くの自治体職員に対する励ましの意味を含めて，多少誇張して発言されたものと思う。それにしてもこの発言が，必ずしも突拍子なものとして

受け止められていないことに、改めて驚いた次第である。
　確かに、近時の自治体行政には、よい意味でも悪い意味でも、「みんなで渡れば」式の行政が多い。要綱行政は、その悪い意味での「みんなで渡れば」式の行政の1つというべきものである。すなわち、「要綱」という法規でないものを根拠に、事実上公共・公益施設の整備や開発負担金の納付を強制するやり方は、まさに法治主義に反するものである。たとえ、要綱行政の必要性があり、そのことに合理性が認められるとしても、それは、目的のために手段を選ばないやり方というべきで、行政における最も基本的なルールを無視した違法な行為である。
　こういう主張に対し、「現実論」と称する立場から、行政の現実を無視した「書生論」だとの批判を加える向きもあるが、筆者自身は、これまでいろんな形で自治体行政にかかわっており、行政の現実を承知しているつもりでいる。筆者は、要綱行政の中身について、それがいけないといっているのではない。そのやり方がいけないといっているのである。地方自治の発展のために、自治体は王道を歩むべきだ、といっているのである。その王道とは何か。それは、法治主義を守ること、つまり宅地開発等指導要綱の条例化をせよということである。そのために、本章では、宅地開発等指導要綱の条例化の可否について検討し、それが可能である旨結論づけているところである。開発行政を担当している方はもちろん、担当していない方でも、本章で取り上げている問題は、行政のあり方そのものにかかわる問題でもあるので、本章で筆者が述べていることを真剣に考えていただきたい。また、公務員でない方も、行政依存性が著しく高まっている今日、行政を他人任せにするのではなく、まさに地方自治の主体として、行政のやり方に関心と監視の姿勢をもっていただきたいと思う次第である。

　〈追記〉　本稿脱稿後、判例時報（1333号91頁）に大網白里町事件に関する⑩千葉地裁平成元年1月25日判決および⑪東京高裁平成元年10月31日判決が掲載された。
　　⑩判決は、被告町の「宅地開発事業指導要綱」の制裁条項について、「その存在による威嚇的効果に期待していたふしが見受けられ、……本来の行政指導の概念にはそぐわない」としながらも、結局、その存在をもって本件指導要綱や行政指導が

一体として相当性を欠くとまではいえない、と判示して、原告の不当利得返還請求を棄却した。

　また⑪判決も、本件協定は公法上の行政契約であるから、「完全な自由意思」によるものでなければ不当利得となる、という控訴人の主張を退け、本件協定は私法上の契約であり、強迫による意思表示であるとか、公序良俗に反するとかの事実も認められない、と判示して、請求を棄却している。

(1) 同調査結果は、財団法人日本住宅総合センターから、『宅地開発等指導要綱に関する調査研究』と題する報告書にまとめられている。以下の統計は、特に断らない限り、同報告書によったものである。なお、建設省、自治省両省は合同で昭和52年および同56年にも同様な調査を行っている。

(2) 今村成和『行政法入門〔新版〕』12頁、有斐閣、1984年。ところで、「行政指導」の定義に関しては種々の見解があり、例えば山内一夫教授は、「一定の行政上の目的を実現するために、行政機関が国民に対して行う指導であって、事実上の強制を伴うものをいう」と定義され、いわゆる助言的（助成的）行政指導を除外している（『行政指導の理論と実際』4頁、ぎょうせい、1984年）。しかし筆者は、本文に引用したような定義の下に、行政指導を大きく助成的行政指導と規制的行政指導に分け、さらに後者を予防指導、是正指導、調整指導、統制指導に分類している。本稿で取り扱ういわゆる開発指導は、統制指導にあたる。

(3) 例えば、田村浩一「都市行政上からみた不法建築への給水制限」（都市問題研究18巻8号〔1966年〕61頁）、不法占拠者および違法建築物居住者に対する給水停止を否定した大阪地裁昭和42年2月28日判決（判時475号28頁）。本文②判決も、厳格にこの立場をとっている。しかし、水道法本来の目的にとらわれず、水道法と部分的にでも共通する目的のためであるとか、公序良俗違反行為を助長する結果となるとかのような場合には、給水を拒否し得るとの解釈も近時有力である。本文③判決および④決定もこの立場であるといってよい（もっとも、③判決は公序良俗違反の認定についてかなり限定的であり、また④決定は原審判決の認定した事実に基づき原判決の結論を是認したもので、その具体的内容は必ずしも明らかでない）。なお、昭和44年4月14日の通産省公益事業局長・厚生省環境衛生局長・建設省住宅局長間覚書、「建築基準法の違反建築物に係る水道の取扱いについて」（昭和46年1月29日環水12厚生省環境衛生局長、各都道府県知事あて）等の通達参照。

(4) 為藤隆弘「ついに成立した水道法」都市問題研究9巻8号（1957年）28頁、同「水道の布設および管理の適正合理化」時の法令258号（1957年）2頁、豊中市給水拒否損害賠償請求事件における大阪高裁昭和53年9月26日判決（判時915号33頁）参照。しかし、この点についても、経営や技術以外の「正当の理由」を認める解釈が有力になっている。

(5) 立法による行政権限の連結が可能であるとしても、法形式的効力の劣る法によって連結させることはできない。したがって、条例の規定によって、水道法上の給水拒否の根拠とすることはできない。しかし、例えば、かつて立法化の検討がなされたように、違法建築物に給水を拒否し得る旨を建築基準法に規定すれば、連結は可能である。

(6) 建築確認が受理されない等建築確認が得られない場合、その不作為の違法性を訴訟で

争うことができるし，争えば，おそらく認容されるであろうけれど，訴訟には時間とお金がかかるため（特に時間的な点から），結局指導に従ってしまうのではないかと思われる。なお，当該自治体に建築主事が置かれていない場合でも，当該自治体が都道府県に対し，宅地開発等指導要綱に従わない者からの建築確認申請を受理しないように要請している場合が多い。

(7) 我妻栄『新訂 民法総則』313-315頁，岩波書店，1965年参照。
(8) 東京高裁昭和51年10月28日判決（判時843号55頁）は，市の職員が，農地転用申請者に対し，道路の中心線が2mの線までの道路に接する私有地を寄付しなければ申請を受け付けないと告げて，当該土地の寄付を受けた行為について，「強迫」の成立を認めている。
(9) 原田尚彦「行政契約論の動向と問題点（2）」法律時報42巻3号（1970年），同『公害と行政法』弘文堂，1972年。
(10) 契約説にも，行政契約説（例えば，原田尚彦），私法契約説（例えば，野村好弘「公害防止協定の民事法的側面」判タ248号〔1970年〕），および特殊契約説（例えば，兼子仁『行政法事例研究』学陽書房，1971年）がある。
(11) 例えば，淡路剛久「公害防止協定における防止協定の位置」地方自治職員研修3巻2号（1970年）。
(12) 例えば，成田頼明「公害行政の法理」公法研究（1970年）32号。
(13) 田中啓一『受益者負担論』東洋経済新報社，1979年参照。
(14) 法治国家の概念の回転と展開については，高田敏「法治国家概念と警察国家概念の形成（一）―ドイツにおける法治国家理論の成立と確立 その1―」阪大法学70号，「ドイツにおける法治国家概念形式の論理―法治国概念と警察国概念の形成（二）」阪大法学141・142号（1987年）参照。
(15) United States V. Carolene Products Co., 304 U.S 144 (1938)におけるストーン（Stone）判事の法廷意見によって示された，アメリカでの確立した判例理論である。我が国でも，小売調整特別措置法事件における最高裁大法廷昭和47年11月22日判決（刑集26巻9号586頁）によってとられ，一般に支持されている。なお，薬事法事件における最高裁大法廷昭和50年4月30日判決（民集29巻4号572頁）は，経済的自由権に対する制限立法の合憲性の審査基準を，規制目的によって区別する見解を打ち出している。
(16) 最大判昭38・6・26（刑集17巻5号521頁）。
(17) 昭和24年3月26日法務調査意見長官回答。なお，長野士郎『逐条地方自治法』〔第10次改訂〕40頁，学陽書房，1983年，塩野宏「国土開発」『未来社会と法』205頁，筑摩書房，1976年参照。
(18) 成田頼明「法律と条例」『憲法講座4』213頁，有斐閣，1964年，室井力「公害対策における法律と条例」ジュリスト166号（1958年）204・205頁等。
(19) 田中二郎「国家法と自治立法（1）」法学協会雑誌80巻4号（1963年）457頁。
(20) 久世公堯「法律と条例」『総合判例研究叢書 憲法4』有斐閣，1958年。
(21) 成田・注(12)論文8頁。
(22) 杉村敏正『憲法と行政法』99・146・162・163頁，勁草書房，1972年，室井力「公害行政における法律と条例」法セミ1970年11月号67頁。
(23) 原田尚彦「地方自治の現代的意義と条例の機能」『環境権と裁判』245・246頁，弘文堂，

1977年。
(24) 同見解はその困難さを認め,「今後の学説の展開や実務の運用を通じて歴史的経験的に具体例を積み重ねその内実を確認していかなければならないであろう」と述べるとともに,「少なくとも公害防止,地域的自然環境の保護,土地利用の計画化など,住民生活の安全と福祉に直接不可欠な事務は,さしあたりかかる事務領域に含めてよいといえるのではないか」とされるにとどまっている。原田・注(23)書246頁。
(25) 最大判昭50・9・10（刑集29巻8号489頁）。
(26) まだ検証が不十分であるが,南川諦弘「ホーム・ルール・シティ」『地方自治大系1』294-321頁,嵯峨野書院,1989年参照。
(27) 長崎地判昭55・9・19（行集31巻9号1920頁）。
(28) 福岡高判昭58・3・7（行集34巻3号394頁）。
(29) 最判昭53・12・21（民集32巻9号1723頁）。
(30) 「受益者負担」という言葉には,「開発利益」の負担という意味,「公共サービス」などの価格という意味,すべての公共サービスの費用負担の配分原則という意味,以上3通りの意味がある。第1の意味が「受益者負担」の本来の概念で,狭義ではこれを意味する。田中・注(13)書60頁参照。
(31) 佐藤功『憲法下 新版』1105頁,有斐閣,2001年,田中二郎『租税法』452頁,有斐閣,1968年。
(32) 金子宏『租税法』83頁,弘文堂,1976年,北野弘久『新財政法学・自治体財政権』243頁,勁草書房,1977年,碓井光明『地方税条例』12頁,学陽書房,1979年。
(33) 高柳賢三・田中英夫「ラウエル所蔵文書」ジュリスト350号（1966年）127頁。
(34) 判例時報966号3頁。
(35) 成田頼明「地方自治の保障」『日本国憲法体系5』299頁,有斐閣,1964年。
(36) 地方財政白書平成2年版参照。以下の統計について同様。

【判例評釈・解説】

1 建築計画に対する行政指導と建築確認の留保の違法性
最高裁昭和60年7月16日判決

【事　実】X（原告・控訴人・被上告人・附帯上告人）は、昭和47年10月28日、事務所兼共同住宅（以下、本件マンションという）を建築すべくY（東京都＝被告・被控訴人・上告人・附帯被上告人）の建築主事に対し建築確認申請をした。

これに対し、建築主事は、同年11月8日付で建築基準法（以下、法という）第6条第4項後段に定める中断通知をXになすとともに、その後同年12月26日には、本件建築確認申請に係る計画が関係法令に適合しているとの審査を終了した。

ところが、同年12月12日、付近住民100余名より、本件マンションが建築されると著しい日照阻害、風害等の被害を受けるので本件建築確認処分に絶対反対するとの趣旨の陳情書がYに提出され、また同月23日には、付近住民4名より、都議会議員を紹介者としてYの建築指導部長に対し、上記陳情書と同趣旨の陳情がなされ、このためYは、建築紛争担当職員をして、Xに対し付近住民との話合いによる円満解決を指導するところとなった。

ところで、Xは、付近住民と十数回にわたり話合いを行うなど、上記の指導に対し積極的に応じたが、付近住民との話合いが実質的な進捗をみるに至らなかったうえ、Yは、同48年2月15日、同年4月19日実施予定の新高度地区案を発表し、同年2月15日以降の行政指導の方針として、同時点ですでに確認申請をしている建築主に対しても新高度地区案に沿うべく設計変更を求める旨および建築主と付近住民との紛争が解決しなければ確認処分を行わない旨定めるとともに、Xに対し設計変更による協力と付近住民との話合いをさらに進めることを勧告するに至り、Xは、同年3月1日受付をもって東京都建築審査会に対し、「本件確認申請に対してすみやかに何らかの作為をせよ」との趣旨の審査請求の申立をした。

もっとも、Xは、上記審査請求申立後も付近住民との話合いを続け、同月30日、付近住民との間で紛争解決の合意が得られたので、同年4月2日付で同審査請求を取り下げ、建築主事も、同日、本件建築確認申請について確認処分をなし、その旨Xに通知した。

ところで、Xは、以上のような経過をたどった本件マンションの建築確認処分について、建築主事が、昭和47年12月26日から事務処理期間および年末年始の休業期間を考慮しても、遅くとも同48年1月5日には確認処分をすべきであって、審査が終了しているにもかかわらず同年4月2日まで確認処分を留保したことは違法であるとして、請負代金増加額2450万円、金利相当損害金550万円、計3000万円およびこれに対する昭和48年

1月5日以降支払済に至るまで年5分の割合による遅延損害金の支払を求める訴訟を提起した。

第一審（東京地判昭53・7・31）は，地方公共団体が，建築紛争を解決すべく紛争当事者の任意の協力に基づく協議・あっせん等を行い，当該建築計画をめぐって建築主側と近隣住民側の間で現に協議が進行しているなどの事情のある場合に，上記事情が存続している間建築確認を留保することが許されるとの立場から，Xが，前記審査請求をした後も付近住民と話合いを積極的に行っており，その時点で建築確認処分をなしXが直ちに建築工事に着手したならば紛争が激化してしまったであろうことが推認されるとして，請求を棄却した。

これに対し，第二審（東京高判昭54・12・24）は，Xが上記審査請求をなす時点までは，XはY側の行政指導に任意に協力・服従していたものと認めるを相当とするが，Xが同審査請求後も住民と話合いを続けたのは，住民との紛争解決がなければ確認処分をしないとのY側の方針から，審査請求に対する裁決を待つのみでは，結局新高度地区案実施前に本件建築に着工できず，したがって新高度地区案による高度制限を受けざるを得なくなるおそれがあるため，やむなく住民との話合いをすすめて金銭補償をなすことによる解決をしたものであるとして，昭和48年3月1日以後は違法に本件確認を留保したものと判示し，請求を一部認容（同年3月1日から4月2日までの金利相当損害金213万9178円およびこれに対する昭和49年7月11日から完済までの年5分の割合による金員の支払い）した。

【判　旨】建築主が，建築確認申請に係る建築物の建築計画をめぐって生じた付近住民との紛争につき関係機関から話合いによって解決するようにとの行政指導を受け，これに応じて住民と協議を始めた場合でも，その後，建築主事に対し右申請に対する処分が留保されたままでは行政指導に協力できない旨の意思を真摯かつ明確に表明して当該申請に対し直ちに応答すべきことを求めたときは，行政指導に対する建築主の不協力が社会通念上正義の観念に反するといえるような特段の事情が存在しない限り，行政指導が行われているとの理由だけで右申請に対する処分を留保することは，国家賠償法第1条第1項所定の違法な行為となる。

【上告理由】上告理由の第1は，原判決は法6条3項の期限の例外として，建築確認の留保が適法とされる行政指導の要件についての法令の解釈を誤っている，というものである。すなわち，①建築主事が法定の期限内に応答しないことについて，社会通念上合理的かつ正当と認められるような事情が存する場合においては，その事情が存続している間応答を留保することは適法であるとする原則の本件への適用として，本判決が行政指導について当該建築主において任意に協力・服従していると認められる場合という要件を挙げていることは，行政指導の本質を正しく把握したものとはいえず，誤った解釈である。②仮に右の要件を認めるとしても，本件は建築主の協力・服従があった場合と

解すべきである。けだし，Xは，前記審査請求後もYの行政指導に応じ，付近住民との話合いを続け，その結果円満に話合いがついており，Xは，右審査請求の申立によって，話合いを拒絶する意思を表明したものではなく，むしろ話合いが思うように進まないことに焦燥を感じて話合いを促進するために行ったものと考えるのが妥当である，とする。
（その他の上告理由は省略）

【附帯上告理由】略

【判決理由】違法な建築物の出現の防止と建築の自由との調和を図ろうとした法6条3項・4項の応答期限の趣旨および建築確認処分の確認的行為性から，建築主事は，「審査の結果，適合又は不適合の確認が得られ，法93条所定の消防長等の同意も得られるなど処分要件を具備するに至った場合には，建築主事としては速やかに確認処分を行う義務があるものといわなければならない。しかしながら，建築主事の右義務は，いかなる場合にも例外を許さない絶対的な義務であるとまでは解することができないというべきであって，建築主が確認処分の留保につき任意に同意をしているものと認められる場合のほか，必ずしも右同意のあることが明確であるとはいえない場合であっても，諸般の事情から直ちに確認処分をしないで応答を留保することが法の趣旨目的に照らし社会通念上合理的と認められるときは，その間確認処分に対する応答を留保することをもって，確認処分を違法に遅滞するものということはできないというべきである。」

「もっとも，右のような確認処分の留保は，建築主の任意の協力・服従のもとに行政指導が行われていることに基づく事実上の措置にとどまるものであるから，建築主において自己の申請に対する確認処分を留保されたままでの行政指導には応じられないとの意思を明確に表明している場合には，かかる建築主の明示の意思に反してその受忍を強いることは許されない筋合のものであるといわなければならず，建築主が右のような行政指導に不協力・不服従の意思を表明している場合には，当該建築主が受ける不利益と右行政指導の目的とする公益上の必要性とを比較衡量して，右行政指導に対する建築主の不協力が社会通念上正義の観念に反するものといえるような特段の事情が存在しない限り，行政指導が行われているとの理由だけで確認処分を保留することは，違法であると解するのが相当である。

したがって，いったん行政指導に応じて建築主と付近住民との間に話合いによる紛争解決をめざして協議が始められた場合でも，右協議の進行状況及び周囲の客観的状況により，建築主において建築主事に対し，確認処分を保留されたままでの行政指導にはもはや協力できないとの意思を真摯かつ明確に表明し，当該確認申請に対し直ちに応答すべきことを求めているものと認められるときは，他に特段の事情が存在するものと認められない限り，当該行政指導を理由に建築主に対し確認処分の留保の措置を受忍せしめることの許されないことは前述のとおりであるから，それ以後の右行政指導を理由とする確認処分の留保は，違法となるものといわなければならない。」

「右事実関係によれば，被上告人が昭和48年3月1日の時点で行った前記審査請求の申立は，これによって建築主事に対し，もはやこれ以上確認処分を保留されたままでの行政指導には協力できないとし直ちに確認処分をすべきことを求めた真摯かつ明確な意思の表明と認めるのが相当である。また，被上告人はそれまで上告人の紛争調整担当職員による行政指導に対し積極的かつ協力的に対応していたというのであって，この間に当該行政指導の目的とする付近住民との話合いによる紛争の解決に至らなかったことをひとり被上告人の責に帰することはできないのみならず，同年2月下旬には本件建築確認の申請から3か月以上も後に発表された新高度地区案にそうよう設計変更による協力を求める行政指導をも受けるに至り，しかも右新高度地区の実施日が1か月余りに迫っていたことからすれば，被上告人が右3月1日の時点で，右審査請求という手段により，もはやこれ以上確認処分を留保されたままでの行政指導には協力できないとの意思を表明したことについて不当とすべき点があるということはできず，他に被上告人の意思に反してもなお確認処分の保留を受忍させることを相当とする特段の事情があるものとも認められないというべきである。……したがって，右審査請求が提起された昭和48年3月1日以降の行政指導を理由とする確認処分の留保は違法というべき」である。

裁判官全員一致で上告棄却（木戸口久治，伊藤正己，安岡満彦，長島敦）。
【参照条文】建築基準法6条3項・4項，国家賠償法1条1項

【評　釈】結論を支持し，理由づけもおおむね支持する。
(1) 建築確認処分の法的性質と法第6条第3項・第4項の応答期限の趣旨
(a) 建築確認処分の法的性質に関して，許可説と確認行為説が存在する。本判決を含め判例・学説の多数説は確認行為説をとっているが，筆者も，確認行為説を妥当と考える。けだし，社会公共の秩序維持という見地から一般的に建築物の建築を禁止しなければならないなどの害悪性なり危険性が存在するとはいい難いからである。むしろ，建築確認処分は，安全・衛生等の見地から建築物の敷地・構造・設備・用途に関して定めた最小限度の基準が守られているか否かをチェックするという確認行為であると解するのが妥当である。このように解釈することは，建築確認処分を建築主事という下級職員の権限としていることにも適合する。

ところで，上記の解釈論は，建築主事の裁量の有無に関係づけて論ぜられているが，そのことがむしろ問題であって，例えば法第29条や第33条の「周囲の状況によって安全上支障がない場合」等は，建築確認処分を許可と解しようが，確認行為と解しようが，建築主事による裁量判断が必要となる。まして，本件では，すでに法令審査が終了し，行政指導との関係で確認通知を留保することができるかどうかという点が問題となっているのであって，このような処分時期についての裁量問題は，許可と解しようが，確認行為と解しようが異なるところがない(3)。ただ，この点の解釈は，法第6条第3項・第4項の応答期限の解釈に関係しており，本判決でも応答期限について義務規定をとる伏線となっている。

(b) そこで、次に問題となるのは、法第6条第3項・第4項が建築確認申請書の受理の日から21日（ただし、同条1項4号に掲げる建築物に係るものについては7日）以内に確認処分（確認ないし不適合の通知）をしなければならないと定めていることとの関係である。

この点について、同規定を事務処理上の訓示規定と解する見解(4)もあるが、本判決を含め判例の大勢は義務規定説をとっている。建築の自由が基本的人権（憲法29条・22条1項）に属すること、したがって、建築確認制度を設け、それに違反する者に対しては罰則をもって臨むこととした（法6条1項・5項、99条1項2号・4号）その反面として、同手続に要する期間は確認の事務処理のため必要不可欠なものに限られるべきこと、しかも建築にあたっては建築資金の調達、建築工事中の代替住居、営業所の確保等事前に準備・計画する必要があり、そのために工事開始時期が前もって目途がつかなければならないこと等から、同規定は、建築主事に対し法的義務を課した規定であると解するのが妥当である。

(2) 建築確認留保の可能性とその適法性

(a) それでは、法第6条第3項・第4項の応答期限は、同条第4項後段所定の場合以外遵守しなければならない絶対的義務と解すべきであろうか。(5)

本判決は、特に理由・根拠を示すことなくこれを否定し、①建築主が確認処分の留保につき任意に同意しているものと認められる場合、および②諸般の事情から直ちに確認処分をしないで応答を留保することが法の趣旨目的に照らし社会通念上合理的と認められる場合には、その間確認申請に対する応答を留保することも許されるとしている。この点について、本件の第一審・第二審の判決を含め、その他の下級審判決は、法第6条第4項後段が、中断通知につき規定し、正当事由ある場合の法定期限の延長を許容している趣旨から、法の応答期限を絶対的義務と解すべきでないとし、社会通念上合理的かつ正当と認められるような事情の存する場合には、その間応答を留保することが許される、とする。そして、そのような事情として、法第6条第4項後段所定の形式的理由のある場合のほか、実質的にみて建築主事が法定期限内に応答できない合理的理由のある場合（例えば、申請にかかる建築計画に対する審査事項が複雑多岐にわたるため、とうてい法定の期限内では審査を完了できないような場合）、さらには、形式的には応答することが可能であっても、建築主事が直ちに応答しない方がむしろ法の趣旨目的からも社会通念上からも相当であると解されるような特段の事情の存する例外的な場合を挙げている。法の定める応答義務が絶対的義務と解すべきでない理由に言及し、また応答を留保することが許される場合の例示に若干異なるところがあるが、上記した下級審判決の解釈も、本判決と基本的に同様な考え方に立つものであるということができる。

(b) ところで、上に紹介したように、下級審判決では、法の定める応答期限が絶対的義務でないと解する根拠として、法第6条第4項後段が挙げられているが、同規定の存在から、同規定所定の場合以外に応答を留保することの適法性を理由づけることには無理があり、建築確認申請に対し応答を留保することが許容されるとするケースについて、

個々にその適法性を検討しなければならないものと考える。
　そこで，本判決が挙げる2つのケースについて検討する。
　まず，①のケースについては，建築主が建築確認処分の留保そのものに同意している場合であるから，建築主としては，建築確認処分の保留の違法性を主張できない筋合で，その意味でこれを応答保留の適法化事由とすることができよう。ただ，建築主が確認処分の留保に同意しているということから，不作為にある建築確認処分そのものまで適法ということになるか疑問である。
　次に②のケースについては，この表現だけでは，具体的にどのよう場合がそれにあたるか明らかでない。しかし，本判決は，その後のところで，関係地方公共団体において，当該建築確認申請に係る建築物が建築計画どおりに建築されると付近住民に対し少なからぬ日照阻害，風害等の被害を及ぼし，良好な居住環境あるいは市街環境を損なうことになるものと考えて，当該地域の生活環境の維持，向上を図るために，建築主に対し，当該建築物の建築計画につき一定の譲歩・協力を求める行政指導を行い，建築主が任意にこれに応じているものと認められる場合においては，社会通念上合理的と認められる期間確認処分を留保できると述べているので，この点について検討することにするが，それが妥当かを論ずる前提として，まずはたしてこのような行政指導が許されるかを検討しなければならないと考える。というのは，このような行政指導は法律の根拠に基づいて行われているものでないからである。
　ところで一口に行政指導といっても，その性質・機能は種々異なる。そこで行政指導に法的根拠が必要かという観点からは，それを，助成的行政指導（例えば，営農指導，中小企業に対する経営指導）と規制的行政指導に分け，後者を，さらに予防的指導（例えば，納税相談のように行為が法に適合するよう事前指導を行う場合），是正的指導（建築基準法に違反する建築物について改善命令を出さないで改善勧告をする場合），調整的指導（例えば，建築紛争を解決するための協議の斡旋），および統制的指導（例えば，いわゆる開発指導要綱に基づく開発指導）に分けることが有意義であると思われる。このうち，助成的行政指導は，何らの規制的目的および効果を伴うものでないから，法治主義の見地からは特に問題にならないし，予防的指導は，義務の自発的履行の機会を与えるためになされるもので，相手方の任意性が制約されないから，法的根拠を要しないと解される。また，是正的指導も，違反状態に対処する法的措置（是正命令・罰則）が存在するから，法治主義の要請を満たしていると考えてよいであろう。問題は，調整的指導と統制的指導である。特に統制的指導は，独立に何らかの規制目的達成の手段として用いられるために法治主義の観点から問題となる。
　ところで，統制的指導に関して，「行政指導は法律の不備を補って行政庁が新しい行政需要に機敏に対応し，行政責任を全うするために行われるものである。そこに行政指導のメリットがあった。このことを考えると，行政指導にいちいち法律の根拠を要求することは，かえってそのメリットを失わせ，角を矯めて牛を殺す結果になりはしないか。また，かりに行政指導に根拠となる規定をおくとしても，それはおそらく抽象的概括的

な内容の規定とならざるをえないから，あまり意味があるとは思われない」とする見解(7)がある。
　しかし上記の見解の前段の点については，条例による財産権規制の可否（憲法29条2項，地方自治法2条3項18号の解釈），および条例は国の法令に違反してはならない（憲法94条，地方自治法14条1項）といった条例制定権の限界をどのように理解するかによって評価を異にする。すなわち，伝統的な法律先占論に立てばいうまでもなく，近時一般に支持されている法令の趣旨解釈論，すなわち，国の法令がその地方の実情に応じて別段の規制を施すことを容認する趣旨であると解されるときは，条例が国の法令と同一目的で同一の対象について規定することも許されるとする見解(8)によっても，当該法令の趣旨が条例による別段の規制を施すことを容認するものかどうか必ずしも明らかでないために，結局，自治体としては，条例の制定に躊躇せざるを得ないところがある。しかし，私見のように，法律の授権に基づくことなく条例で財産権を規制できると解し，また条例が国の法令に積極的に抵触する場合でない限り(9)，条例による規制が特別の意義と効果をもち，かつその合理性が認められるならば，すなわち，条例制定の必要性・合理性・実効性が認められる場合には条例の制定を可能と解する立場（特別意義論）からすれば，新たな行政需要に対応する法律の不備は，法治主義を後退させる理由にはならない。けだし，上記のような場合，自治体としては，必要な条例を制定し，それに基づいて，規制（権力的行政）なり，行政指導（非権力的行政）を行うべきだからである。
　また上記見解の後段部分，すなわち行政指導に抽象的概括的な内容の根拠規定をおいても無意味とする点については，確かに，例えば，「……について勧告することができる」と規定するだけでは，そのとおりかもしれない。しかし，行政指導について法で規定することは，このようなものとは限らない。むしろ，条例という一般的（住民全体の）合意形式を用いることにより，法治主義の要請に応えつつ，妥当な合意を形成し，またそのような合意形成のルールやシステムを条例化することの重要性をもっと認識する必要があると考える。もちろん，条例という法形式からの制約として詳細を規定し得ない面があるが，その点は，条例→規則→運用基準の組み合わせによりカバーできよう。以上のような理由から，統制的指導には法的根拠が必要であると解する。
　それでは，調整的指導はどうであろうか。今日，自治体では，マンション等の建築をめぐって，建築主（業者）と付近住民との間の紛争がある場合，建築主事等による斡旋等の，いわゆる調整的行政指導が行われることが多く，本判決を含め判例も，一般にこのような行政指導を是認ないし評価している。確かに，今日の建築行政は，快適な住環境の維持および増進を目的とした積極的な性質の行政であって，いわゆる警察行政の概念で捉えることのできない行政となっている。しかも，現行の建築法令が，快適な住環境の維持・増進という目的の実現に十分対応し得ていない状況の下では，建築行政の運用も，建築確認制度を中心とした建築基準法等の機械的執行にとどまることは，もはや許されない。したがって，上記のような調整的行政指導を行うことは別段法的根拠なくとも許されると解してよいであろう。

以上から，本件における行政指導は適法であると解されるが，この行政指導が適法に行われている間，建築確認処分を留保することもまた適法であると解することができる。けだし，上記のごとき行政指導が許されると解しながら，他方で建築確認処分をしなければならないとすれば，行政指導の実効があがらないであろうし，場合によっては，そのためにかえって紛争が激化するなど，行政指導の目的にも反することになるおそれがあるからである。

なお，付言するに，調整的行政指導については，次の2点に留意する必要がある。すなわち，その1は，行政指導の内容が，日照阻害，通風，騒音，電波障害，風害等をめぐる紛争のごとく，調整になじむもの（すなわち紛争当事者によって処分し得るもの）でなければならないこと，その2は，上記のごとき行政指導は，具体的な紛争を前提とし，当事者からの陳情等をまって行われるものであること，である。けだし，後者については，一定内容の指導を具体的な紛争を前提とせずに行うことは，統制的指導というべきで，それは法律・条例に基づかなければ行えないからである。

(3) 行政指導ならびに建築確認留保の限界

上記で検討したように，調整的行政指導およびそれが行われている間の建築確認の留保が許されるとしても，それらに自ずから限界のあることはいうまでもないが，その限界の判断に関して，判例は，当初，行政指導を最大限に尊重し，建築確認の留保を適法と判断して，原告の請求を退けていた。しかるに，近時は，逆に行政指導の限界を超えるものと判断し，建築確認の留保を違法とする判例が多くなりつつあったが，本判決は，このような判例の新しい流れを決定づけることとなった。その意味で，本判決の行政・業界・住民運動等に与える影響は大変大きいものと思われる。

ところで，問題は，その限界を何を基準にどの程度のところに設定するかである。この点については，基本的に2つの異なった考え方がある。1つは，行政指導の相手方（建築主）の（不服従・不協力の）意思を基準に考えるもの（主観説）であり，他は，行政指導による紛争の客観的可能性とか，行政指導の相手方（建築主）の不服従の反社会性や行政指導の必要性・公益性といった客観的事情を基準に考えるもの（客観説）である。

本判決は，建築主が任意に行政指導に応じているものと認められる場合においては，確認処分の留保を直ちに違法な措置であるとまでいえないとする一方，建築主において確認処分を留保されたままでの行政指導には応じられないとの意思を明確に表明している場合には，かかる建築主の明示の意思に反してその受忍を強いることは許されないとし，また建築主において建築主事に対し，確認処分を留保されたままでの行政指導にはもはや協力できないとの意思を真摯かつ明確に表明し，当該確認申請に対し直ちに応答すべきことを求めているものと認められるときには，確認処分の留保の措置を受忍せしめることは許されないと判示している点で，主観説をとっているといえる。しかし，他面，「当該建築主が受ける不利益と右行政指導の目的とする公益上の必要性とを比較衡量して，右行政指導に対する建築主の不協力が社会通念上正義の観念に反するものといえるような特段の事情が存在しない限り」という一定の留保をしている点で，客観説の

考え力も含まれており，その意味で，中間説ないし総合説ということもできるであろう[14]。
　それでは，主観説，客観説，総合説のいずれが妥当であろうか。思うに，本件のような調整的行政指導は，建築紛争を解決するために行われることからすれば，紛争の客観的解決可能性がある限り，建築主の意思に必ずしもとらわれることなく，その限界を考えていくべきだということになるであろうし，また調整的行政指導が，法第1条や地方自治法第2条第3項第1号・第7号の趣旨目的から肯定されていることからいえば，建築主の不服従・不協力の反社会性や当該指導の公益性，ないしは当該建築主が受ける不利益と行政指導の公益上の必要性との比較衡量等によって判断すべきであるということになるであろう。しかしながら，行政指導が相手方の同調を求めて働きかけるものである（任意性を本質とする）ことから，基本的には相手方の不服従・不協力の意思にその限界の基準を求める主観説が妥当だといわざるを得ないであろう。ただ，本件上告理由も批判しているように，建築主の翻意を促す方法による行政指導の場合には，建築主が説得を一再ならず拒絶しあるいは反発することがむしろ当然であるから，主観説をとると，このような行政指導そのものを否定することにもなりかねない。本判決も，この点を考慮して，行政指導にはもはや協力できないとの意思を「真摯かつ明確に」表明しているときとし，そのような意思を「協議の進行状況及び周囲の客観的状況により」確認するとしている。したがって，単に口頭で不服従である旨表明しているだけであるときはもちろん，本件のように審査請求の申立があったとしてもそれだけで，即行政指導が違法ということにはならない。例えば本件では，Xが審査請求申立後も，付近住民と話合いを続けている点に関する評価の相違から，第一審判決と第二審判決および本判決とで結論が異なることになったごとく，この判断にははなはだ困難を伴う。しかし，そのような場合，行政指導の相手方の立場をより尊重する方向で解釈するのが妥当であると考える。

(1)　判例時報928号79頁，判例タイムズ371号103頁。
(2)　判例時報955号73頁。
(3)　法令に基づく申請に対しては，「相当の期間内」に処分を行わなければ，その不作為は違法となる。行政事件訴訟法3条5項参照。建築確認処分については，この「相当の期間」が，申請受理の日から21日（7日）と法定されているだけのことである。
(4)　東京地判昭52・12・19（判時894号82頁，判タ363号282頁），島田・関『建築基準法体系』321頁，酒井書店，1985年。
(5)　これは，申請書類の不備等により申請書の記載によっては関係法令適合性の判断ができないという，いわば形式的理由による場合である。
(6)　東京地判昭52・9・21（判時886号15頁），東京地判昭和57年11月12日（判時1074号80頁，判タ495号140頁）等。
(7)　原田尚彦『行政法要論』157頁，学陽書房，1976年。
(8)　徳島市公安条例事件に関する最高裁大法廷昭和50年9月10日判決（刑集29巻8号489頁）。
(9)　例えば，法律が条例による規律を明文規定をもって排斥している場合，法律が一定の

遵守を要求している場合に，当該法律による特別な授権なしに，その遵守義務を免除するなど当該法律の実施を困難ならしめるような場合がこれにあたると考える。
(10) 前出の東京地裁昭和52年9月21日判決，東京地裁昭和52年12月19日判決，本件第一審判決等。
(11) 本件第二審判決，前出の東京地裁昭和57年11月12日判決，京都地裁昭和59年1月19日判決（判時1116号56頁，判タ520号244頁）等。
(12) 主観説をとる判例としては，本判決のほか，本件第二審判決および前出の東京地裁昭和57年11月12日判決が挙げられる。
(13) 客観説をとる判例としては，前出の東京地裁昭和52年9月21日判決，東京地裁昭和52年12月19日判決および本件第一審判決が挙げられる。
(14) 阿部泰隆「行政指導の担保手段としての建築確認の留保」ジュリスト845号（1985年）87頁。

2 パチンコ店への用途変更建築確認不作為事件（鎌倉市）
横浜地裁平成10年9月30日判決

【事　実】本件は，パチンコ業者である原告（以下，Xという）が，被告鎌倉市建築主事（以下，Y_1という）に対し，書店からパチンコ店への用途変更に伴う法第87条第1項に基づく建築確認申請をし受理されたのに，Y_1がその後何らの処分をしないのは違法であるとして，その不作為の違法確認を求めるとともに，その不作為がなければ用途変更に伴う建築確認がされ，Xにおいて上記店舗でパチンコ店を開業して毎月少なくとも2000万円の利益を上げることができたとして，被告鎌倉市（以下，Y_2という）に対し，国賠法第1条第1項に基づき，遅くとも営業可能となっていたはずの平成9年3月1日から毎月末日限り2000万円および同毎月支払い分の金員に対する毎月各末日から支払済みまで民法所定の年5分の割合による遅延損害金の支払いを求めた事件である。

なお，Xは，当初からパチンコ店を建築する目的を有していたが，店舗の目的をパチンコ店としたのでは近隣住民の反対に遭い，鎌倉市開発事業指導要綱（以下，本件要綱という）等に定める手続を履践することが困難となり，ひいては店舗が建たなくなるおそれもあるとして，当初は書店を建築するということにし，住民説明会を実施することなく建築確認を受けて建物を完成させるとともに，その直後にその用途変更に伴う建築確認申請を行ったこと，また，XとY_2との間に，①本件土地における開発事業の目的を書店とし市長との間で本件要綱等に基づく協定を締結しながら建物が完成した直後にパチンコ店への用途変更を申請したことについて，Xは，市長および近隣住民に謝罪の意を表す，②Xは，速やかに本件建物における書店営業を開始する，③Xは，本件店舗の一階部分における営業目的を書店からパチンコ店に変更するに際しては，住民の同意を得るべく誠意をもって十分な説明を行う，④双方は，以上の経過を経て第2次変更確認申請書（筆者注—平成8年1月9日付けで受理されたもの。なお，第1次変更確認申

請書は同 7 年 6 月21日に提出されたが，不受理となっている）に伴う問題を解決するとの合意（以下，本件合意という）が成立していること，が裁判所により事実認定されている。

【判　旨】
(1) Y_1が第 2 次変更確認申請書に対する建築確認処分を留保していることの適否について

　X がパチンコ店を開業するための建物を建築することを隠し，それに本来伴う本件要綱等所定の申請手続を回避したという不公正を考慮しなければならないが，さりとて，そのためにパチンコ店開店がおよそ永久的に不可能となるというのも行き過ぎであるし，逆に本件要綱等がない場合には住民の反対があってもパチンコ店を開店することに法律上の制約はなかったのであるからとして，X に当初から真意に従ってパチンコ店を申請したことと変わりない結果を直ちに享受させるというのも均衡を欠き，不合理というべきである。

　そこで，誠意をもって説明したと誰もが紛れもなく判断するような努力を X においてしたにもかかわらず住民の同意が得られないので，X が右行政指導にもはや従う意思がないという場合には，パチンコ店経営目的を隠し書店建築目的として申請した X の当初の不公正に対する非難も解消されたと評価すべきであり，Y_1において第 2 次変更確認申請書をそれ以上留保し続けることを正当化することはできない，と解するのが相当である。

　次に，誠意をもってしたと紛れもなく判断できるほどとはいえないものの，X において住民に対しある程度の説明を行ったが同意が得られないので，行政指導にもはや従う意思がないという場合には，未だ X のした当初の不公正が解消されていないといえる。ただし，それがいつまで経っても解消できないというのは硬直的な措置であって適当でない。そこで，X は，真意を隠して書店建築目的で建築確認を取得するという不公正な行為をしたので，公平の見地から，自身が行政指導に従う意思がないとの立場を明らかにした以降一定期間は，第 2 次変更確認申請書についての建築確認処分を受けられないという，いわばペナルティーを甘受するほかないが，その期間を過ぎると右ペナルティーが解消するという立場に置かれることになると解するのが相当である。そして，X が平成 6 年 1 月に書店建築目的の開発事業事前申請書を提出してから，平成 7 年 4 月に本件建物を完成するまでに 1 年 3 か月間を要しているので，右のペナルティーの期間は，長くて右と同じ 1 年 3 か月間程度とし，住民の同意を得るためにした説明態度が誠意のあるものであればあるほどその期間が短いものとなるとするのが適当であると解する。

　総じていえば，本件合意中の「誠意をもった十分な説明」にはやや足りない程度のものが X によりされたと認めるべきである。そうすると，X がもはや住民への説明をしないとして本件提訴に及んだ時から半年間程度を経過したときには，特段の事情は解消

(Xの「当初の不公正」に対する非難は解消)したものとし,それ以降は原則に戻ってY₁は第2次変更確認申請書についての処分を留保する理由がないと解するのが相当であり,その不作為は違法となるというべきである。

(2) Xの損害及び因果関係の存否について

第2次変更確認申請書について,建築確認の処分がされるかはまだ不明といわざるを得ないし,また,Xが本件店舗においてパチンコ店を開店するには,本件店舗を改装し,さらに風俗営業等の規制および業務の適正化等に関する法律(以下,風営法という)第3条第1項の許可を受けることが必要なところ,現段階ではそれも不明であるといわざるを得ない。したがって,Y₁が第2次変更確認申請書についての建築確認処分を留保していることの不作為とXの主張する損害との間には,少なくとも相当因果関係がないといわなければならないから,Y₂に対する損害賠償請求は理由がない。

【解説】

(1) 本件の争点は,Y₁が第2次変更確認申請書に対する建築確認処分を留保していることは違法か,また,違法であるとした場合,Xは,それによって得べかりし利益を失ったとして,Y₂に対し損害賠償を請求することができるかということであるが,後者の点については,本判決説示のとおり請求は否定されるべきものと考えるので,以下では専ら前者の点について解説することにする。

(2) 本判決は,Y₁が第2次変更確認申請書に対する建築確認処分を留保したことは違法であるか否かの判断を,最高裁昭和60年7月16日判決(民集39巻5号989頁。以下,最高裁判決という。なお,同判決の判例批評として,南川諦弘・民商法雑誌94巻3号〔1986年〕95頁参照)の見解に依拠して行っている。

すなわち,同最高裁判決は,建築主が,建築確認申請に係る建築物の建築計画をめぐって生じた付近住民との紛争につき関係機関から話し合いによって解決するようにとの行政指導を受け,これに応じて住民と協議を始めた場合でも,その後,建築主事に対し同申請に対する処分が留保されたままでは行政指導に協力できない旨の意思を真摯かつ明確に表明して当該申請に対し直ちに応答するべきことを求めたときは,行政指導に対する建築主の不協力が社会通念上正義の観念に反するといえるような特段の事情が存在しない限り,行政指導が行われているとの理由だけで同申請に対する処分を留保することは,国賠法第1条第1項所定の違法な行為となる,と判示している。

本判決は,前述したXとY₂との間の「本件合意」を,あらかじめ設けられている本件要綱等に実質的に従わなかったXに対しY₂によりいわば定型的でない個別特有の行政指導がなされたものであり,また,本件訴訟の提起は,XがY₂の行政指導に応じないという意思を明確にしたものであると解釈し,それを前提に,Y₂の行政指導に対するXの不協力が「社会通念上正義の観念に反するといえるような特段の事情」があるか否か,すなわち,建築確認を留保することを正当ならしめる特別事情が認められるか否かを検討している。

最高裁判決にいう「特段の事情」が具体的にどのような場合かが明確でない中で（最高裁判決では，建築主が受ける不利益と行政指導の目的とする公益上の必要性とを比較衡量して判断する旨が示されているのみであり，同判決でも「特段の事情」の存在は否定されている），本判決が，当初からパチンコ店を開店したいと考えていたのに，その真意を隠し，書店を開店することとして本件要綱に従って開発事業の申請をし，それを前提とした建築確認処分を経て本件店舗を建築し，その直後に用途変更の確認申請をしたという点に，Xの「正義に反する事情」（不公正）の存在を認めたことは，「特段の事情」の意味内容を考えるうえで参考になる。本判決の事例的価値もここにある。

しかし，最高裁判決も，「特段の事情」があれば許認可（本件では，建築確認処分）を「留保」できるといっているのであって，「拒否」できるとまでいっているわけではない。ちなみに，本件で問題になっているパチンコ店についても，本件土地は，建築基準法および鎌倉市パチンコ店等の建築等の規制に関する条例（平成8年6月条例3号）によりパチンコ店の建築ができない場所でも，また，風営法によりパチンコ店の営業が禁止される場所でもないので，それぞれの法が定める基準を満たしている限り，パチンコ店の建築ないし営業を認めざるを得ない（本件に関していえば，用途変更を認める建築確認処分をせざるを得ない）。したがって，結局「どのような事情のもとで，いつまで」許認可（本件では建築確認処分）をしないことが許されるか，ということになる。

この点について，本判決は，本件合意事項の「誠意をもって十分な説明」をどの程度行ったかによって，3つに分けて判断しているところが注目される。すなわち，①「誠意をもって十分な説明」を全くしなかった場合，②「誠意をもって十分な説明」にはやや足りない程度の説明をした場合，③「誠意をもって十分な説明」をしたと誰もが紛れもなく判断するような努力をした場合に分け，①の場合，最長1年3か月間（これは，Xが，書店建築目的の開発事業事前申請書を提出してから，本件建物を完成するまでに要した期間）建築確認処分を留保することが許されるが，②の場合は，1年3か月をマキシマムとして，住民の同意を得るためにした説明態度が誠意のあるものであればあるほどその期間は短くなるとし，③の場合は，Xが行政指導に対し不協力の意思を明確に表明したときは直ちに建築確認処分を行わなければならない，としている。そして，本件では，Xが，住民との説明会を合計5回開催し，そのうち4回にわたって，住民に謝罪し，本件用途変更計画の概要を書面等で開陳するとともに，これに伴う生活環境の悪化に対する対策等を明らかにしその理解を求めていること，しかし，ねばり強く折衝する努力にやや欠ける面があり，平成8年11月頃からは説明等の対処がやや形式的表面的となってきたきらいが感じられ，「誠意をもって十分な説明」にやや足りないとして，本判決は，本件提訴に及んだ時から「半年間程度」経過したときには，特段の事情は解消したものとし，それ以降の建築確認の留保を違法と判断している。

法令の根拠もなく，何故にペナルティーとして一定期間建築確認処分を留保でき，また，その期間を住民への説明における誠意の度合いによって決することができるかについて疑問がないわけでもないが，XとY₂との間の「本件合意」に留保権の根拠を求める

ことができるであろうし，ペナルティーの期間を説明の誠意度によって決するというのもやや大岡裁判的ではあるが，意外に常識に適う判断ではないか，と考えられる（同市行政手続条例〔平成10年12月条例16号〕29条参照）。

なお，本件については，平成11年10月，東京高裁の勧告に基づき，Xが5回程度の住民説明会を行う等を条件とする和解が成立したようである（毎日新聞平成11年10月20日ほか）。

第IV部
補　　論

第1章
いわゆる大阪府興信所条例について

Ⅰ　はじめに

　このたび大阪府は，全国で初めて，興信所・探偵社による身元調査を規制する，いわゆる興信所条例（「大阪府部落差別事象に係る調査等の規制に関する条例」昭和60年3月27日大阪府条例第2号。以下，本条例という）を制定したが，筆者は，後述の「興信所・探偵社問題専門家懇談会」（座長　高田敏大阪大学教授。以下，専門懇という）のメンバーとして，本条例の制定に若干関係するところがあったので，本条例が，どのような背景と理由から，またどのような経過で制定されたか，そして本条例にはどのような意義と問題点があるか，等について述べることにする。
　すべての人々の人権が尊重され，差別のない社会を実現するうえで，本稿がいささかでも参考になれば幸いである。

Ⅱ　本条例の内容

　本条例は，本文16・附則2条から成り，その内容は，以下のとおりである。

　（目的）
第1条　この条例は，同和地区に居住していること又は居住していたことを理由になされる結婚差別，就職差別等の差別事象（以下「部落差別事象」という。）を引き起こすおそれのある調査，報告等の行為の規制等に関し必要な事項を定めることにより，部落差別事象の発生を防止し，もって府民の基本的人権の擁護に資することを目的とする。
　（定義）

第2条　この条例において，次の各号に掲げる用語の意義は，当該各号に定めるところによる。
　一　同和地区　歴史的社会的理由により生活環境等の安定向上が阻害されている地域をいう。
　二　興信所・探偵社業　府の区域内において，他人の依頼を受けて，個人調査，法人調査その他いかなる名目の調査であるかを問わず，特定の個人についてその信用，資産，経歴，素行その他の個人に関する事項を調査し，かつ，報告する営業をいう。
　三　興信所・探偵社業者　興信所・探偵社業を営む者をいう。
（府，興信所・探偵社業者及び府民の責務）
第3条　府は，国及び市町村と協力して，第1条の目的を達成するため必要な啓発に務めるものとする。
2　興信所・探偵社業者は，その営業について，社会的責任を自覚し，第1条の目的に反する行為をしないよう努めなければならない。
3　府民は，第1条の目的に反する調査又は調査の依頼をしないよう努めなければならない。
（適用上の注意）
第4条　この条例の適用に当たっては，興信所・探偵社業者及び府民の自由と権利を不当に侵害するようなことがあってはならない。
（自主規制）
第5条　興信所・探偵社業者の組織する団体は，その構成員である興信所・探偵社業者に次に掲げる事項を遵守させるため必要な規約を設定するよう努めなければならない。
　一　特定の個人又はその親族の現在又は過去の居住地が，同和地区にあるかないかについて調査し，又は報告しないこと。
　二　同和地区の所在地の一覧表等の提供及び特定の場所又は地域が同和地区にあることの教示をしないこと。
2　興信所・探偵社業者の組織する団体は，その構成員である興信所・探偵社業者に前項の規約を遵守させるため必要な指導を行うよう努めなければならない。
3　興信所・探偵社業者の組織する団体は，第1項の規約を設定したときは，速やかに，当該規約の内容その他の規則で定める事項を知事に届け出なければならない。その届出に係る事項を変更し，又はその届出に係る規約を廃止したときも，同様とする。
（届出）
第6条　興信所・探偵社業を営もうとする者は，あらかじめ，次に掲げる事項を知事に届け出なければならない。
　一　氏名又は名称及び住所並びに法人にあっては，その代表者の氏名

二　営業所の名称及び所在地
2　前項の規定による届出をした興信所・探偵社業者は，同項各号に掲げる事項に変更を生じたとき，又はその営業を廃止したときは，その日から10日以内に，その旨を知事に届け出なければならない。
（遵守事項）
第7条　興信所・探偵社業者は，その営業に関し，第5条第1項各号に掲げる事項を遵守しなければならない。
2　興信所・探偵社業者は，その営業に関し従業者に第5条第1項各号に掲げる事項を遵守させるため必要な指導及び監督を行わなければならない。
（帳簿等の備付け）
第8条　興信所・探偵社業者は，規則で定めるところにより，その営業所ごとに，その営業に関する帳簿及び従業者名簿を備え，規則で定める事項を記載しなければならない。
（指示，営業停止及び聴聞）
第9条　知事は，興信所・探偵社業者が第7条第1項の規定に違反したときは，当該興信所・探偵社業者に対し必要な指示をすることができる。
2　知事は，興信所・探偵社業者が前項の指示に従わないときは，当該興信所・探偵社業者に対し，1月を超えない範囲内で期間を定めて，その営業の全部又は一部の停止を命ずることができる。
3　知事は，前項の規定による処分をしようとするときは，あらかじめ，当該処分に係る興信所・探偵社業者に当該処分しようとする理由を通知し，弁明及び証拠の提出の機会を与えるため聴聞を行わなければならない。
（指導及び助言）
第10条　知事は，興信所・探偵社業者の組織する団体に対し第5条第1項の規約の設定について，興信所・探偵社業者に対し第7条第2項の指導及び監督について必要な指導及び助言をすることができる。
（報告の徴収等）
第11条　知事は，第7条の規定の実施に必要な限度において，興信所・探偵社業者に対しその営業に関し報告若しくは資料の提出を求め，又はその職員に，興信所・探偵社業者の営業所に立ち入り，帳簿及び書類の検査をさせ，若しくは関係者に質問させることができる。
2　前項の規定により立入検査をする職員は，その身分を示す証明書を携帯し，関係者に提示しなければならない。
（規則への委任）
第12条　この条例の施行に関し必要な事項は，規則で定める。
（罰則）
第13条　第9条第2項の規定による命令に違反した者は，3月以下の懲役又は5万円

以下の罰金に処する。
第14条　第11条第1項の報告若しくは資料の提出をせず，若しくは同項の報告若しくは資料の提出について虚偽の報告若しくは資料の提出をし，又は同項の規定による検査若しくは質問を正当な理由なく拒み，妨げ，若しくは忌避した者は，2万円以下の罰金に処する。
第15条　次の各号の一に該当する者は，科料に処する。
　一　第6条第1項の規定に違反してあらかじめ届出をせず，又は同条第2項の規定に違反して変更若しくは廃止の日から10日以内に届出をしなかった者
　二　第8条の規定に違反した者
（両罰規定）
第16条　法人の代表者又は法人若しくは人の代理人，使用人その他の従業者が，その法人又は人の業務に関して前3条の違反行為をしたときは，行為者を罰するほか，その法人又は人に対しても，各本条の罰金刑又は科料刑を科する。
　附則
（施行期日）
1　この条例は，昭和60年10月1日から施行する。
（経過措置）
2　この条例の施行の際現に興信所・探偵社業を営んでいる者に関する第6条第1項の規定の適用については，同項中「あらかじめ」とあるのは，「昭和60年11月30日までに」とする。

Ⅲ　本条例制定の経過と専門懇における討議

　大阪府は，1981年2月，企画部府民文化室長を座長とする「プライバシー保護研究会」を庁内に設置し，プライバシー保護に関する調査研究および施策のあり方について検討を始めたが，その背景には，次に述べるような2つの事情があったようである。
　1つは，情報化社会の進展，とりわけコンピューター等の情報処理および通信技術の飛躍的な進歩という状況の下で，1973年，スウェーデンが「データ法」を制定したのを皮切りに，その後アメリカ，ニュージーランド，西ドイツ，フランス，カナダ等，欧米等の先進諸国において，プライバシーを保護するための立法が制定され，また1980年には，OECDが，プライバシーならびに個人の自由を保護するとともに，それらとデータの自由な国際流通との調和を図

るため，加盟国に対し，「プライバシー保護と個人データの国際流通についてのガイドライン」を勧告し，我が国でも，行政管理庁が，1981年1月から，「プライバシー保護研究会」（座長　加藤一郎東京大学教授）を開催し，我が国における情報処理に伴うプライバシー保護対策のあり方等について研究・検討を始めたという事情である。

他の1つは，1975年末，いわゆる「部落地名総鑑」事件が発覚し，それが，興信所等の行う身元調査のもつ問題性を明らかにし，プライバシー保護の必要性を提起したという事情である。

ところで，大阪府プライバシー保護研究会は，1983年3月，「個人情報処理に伴うプライバシー保護のあり方について」と題する報告書をとりまとめ，その中で，府の行う個人情報処理に関するプライバシー保護について，条例を含めた制度化を図るべきとする一方，民間の事業者に対する保護方策については，すべての個人情報処理を一律に条例で規制することは困難であり，各業種の特性や個人情報の処理形態に応じた規制のあり方を具体化していくことが適当であるとしつつ，「もっぱら第三者の依頼を受けて営業として個人情報の処理を行う個人信用情報機関，市場調査会社，ダイレクト・メール業者，興信所・探偵社など特定業種のうち，特にプライバシー侵害が問題となっているものについては，さらにその実状を把握し，その業種に関する規制条例の制定に取り組むことが必要である」と提言した。

上記の提言のうち，府の行う個人情報処理に関するプライバシー保護については，1984年3月，「大阪府公文書公開等条例」において立法化された。すなわち，同条例は，その前文で，「府の保有する情報は公開を原則とし，個人のプライバシーに関する情報は最大限に保護しつつ，公文書の公開等を求める権利を明らかにすることにより，『知る権利』の保障と個人の尊厳の確保に資する」（傍点筆者）と謳い，第9条では，公開してはならない公文書として，「個人の思想，宗教，身体的特徴，健康状態，家族構成，職業，学歴，出身，住所，所属団体，財産，所得等に関する情報（事業を営む個人の当該事業に関する情報を除く。）であって，特定の個人が識別され得るもののうち，一般に他人に知られたくないと望むことが正当であると認められるもの」を挙げるとともに，第

17条で公文書の本人開示請求、第18条で自己情報に係る記載の訂正請求について規定している。

これに対し、民間の事業者に対する保護方策については、堺市、泉大津市、岸和田市、貝塚市、泉佐野市、和泉市、寝屋川市、吹田市、忠岡町、豊能町、能勢町の以上の8市3町、部落解放同盟大阪府連、人権擁護委員連合会等から、興信所・探偵社業の規制を求める要望もあって、府は、1983年7月、興信所・探偵社問題に関する法的諸問題について専門的見地からの助言を得る目的で、学者、弁護士から成る専門懇を設置した。

同専門懇における討議は多岐にわたったが、主要な論点は、次のとおりである。

(1) 目的について。人権擁護が目的か、業の適正化が目的か。
(2) 対象について。何故に興信所・探偵社のみを規制の対象とするのか。
(3) 遵守義務について。(イ)その範囲をどうするか、すなわち、部落差別につながる（部落差別事象を引き起こす）情報の収集・提供のみを禁ずるか、それとも障害者差別や民族差別等の社会的差別に繋がる情報の収集・提供まで含めるか、また思想・信条の調査やプライバシーの侵害についてはどうか。(ロ)その条文表現をどうするか。(ハ)遵守義務の主体、すなわち、届出業者のみに遵守義務を課するか、府外業者の府内における調査活動をどうするか、一般府民の遵守義務はどうするか等。
(4) 実効措置について。(イ)遵守義務違反に対する制裁をどうするか。(ロ)届出制で営業停止は可能か。(ハ)営業停止の実効性をどう担保するか。(ニ)公表の実効性如何等。
(5) その他。(イ)許可制の可否と是否。(ロ)府内の業者に府外での営業活動についても遵守義務を課するか。(ハ)条例制定の可能性、等々。

上記の諸論点について、筆者の記憶をもとに、専門懇での討議の内容ないし結論を紹介すると、おおよそ次のとおりである。

まず、(1)については、検討の対象たる条例は、人権擁護の基本条例でも、また業界育成等の業法でもない。個人のプライバシーにかかわる特定業種については、人権を侵害するおそれがあるので、人権擁護のため、その業の適正化を

図ろうとするものである。

(2)については、個人のプライバシーにかかわる仕事をしている業者には、個人信用情報センター、市場調査会社、ダイレクト・メール業者、リスト屋などがある。ところで、リスト屋については、まだ実態がほとんどわからないし、個人信用情報センターは財産情報のみを、市場調査会社は財産情報のほかに家族構成・年齢を、それぞれ調査することを業としている。これに対し、興信所・探偵社は、財産情報のほか思想・信条・家柄・出身等を調査する。しかも、結婚の際の身元調査の動機として、「家柄・血統を調べるため」が第1位という調査結果もある。したがって、興信所・探偵社の営業活動が最も人権侵害を引き起こすおそれが強い。現に、興信所が、結婚の際の身元調査で、被調査者が同和地区出身者であることを報告したため婚約を破棄された事件について、興信所の不法行為責任を認めた裁判例（最判昭50・4・4）がある。また、興信所・探偵社業者が、いわゆる部落地名総鑑を作成した事実もある。このような立法事実にかんがみ、興信所・探偵社業のみを規制の対象とする。

(3)の(イ)については、人権基本条例の制定を検討しているものでないこと、規制の対象を興信所・探偵社業とした場合、その営業活動によって引き起こされるおそれのある社会的差別としては、主として結婚等に際しての身元調査によって引き起こされる部落差別事象であること等から、種々の社会的差別のうち部落差別に繋がる（部落差別事象を引き起こす）情報の収集・提供に限る。また、思想・信条の調査については、三菱樹脂本採用拒否事件に関する最高裁大法廷昭和48年12月12日判決が、[1]「企業者は、……自己の営業のために労働者を雇傭するにあたり、いかなる者を雇い入れるか、いかなる条件でこれを雇うかについて、法律その他による特別の制限がない限り、原則として自由にこれを決定することができるのであって、企業者が特定の思想、信条を有する者をそのゆえをもって雇い入れることを拒んでも、それを当然に違法とすることはできない」と判示していることから、興信所・探偵社によるこれらの調査を禁止の対象とすることが無理と考えられ、禁止の対象から除くことにした。

これに対し、プライバシーの侵害を禁止の対象とするかについては、前述のごとく、本条例案の検討がそもそもプライバシーの保護の方策の一環として、

興信所・探偵社業等の特定業種の法的規制を検討する必要があるとの提言を受けたものであるといった経緯からも，これをどうするか重要な問題であった。討議の過程では，訓示規定ではあるが，業者の遵守義務の1つとして，「個人のプライバシーを不当に侵害してはならない」といった規定も検討されたが，「プライバシー」の概念内容が必ずしもはっきりしていないことから，訓示規定とはいえ，プライバシーを不当に侵害するとはどういうことか明らかにし難いため，興信所・探偵社業自体の否定ととられかねないこと等を考慮して，結局，遵守事項から除外することとした。

(3)の(ロ)については，検討の過程で，例えば，「部落差別を目的として，情報を収集し，保有しあるいは他に提供してはならない」のごとく，目的犯的な規定，あるいは，「部落差別につながる情報であることを知って，個人にかかわる情報を収集し，保有し，提供してはならない」のごとく，知情犯的な規定も考えたが，主観的要素を含むものであるため，規制効果に疑問のあること，また「部落差別につながる情報」というのは，漠然とし過ぎるきらいがあり，範囲が広すぎることになるおそれもあるため，結局，「被調査者またはその親族の出身地または居住地が同和地区であるかもしくはないかについて調査し，報告しないこと」のように，一定の外形的な行為を取り上げ，それを禁止するという表現をとることにした。

(3)の(ハ)については，遵守義務を無届出業者に対しても課すべしとする意見もあったが，無届出業者に対して遵守義務を課すとしても，業者を把握していなければ遵守義務違反の有無を判断することがむずかしいということから，届出業者にのみ遵守義務を課すとする一方，業者が遵守義務違反の責任を免れるために届出をしないということのないよう，届出義務違反の罰則を重くする，という結論になった。また，討議の過程では部落差別を目的として業者に個人に関する情報の収集・提供を依頼したり，業者からその提供を受けてはならないという一般府民の義務が問題とされたが，結局，それについては，規制条例によってではなく，教育啓蒙によるべきであるということになった。

(4)の(イ)については，3つの考え方について検討した。①は直罰主義，②は営業停止命令を出し，その違反を処罰する方法，③は指示・警告をし，それに従

わない場合に公表するという方法である。部落差別を惹起するおそれのある情報の提供は自然犯的であるとの考えから，①の方法も考慮されたが，構成要件を明確に規定することがむずかしいこともあって，結局②および③の方法をとることになった。

(4)の(ロ)については，許可制の下で営業停止処分がとられるのが一般であるが，届出制の下で営業停止処分をすることも理論的に可能であるうえ，実際にも，改正前の警備業法第5条・第15条，東京都再生資源取扱業に関する条例第3条・第9条の例がある。

(4)の(ハ)については，営業停止処分の対象となる営業活動は，個人情報取扱業務であるが，当該業者が，それ以外の営業活動を行っている場合または行おうとしている場合に，それとの区別をどうするか，また営業停止処分を受けた業者が他人名義で新たな届出をする場合はどうなるか，といったことが問題となった。前者については，罰則によって実効性を担保し，また後者については，商業登記に費用がかかることから，ある程度は防げるのではないか，その他，指導によって営業停止処分の実効性を担保できるのではないか，といったことが議論された。

(4)の(ニ)については，悪質な業者に対しては，公表という制裁手段は役立たないのではないか，むしろ逆宣伝になって不適当ではないかという意見が強かったが，遵守義務の構成要件の不明確さとの関係から，営業停止処分→罰則という制裁手段を採用し難いという考えに立った場合の制裁手段とすることになった。

(5)の(イ)については，一般的禁止を特定の場合に解除するという，いわゆる営業許可制は，届出制に比べ営業の自由（憲法22条1項）に対するより強い制限であるから，一般にその採用にあたっては慎重な判断を要するところである。しかし，興信所・探偵社等を一般的に禁止しなければならないものかはなはだ疑問があるうえ，本条例制定の目的からすれば，現在法的に野放し状態にある興信所・探偵社業を府の行政機関において把握でき，同営業による人権侵害を防止するための適切な措置をとることができればよいわけであるから，L・R・A (less restrictive alternatives) の基準の法理に照らし，許可制を採用すること

が困難であるとの結論になった。

(5)の(ロ)については、条例の属地主義の原則から困難だとする意見が大勢であった。

(5)の(ハ)については、人権擁護ないし部落差別事象の発生を防止するため、興信所・探偵社業を規制することは、地方公共団体の事務（自治事務）といえるのか、また憲法第92条が、「法律の範囲内で条例を制定することができる」（傍点筆者）と規定し、地方自治法第14条第1項も、「法令に違反しない限りにおいて……条例を制定することができる」（傍点筆者）と規定しているので、法務省設置法第2条第6号および第11条と抵触しないか、あるいは国の法令による黙示的先占事項ではないか、といったことが問題とされた。しかし、人権擁護ないし部落差別事象の発生を防止するため、興信所・探偵社業を規制することは、地方公共団体の事務でないとはいえず（「地方公共の秩序を維持し、住民及び滞在者の安全……を保持すること」地方自治法2条1項1号参照）、かつ法務省設置法は、「国の行政事務を一体的に遂行する責任」（傍点筆者）を定めたもので、地方公共団体が人権擁護に関する事務を行うことを排斥する趣旨でないこと、また同法以外に今日までのところ、興信所・探偵社等を規制する法令が存在せず、しかも国の法令の沈黙は、何らの法的規制を許さない趣旨とも解されないから、国の法令による黙示的先占事項ではなく、いわば空白の状態にあるということができ、条例の制定が可能であるとの解釈で一致した。

おおむね、上に述べたような討議を重ねた後、専門懇は、同年11月、規制の対象を興信所・探偵社業とすること、同営業に伴う部落差別につながる行為を規制し、もって基本的人権の侵害を防止することを目的とすること、そのため、同営業について届出制を採用すること、届出業者に一定の遵守義務を課すこと、その実効措置については、遵守義務違反→（違反業者に対する知事の指示）→営業停止（ただし、著しい人権の侵害が生じるおそれがあると認められる場合に限る）→懲役または罰金という案と、遵守義務違反→（違反業者に対する知事の指示・警告）→公表（ただし、著しい人権侵害が生じるおそれがあると認められる場合）という2つの案を併記した討議結果をとりまとめた。

なお、同討議結果には、目的に関して、「興信所・探偵社業に対する規制を

行うにあたっては、本来プライバシー保護の観点に立ってそれを行うのが望ましいと考えられる。しかし、立法事実の面においては、部落差別の問題が中心になっており、一方実務的にも他の領域にまで対象を広げた場合、それらについての規制が困難で、かえって実効性があがらなくなることも予想される。したがって、今回はとりあえず、部落差別につながる行為の規制に限定することにした」と付記されている。

その後、府は、翌1984年7月、「部落差別につながる身元調査をなくす方策について」について、府同和対策審議会（会長　山本登大阪市立大学教授）に諮問し、同年12月、同審議会は、結婚や就職等における部落差別につながる身元調査をなくすため、府民に対する啓発活動の充実、現行制度の活用、行政指導の強化、および業者による自主規制の促進などの諸方策を推進していくことが重要であり、また、これらの方策の限界を補完するための法的措置として、条例制定が必要である、旨の答申をした。

そして、府は、上記の専門懇の討議結果および府同和対策審議会の答申を踏まえて、府の啓発努力と業者の組織する団体による自主規制ならびにそれに対する行政指導を主とし、権力的手段による規制を補完的なものとする条例案を作成し、同条例案は、1985年2月定例議会において可決・成立した。

Ⅳ　最近の自治体における個人情報保護の施策と本条例

1　プライバシーの権利の確立と我が国における裁判例

S・D・ウオーレンとL・D・ブランダイスは、1890年、ハーバード・ロー・レビューに「プライバシーの権利」と題する論文を発表し、彼らは、その中で、'Recent inventions and business methods call attention to the next step which must be taken for the protection of the person, and for securing to the individual what Judge Cooley call the right "to be let alone." ' と述べ[2]、「ひとりにしておいてもらう権利」という意味でのプライバシーの権利の必要性を主張した。アメリカでは、これを嚆矢として、その後の判例・学説により、プライバシーの権利が確立され、今日では、世界人権宣言第12条、市民的及び政治的

権利に関する国際規約第17条において，明文で保障されるところの権利となっている。

　我が国においても，三島由紀夫の小説『宴のあと』事件に関する東京地裁昭和39年9月28日判決が，「近代法の根本理念の1つであり，また日本国憲法のよって立つところでもある個人の尊厳という思想は，相互の人格が尊重され，不当な干渉から自我が保護されることによってはじめて確実なものとなるのであって，そのためには，正当な理由がなく他人の私事を公開することが許されてはならないことは言うまでもないところである」「私事をみだりに公開されないという保障が，今日のマスコミュニケーションの発達した社会では個人の尊厳を保ち幸福の追求を保障するうえにおいて必要不可欠なものであるとみられるに至っていることを合わせ考えるならば，その尊重はもはや単に倫理的に要請されるにとどまらず，不法な侵害に対しては法的救済が与えられるまでに高められた人格的な利益である」と判示して，プライバシーの侵害を理由とする損害賠償請求を認容した。

　その他プライバシーの権利が争われた裁判例としては，吉田貴重監督・製作の「エロス＋虐殺」事件，京都市中京区前科回答事件等がある。このうち，特に後者の前科回答事件に関して，最高裁昭和58年4月14日判決は，「前科及び犯罪経歴……は人の名誉，信用に直接にかかわる事項であり，前科等のある者もこれをみだりに公開されないという法律上の保護に値する利益を有するのであって，市区町村が，本来選挙資格の調査のために作成保管する犯罪人名簿に記載されている前科等をみだりに漏えいしてはならないことはいうまでもないところである。……弁護士法23条の2に基づく照会に応じて報告することも許されないわけのものではないが，その取扱いには格別の慎重さが要求されるものといわなければならない」と判示し，弁護士法第23条の2に基づく前科照会に漫然と応じた中京区長の行為を，過失による公権力の違法な行使であるとしたが，後述のごとく，情報公開制度が広く採用されつつあるという状況の下で，行政情報の公開とプライバシーの保護に関し，参考となる事例である。

　以上のごとく，今日では，一般にプライバシーの権利性が承認されているところである。

しかしながら，その権利の内容およびその救済ないし保護の基準については必ずしも明確とはいえない。

例えば，我が国にプライバシーの権利をいち速く紹介された伊藤正己現最高裁判事は，その著書『プライバシーの権利』において，プライバシーの権利として保護されるものを私生活への侵入行為，私事を他人に公開する表現，他人をして誤認を生ぜしめる表現，氏名や肖像などの私事の営利的利用，という4つに類型化するとともに，文書または口頭で明示の同意のあるときには，プライバシーの侵害は成立せず，表現に含まれる公けの利益の価値――例えば，報道的価値，教育的価値――が，私事の保護に含まれる利益の価値に優越するときには，権利は保護されず，公けの存在とみられる者は，ある限度で，プライバシーの権利を制限される，と述べている。

また前述の『宴のあと』事件の東京地裁判決でも，「プライバシーの侵害に対し法的な救済が与えられるためには，公開された内容が(イ)私生活上の事実または私生活上の事実らしく受け取られるおそれのあることがらであること，(ロ)一般人の感受性を基準にして当該私人の立場に立った場合公開を欲しないであろうと認められることがらであること，換言すれば一般人の感覚を基準として公開されることによって心理的な負担，不安を覚えるであろうと認められることがらであること，(ハ)一般の人々に未だ知られていないことがらであることを必要とし，このような公開によって当該私人が実際に不快，不安の念を覚えたことを必要とするが，公開されたところが当該私人の名誉，信用というような他の法益を侵害するものであることを要しない」と判示している。

このようにプライバシーの権利の内容およびその救済ないし保護の基準については不明確であり，今日なお解決されていない問題である。

2 プライバシーの権利概念の積極化と我が国におけるプライバシー保護立法の動向

前述のプライバシーの権利は，「ひとりにしておいてもらう権利」といった消極的な内容の権利であるが，1960年代に入り，コンピューター等の発達による情報化社会の到来という状況の下で，個人に関する種々のデータが収集・蓄

積・利用されることによって個人のプライバシーの侵害が一段と高まってきた。このような状況に対応するため、プライバシーの権利の再構成が行われ、今日では、プライバシーの権利は、「自己に関する情報の流れをコントロールする権利」であると理解されるに至っている。前述のスウェーデンのデータ法はじめ諸国で近時制定されているプライバシー保護法およびOECDの勧告は、このような積極的なプライバシーの権利を保護するものである。

　ところで、我が国では、行政管理庁がOECDの勧告を受けて、1981年から、情報処理に伴うプライバシー保護方策のあり方等について研究・検討を進め、収集制限の原則（個人データの収集に際しては、収集目的を明確にするとともに、収集するデータの内容も、収集目的の達成に必要な範囲内に限定すべきである。また、データの収集は適法かつ公正な手段によらなければならないという原則）、利用制限の原則（個人データの利用は、原則として、収集目的の範囲内に限定すべきであるという原則）、個人参加の原則（個人が自己に関するデータの存在および内容を知ることができ、かつ、必要な場合には、そのデータを訂正させることができるなどの手段を保障すべきであるという原則）、適正管理の原則（収集・蓄積した個人データは、正確かつ最新のものとして管理するとともに、その紛失、破壊、改ざん、不当な流通等の危険に対して、合理的な安全保護措置を講じるべきであるという原則）、責任明確化の原則（プライバシー保護に関してデータ管理者等が負わなければならない責任の内容を明確にする必要があるという原則）の5つの基本原則に立ったプライバシー保護対策のあり方を提言しているが、これは、積極的なプライバシーの権利の保護を目指すものである。

　しかるに、国レベルでは、いまだ積極的なプライバシーの権利を保護するための法律は制定されていない。これに対し、自治体レベルでは、次に述べるような条例が存在する。

　第1のタイプの条例は、1975年の「国立市電子計算組織の運営に関する条例」を嚆矢とし、現在すでに200を超える自治体において制定されている、いわゆる電子計算組織運営条例である。これは、近年、自治体行政において電子機の利用が著しく高まっているという状況下で、電子処理は手作業処理に比べ情報を大量かつ迅速に蓄積・加工・伝達することができ、そのため電算処理さ

れる住民の個人情報の処理について，住民のプライバシーの侵害のおそれが強くなったことから，住民のプライバシーを保護し，電算組織の運営の適正化を図るため制定されたものである。この種の条例は，いずれもおおむね同様な内容であるが，例えば，筆者が運営審議会の委員をしている堺市の「電子計算組織の運営に関する条例」では，思想，信条，宗教，人種および不当な社会的差別の原因となる社会的身分ならびに犯罪に関する事項を電算機に入力することを禁じ（5条1項），個人情報を外部に提供することを原則として禁じ（6条），電算機と国，他の地方公共団体その他公共団体との通信回線を利用する結合を禁じ（7条），個人情報に係る記録項目およびその利用状況について，年1回公表を義務づけ（8条），自己情報の開示請求および訂正請求を認め（9条），外部への電算機による処理事務の委託について，個人情報の保護について必要な措置を講じなければならない（11条）等が定められている。

　第2のタイプの条例は，1984年に制定された福岡県春日市の「春日市個人情報保護条例」を嚆矢とする条例で，このタイプに属する条例としては，現在，大阪府島本町の「島本町個人情報保護条例」，神奈川県川崎市の「川崎市個人情報保護条例」である。この条例の特色は，第1のタイプの条例と異なり，自治体行政機関の有する電算処理にかかる個人情報だけでなく，手作業処理にかかる個人情報を含み，かつ，行政情報のみならず，民間における個人情報についても，その保護のための規制を定めているところにある。とりわけ，民間部門における個人情報の保護を図っている点にある。例えば春日市条例は，第5条で，「住民は，正当な理由なしに，個人情報の保管等をし，又はこれを他に提供してはならない」と規定し，第6条で，「事業者は，その事業の執行に際して，自ら個人情報の保管等をし，又はこれを他に提供するときは，この条例の目的に反することのないよう努めなければならない」と規定するとともに，第19条で，「市長は，事業者が，この条例の趣旨に反する行為をしていることを知ったときは，その是正又はその中止を指導又は勧告することができる」（1項），「市長は，事業者が，前項に規定する指導又は勧告に従わないときは，その事実並びに当該事業者の住所および氏名を公表することができる」（2項），「市長は，住民の個人情報の保護のため必要と認めるときは，市の機関以外の

ものに対し、必要な措置を講じるよう要請することができる」（3項）と規定している。

　島本町条例は、事業者を、一般の事業者と特定事業者（「第三者の依頼を受け営業として個人情報の管理等を行い、又は行おうとする事業者をいう」4条6号）とに分けている点、すなわち、前者については、条例の目的を達成するため個人情報の保護を図る必要があると認められるとき、事業者に対し、「必要な措置を講じるよう助言し、又は要請することができる」（25条1項）だけであるのに対し、後者については、特定事業者が個人の人権を侵害しているとき、または侵害するおそれがあると認められるときは、あらかじめ審議会の意見を聴いて、「その是正又は中止の勧告をすることができ」（同条2項）、同勧告に応じない行為があると認められるとき、あらかじめ審議会の意見を聴いて、「その事実とともに、特定事業者の住所および氏名を公表することができる」（同条3項）としている点に特色がある。また川崎市条例の特色は、事業者が第4条の規定（「事業者は、その事業の実施に当って個人情報の保管等をするときは、個人情報の保護の重要性を認識し、個人情報に係る基本的人権の侵害を防止するための措置を講ずるとともに、個人情報の保護に関する市の施策について協力しなければならない」）に違反する行為をするおそれがある場合、事業者に対し、「関係資料の提出を求め、又はその職員をして当該事業者の事務所その他の事業所に立ち入らせ、文書その他の資料を調査させ、若しくは関係者に質問させること……について協力を求めることができ」（28条1項）、この協力を得られないときは、改めて協力を求め（同条2項）、なお協力が得られないときは、「その経過を公表する」（同条3項）と規定しているところにある。

　しかし、公的部門および私的部門を含めた総合的なプライバシー保護方策を目指した同条例も、上にみたように、なお不十分であり、またその実効性に大きな疑問を残している。

　第3のタイプの条例は、大阪府の条例で、まず公的部門におけるプライバシー保護については、情報公開制度と結合させて、大阪府公文書公開等条例の中で、公文書の本人開示請求および自己情報に係る記載の訂正請求を定め、民間部門におけるプライバシー保護については、個別条例を制定するという方式

で，本条例は，上記の個別条例の1つである。

3 プライバシー保護における2つの側面と本条例

我が国におけるプライバシー保護については，大阪府におけるプライバシー保護方策の検討にみられるように，2つの側面，すなわち，情報化社会における個人情報の保護という側面と，部落差別等社会的差別の防止・解消という側面を有する。前述の第1のタイプの条例は，主として前者の側面から，第2のタイプの条例は，両側面から，そして，本条例は，主として後者の側面から，それぞれ制定された条例であるということができる。これらの位置関係を図示すると，図1のとおりである。

図1 プライバシーの保護の2つの側面

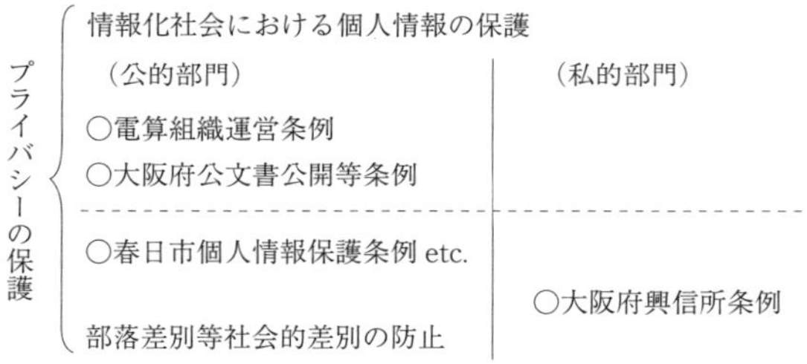

```
                情報化社会における個人情報の保護
                (公的部門)              (私的部門)
プ
ラ             ○電算組織運営条例
イ             ○大阪府公文書公開等条例
バ            -----------------------------
シ             ○春日市個人情報保護条例 etc.
ー                                      ○大阪府興信所条例
の
保             部落差別等社会的差別の防止
護
```

V 本条例の問題点と評価

本条例の問題としては，専門懇における討議内容に関して述べた諸論点が挙げられるが，それ以外で最も重要な問題点としては，第5条第1項，したがって第7条第1項の「同和地区にあるかないかについて調査し又は報告しないこと」とは，どういう意味か。また同和地区を明示しておかなければならないのではないか，という疑問であろう。この点について，立法者の意思は，例えば，どこそこが同和地区だと報告した場合，同和地区だと報告したそのことが問題であって，はたしてそこが同和地区であるかどうかの真偽は問わない，したがって，行政において，どこが同和地区であるかを明示する必要がないというものである。けだし，本条例は，興信所・探偵社による身元調査によって侵害

される個人的利益を直接保護法益として、その法益侵害行為を禁止するものでなく、部落差別の解消のため、部落差別につながる、あるいは助長することとなるような行為を禁じようとするものであるからである。しかし、それでも、なお、例えば、よく知られている同和地区の名を挙げ、そこに居住していると報告した場合や、居住地区は部落解放同盟〇〇支部のあるところにあると報告した場合はどうかとか、あるいはまた、本人あるいは家族が部落解放同盟に加盟していると報告した場合や、同和金融公庫から融資を受けていると報告した場合はどうか等、疑問がなくはない。これを厳格に解釈しようとすれば、脱法行為が多くなってしまい、本条例の目的が達成されなくなってしまうおそれがあるし、逆に拡大し過ぎると、営業の自由、出版の自由（特に5条2項に関し）が侵害されるおそれが出てくる。したがって、本条例の解釈・適用にあたっては、特に、本条例の精神に思いを至し、かつ第4条に規定しているように、興信所・探偵社業者および府民の自由と権利を不当に侵害することのないように注意を要するところである。

　最後に、本条例に対する評価に関し一言する。本条例に対する評価が分かれる最大のポイントは、規制という手段によって部落差別事象の発生を防止することができるか、という問題である。すなわち、部落差別事象は、部落差別意識の表れであるから、そのような差別意識は、教育や啓蒙によらなければ解消せず、権力によって規制しようとすれば、差別意識が潜在化し、かえって差別意識を強めるのではないかという懸念である。確かに、部落差別の根本的な解消は、教育・啓蒙による差別意識の解消に待たなければならないであろう。しかし、教育・啓蒙は、長い時間をかけて、ねばり強く行われるのでなければ、なかなかその効果が表れないものである。それでは、そのような効果が表れるまで、現に起こっている身元調査による部落差別事象を看過してよいものであろうか。本条例が、身元調査活動による部落差別事象の発生の防止を図るための方法として、府による啓蒙努力と業者団体による自主規制ならびに業者に対する行政指導を主とし、業者の身元調査活動に対する権力的規制を補完的なものとしていることは、差別意識の潜在化・その再生産を回避するうえで、適切な立法であると評価できるのではないかと考えている。

(1) 民集27巻11号1536頁。
(2) "The Right to Privacy 4" *Harvard Law Rev.* 193 (1890).
(3) 下民集15巻9号2317頁。
(4) 判例時報1001号3頁。
(5) 伊藤正己『プライバシーの権利』252・253頁,岩波書店,1963年。
(6) 例えば,2月定例府議会総務委員会会議録総務1号45頁,府民文化室参事答弁。
(7) 注(6)議事録2号78-80頁,浅野議員質問。
(8) 例えば,原野翹「『興信所』条例の問題性」『部落』1985年1月号35頁。
(9) 9月設立された社団法人大阪府調査業協会があり,同協会には府下170社のうち127社が加盟している。

　なお,参考図書として,いわゆる大阪府興信所条例については,部落解放研究所編『部落差別調査等規制条例の制定と意義』(部落解放研究所,1985年),また個人情報保護条例については,春日市個人情報保護研究会編『個人情報保護への新時代』(第一法規出版,1985年)がある。

第2章
自治基本条例について
――その最高規範性を中心に

　最近,特に地方分権一括法が制定されて以降,地方自治体において,「地方自治体の憲法」ともいわれる自治基本条例を制定する動きが目立っている。[1]「ニセコ町まちづくり基本条例」(平成12年12月27日ニセコ町条例第45号。以下,ニセコ町条例という)の制定はその嚆矢といわれている。

　本章では,自治基本条例制定の経緯と内容を簡単に紹介するとともに,自治基本条例の最高規範性について検討する。

I　自治基本条例の制定

　条例の中には,「文化振興基本条例」や「環境基本条例」のように,特定の行政領域に関する基本となる,あるいは重要な行政にかかわる条例であることを表すために,「基本条例」という名が冠せられたものがある。しかし,ここでいう「基本条例」は,そのような条例ではなく,いわば地方自治体の「憲法」に相当する条例を意味する。

　以下,このような意味の条例を「自治基本条例」と呼ぶ。

1　アメリカの自治憲章 (home rule charter)

　ところで,「地方自治体の憲法」という意味では,アメリカの地方自治体におけるシティ・チャーター(都市憲章),とりわけホーム・ルール・チャーター(自治憲章)を,その典型例として挙げることができる。[2]

　アメリカでは,南北戦争を境に始まった州議会の地方自治体に対する過度の干渉に抵抗した,いわゆるホーム・ルール運動 (home rule movement) の結果,

自治憲章制定権が州憲法で認められている（1875年のミズリー州憲法がその最初のものであり，今日，大多数の州で制度化されている。なお，州法律により制度化している州も少数ではあるが，存在する）。

　自治憲章では，通常，地方自治体の区域と境界の確定，地方自治体の組織・形態，地方自治体の職員の任命・選挙，課税・予算・財産取得・資産評価・財務管理等の財務的事項，メリットシステムと人事管理，憲章の改廃，経過措置，イニシァティブ・レフェレンダム・リコール，都市計画・ゾーニング・住宅・都市再開発・公益事業規制等の当該地方自治体において処理する事務等が規定される(3)。また，その制定手続は，通常，まず住民が憲章起草委員（10名から20名程度）を選挙で選び（この選挙は，地方議会の発議または住民からの一定数の請願によって行われる），そうして選ばれた委員で構成される憲章起草委員会が自治憲章案を作成し，一定の機関住民の縦覧に供した後，住民投票にかけ，そこで一定割合（ほとんどの州では投票数の過半数）の賛成を得ることによって，自治憲章を制定することになっている。このように，自治憲章制定権の付与は，まさに住民による手作りの地方自治体の設立を認めるものである（自治憲章をもつ市を一般に home rule city という。なお，カリフォルニア州では，chartered city という）。

　したがって，自治憲章は地方自治体の存立の基礎であり，その地方自治体の最高規範である。またそれは，地方自治体の事務（municipal affairs）に関しては州の法律にも優先する規範性をもつことが判例によって承認されている(4)。

2　我が国における自治基本条例制定の動き

　我が国でも，このような自治憲章制定権を認める動きがあった。いわゆるマッカーサー草案の87条の，「首都地方，市及町ノ住民ハ彼等ノ財産，事務及政治ヲ処理シ並ニ国家ノ制定スル法律ノ範囲内ニ於テ彼等自身ノ憲章（charter）ヲ作成スル権利ヲ奪ハレルコト無カルヘシ」という規定が，それである。もっとも，同規定は，その後，日本国憲法（以下，憲法という）第94条において，主体を，「住民」ではなく「地方公共団体」に，また，「憲章」（charter）の作成ではなく「条例」（regulation）の制定というように変更されるとともに，日本側の要求によって挿入された同第92条で，「地方公共団体の組織及び運営に関

する事項は，地方自治の本旨に基いて，法律でこれを定める」と規定されたことにより，憲法上の（住民による）自治憲章制定権が否定されるところとなった。[6]

しかし，地方自治法はじめ国の法令によって地方自治体の組織が詳細に定められ，また，いわゆる機関委任事務が地方自治体の行政において大きな割合を占める（都道府県で7～8割，市町村で3～4割）など，「地方自治の本旨」に基づいた地方自治制度が保障されているとはいい難い状況や，経済第一主義の下で深刻な公害や環境破壊が進むなかで，地方自治体の主体性を確保するため，自治基本条例を制定する試みがなされた。

昭和48年，市議会に2度にわたって提案され，結局否決された川崎市都市憲章（条例）案[7]（以下，川崎市案という）は，その最初の試みであった。同案は，前文と3編60カ条から成り，その前文において，「川崎市民は，主権者としてともに力をあわせ，平和と民主主義を基調とする憲法を暮らしのなかに生かし，平和のうちに生存し，良好な環境のなかで健康で文化的な生活を営むことを求め，すべての市民にゆきわたる福祉を追及し，互いに自由と人格を尊重しあう個性ある市民社会をつくり出す」と，都市憲章制定の理由と目的を高らかに謳っている。ただ，同案では，知る権利（8条）や参加する権利（9条）のような，今日特に関心がもたれている市民の権利を保障する一方で，平和権（1条）や抵抗権（5条2項）のように自治基本条例で規定するのが適当かどうか疑問な規定や，市民の自治権を基本的人権とし，都市の自治権を地方自治の本旨に基づく固有権とする（5条1項）など学問的に議論のある規定が含まれていて，問題点も多かった。

その後，神奈川県逗子市においても，自治基本条例制定の試みがなされた。「逗子市都市憲章条例の一試案」（逗子市都市憲章調査研究会，平成4年。以下，逗子市案という）が，それである。同試案は，前文と6章37カ条から成り，前文において，「地球と人にやさしい市民自治都市」の形成・発展を目指すために都市憲章を定めることを明らかにするとともに，地球と人にやさしい市民自治都市（第1章），地球市民（第2章），市民主権と民主創造市政（第3章），市民の人権と共生（第4章），逗子のまちづくり（第5章），本憲章の地位および改正

(第6章)について規定されていたが，結局条例の制定には至らなかった。

 以上のように，川崎市案，逗子市案とも，その試みは失敗に終わり，かくして自治基本条例制定の試みが終焉したかに見えたが，平成7年の地方分権推進法の制定と同法に基づいて設置された地方分権推進審議会における地方分権論議を機に，再び自治基本条例制定の検討が地方自治体等で行われるようになった。「群馬県自治基本条例素案」(群馬県政策研究会，平成8年)も，その1つの例である。また，自治基本条例の制定権を保障する自治基本法の制定を求める動きも見られる(自治基本法研究会による「自治基本法案」を発表，平成9年)。

3 ニセコ町条例

 こうしたなかで，冒頭に紹介した「ニセコ町条例」の制定は，当然のことながら全国的な注目を浴びるところとなった。

 同条例は，前文と14章45カ条および附則から成っている。内容的には，理念とそれを実現するための基本原則ならびに制度に関する規定で構成されている。すなわち，前文および第1章において，「住むことが誇りに思えるまち」づくりを目指すこと，「まちづくり」は，町民一人ひとりが自ら考え，行動することによる「自治」が基本であることを謳うとともに，第2章から第4章において，情報共有の原則および住民参加原則とその派生原則について規定し，第5章以下において，町の各制度の根拠となる制度条項を定めている。ちなみに，第5章ではコミュニティにおける町民の役割および町とコミュニティの関係について，第6章では町長の責務と宣誓，執行機関の責務，町の組織，審議会等への公募委員の参加，意見等への応答義務，意見等に対応するための機関の設置，行政手続の法制化について，第7章では計画過程等への町民参加，計画策定等の原則，計画策定の手続について，第8章では予算の編成・執行，決算，財産管理，財政状況の公表について，第9章ではまちづくりの評価について，第10章では町民投票制度について，第11章では町外の人々等との連携について，第12章ではまちづくりに関する条例制定等の手続について，第13章ではまちづくり基本条例の位置づけ等について，第14章では本条例の検討および見直しについて，それぞれ規定している。要するに，地方自治法等に規定される地方自治

体に関する諸制度を補完するとともに，町独自の制度を構築する旨規定し，それにより，「住民との関係では法的効果を，自治体行政組織との関係では自己拘束効果を与えることを構想」せんとするものである。

II　自治基本条例の最高規範性

しかし，自治基本条例が「地方自治体の憲法」であるためには，当該地方自治体における自治立法体系の中で最高規範でなければならない。そこで，以下では，現行法制度の下で，自治基本条例がはたして最高規範性をもち得るか，あるいはそれをもつためにはどのような工夫が必要か，について検討する。

1　憲法との相違

ところで，憲法がなぜ最高規範か。憲法の第98条第1項に，「この憲法は，国の最高規範であって，その条規に反する法律，命令，詔勅及び国務に関するその他の行為の全部又は一部は，その効力を有しない」（形式的最高性）と規定しているからではない。ちなみに，戦前の大日本帝国憲法ではそれが最高規範であることは特に規定されていないが，そのことを誰も否定しない。それどころか，憲法発布勅語において，大日本帝国憲法は「不磨ノ大典」と述べられていたのである。

では，何故，憲法が最高規範かというと，憲法は，国家の構造や組織ならびにその作用に関する基本的な原則を定めているから，つまり，国家の根本法・基礎法だからである（実質的最高性）。そして，そのように重要な国家の根本法・基礎法が簡単に変えられてはならないので，その改正手続は法律より困難なものとされている（いわゆる硬性憲法。憲法96条）。要するに，憲法第98条第1項は，憲法の最高規範性を確認的に規定したものである。

しかるに，自治基本条例は，その法形式が他の条例と同じであるため，たとえそれが地方の政治・行政の構造および組織ならびにその作用に関する基本的な事項を定めるものであっても，当然には他の条例に優先する，すなわち当該地方自治体の自治立法体系における最高規範である，ということにはならない。

2　最高規範性の付与

　そこで，自治基本条例に最高規範性をもたせるためには，まず，自治基本条例の中で同条例が最高規範であると位置づける規定を設けることが必要となる。もっとも，憲法第98条第1項のように，「本条例に違反する条例……は，その効力を有しない」とは規定できない。何故ならば，自治基本条例も他の条例も，ともに憲法第94条および地方自治法によって承認され，また，憲法第94条または国の法令による授権に基づいて制定される法規範で，その法形式的効力は同一であるからである。この点について，例えばニセコ町条例は，第44条で，「町は，この条例に定める内容に即して，教育，環境，福祉，産業等分野別の基本条例の制定に努めるとともに，他の条例，規則その他の規程の体系化を図るものとする」と規定することによって，同条例が同町の自治立法体系における最高規範として位置づけている。そして，それを担保するために，第43条で，「他の条例，規則その他の規程によりまちづくりの制度を設け，又は実施しようとする場合においては，この条例に定める事項を最大限に尊重しなければならない」と規定している。また，川崎市案第60条は，この点をもっと明確に，「この憲章は，川崎市の最高条例であって，市長等および事業者等は，市民とともにこの憲章を尊重し擁護する義務を負う」と規定している。

3　硬性自治基本条例と地方自治法の関係──条例制定権の限界の問題

　しかし，自治基本条例が最高規範であると明記したとしても，簡単にその条例が改正できたのでは，結局，最高規範の実効性が確保されない（なお，もし上記の「この条例に違反する条例」に自治基本条例の改正条例を含むとすれば，自治基本条例の改正を否定することにもなり，妥当でない）。

　そこで，自治基本条例の改正手続を加重する必要がある。過重の仕方としては，住民投票手続を加えるとか（例えば，川崎市案59条），議会の特別多数を要するとか，議会の特別多数プラス住民投票とするとか（例えば，逗子市案37条）が考えられる。

　もっとも，この点については，こういった「特定の条例について，議会の議決要件を強化したり，議会の議決だけでは成立しないとした規定は，地方自治

法に抵触する恐れがある[15]」のではないか、との疑問に答えることができなければならないが、筆者は、次のような理由から、そのような規定も地方自治法に抵触しないと考えている。

すなわち、そもそも地方自治体がその団体意思をどのような手続で決定するかは自治権に属する事柄であるから、法律で制限されていない限り、自由に決めることができなければならない。これが基本である。条例の制定手続についてもしかりである。したがって、問題は、憲法第94条が、「地方公共団体は、……法律の範囲内で条例を制定することができる」と規定する、その「法律の範囲内」という意味をどのように解釈するか、である。この点、国の法令との関係における条例制定権の限界について、近時の通説（地方分権推進委員会勧告も同様）は、国の法令の趣旨を解釈して条例の法令適合性を判断している（最大判昭50・9・10[16]）。

そこで、地方自治法の規定を見てみると、同法は第113条で定足数を議員の定数の半数以上とし、その但書で例外の場合を規定している。また、表決については、第116条第1項で同法に特別の定がある場合を除くほか、議会の議事は出席議員の過半数で決すると規定している。しかし、特に規定する場合以外は上記原則規定に従わなければならないとは、地方自治法のどこにも規定されていない。とすれば、基本に立ち返り、議会の議決要件を強化したり、住民投票の賛成といった手続を付加する規定を自治基本条例の中に設けることも許されている、と解するのが妥当である。このように解釈することが、「地方自治の本旨」に適合し、地方公共団体の自主性および自立性を尊重する所以である。

もう1点、自治基本条例を「地方自治体の憲法」にふさわしいものとするため、その制定についても住民投票を義務づけることが望ましい、と考える。その場合、自治基本条例の制定に関する住民投票条例を制定し、それに基づいて自治基本条例案を住民投票に付すか、自治基本条例の中に、「本条例制定後（○○カ月）以内に住民投票を行い、その（過半数）の賛成がなければ、本条例はその効力を失う（または本条例を廃止なければならない）」と規定し、住民投票を行えばよいのではないか[17]。

第2章　自治基本条例について　351

(1) 横須賀市都市政策研究所が平成6年2月に全国671市を対象に行った調査によれば、回答のあった638市のうち、制定済みが12市、策定作業中が29市、検討中が33市、とされている（なお、ここでは、「自治基本条例」を、「自治体の自治の方針と基本的なルールを定める条例」と定義している。また、条例の名称も、「自治基本条例」、「まちづくり基本条例」、「市民参加条例」など様々であることも報告されている）。http://www.city.yokosuka.kanagawa.jp/upi/chosa.htm。辻山幸宣教授は、現在の自治基本条例づくりは、川崎市および逗子市における試みに次ぐ第3の波であるとし、その原因が地方分権改革にあるとする。すなわち、地方分権改革によって、地方自治体はそれをいかに「地方自治改革」にまで深めていくかが問われており、その回答の1つが自治基本条例であるとする。辻山幸宣「自治基本条例―地方自治の新展開」月刊地方分権24号（2001年）41頁。
(2) アメリカの自治憲章に関する文献としては、南川諦弘「ホーム・ルール・シティ」『地方自治体系1』294-321頁、嵯峨野書院、1989年参照。なお、須貝脩一『行政法の基礎知識』155-251頁、嵯峨野書院、1978年、成田頼明「地方自治の保障」『日本国憲法体系5』171-203・226-231・275-287頁、有斐閣、1964年、横田清『アメリカにおける自治・分権・参加の発展』43-64、231-258頁、敬文堂、1997年参照。
(3) 南川諦弘「自治憲章について―バークリィ市憲章を例として―」大阪学院大学法学研究19巻1＝2号（1993年）45-102頁参照。なお、全米都市連盟（National Municipal League）から「モデル都市憲章（Model City Charter）」が出されている。
(4) 南川諦弘「ホーム・ルール・シティにおける自治立法権について」阪大法学43巻2＝3号（1993年）参照。
(5) 星野光男教授は、マッカーサー草案の第87条のチャーターが消されたことについて、「地方自治を憲法規定で法律の枠内に閉じこめ、さらにこれを行政権に委ねようとする一連の画策といえる」とする。「都市憲章条例の制定」日本都市学会年報22巻（1989年）5-10頁。
(6) この点について、須貝教授は、憲法ホーム・ルール州の市には、実態的権能、すなわちその範囲内で市が行動することのできる政治権能の一定の諸分野の留保と、付与された同権能を市が適当と認める仕方で行使する手続上の権能の2種類が付与されるが、わが国の現行憲法については、総司令部との折衝の結果、憲法第92条で、「地方公共団体の組織及び運営に関する事項」が「法律」で定められ、また第94条の条例が charters から regulations に変えられたこと等から、ホーム・ルールの手続面が否定された。しかし、実体面は残っていると結論づけている。「憲法第8章」論叢88巻4・5・6号（1971年）34頁。
(7) 同案については、黒沼稔「都市憲章条例の構想―川崎市での試み」ジュリスト増刊総合特集『現代都市と自治』（1975年）66頁参照。
(8) 群馬県では、その後、具体的な立法に向けた動きがないようである。なお、山口道昭氏は、都市憲章条例（案）または自治基本条例の内容は、未分化な状態（川崎市案）から基本原理型（逗子市案）を経て、基本原理プラス団体規約付加型（ニセコ町条例）に変化してきた、と分析している。山口「自治基本条例の変遷」月刊バナンス2001年6月号、104頁。
(9) 「まちづくり」という言葉は、人により広狭様々な意味で用いられている。ここでも、都市計画の策定や公共・公益施設の建設ないし設置といった生活基盤や都市基盤の整備

などのハード面の活動だけでなく，地域の経済的・社会的・文化的諸活動を含めた広い意味で用いられているものと思われる。それは，前文の「まちづくりは，……『自治』が基本」という表現になっていることからも窺える。それ故に，「ニセコ町条例」はわが国最初「自治基本条例」と評されているのである。

(10) 山口・注(8)論文103頁。なお，ニセコ町条例については，出石稔「ニセコ町まちづくり基本条例─全国初の自治基本条例の制定─」月刊ガバナンス2001年5月号，片山健也『情報共有と自治改革─ニセコ町からの報告』公人の友社，2001年参照。

(11) 憲法の最高規範性については，形式的最高（法規）性と実質的最高（法規）性に区別し，前者は憲法の硬性（硬性憲法）に，後者は憲法第97条（法学協会『註解日本国憲法 下巻（2）』1462頁，有斐閣，1953年，樋口陽一他『注釈日本国憲法 下巻』1471頁，青林書院，1988年），「自由の基礎法」（芦部信喜『憲法学Ⅰ憲法総論』57頁，有斐閣，1992年），個人の尊厳・自由の保障という「基本的価値の秩序」の体現（野中俊彦ほか『憲法Ⅰ〔新版〕』22頁，有斐閣，1997年）に求める見解が一般的である。

(12) その他に，憲法は，公務員の憲法尊重擁護義務（99条）および最高裁判所の違憲法令審査権（81条）について規定している。

(13) この点について筆者は，もっとストレートに，「この条例は，町の自治立法体系における最高規範であって，町長及び議会はこの条例に違反する条例の制定その他の行為をしてはならない」といった趣旨の規定を設けるという方法もあるのではないか，と考える。

(14) 藤田宙靖最高裁判事は，中央省庁等改革基本法が，郵政事業の5年後の郵政公社への移行という改革に関し，「民営化等の見直しは行わないものとすること」と定めている条文（33条1項6号）などは，明らかに，改革の結果の「維持」を政府に対し命ずる規定であり，したがって，同法を改正しない限り，改革の結果を変える行為は，同法違反の行為であり，法的に許されない，と解している。藤田『行政法の基礎理論下巻』238-239頁，有斐閣，2005年。もっとも，この藤田見解に対し，塩野宏教授は，当該政府提案が可決成立した場合の法効果について触れるところがないし，仮にその場合は，議員立法と扱いが同じことになるとすると，あまり実益のある問題設定ではないと思われる。さらに，基本法の政府提案拘束論の法的根拠がどこにあるのか明らかでなく，内閣交代の場合にまで及ぶかどうかも明らかでない，と批判している。塩野『行政法Ⅲ〔第3版〕』52頁，有斐閣，2006年。

このように，自治基本条例が当該地方公共団体の自治立法体系における最高規範である旨規定したとしても，それに違反する条例が制定された場合，①当該条例の制定にかかわった首長や議会（つまりは議会議員）の行為の違法性，②当該条例の有効性が問題となる。この点について，筆者は，①については，首長等の行為は違法ではあるが，その法的責任を問うことは無理であり，政治的責任を問うにとどまらざるを得ない（例えば，公務員が憲法99条の憲法尊重擁護義務に違反しても，通常その行為について直接的な法的責任を問えないのと同様である。佐藤功『憲法下〔新版〕』1296頁，有斐閣，1984年）。なお，佐藤幸治『憲法』37頁，青林書院，1981年参照。また，②については，当該条例は違法であるが無効とはいえない，と解している。しかし，首長等の違反行為に対し法的責任が問えず，また，自治基本条例に違反する条例が有効であっても，そのような行為あるいは条例に対し，それらが違法であるという規範的評価がなされる（そういう法

的効果を伴う）ことは重要である，と考える。
(15)　出石・注(10)論文103頁。
(16)　刑集29巻8号489頁。地方分権一括法の施行により，このような解釈の妥当性・有用性が一層高まった，ということができる。すなわち，改正地方自治法では，地方公共団体は，「地域における行政を自主的かつ総合的に実施する役割を広く担うものとする」（1条の2第1項）とし，「住民に身近な行政はできる限り地方公共団体にゆだねることを基本」として国と地方公共団体の間で役割を分担すべき（同2項）旨規定するとともに，この役割分担原則が，2条11項では地方公共団体に関する立法について，また，同条12項では地方公共団体に関する法令の解釈・運用について遵守されるべきことを確認している。しかも，役割分担原則が両項において「地方自治の本旨」と並列的に規定されていることからいって，同原則は地方自治法という法律に規定されているとはいえ，それは憲法規範的効力をもつと解するのが妥当である。したがって，法令の趣旨解釈は条例の法令適合性を原則的に肯定する方向で行われるべきことが憲法規範的に求められているということができる。南川諦弘「条例制定権の拡充と主体的行政の展開」月刊自治フォーラム482号（1999年）20-21頁，磯部力「国と自治体の新たな役割分担の原則」『地方分権と地方自治』88・89頁，ぎょうせい，1998年参照。なお，このような解釈は，行政作用法の分野だけでなく，行政組織法においても適用可能な見解である。
(17)　ニセコ町の研究会草案では，議会の議決後，町民投票の過半数の賛成を得ることになっていたようである。

第3章
行政上の義務の履行確保と民事訴訟

I はじめに

　法律や条例（法律や条例に基づく行政庁の処分を含む）で国民に一定の義務を課しても、それが履行されなければ、結局行政目的は実現されないことになる。したがって、国民向けのパフォーマンスだけの立法は論外として、行政上の義務の履行を確保する方法・手段をどうするかは、どのような義務を課すべきかという問題とともに、行政目的を実現するうえで重要な問題である。

　ところで、行政上の義務の履行を確保するための最もオーソドックスな手段は、義務違反に対して行政罰（行政刑罰、行政上の秩序罰としての過料）を科（課）すことである。刑事犯罪に対する刑事罰と同様とまではいえないにしても、行政上の義務の履行を確保するうえで行政罰のもつ一般的予防効果は大きい。しかし、行政罰が科（課）されても、行政違反状態は残る。そこで、行政違反状態を解消するための手段、すなわち強制執行手段が必要になる。

　この点について、戦前は、行政による自己完結的な強制執行制度が存在した。すなわち、明治33年に行政執行法および国税徴収法が制定され、代替的作為義務については代執行が、非代替的作為義務および不作為義務については執行罰が、そして、それらによって義務の履行を確保できないときまたは急迫の事情がある場合には直接強制が認められ、また、租税債権については行政上の強制徴収（滞納処分）が認められていた（なお、国税徴収法は租税債権以外の公法上の金銭債権に広く準用された）。

　このように戦前は、ほとんどあらゆる行政上の義務について、その履行を確保するための行政上の強制執行手段が用意されており、したがって、行政上の

義務の履行を確保するため裁判所の手を借りる，すなわち司法的執行手段を利用する必要はなく，また，それはできないと解されていた[1]。

これに対し，戦後，基本的人権の尊重保障を基本原理とする現行憲法の下で，行政執行法は廃止され，昭和23年に制定された行政代執行法が代替的作為義務の不履行について代執行を一般的に認めたほかは，その他の義務の不履行については，個別法の定めに委ねられ，執行罰については，削除漏れという形で砂防法第36条に1例，直接強制についても，わずかな立法例（感染症19～21条，出入国難民認定法39条等）があるに過ぎず，また，国税徴収法も全面的に改正された。

かくして，戦前のような行政による自己完結的な強制執行が認められなくなった現行制度の下で，行政主体は，行政上の義務の履行を確保するために司法的執行手段を利用できるか，すなわち，その前提としての債務名義を得るために民事訴訟（仮処分申請を含む。以下，特に両者を区別して記述しない限り同旨）を提起できるか，が理論的のみならず，実務的にも重要な問題となる。

ところが，この点について，最高裁平成14年7月9日判決[2]（以下，14年最高裁判決という）は，後で詳しく紹介するように，宝塚市パチンコ店等建築規制条例事件において，「国又は地方公共団体が専ら行政権の主体として国民に対して行政上の義務の履行を求める訴訟は，裁判所法3条1項にいう法律上の争訟に当たらず……不適法というべきである」と判示し，明確にそれを否定した。

そこで，本稿では，14年最高裁判決を手がかりとして，行政上の義務の履行を求める民事訴訟の可否について検討する。

II 民事訴訟の可否に関する従来の学説・判例と14年最高裁判決

1 従来の学説・判例

(1) ところで，行政上の義務の履行を求める民事訴訟の可否に関する従来の議論は，以下のように，裁判所法第3条の「法律上の争訟」該当性でなく，戦後における行政強制制度改革の趣旨ないしは行政上の強制執行を認めた趣旨如

何といった観点から，訴えの利益の有無あるいは民事訴訟の請求権の根拠に関する理論構成を問題とするものであった。

　まず，行政上の強制執行手段がない（認められていない）場合に，行政上の義務の履行を求めて民事訴訟を提起できるかについては，肯定的見解が多いが，一部の学説を除いて，肯定か否定か，肯定するとして，どのような行政上の義務について肯定するのか，必ずしも明確であるとはいえない。要するに，この問題については，戦後の行政強制制度改革の趣旨をどのように理解するかで，答えが微妙に異なってくるのではないかと思われる。

　例えば，村上順教授は，「戦後日本は，憲法原理上，行政国家制から司法国家制に裁判システムが転換したことに基づき（憲法76条，裁判所法3条），行政上の義務履行確保の手段としても，英米およびフランス型の司法的強制の原則を（そのものとしてではないとしても）基本的考え方として採用した」[3]と述べ，また，阿部泰隆教授も，「戦後の行政強制制度の改革にさいして行政上の義務の履行確保はすべて行政執行法により行うという戦前の制度を改めた時点においてすでに，公法と私法を峻別する考え方は放棄されたものと考えてよく，ここに英米流の行政行為の司法的執行の考え方が入る余地があるといえよう」[4]と述べている。

　このような理解に立てば，「行政上の自力執行手段として残された行政代執行，公法上の金銭債権の強制徴収のシステムは……行政上の義務履行確保を迅速・果断に行いうるシステムとして，義務者の権利保護を第一義とする司法的強制原則の例外をなす特権的制度」[5]または「行政代執行は行政庁が要急事件につき自己の危険負担において行政上の義務の履行確保を図る特権を附加的に認める制度」[6]ということになる（このような見解を仮にA説という）。したがって，行政主体は，行政上の義務の履行を確保するため民事上の強制執行手段を利用すること，少なくとも行政上の強制執行手段が存在しないか，存在するとしても実際にそれを行使することが困難な場合には，民事上の強制執行手段を利用することも許される，という答えになろう。

　ちなみに，村上教授は，「行政上の義務履行確保の手段として行政上の自力救済手段を利用しえない場合，民事上の救済手段が利用できることは一般に承

認されてしかるべき[7]」とされ，阿部教授も，「現行法では，行政上の義務の履行確保について公法上十分な履行確保手段が用意されていない場合があるが，その場合に行政庁が義務を賦課することはできるが，それ以上なすべがないというのは不合理である。このように考えると，現行法においては，行政上の義務の履行確保について行政庁ないし行政主体が民事上の執行手段を利用することには特段の法的根拠は不要であるといってよいであろう[8]」とされる。

これに対し，行政強制制度改革の趣旨について，「制度的にみて，たしかに，明治憲法のそれと比較した場合の変革がみられる。しかし，それは，なお，量的なものであるといえるように思われる。すなわち，適用範囲は縮小されたとはいえ，なお，行政強制のカテゴリーは残されており，その内部では，行政機関の自力救済のシステムが，貫徹している。司法機関の関与の手法は，原則としてとられていないし，自力救済手続の内部においても，一般的には人権保障と権利実現の実効性担保の調整に関する新たな私法が採用されているわけではない。いいかえれば，人権保障の理念に，行政強制の縮小でこたえたのが，現行制度であるといえよう[9]」，あるいは，「行政機関による強制措置に代わるものとして司法的執行を広く認めるとか，いわんやそれを行政上の原則とするというような方向が，立法者によって選択されたのではない[10]」といった理解（仮にB説という）に立つと，行政上の強制執行手段がある場合はもちろん，それがない場合にも，行政上の義務の履行を求める民事訴訟の提起には否定的ないし消極的な解釈がとられることになるのではないか，と思われる[11]。

なお，上記A説，B説のいずれの見解をとるのか不明であるが，行政上の強制執行手段がないことを理由に仮処分申請が可能と解した裁判例として，①大阪高裁昭和60年11月25日決定（認容）[12]，②横浜地裁平成元年12月8日決定（認容）[13]，③神戸地裁伊丹支部平成6年6月9日決定（認容）[14]，④盛岡地裁平成9年1月24日決定（却下）[15]がある。

それでは，行政上の強制執行手段がある場合はどうか。上記A説は，行政上の強制執行手段を「特権の付与」ないし「附加的に認められた制度」と理解しているので，肯定的見解に親和的となるのでないか，と思われる。例えば，高田裕成教授は，宇賀克也教授との対談の中で，「もはや公法私法二分論的な

考え方が支配していないとしますと……行政的執行が認められている場合であっても，……民事執行は認められないという結論はストレートには出てこない」と述べている。

これに対し，B説では，否定的な結論となるのが自然であるように思われる。塩野教授が，「特権が与えられた以上，いいかえればバイパスが認められた以上……常にこちらを通るべきだというのが1つの筋ではないかと思う」と，いわゆる「バイパス理論」をとられるのが，それである。

もっとも，A説の立場からも，否定的見解をとることは可能である。特に，行政上の強制徴収が認められている場合である。例えば，阿部教授は，「たしかに，租税滞納処分は租税債権を民事訴訟により実現することに比べればはるかに迅速・能率的で便利であろうから……租税債権の時効中断のために必要であるなど例外的な場合を除き，民事訴訟による租税債権の執行を認める必要は一般にないと思われる」としている。逆に，B説であっても，行政上の強制執行手段が機能不全に陥っている場合，民事上の強制執行手段の利用を肯定する見解もあり得よう。

このように，A説かB説かということと，行政上の強制執行手段がある場合に民事上の強制執行手段を利用することができると解するかどうかということとは，必ずしも決定的な相関関係にはない。例えば，細川俊彦教授は，行政強制制度改革の趣旨に言及することなく，「行政当局が行政上の強制執行の手段を有するときは，行政当局はかかる手段によってのみ，速やかに私人に課せられた義務の履行を図るべきであって，迂遠な民事上の手段によることは許されない」としている。

また，⑤最高裁大法廷昭和41年2月23日判決も，制度改革の趣旨に言及することなく，農業共済組合が組合員に対して有する共済掛金，賦課金，きょ出金の各債権について行政上の強制徴収権が認められているのは，「農業災害に関する共済事業の公共性に鑑み，その事業遂行上必要な財源を確保するためには，……租税に準ずる簡易迅速な行政上の強制徴収の手段によらしめることが，もっとも適切かつ妥当であるとしたからにほかならない」「農業共済組合が，法律上特にかような独自の強制徴収の手段を与えられながら，この手段による

ことなく，一般私法上の債権と同様，訴えを提起し，民訴法上の強制執行の手段によってこれら債権の実現を図ることは，前示立法の趣旨に反し，公共性の強い農業共済組合の権能行使の適正を欠くものとして，許されない」と判示し，否定的見解をとっている。これに対し，⑥岐阜地裁昭和44年11月27日判決（認容），⑦富山地裁平成2年6月5日決定（認容）は，同様に制度改革の趣旨に言及することなく，肯定する見解をとっている。

ところで，せっかくバイパスを造ったのだからそこを通れといえるためには，当該バイパスがスムーズに走行できる状態になっていなければならない。したがって，行政上の強制執行手段が機能不全に陥っている場合にまで，それによらなければならないとはいい難い。このような観点からいうと，「税の分野でも，地方公共団体，とりわけ市町村においては，滞納処分の制度が機能障害にあることが指摘され」ており，また，「国税徴収法の滞納処分の例により，行政上の強制徴収が機能していない例がまれではない」とすると，行政上の強制徴収が認められている場合であっても，強制徴収をするためのノウハウもマンパワーも有しないため，行政上の強制徴収が認められていても，これらの場合には，民事上の強制執行手段を利用することが許されてもよい，と解されよう。

同様に，行政代執行についても，その機能不全が指摘されており，したがって，「行政代執行の発動要件の有無が明らかでないとか，行政代執行が必ずしも有効でないときは，原則的な履行強制手段である民事執行の利用を行政庁に禁ずる理由はない」ということになる。

また，民事訴訟の請求権の根拠であるが，例えば，行政主体が私人に対し財産上の権利を有している場合には，同権利を根拠に民事訴訟なり，それを本案とする仮処分申請なりを行い，司法的執行によって権利を実現（義務の履行を確保）することができる。典型的には，契約によって行政主体が私人に対して債権を有している場合である。また，公物の管理主体が所有権等に基づき当該公物の明け渡し等を求めるのも，その例である。しかし，これらはいずれも，本稿で検討している「行政上の義務」の履行を求める民事訴訟にあたるものではない。

それでは，「行政上の義務」の履行を求める民事訴訟の請求権の根拠は何か。

上記①②③④の裁判例は、いずれも「行政上の義務」の履行を求める仮処分申請事件で、それを適法とした事例であるが、例えば①決定は、「本件のように行政庁の処分によって私人に行政上の義務が課せられた以上私人はこれを遵守すべきであり、私人がこれを遵守しない場合においてこれを放置することは行政上弊害が生じ又公益に反する結果となり、又何らの措置をとりえないとすることは不合理であり、その義務の履行を求める訴を提起しうるとするのが法治主義の理念にもかなう」、「このように行政主体が私人を被告として行政上の義務の履行を求める訴を提起することができる場合においては、右請求権を被保全権利として仮処分を求めることができる」と、訴訟手続法上の請求権を被保全権利とする(31)。

また、村上教授は、「端的に、法律・条例に基づく行政上の権限と、この権限に由来する義務履行請求権を被保全権利とみなしていくべきであろう。そして、この場合の行政上の権限は、いうまでもなく『公益』保護のために行政庁に委ねられたものであり、……民事仮処分の申立もまた、この『公益』のためにおこなわれるのである」とする(32)。

また、細川教授は、上記の見解と異なる観点から、民事訴訟の請求権を理論構成している。すなわち、「国ないし公共団体と私人との間のこの関係は、従来、私人の負う義務の面に焦点をあわせて捉えられてきた。……しかし、右に述べた国と私人との関係は、私人が国に対して一定の義務を履行する債務を追い、公権力の側から私人に対して一定の義務の履行を求める債権を有するという債権債務関係であるということができる」とする(33)。

以上のとおり、民事訴訟の請求権に関する理論構成に問題があるものの、従来の学説・判例の多くは、少なくとも行政上の強制執行手段がない場合には、行政上の義務の履行を求める民事訴訟の提起を肯定する立場をとっていた。

しかるに、14年最高裁判決は、以下で紹介するように、「法律上の争訟」に該当しないとして、それを真っ向から否定する見解をとることによって、司法的執行によって行政上の義務の履行を確保するという、有力な強制執行手段を行政主体から奪ってしまった。とりわけ、このことは、条例に基づく行政上の義務の履行を行政刑罰や行政上の強制執行の手段によって確保することが困難

な地方公共団体に，大きな打撃を与えるものとなった。[34]

2　14年最高裁判決

(1)　本件は，宝塚市（以下，Xという）が，パチンコ店を建築しようとしている被告（以下，Yという）に対し，同市条例に基づき，パチンコ店の建築工事の続行の禁止を求めた訴訟である。本件訴訟に至る経緯は，おおよそ以下のとおりである。すなわち，Yは，パチンコ店を営むことを計画し，市長に対し，宝塚市パチンコ店等およびゲームセンターの建築等の規制に関する条例（昭和58年宝塚市条例19号。以下，本件条例という）第3条に基づき建築同意申請をしたが，市長は，建築予定地が準工業地域に属しているとして，本件条例第4条に基づき，申請に同意しなかった（なお，当該不同意処分に対する異議申立ても棄却されている）。しかし，Yは，本件条例および同市開発指導要綱の手続が完了していないことを理由に申請書の受理を拒否された建築確認処分については，当該不受理処分の取消しを求めた審査請求が同市建築審査会によって認容されたため，建築確認を受けることができた。そこで，Yは，パチンコ店建築の基礎工事に着手したところ，市長は，本件条例第8条に基づき同建築工事の中止命令を発した。しかし，Yがそれに従わなかったため，Xは，同工事の続行禁止を求める仮処分を申請するとともに，本件訴訟を提起した，というものである（なお，仮処分申請は，神戸地裁伊丹支部平成6年6月9日決定によって認容されている）。[35]

一審（神戸地裁平成9年4月28日判決・判時1613号36頁），二審（大阪高裁平成10年6月2日判決・判時1668号37頁）いずれも，本件条例は風俗営業の規制及び業務の適正化等に関する法律および建築基準法に違反するとして，Xの請求を棄却したため，Xは最高裁に上告した。

(2)　これに対し，最高裁は，次のように判示して，原判決を破棄し，一審判決を取り消すとともに，本件訴えを却下した。

「裁判所がその固有の権限に基づいて審判することのできる対象は，裁判所法3条1項にいう『法律上の争訟』，すなわち当事者間の具体的な権利義務ないし法律関係の存否に関する紛争であって，かつ，それが法令の適用により終

局的に解決することができるものに限られる……。国又は地方公共団体が提起した訴訟であって，財産権の主体として自己の財産上の権利利益の保護救済を求めるような場合には，法律上の争訟に当たるというべきであるが，国又は地方公共団体が専ら行政権の主体として国民に対して行政上の義務の履行を求める訴訟は，法規の適用の適正ないし一般公益の保護を目的とするものであって，自己の権利利益の保護救済を目的とするものということはできないから，法律上の争訟として当然に裁判所の審判の対象となるものではなく，法律に特別の規定がある場合に限り，提起することが許されるものと解される。……したがって，国又は地方公共団体が専ら行政権の主体として国民に対して行政上の義務の履行を求める訴訟は，裁判所法3条1項にいう法律上の争訟に当たらず，これを認める特別の規定もないから，不適法というべきである。」

(3)　しかし，同判決に対し学説は総じて批判的であり，有力な学者の中から手厳しい批判が加えられている。そこで，以下において，裁判所法第3条第1項の「法律上の争訟」の意義について検討する。

Ⅲ　「法律上の争訟」の意義

ところで，14年最高裁判決は，裁判所法第3条第1項の「法律上の争訟」の意義を憲法第76条の「司法権」と同義に解する通説の立場を取り，いわゆる板まんだら事件に関する最高裁第三小法廷昭和56年4月7日判決を引用して，裁判所がその固有の権限に基づいて審判することのできる対象は，①具体的な権利義務ないし法律関係の存否に関する紛争であって，かつ，②それが法令の適用により終局的に解決することができるものに限られる，とする。

「法律上の争訟」の要件を欠くとされた裁判例としては，(イ)教育勅語が違憲でないことの確認等を求める訴訟（最三判昭28・11・17），(ロ)村議会の予算議決の無効確認を求める訴訟（最一判昭29・2・11），(ハ)技術士国家試験の合否を争う訴訟（最三判昭41・2・8），(ニ)国に対し航空自衛隊基地の撤去等を求める訴訟（名古屋高判昭50・7・16），(ホ)信仰の対象の価値ないし宗教上の教義に関する判断が訴訟の帰すうを左右ないし紛争の核心を成す訴訟（板まんだら事件）などがある。

第3章 行政上の義務の履行確保と民事訴訟 363

このうち，①の要件を欠くとされたのが㈵と㈬判決，②の要件を欠くとされたのが㈶と㈭判決，両方の要件を欠くとされたのが㈹判決である。

ところで，14年最高裁判決は，上述のように，条例に基づく中止命令の履行（パチンコ店の建築の続行の禁止）を求めた民事訴訟を①の要件を欠くとして却下したものである。しかし，この点について，業者側が中止命令の取消訴訟を提起する場合，①の要件を満たすのに，行政側が中止命令の履行を求めて民事訴訟を提起する場合はそれを欠くというのは矛盾である，とする見解がある。確かに，同じ問題が訴える者によって「法律上の争訟」であったり，なかったりするのは，わかりにくい解釈ではある。しかし，業者の立場からすれば，違法な行政処分に対し司法的救済を求めるのは，憲法第32条の裁判を受ける権利の保障にかかわる問題である。したがって，業者が行政処分の効力を争う訴訟は業者の権利救済を求める訴えとして，当然「法律上の争訟」性が認められなければならない。そこが，法規の適用の適正ないし一般公益の保護を目的として提起される行政上の義務の履行を求める訴訟との違いである。同様に，国家刑罰権の実現を求めて提起する刑事訴訟が「法律上の争訟」であるのは，それが，刑事被告人（国民）の権利保護のため，刑事裁判を受ける権利（憲法37条1項）の保障にかかわるものだからである。

ただ，現行憲法の「司法権」は，英米の司法権概念によるものであるとの解釈は今日異論のないところであるが，アメリカ合衆国憲法第3条第2節第1項の「事件・争訟」(cases and controversies) 性の要件については，過去拡大の方向で弾力的・創造的に適用され，近時は，司法判断適合性 (justiciability) の法理の名で語られる傾向にあるといわれている。また，政府（法務総裁等）が憲法，法令，行政命令等に違反した者を被告に，公益擁護を目的として提起する執行訴訟 (enforcement action) が，判例によって認められているという。このような観点からいえば，14年最高裁判決は，それ自体1つの解釈として妥当ではあるが，国庫理論を連想させる，いかにも古めかしい解釈であるとともに，あまりにも窮屈な解釈であって，裁判所が社会から期待されている任務を自ら狭めるもので，法化社会に逆行した解釈であると評されよう。

Ⅳ　おわりに

　上述したように，14年最高裁判決は突然出現したものではなく，すでに平成13年の那覇市自衛隊施設資料公開決定取消請求事件最高裁判決において，そのような発想が示唆されていたことからも，判例解釈が変わることが容易に期待できないものと思われる。したがって，新しい法執行手段の開発・検討とともに，例えば，独禁法第67条（独禁法違反の疑いのある行為等についての裁判所による緊急停止命令の制度），労組法第27条第8項（労働委員会の命令の確定前にそれに従うべき旨を裁判所から使用者に対して命ずる緊急命令の制度）のような特別な規定を他の分野に拡大的に規定するか，あるいは，より一般的に，行政上の義務の履行を求める民事訴訟の提起を明文で認める，といった検討がなされてもよいのではないかと考える。

(1)　塩野宏『行政過程とその統制』205頁，有斐閣，1989年，同『行政法Ⅰ〔第三版〕』196頁，有斐閣，2003年。
(2)　民集56巻6号1134頁。
(3)　村上順・判例評論332号〈判時1201号〉176頁。
(4)　岡部泰隆『行政法の解釈』323頁，信山社，1990年。
(5)　村上・注(3)評論176頁。
(6)　阿部・注(4)書325頁。
(7)　村上・注(3)評論176頁。
(8)　阿部・注(6)書323頁。
(9)　塩野・注(1)『行政過程とその統制』208頁。
(10)　小早川光郎「行政による裁判の利用」法学教室151号（1993年）104頁。
(11)　もっとも，塩野『行政法Ⅰ〔第二版増補〕』185頁，有斐閣，2001年，同・注(1)『行政法Ⅰ〔第三版〕』197・198頁，小早川『行政法上』243頁，弘文堂，1999年は，肯定的見解をとっている。
(12)　判例時報1189号39頁。
(13)　判例タイムズ717号220頁。
(14)　判例地方自治128号68頁。
(15)　判例時報1638号141頁。
(16)　高田裕成・宇賀克也対談・法学教室253号（2001年）104頁。
(17)　ジュリスト増刊『行政強制』19頁，有斐閣，1977年。
(18)　阿部・注(6)書324頁。

(19)　細川俊彦「公法上の義務履行と強制執行」民商82巻5号（1980年）69頁。
(20)　民集20巻2号320頁。
(21)　もっとも，阿部教授は，農業共済組合連合会はその組合員である農業共済組合の組合員である農民に対して直接行政強制をする権限を有しないので，この事件は，行政徴収できるにもかかわらず民事訴訟によりうるか，というテーマには必ずしもふさわしい事例とはいえない，と指摘している。阿部・注(6)書317・318頁。
(22)　判例時報600号100頁。
(23)　訟務月報37巻1号1頁。
(24)　宇賀発言・注(16)106頁
(25)　宇賀発言・前掲書105頁。
(26)　阿部・注(6)書324・325頁，宇賀発言・注(16)108・109頁。なお，岡山市が，平成11年に違法建築物の除却に関して岡山県内で初めて行った代執行の事例を紹介した『行政代執行の実務』（岡山市行政代執行研究会編著）ぎょうせい，2001年参照。
(27)　阿部・注(6)書325頁。
(28)　岡田春男・大阪学院大学通信22巻1号（1991年）43頁以下は，このような方法を「還元型司法的強制」と称している。
(29)　もっとも，後者の場合について，小早川教授は，「公物管理法に由来しない別個の権利である所有権の行使が公物管理に影響を与える余地を……一切否定するほうが，当該公物管理法の趣旨に沿うようにもみえる」（注(10)論文106頁）と消極的見解をとっている。しかし，「国や地方公共団体が公物について有する所有権は，民法上の所有権であって，それに対して，公物の目的を達成させるため特別な法的制限が加えられているにすぎない」（広岡隆「公物と民事訴訟」自治実務セミナー23巻11号〔1984年〕44頁）ことから，積極的に解するのが妥当である。大阪高裁昭和40年10月5日決定（行集16巻10号1756頁）も，傍論ではあるが，「庁舎の明渡しないし立退き請求については，庁舎の権利主体たる市より相手方に対し，公法上の法律関係に関する訴えたる当事者訴訟を提起し，その確定判決に基づく強制執行によるか，あるいは仮処分によるなど，民訴法上の強制的実現の方法に出ずべきものである」と判示している。なお，⑥および⑦の裁判例はいずれも，河川法75条に基づく原状回復命令の履行を求める民事訴訟の提起あるいは仮処分申請であり，所有権に基づくそれでないことに注意を要する。
(30)　岡田・注(28)論文47頁以下は，このような方法を「直截型司法的強制」と称している。
(31)　しかし，行政上の義務の履行を求める民事訴訟が提起できるか否かがまさに請求権との関係で問題となっているのであって，その請求権の根拠として行政上の義務の履行を求める民事訴訟が提起できるからというのは，問をもって問に答えるもので，説明になっていないように思われる。
(32)　村上・注(3)評論177頁。しかし，行政庁が法律や条例に基づく権限を行使するのは，一般公益のためであって，それによって，私人が一定の行政上の義務を負い，当該義務を履行しなければならなくなるとしても，そのことから当然に，行政主体として，当該私人に対し，民事訴訟によって実現あるいは救済を求めることができるところの，義務履行請求権をもつことになるか，にわかに賛同し難い。なお，曽和俊文「地方公共団体の訴訟」（杉村敏正編『行政救済法（2）』288頁，有斐閣，1991年）は，①決定に関して，

「実質的には地域の教育環境の保全という住民の利益あるいは公益が問題となっているのであって，地方公共団体による仮処分申請は，『地域住民の利益に裏付けられた公益保護のために行使されるもの』ともいうことができる。とすれば，先に検討した非財産権侵害（筆者注—地域環境保護利益や組織体としての利益の侵害）を根拠とする民事訴訟と同様の視覚から，これを肯定する余地があるように思われる」とする。また，亀田健二・法学論集第43巻第1・2合併号（1993年）223頁も，「地方公共団体がいわば近隣住民を代表する者として訴訟できるという結論が妥当なように思われる」とする。

(33) 細川・注(19)論文62・63頁。しかし，先に述べた，村上説に対する疑問と同様，行政上の義務は法令により公益上の見地から課せられるものであるから，そのことから行政主体ないし行政庁の主観的権利は出てこないのではないか，言い換えれば，行政上の義務を課する「権限」を有しているが，義務の履行を請求する「権利」を有していないのではないか，と考える。同旨・福井章代・ジュリスト増刊『最高裁 時の判例Ⅰ』217頁，有斐閣，2003年，原島良成「裁判を通じた行政上の義務の履行強制」上智法学論集47巻2号（2003年）73・74頁。

(34) 条例に基づく「行政上の義務」の履行確保については，条例制定権の限界，行政代執行法1条の解釈等，別途検討を要する問題が存在する。そのような点に言及するものとして，亀田健二「わが国における条例上の義務の司法的執行」関西大学法学論集43巻1＝2号（1993年）221頁以下，斎藤誠「自治体の法政策における実効性確保—近時の動向から」地方自治660号（2002年）11頁以下参照。

(35) 判例地方自治128号68頁。

(36) 民集56巻6号1134号。最高裁のこのような解釈は，那覇市自衛隊施設資料公開決定取消請求事件に関する最高裁第二小法廷平成13年7月13日判決（判例自治223号22頁）においてすでに示唆されていた。すなわち，同事件の一・二審判決は，行政権限の行使をめぐる行政主体ないし機関間の紛争であるとして，「法律上の争訟」に該当しないと判示したのに対し，最高裁は，「本件建物の所有者としての有する固有の利益が侵害されることをも理由として本件各処分の取消しを求めている」として「法律上の争訟」該当性を認めた（しかし，訴えの利益を欠くとして，結局不適法と判示）が，「法律上の争訟」性に関する原審の解釈を否定しなかった。なお，斎藤・注(34)論文6・7頁，高木光「行政上の義務履行を求める訴訟と『法律上の争訟』」ジュリスト1246号（2003年）47頁参照。

(37) 「戦後のわが国の行政上の強制執行体制の展開の意義に全く理解をしめさないもの」（塩野・前掲『行政法Ⅰ〔第三版〕』198頁），「戦前の法体系かドイツ法の発想にも囚われているのではないか。……行政法という異質な法領域を民事法の発想で判断する民事法帝国主義的発想が垣間見える」（阿部泰隆「行政上の義務の民事執行は法律上の争訟ではない」法教267号〔2002年〕38頁），「最高裁判所が21世紀になってもなお憲法を充分理解しようとせず，結果として，大審院と同様に地位をベースラインとしている」（高木・注(36)論文46頁），「社会にある紛争を法に基づいて適正に解決するという，社会から期待されている裁判所の任務を自ら狭めたもの」（曽和俊文・法教264号〔2002年〕145頁）など。

(38) 民集35号3号443頁。

(39) 行集4巻11号2760頁。

(40) 民集8巻2号419頁。

(41)　民集20巻2号196頁。
(42)　判例時報791号71頁。
(43)　金子正史「宝塚市パチンコ店等建築規制条例事件」法令解説資料総覧250号（2002年）90頁は，「本判決は，……①，②の要件のほかに，これまでの学説・判例の『法律上の争訟』の概念とは異なり，その要件を加重するもの」としている。
(44)　阿部・注(37)論文38頁，曽和・注(37)論文145頁，斎藤・注(34)論文7頁。これに対し，原島・注(33)論文74頁は，「行政処分は名宛人の法的利益と第三者の事実的利益に影響を与えるのであり，被処分者や関係する第三者が処分行為の是非を争うときは，これを処分者と利害関係者との紛争と見ることも可能である」としている。
(45)　阿部・注(37)論文38頁，曽和・注(37)論文145頁は，その点の矛盾を指摘している。なお，原島・注(33)論文75頁注(4)参照。
(46)　佐藤幸治『憲法〔第三版〕』293-301頁，青林書院，1995年，松井茂記『日本国憲法』243-245頁，有斐閣，1999年，中川丈久「行政訴訟に関する外国法制調査――アメリカ（上）」ジュリ1240号（2003年）93・94頁。
(47)　中川・注(46)論文102・103頁。なお，曽和・注(32)論文288頁。
(48)　中川・注(46)論文94・95頁，同「行政事件訴訟法の改正」公法研究63号（2001年）128・129頁は，「司法権」の概念は，その外周（最大領域）とコア（最小領域）の間に，中間領域が広がるという，いわばドーナツ（同心円）構造をとるのではないか，とされている。
(49)　最判平13・7・13（判例自治223号22頁）。
(50)　曽和俊文「法執行システム論の変遷と行政法理論」公法研究65号（2003年）220頁以下参照。
(51)　日弁連の行政訴訟法（案）3条4項は，「行政主体は，行政上の義務の履行を求めるため，民事訴訟を提起し，及び仮処分の申立てをすることができる」としていた（『行政訴訟制度の抜本的改革に関する提言』2003年）。

索　引

あ　行

明日香特別措置法 ………………………… 18
飯盛町旅館建築規制条例事件 … 119, 134, 140,
　　170, 196, 207, 224, 293
板まんだら事件 ………………………… 362
伊丹市条例（伊丹市教育環境保全のための
　建築等の規制条例） ……………… 184, 186
　──判決 …………………………… 184, 192
委　任
　──命令 ……………………………… 92
　──立法 …………………………… 93, 94
　一般的── ………………………… 92, 93
『宴のあと』事件 ……………………… 336
ウルトラ・ヴァイアリーズの原則 ……… 29
上乗せ・横出し規制 … 137, 142, 168, 170, 172,
　　174, 176, 177, 195, 217, 291
　──条例 ………………………… 199, 206, 207
「エロス＋虐殺」事件 ………………… 336
Ｌ・Ｒ・Ａ（Less Restrictive Alternatives）
　の基準 ……………… 109, 219, 220, 333
営業規制 …………………………… 103, 118
江戸川製紙事件 ………………………… 176
大阪市売春取締条例事件 ……… 17, 80, 85

か　行

外在的制約 ……………………………… 105
開発行為の規制の方法 ………………… 268
開発指導 ………………………………… 267
開発負担金 ……………………… 269, 275, 302
　──の納付の違法性 ………………… 280
確認行為説 ……………………… 251, 252, 311
兼子（仁）説 …………………………… 145
川崎市都市憲章（条例）案（＝川崎市案）
　………………………………… 346, 349
紀伊長島町水道水源保護条例事件 ……… 224
機関委任事務 …………………… 208, 346
　──制度 ……………………… 198, 205, 240

　──方式 ………………………… 15, 300
議事機関 ………………………………… 10
規制限度法律 ……………………… 145, 146
規制立法
　最小限── ……………… 194, 206, 224, 240
　最大限── ……………… 197, 206, 223, 240
義務規定説 ……………………… 251, 252, 312
客観説 ……………………………………… 315
教育委員準公選制度 …………………… 11
行政規則 ………………………………… 266
行政権限の連結ないし融合 …………… 272
行政システム
　地方分権型── ………………… 198, 205
　中央集権型── ………………… 198, 205, 239
行政指導 ……………………………… 245, 266
　──の任意性 ………………………… 246
　──の必要性・有用性 ……………… 247
　規制的── …………………… 246, 250, 313
　助成的── ……………………… 246, 313
　是正的── ……………………… 246, 313
　調整的── ………… 246, 248-250, 313-315
　統制的── ……………………… 246, 313
　予防的── ……………………… 246, 313
行政指導説 ……………………………… 279
行政事務 ………………………… 80, 116, 117
行政処分性 ……………………………… 219
行政的関与 ……………………………… 199
京都市中京区前科回答事件 …………… 336
強　迫 …………………………………… 276
許可説 …………………………………… 311
国・地方役割分担原則 ………………… 225
国地方係争処理委員会 ………………… 210
「暗い一章（gloomy chapter）」 ……… 28, 41
形式的最高性 …………………………… 348
刑罰設定権 …………………………… 79, 80
契約説 …………………………………… 279
権限の推定 ……………………………… 12
権限付与的機能 ………………………… 29

建築確認（の）留保 ……………… 251, 315, 320
　　──の違法性 ……………………………… 254
　　──の限界 ………………………… 253, 256
建築基準法上乗せ規制方式 ………………… 181
建築規制 ……………………………… 103, 121
憲法規範的効力 ………………………………… 209
公害対策基本法経済調和条項 ……………… 177
公害防止協定 …………………………………… 279
公共事務 ………………………………………… 100
公共の福祉 ……………………………………… 104
　社会国家的── …………………………… 105
興信所・探偵社業 …………………………… 334
興信所条例 ……………………………………… 325
高知市普通河川管理条例事件 … 150, 197, 294
小売商業調整特別措置法違反被告事件 … 106
国会独占立法の原則 …………………………… 79
古都保存法 ……………………………………… 18
固有権説 ………………………………………… 27
固有事務（eigene Angelegenheiten,
　Wirkungskreis）………………………… 153
　　──論 ……………………………………… 36
固有の地方自治権（inherent right to local
　self-government）………………………… 293

さ　行

罪刑法定主義 ……………………… 17, 90, 91
財産権法定主義 ………………………… 113, 114
財政負担を軽減するための措置 …………… 269
最低基準法律 …………………………… 145, 146
事業団体 ………………………………………… 80
事項的保護システム …………… 12, 16, 36, 292
自主課税権 ……………………………………… 300
自主条例 ………………………………………… 100
事前協議制 ……………………………………… 286
自治基本条例 ………………………………… 344
自治憲章 …………………………… 28, 43, 345
　　──制定権 ………………… 29, 36, 42, 345
　　──制定の手続 …………………………… 42
　　──制定の法的意味 ……………………… 29
　　──制定の法的効果 ……………………… 42
自治事務 ……………………………… 198, 205, 208
　　固有の── ……………………… 144, 170, 217

自治組織権 ……………………………… 227, 239
自治立法 ……………………………… 93, 94, 100
市町村優先の原則 ……………………………… 13
執行機関 ………………………………………… 229
　　──の多元主義 ………………………… 229
執行命令 ………………………………………… 92
実質的解釈論 …………………………………… 217
実質的最高性 …………………………………… 348
実質的法治国家論 ……………………… 286, 287
実体的ホーム・ルール権 …………………… 12
シティ・チャーター（都市憲章）………… 344
指定地域・施設外規制 ……………… 137, 142
渋谷区議会贈収賄事件 ………………………… 8
司法権 ……………………………………… 362, 363
社会経済政策的規制 ………… 112, 114, 115
「州の創造物」（creatures of the state）…… 41
州法の地方自治体の法に対する態度 ……… 33
住民自治 ………………………… 6, 17, 43, 154, 216
受益者負担金 …………………… 285, 298, 302
主観説 …………………………………………… 315
趣旨解釈論 …………………………………… 314
準用河川 ………………………………………… 173
衝　突 ……………………………………… 32, 36
条　理 …………………………………………… 146
条　例 …………………………………………… 100
消極的・警察的規制 ………… 112, 114, 115, 219
消極的制約原理 ………………………… 105, 109
条理解釈 ………………………………………… 146
処理基準 ……………………………… 209, 210
新固有権説 ……………………………………… 7
紳士協定説 …………………………………… 279
水道法第15条第1項の「正当の理由」…… 260,
　272, 275
逗子市都市憲章条例の一試案（＝逗子市案）
　…………………………………………… 346, 349
税　金 ………………………………………… 297
正当手続
　実体的── …………………………………… 90
　手続的── …………………………………… 90
制度的保障説 …………………………………… 6
積極的制約原理 ………………………… 105, 108
先　占 …………………………………………… 34

黙示的—— …………………………………… 35
全権限性 ………………………………………… 12
総合説 ………………………………………… 316
租　税 ………………………………………… 302
　　——法律主義 ……………………… 277, 298

た　行

第1号法定受託事務 ……………………… 208
第三の改革 …………………………… 198, 205
第92条の「地方自治の本旨」と第93条以下
　の各規定との関係 ……………………………… 7
大綱を定めた法（大綱法）……… 227, 239
宝塚市条例 …………………………… 184, 189
宝塚市パチンコ店等建築規制条例事件 … 355
　　——判決 ………………………… 184, 195
宅地開発等指導要綱 ……… 267, 268, 287
　　——の実効性 ………………………… 274
　　——の条例化 ………………………… 295
団体自治 ………………… 6, 17, 43, 154, 216
弾力的・実質的解釈論 ………………… 138
「地方自治の本旨」…… 5-7, 13, 36, 40, 217, 239,
　240
地方権（Pouvoir municipal）………… 153
地方公共団体 ……………………………… 8, 9
　　——の長 ………………………… 10, 11
　　議会＝首長型 ……………………… 10, 30
　　議会＝支配人型 …………………… 30, 43
　　理事会型 ……………………………… 30
地方自治制度の本質的内容 …………… 154
地方自治特別法 ……………………… 17, 40
地方的事務 ……………………………… 30
　　——と全体的・全州的事務を区別するため
　　の判断基準 ……………………………… 32
地方分権（地域主権）………………… 238
　　——主義 ……………………… 40, 239
地方分権一括法 ……………… 205, 224, 239
チャーター（charter）………………… 41
中央集権主義 …………………………… 239
中間説 …………………………………… 316
町村議会 ………………………………… 10
ティルトン中佐 ………………… 85, 90, 94
ディロンズ・ルール ………………… 29, 293

適用河川 ………………………………… 173
東京都公害防止条例 ……………… 176, 206
東京都中野区建築確認留保国家賠償請求
　事件 ……………………………… 248, 251
東京都売春等取締条例事件 ……………… 95
統治団体 ………………………………… 80, 166
道路位置指定の留保 ……………… 261, 262
徳島市公安条例事件 …… 16, 26, 139, 147, 151,
　169, 193, 199, 206, 208, 217, 223, 240, 292
特段の事情 ………………… 258, 319, 320
特別意義論 …… 16, 150, 151, 171, 174, 182, 193,
　200, 201, 294, 301, 314
特別立法（special legislation）の禁止 … 17
トレントン事件 ………………………… 28

な　行

内在的制約 ……………………………… 105
内容的保護システム ………… 12, 16, 36, 293
那覇市自衛隊施設資料公開決定取消請求
　事件 ………………………………… 364
奈良県ため池保全条例違反被告事件 … 112,
　288
「二重の基準」（double standard）の理論
　 ……………………………………… 105, 219
ニセコ町まちづくり基本条例（＝ニセコ町
　条例）………………………… 344, 347, 349
練馬区ミニ開発道路位置指定留保事件 … 261
Norm としての側面 ……………………… 7

は　行

バークリィ市憲章 ………………………… 40
バーネス事件 …………………………… 27
ハールバット事件 ……………………… 27
バイパス理論 …………………………… 358
白紙委任 ………………………………… 92
原田（尚彦）説 ………………………… 143
ひとりにしておいてもらう権利 ……… 335
標準法 ………………………… 199, 201, 208
費用負担団体 …………………………… 80
比例の原則 ………………………… 218, 220
「部落地名総鑑」事件 ………………… 329
フォイエルバッハ ……………………… 91

索　引　371

副立法権 …… 92	…… 344
府県令 …… 82, 83, 84	ポリス・パワー …… 12, 31, 36, 293
普通河川 …… 173	

ま 行

普通税 …… 297, 301	まちづくり …… 184, 200
プライバシーの権利 …… 335, 336, 337	マッカーサー草案第87条 …… 35
積極的な―― …… 338	municipal affairs …… 12, 30, 32
ブラウン事件 …… 28	三菱樹脂本採用拒否事件 …… 331
部落差別 …… 334, 335, 342	ミニ開発規制 …… 262
法解釈主張権 …… 210	――条例 …… 262
防護的機能 …… 29	武蔵野市マンション建設指導要綱事件（宅地開発等指導要綱仮処分申請事件）…… 258, 270
法治国家（Rechtsstaat）…… 166, 287	
――思想 …… 91	
社会的――（Sozialrechtsstaat）…… 287	宗像市環境保全条例事件 …… 224
法治主義 …… 91	室井（力）説 …… 141
実質的―― …… 286	明白性の理論 …… 136-138, 143, 168, 170, 291
法定外公共用物 …… 173	目的税 …… 298, 301, 302
法定受託事務 …… 198, 205, 209	

や 行

法律決定システム …… 12	役割分担原則 …… 209
法律上の争訟 …… 355, 362	薬局開設不許可処分取消請求事件 …… 108
法律先占論（法律専占論）…… 25, 120, 143, 152, 154, 167, 193, 200, 205, 216, 217, 247, 290, 293, 314	柳瀬・鵜飼論争 …… 4
	柳瀬（良幹）説 …… 4
	要綱 …… 266
原型的―― …… 132, 141, 167, 169	――行政 …… 16, 207, 263, 266
修正的―― …… 136	予防的指導 …… 246, 313
法律ナショナル・ミニマム論 …… 36, 141, 146, 152, 153, 168, 170, 206, 217, 291, 292	

ら 行

法律の定めるその他の官吏 …… 11	ラブホテル等規制条例 …… 178, 179
法律の留保の原則 …… 166	立地規制 …… 110
法令の趣旨解釈論 …… 16, 150, 169, 170, 177, 180, 193, 195-197, 199, 206, 223, 247, 292, 293, 296	立地規則方式 …… 181
	立法的関与 …… 199, 209
	Leitbild としての側面 …… 7
ホーム・ルール …… 293	

わ 行

――運動 …… 17, 28, 40, 41, 344	枠法（枠組み法）…… 14, 227, 239
――自治制 …… 36, 40	割当的・強制的寄付金 …… 277
ホーム・ルール・シティ …… 29, 43, 293	
――の法 …… 30	
ホーム・ルール・チャーター（自治憲章）	

【著者紹介】

南川　諦弘（みなみがわ　あきひろ）

昭和43年3月　大阪大学大学院法学研究科修士課程修了。
現　在　大阪学院大学法科大学院教授，同大学院法学研究科長，弁護士（奈良弁護士会所属），中国・海南大学客員教授。日本地方自治学会理事。
現在の主な社会的活動：奈良県労働委員会公益委員・会長代理，奈良県情報公開審査会委員・会長，堺市建築審査会委員・会長代理，大阪市都市計画審議会委員。
著　書：『行政法案内――講義と演習』晃洋書房，1978年（増補版1986年）
　　　　『条例制定権に関する研究』大阪府立大学経済学部，1984年
　　　　『新・判例憲法』（共編著）三和書房，1994年
　　　　『行政法基礎論』（編著）嵯峨野書院，2006年（改訂版2009年）

Horitsu Bunka Sha

2012年2月25日　初版第1刷発行

「地方自治の本旨」と条例制定権

著　者　南川　諦弘
発行者　田靡純子

発行所　株式会社　法律文化社
〒603-8053 京都市北区上賀茂岩ヶ垣内町71
電話 075（791）7131　FAX 075（721）8400
URL : http://www.hou-bun.com/

©2012 Akihiro Minamigawa Printed in Japan
印刷：㈱富山房インターナショナル／製本：㈱藤沢製本
装幀　奥野　章
ISBN978-4-589-03398-7

水野武夫先生古稀記念論文集
行政と国民の権利

※太字は編集委員
●15750円

序にかえて ……………………………… 滝井繁男
第1部　行政法・環境法の諸問題
公定力と国家賠償請求 …………………… 髙木　光
金銭の給付や徴収に関する行政処分と国家賠償請求
……………………………………………… 北村和生
行政法への「規制的」アプローチについて
……………………………………………… 深澤龍一郎
抗告訴訟物語 …………………………… **斎藤　浩**
事業認定取消訴訟の原告適格について … 由喜門眞治
環境分野における義務付け訴訟の「重大な損害」
要件の克服 ……………………………… 池田直樹
処分差止訴訟との交錯が生じうる場面における
当事者訴訟(確認訴訟)の活用について … 濱　和哲
行政過程の裁量規範の構造転換 ………… 山村恒年
「互換的利害関係」概念の継受と変容 …… 角松生史
判断過程の統制について ………………… 正木宏長
開発許可制度と行政訴訟 ………………… 松村信夫
都市景観政策とダウンゾーニングの法理 … 安本典夫
「平穏生活権」の意義 ……………………… 吉村良一
公有歴史的建造物保存のための指定・登録申請
制度の提案 …………………………… **越智敏裕**
廃棄物処理法2010年改正法の制定 …… **北村喜宣**
アメリカ合衆国・種の保存法の38年 …… 畠山武道
普通河川の管理と法的課題 ……………… 荏原明則
原発事故と行政法の覚書 ………………… 比山節男
近時の行政立法に関する一考察 ………… 岩本安昭
「職権取消しと撤回」の再考 ……………… 中川丈久
第2部　税法の諸問題
租税回避論における武富士事件最高裁判決の意義
と位置づけ ……………………………… 谷口勢津夫
所得税法における二重控除の一考察 …… 山名隆男
消費者被害回復金と税 …………………… 山本洋一郎
退職所得に関する一考察 ………………… 安井栄二
譲渡所得とその課税および実現主義 …… 伊川正樹
居住用財産の譲渡所得に関する特例とその適用
要件について …………………………… 奥谷　健
職務発明に関して従業者等が使用者等から受け
取る金員の所得区分 …………………… 元氏成保
所得税額表の立法技術 …………………… 木村弘之亮
宗教法人と税制 …………………………… 田中　治
適格現物分配という組織再編成 ………… 渡辺徹也
優待入場券の無償交付と交際費税 ……… 八ツ尾順一
法人税改革と租税政策論 ………………… 手塚貴大
破産財団に関して破産手続開始決定後の原因に
基づいて生じた消費税及び固定資産税の内,
財団債権となるものの範囲について …… 原田裕彦
租税条約上の租税回避否認の意義と範囲 … 川端康之
国際的二重課税の発生態様と外国子会社配当益金
不算入制度 ……………………………… 髙橋司
過少申告加算税における「正当な理由」 … 山本英幸
国税通則法115条1項3号の「正当な理由」をめぐる
判例の展開 …………………………… 野一色直人
国税徴収法39条の適用対象 …………… 占部裕典
国税不服審判所制度と「不当」を理由とする救済
……………………………………………… **三木義一**
納税者権利保護法の国際モデル ………… 望月　爾
租税訴訟における協議・和解方式による紛争解決
……………………………………………… 山下清兵衛
納税資金に関する一考察 ………………… 高橋祐介
「税務に関する専門家」に係る一考察 …… 浪花健三

須藤陽子著
比例原則の現代的意義と機能
●5670円

ドイツ警察法理論の展開を中心に,比例原則の伝統的意義と機能を明らかにする。警察法理論との関係を意識的に論じ,日本における「警察比例の原則」と「比例原則」との同異を示す。

岩橋浩文著
都市環境行政法論 ▶ 地区集合利益と法システム
●6930円

都市環境空間における地区レベルの公共的利益を「地区集合利益」として識別し,それを保護する理論的枠組みとその効果を実証的に提唱。[2011年東京市政調査会藤田賞受賞]

――― 法律文化社 ―――

表示価格は定価(税込価格)です